위험물안전관리법, 다중이용업소의 안전관리에 관한 특별법

시험 꼭!
소방법령 Ⅲ

**위험물안전관리법
튜브 무료 동영상 강의**

▶ **유튜브 동영상 강의 검색** : 정명재 자격증 닷컴
동영상 강의 사이트 정명재 자격증 닷컴(https://licensejmj.com/)

PREFACE

법령 공부는 법조문을 매뉴얼로 여겨 반복해서 읽고 이해하며, 결국에는 암기로 귀결되는 연습과정이다.
법령 시험의 출제 문제는 조문의 전체적인 이해를 바탕으로 하여, 지엽적인 용어나 숫자 문제가 많아 처음 공부하는 수험생에게는 어려운 과목으로 여겨진다.
기출문제를 통해 중요조문과 조문에서 반복해서 묻는 부분이 어디인가를 발견하게 될 때, 공부의 방향을 알게 된다.

시험문제는 어느 정도 정형화된 틀이 있어 그 맥(脈)을 따라 쉬지 않고 반복해 나아가는 자세가 합격에 이르는 가장 빠르고 정확한 공부법이다.

본 교재는 조문 원문과 함께 관련 기출문제를 소개하며, 중요 포인트와 암기법을 제시하여 시험장에서 바로 활용할 수 있도록 편제하였다.

다년간 객관식 시험을 연구하며 쉽고 재미있는 공부를 지향하려 노력하다 보니 수험생의 눈높이에 맞는 공부법을 알게 되었다.

공부하다 보면 때론 힘들고 지겨울 때가 있지만, 이를 이겨내는 과정은 인생의 시간과 다르지 않음을 알게 된다. 포기하고 싶을 때, 그만 두고 싶을 때 떠올리는 주문 하나가 있다. 쉽게 온 것은 곧 쉽게 사라지는 법이다. 그래서 외친다.

'한 번만 더 해보자!'
'한 번만....'

2025. 9. 25. 정명재

CONTENTS

목차

1 위험물안전관리법 ... 4

1.1 위험물안전관리법 시행령 ... 32

1.2 위험물안전관리법 시행규칙 ... 77

2. 다중이용업소의 안전관리에 관한 특별법 ... 276

2.1 다중이용업소의 안전관리에 관한 특별법 시행령 ... 309

2.2 다중이용업소의 안전관리에 관한 특별법 시행규칙 ... 344

위험물안전관리법, 다중이용업소의 안전관리에 관한 특별법

소방승진 대비(2026)

시험 꼭!
소방법령 Ⅲ

01 위험물안전관리법

○ 위험물안전관리법(약칭: 위험물관리법)

제1장 총칙

제1조(목적) 이 법은 위험물의 **저장·취급 및 운반**과 이에 따른 안전관리에 관한 사항을 규정함으로써 위험물로 인한 위해를 방지하여 공공의 안전을 확보함을 목적으로 한다.

제2조(정의) ① 이 법에서 사용하는 용어의 정의는 다음과 같다.
1. "위험물"이라 함은 **인화성 또는 발화성** 등의 성질을 가지는 것으로서 **대통령령**이 정하는 물품을 말한다.
2. "지정수량"이라 함은 위험물의 종류별로 위험성을 고려하여 대통령령이 정하는 수량으로서 제6호의 규정에 의한 제조소등의 설치허가 등에 있어서 **최저의 기준이 되는 수량**을 말한다.
3. "제조소"라 함은 위험물을 **제조할 목적으로 '지정수량 이상'의** 위험물을 취급하기 위하여 제6조제1항의 규정에 따른 허가(동조제3항의 규정에 따라 허가가 면제된 경우 및 제7조제2항의 규정에 따라 협의로써 허가를 받은 것으로 보는 경우를 포함한다. 이하 제4호 및 제5호에서 같다)를 받은 장소를 말한다.
4. "저장소"라 함은 지정수량 이상의 위험물을 저장하기 위한 대통령령이 정하는 장소로서 제6조제1항의 규정에 따른 허가를 받은 장소를 말한다.
5. "취급소"라 함은 지정수량 이상의 위험물을 **제조외의 목적으로 취급**하기 위한 대통령령이 정하는 장소로서 제6조제1항의 규정에 따른 허가를 받은 장소를 말한다.
6. "제조소등"이라 함은 제3호 내지 제5호의 **제조소·저장소 및 취급소**를 말한다.

〈연습1〉

제2조(정의) ① 이 법에서 사용하는 용어의 정의는 다음과 같다.
1. "위험물"이라 함은 (ㄱ)성 또는 (ㄴ)성 등의 성질을 가지는 것으로서 대통령령이 정하는 물품을 말한다.
2. "지정수량"이라 함은 위험물의 종류별로 위험성을 고려하여 (ㄷ)이 정하는 수량으로서 제6호의 규정에 의한 제조소등의 설치허가 등에 있어서 (ㄹ)의 기준이 되는 수량을 말한다.
3. "제조소"라 함은 위험물을 제조할 목적으로 지정수량 이상의 위험물을 취급하기 위하여 제6조제1항의 규정에 따른 허가(동조제3항의 규정에 따라 허가가 면제된 경우 및 제7조제2항의 규정에 따라 협의로써 허가를 받은 것으로 보는 경우를 (ㅁ)한다. 이하 제4호 및 제5호에서 같다)를 받은 장소를 말한다.
4. "저장소"라 함은 지정수량 이상의 위험물을 저장하기 위한 대통령령이 정하는 장소로서 제6조제1항의 규정에 따른 허가를 받은 장소를 말한다.
5. "취급소"라 함은 지정수량 이상의 위험물을 (ㅂ) 목적으로 취급하기 위한 대통령령이 정하는 장소로서 제6조제1항의 규정에 따른 허가를 받은 장소를 말한다.

6. "제조소등"이라 함은 제3호 내지 제5호의 제조소·(ㅅ) 및 취급소를 말한다.

② 이 법에서 사용하는 용어의 정의는 제1항에서 규정하는 것을 제외하고는 「소방기본법」, 「화재의 예방 및 안전관리에 관한 법률」, 「소방시설 설치 및 관리에 관한 법률」 및 「소방시설공사업법」에서 정하는 바에 따른다.

제3조(적용제외) 이 법은 항공기·선박(선박법 제1조의2제1항의 규정에 따른 선박을 말한다)·철도 및 궤도에 의한 위험물의 저장·취급 및 운반에 있어서는 이를 적용하지 아니한다.

제3조의2(국가의 책무) ① 국가는 위험물에 의한 사고를 예방하기 위하여 다음 각 호의 사항을 포함하는 시책을 수립·시행하여야 한다.
  1. 위험물의 유통실태 분석
  2. 위험물에 의한 사고 유형의 분석
  3. 사고 예방을 위한 안전기술 개발
  4. 전문인력 양성
  5. 그 밖에 사고 예방을 위하여 필요한 사항
② 국가는 지방자치단체가 위험물에 의한 사고의 예방·대비 및 대응을 위한 시책을 추진하는 데에 필요한 행정적·재정적 지원을 하여야 한다.

제4조(지정수량 미만인 위험물의 저장·취급) 지정수량 미만인 위험물의 저장 또는 취급에 관한 기술상의 기준은 특별시·광역시·특별자치시·도 및 특별자치도(이하 **"시·도"라 한다**)의 **조례**로 정한다.

문1 위험물안전관리법령상의 용어에 대한 설명으로 옳지 <u>않은</u> 것은?

① "위험물"이라 함은 인화성 또는 발화성 등의 성질을 가지는 것으로서 대통령령이 정하는 물품을 말한다.
② "취급소"라 함은 지정수량 이상의 위험물을 제조의 목적으로 취급하기 위한 대통령령이 정하는 장소로서 허가를 받은 장소를 말한다.
③ "지정수량"이라 함은 위험물의 종류별로 위험성을 고려하여 대통령령이 정하는 수량으로 제조소 등의 설치허가 등에 있어서 최저의 기준이 되는 수량을 말한다.
④ "제조소 등"이라 함은 제조소·저장소 및 취급소를 말한다.

문2 위험물안전관리법령상 지정수량 미만인 위험물의 저장 또는 취급에 관한 기술상의 기준을 정하는 것은?

① 대통령령

② 행정안전부령
③ 소방청장 고시
④ 시·도의 조례

정답 ④

★제5조(위험물의 저장 및 취급의 제한) ① 지정수량 이상의 위험물을 저장소가 아닌 장소에서 저장하거나 제조소등이 아닌 장소에서 취급하여서는 아니 된다.
② 제1항의 규정에 불구하고 다음 각 호의 어느 하나에 해당하는 경우에는 제조소등이 아닌 장소에서 지정수량 이상의 위험물을 취급할 수 있다. 이 경우 임시로 저장 또는 취급하는 장소에서의 저장 또는 취급의 기준과 임시로 저장 또는 취급하는 장소의 위치·구조 및 설비의 기준은 시·도의 조례로 정한다.
  1. 시·도의 조례가 정하는 바에 따라 관할소방서장의 승인을 받아 지정수량 이상의 위험물을 90일 이내의 기간 동안 임시로 저장 또는 취급하는 경우 → *임시로 9하니~
  2. 군부대가 지정수량 이상의 위험물을 군사목적으로 임시로 저장 또는 취급하는 경우
③ 제조소등에서의 위험물의 저장 또는 취급에 관하여는 다음 각 호의 중요기준 및 세부기준에 따라야 한다.
  1. 중요기준 : 화재 등 위해의 예방과 응급조치에 있어서 큰 영향을 미치거나 그 기준을 위반하는 경우 직접적으로 화재를 일으킬 가능성이 큰 기준으로서 행정안전부령이 정하는 기준
  2. 세부기준 : 화재 등 위해의 예방과 응급조치에 있어서 중요기준보다 상대적으로 적은 영향을 미치거나 그 기준을 위반하는 경우 간접적으로 화재를 일으킬 수 있는 기준 및 위험물의 안전관리에 필요한 표시와 서류·기구 등의 비치에 관한 기준으로서 행정안전부령이 정하는 기준
④ 제1항의 규정에 따른 제조소등의 위치·구조 및 설비의 기술기준은 행정안전부령으로 정한다.
⑤ 둘 이상의 위험물을 같은 장소에서 저장 또는 취급하는 경우에 있어서 '당해 장소에서 저장 또는 취급하는 각 위험물의 수량을 그 위험물의 지정수량으로 각각 나누어 얻은 수의 합계가 1 이상인 경우 당해 위험물은 지정수량 이상의 위험물'로 본다. → *허가대상

문 위험물안전관리법령상 제조소 등이 아닌 장소에서 지정수량 이상의 위험물 취급에 대한 설명으로 옳지 않은 것은?

① 임시로 저장 또는 취급하는 장소에서의 저장 또는 취급의 기준은 시·도의 조례로 정한다.
② 필요한 승인을 받아 지정수량 이상의 위험물을 120일 이내의 기간 동안 임시로 저장 또는 취급하는 경우 제조소 등이 아닌 장소에서 지정수량 이상의 위험물을 취급할 수 있다.
③ 제조소 등이 아닌 장소에서 지정수량 이상의 위험물을 취급할 경우 관할소방서장의 승인을 받아야 한다.

④ 군부대가 지정수량 이상의 위험물을 군사목적으로 임시로 저장 또는 취급하는 경우 제조소 등이 아닌 장소에서 지정수량 이상의 위험물을 취급할 수 있다.

정답 ②

제2장 위험물시설의 설치 및 변경

제6조(위험물시설의 설치 및 변경 등) ① 제조소등을 설치하고자 하는 자는 대통령령이 정하는 바에 따라 그 설치장소를 관할하는 특별시장·광역시장·특별자치시장·도지사 또는 특별자치도지사(이하 "시·도지사"라 한다)의 허가를 받아야 한다. 제조소등의 위치·구조 또는 설비 가운데 행정안전부령이 정하는 사항을 변경하고자 하는 때에도 또한 같다.

② 제조소등의 위치·구조 또는 설비의 변경 없이 당해 제조소등에서 저장하거나 취급하는 위험물의 품명·수량 또는 지정수량의 배수를 변경하고자 하는 자는 변경하고자 하는 날의 1일 전까지 '행정안전부령'이 정하는 바에 따라 '시·도지사'에게 '신고'하여야 한다.

③ 제1항 및 제2항의 규정에 불구하고 다음 각 호의 어느 하나에 해당하는 제조소등의 경우에는 '허가를 받지 아니하고' 당해 제조소등을 설치하거나 그 위치·구조 또는 설비를 변경할 수 있으며, '신고를 하지 아니하고' 위험물의 품명·수량 또는 지정수량의 배수를 변경할 수 있다.
  1. 주택의 난방시설(공동주택의 중앙난방시설을 제외한다→*즉 허가사항)을 위한 저장소 또는 취급소
  2. 농예용·축산용 또는 수산용으로 필요한 난방시설 또는 건조시설을 위한 지정수량 20배 이하의 '저장소'

제24조(무허가장소의 위험물에 대한 조치명령) 시·도지사, 소방본부장 또는 소방서장은 위험물에 의한 재해를 방지하기 위하여 제6조 제1항의 규정에 따른 허가를 받지 아니하고 지정수량 이상의 위험물을 저장 또는 취급하는 자(제6조 제3항의 규정에 따라 허가를 받지 아니하는 자를 제외한다)에 대하여 그 위험물 및 시설의 제거 등 필요한 조치를 명할 수 있다.

제7조(군용위험물시설의 설치 및 변경에 대한 특례) ① 군사목적 또는 군부대시설을 위한 제조소등을 설치하거나 그 위치·구조 또는 설비를 변경하고자 하는 군부대의 장은 대통령령이 정하는 바에 따라 미리 제조소등의 소재지를 관할하는 시·도지사와 협의하여야 한다.

② 군부대의 장이 제1항의 규정에 따라 제조소등의 소재지를 관할하는 시·도지사와 협의한 경우에는 제6조제1항의 규정에 따른 허가를 받은 것으로 본다.

③ 군부대의 장은 제1항의 규정에 따라 협의한 제조소등에 대하여는 제8조 및 제9조의 규정에 불구하고 탱크안전성능검사와 완공검사를 자체적으로 실시할 수 있다. 이 경우 완공검사를 자체적으로 실시한 군부대의 장은 지체 없이 행정안전부령이 정하는 사항을 시·도지사에게 통보하여야 한다.

제8조(탱크안전성능검사) ① 위험물을 저장 또는 취급하는 탱크로서 대통령령이 정하는 탱크(이하 "위험물탱크"라 한다)가 있는 제조소등의 설치 또는 그 위치·구조 또는 설비의 변경에 관하여 제6조제1항의 규정에 따른 허가를 받은 자가 위험물탱크의 설치 또는 그 위치·구조 또는 설비의 변경공사를 하

는 때에는 제9조제1항의 규정에 따른 완공검사를 받기 전에 제5조제4항의 규정에 따른 기술기준에 적합한지의 여부를 확인하기 위하여 시·도지사가 실시하는 탱크안전성능검사를 받아야 한다. 이 경우 시·도지사는 제6조제1항의 규정에 따른 허가를 받은 자가 제16조제1항의 규정에 따른 탱크안전성능시험자 또는 「소방산업의 진흥에 관한 법률」 제14조에 따른 한국소방산업기술원(이하 "기술원"이라 한다)로부터 탱크안전성능시험을 받은 경우에는 대통령령이 정하는 바에 따라 당해 탱크안전성능검사의 전부 또는 일부를 면제할 수 있다.

② 제1항의 규정에 따른 탱크안전성능검사의 내용은 대통령령으로 정하고, 탱크안전성능검사의 실시 등에 관하여 필요한 사항은 행정안전부령으로 정한다.

문1. 위험물안전관리법령상 허가를 받지 아니하고 지정수량 이상의 위험물을 저장 또는 취급하는 자에 대한 조치명령에 관한 설명으로 옳은 것은?

① 소방서장은 수산용으로 필요한 난방시설을 위한 지정수량 20배의 저장소를 설치한 자에게 대하여 제거 등 필요한 조치를 명할 수 있다.
② 소방본부장은 주택의 난방시설(공동주택의 중앙난방시설은 제외한다)을 위한 취급소를 설치한 자에 대하여 제거 등 필요한 조치를 명할 수 있다.
③ 시·도지사는 축산용으로 필요한 난방시설을 위한 지정수량 20배의 저장소를 설치한 자에 대하여 제거 등 필요한 조치를 명할 수 있다.
④ 소방서장은 농예용으로 필요한 건조시설을 위한 지정수량 30배의 저장소를 설치한 자에 대하여 제거 등 필요한 조치를 명할 수 있다.

정답 ④

문2. 위험물안전관리법령상 위험물시설의 설치 및 변경 등에 관한 조문의 일부이다. ( )에 들어갈 말을 바르게 나열한 것은?

> 제조소 등의 위치·구조 또는 설비의 변경 없이 당해 제조소 등에서 저장하거나 취급하는 위험물의 품명·수량 또는 지정수량의 배수를 변경하고자 하는 자는 변경하고자 하는 날의 (ㄱ) 전까지 (ㄴ)이 정하는 바에 따라 (ㄷ)에게 신고하여야 한다.

① ㄱ : 1일, ㄴ : 대통령령, ㄷ : 소방서장
② ㄱ : 1일, ㄴ : 행정안전부령, ㄷ : 시·도지사
③ ㄱ : 3일, ㄴ : 대통령령, ㄷ : 소방서장
④ ㄱ : 3일, ㄴ : 행정안전부령, ㄷ : 시·도지사

정답 ②

문3 위험물안전관리법령상 위험물시설의 설치 및 변경에 관한 설명으로 옳지 않은 것은? (단, 권한의 위임 등 기타 사항은 고려하지 않음)

① 제조소 등을 설치하고자 하는 자는 그 설치장소를 관할하는 시·도지사의 허가를 받아야 한다.
② 제조소 등의 위치·구조 등의 변경 없이 당해 제조소 등에서 저장하는 위험물의 품명·수량 등을 변경하고자 하는 자는 변경하고자 하는 날까지 시·도지사의 허가를 받아야 한다.
③ 군사목적으로 제조소 등을 설치하고자 하는 군부대의 장이 제조소 등의 소재지를 관할하는 시·도지사와 협의하는 경우에는 허가를 받은 것으로 본다.
④ 군부대의 장은 국가기밀에 속하는 제조소 등의 설비를 변경하고자 하는 경우에는 당해 제조소 등의 변경공사를 착수하기 전에 그 공사의 설계도서와 서류제출을 생략할 수 있다.

정답 ②

문4 위험물안전관리법령상 허가를 받고 설치하여야 하는 제조소 등을 모두 고른 것은?

ㄱ. 공동주택의 중앙난방시설을 위한 취급소
ㄴ. 농예용으로 필요한 건조시설을 위한 지정수량 20배 이하의 저장소
ㄷ. 축산용으로 필요한 난방시설을 위한 지정수량 20배 이하의 취급소

① ㄱ, ㄴ
② ㄱ, ㄷ
③ ㄴ, ㄷ
④ ㄱ, ㄴ, ㄷ

정답 ②

문5 위험물안전관리법령상 시·도지사의 허가를 받지 아니하고 당해 제조소 등을 설치할 수 있는 기준 중 다음 ( ) 안에 알맞은 것은?

농예용·축산용 또는 수산용으로 필요한 난방시설 또는 건조시설을 위한 지정수량 ( )배 이하의 저장소

① 20
② 30
③ 40
④ 50

정답 ①

문6 위험물안전관리법령상 허가를 받지 아니하고 당해 제조소 등을 설치하거나 그 위치·구조 또는 설비를 변경할 수 있으며, 신고를 하지 아니하고 위험물의 품명·수량 또는 지정수량의 배수를 변경할 수 있는 기준으로 옳은 것은?

① 축산용으로 필요한 건조시설을 위한 지정수량 40배 이하의 저장소
② 수산용으로 필요한 건조시설을 위한 지정수량 30배 이하의 저장소
③ 농예용으로 필요한 건조시설을 위한 지정수량 40배 이하의 저장소
④ 주택의 난방시설(공동주택의 중앙난방시설 제외)을 위한 저장소

정답 ④

제9조(완공검사) ① 제6조제1항의 규정에 따른 허가를 받은 자가 제조소등의 설치를 마쳤거나 그 위치·구조 또는 설비의 변경을 마친 때에는 당해 제조소등마다 **시·도지사가 행하는 완공검사를 받아** 제5조제4항의 규정에 따른 기술기준에 적합하다고 인정받은 후가 아니면 이를 사용하여서는 아니 된다. 다만, 제조소등의 위치·구조 또는 설비를 변경함에 있어서 제6조제1항 후단의 규정에 따른 변경허가를 신청하는 때에 화재예방에 관한 조치사항을 기재한 서류를 제출하는 경우에는 당해 변경공사와 관계가 없는 부분은 완공검사를 받기 전에 미리 사용할 수 있다.
② 제1항 본문의 규정에 따른 완공검사를 받고자 하는 자가 제조소등의 일부에 대한 설치 또는 변경을 마친 후 그 일부를 미리 사용하고자 하는 경우에는 당해 제조소등의 일부에 대하여 완공검사를 받을 수 있다.

제10조(제조소등 설치자의 지위승계) ① 제조소등의 설치자(제6조제1항의 규정에 따라 허가를 받아 제조소등을 설치한 자를 말한다. 이하 같다)가 사망하거나 그 제조소등을 양도·인도한 때 또는 법인인 제조소등의 설치자의 합병이 있는 때에는 그 상속인, 제조소등을 양수·인수한 자 또는 합병후 존속하는 법인이나 합병에 의하여 설립되는 법인은 그 설치자의 지위를 승계한다.
② 민사집행법에 의한 경매, 「채무자 회생 및 파산에 관한 법률」에 의한 환가, 국세징수법·관세법 또는 「지방세징수법」에 따른 압류재산의 매각과 그 밖에 이에 준하는 절차에 따라 제조소등의 시설의 전부를 인수한 자는 그 설치자의 지위를 승계한다.
③ 제1항 또는 제2항의 규정에 따라 **제조소등의 설치자의 지위를 승계한 자는 행정안전부령이 정하는 바에 따라 승계한 날부터 30일 이내에 시·도지사에게 그 사실을 신고하여야 한다.**

제11조(제조소등의 폐지) 제조소등의 관계인(소유자·점유자 또는 관리자를 말한다. 이하 같다)은 당해 제조소등의 용도를 폐지(장래에 대하여 위험물시설로서의 기능을 완전히 상실시키는 것을 말한다)한 때에는 행정안전부령이 정하는 바에 따라 **제조소등의 용도를 폐지한 날부터 14일 이내에 시·도지사에게 신고하여야 한다.**

> **문** 위험물안전관리법령상 제조소 등의 관계인은 그 제조소 등의 용도를 폐지한 날부터 며칠 이내에 신고하여야 하는가?
>
> ① 7일
> ② 14일
> ③ 15일
> ④ 30일
>
> 정답 ②

제11조의2(제조소등의 사용 중지 등) ① 제조소등의 관계인은 제조소등의 사용을 중지(경영상 형편, 대규모 공사 등의 사유로 **3개월 이상 위험물을 저장하지 아니하거나 취급하지 아니하는 것을 말한다. 이하 같다)하려는 경우에는 위험물의 제거 및 제조소등에의 출입통제 등 행정안전부령으로 정하는 안전조치를 하여야 한다.** 다만, 제조소등의 사용을 중지하는 기간에도 제15조제1항 본문에 따른 위험물안전관리자가 계속하여 직무를 수행하는 경우에는 안전조치를 아니할 수 있다.
② 제조소등의 관계인은 제조소등의 사용을 중지하거나 중지한 제조소등의 사용을 재개하려는 경우에는 해당 제조소등의 사용을 중지하려는 날 또는 재개하려는 날의 14일 전까지 행정안전부령으로 정하는 바에 따라 제조소등의 사용 중지 또는 재개를 시·도지사에게 신고하여야 한다.
③ 시·도지사는 제2항에 따라 신고를 받으면 제조소등의 관계인이 제1항 본문에 따른 안전조치를 적합하게 하였는지 또는 제15조제1항 본문에 따른 위험물안전관리자가 직무를 적합하게 수행하는지를 확인하고 위해 방지를 위하여 필요한 안전조치의 이행을 명할 수 있다.
④ 제조소등의 관계인은 제2항의 사용 중지신고에 따라 제조소등의 사용을 중지하는 기간 동안에는 제15조제1항 본문에도 불구하고 위험물안전관리자를 선임하지 아니할 수 있다.

제12조(제조소등 설치허가의 취소와 사용정지 등) 시·도지사는 제조소등의 관계인이 다음 각 호의 어느 하나에 해당하는 때에는 행정안전부령이 정하는 바에 따라 제6조제1항에 따른 **허가를 취소하거나 6월 이내의 기간을 정하여 제조소등의 전부 또는 일부의 사용정지를 명할 수 있다.**
 1. 제6조제1항 후단의 규정에 따른 변경허가를 받지 아니하고 제조소등의 위치·구조 또는 설비를 변경한 때
 2. 제9조의 규정에 따른 **완공검사를 받지 아니하고 제조소등을 사용한 때**
 2의2. 제11조의2제3항에 따른 안전조치 이행명령을 따르지 아니한 때
 3. 제14조제2항의 규정에 따른 수리·개조 또는 이전의 명령을 위반한 때
 4. 제15조제1항 및 제2항의 규정에 따른 **위험물안전관리자를 선임하지 아니한 때**

5. 제15조제5항을 위반하여 대리자를 지정하지 아니한 때
6. 제18조제1항의 규정에 따른 정기점검을 하지 아니한 때
7. 제18조제3항에 따른 정기검사를 받지 아니한 때
8. 제26조의 규정에 따른 저장·취급기준 준수명령을 위반한 때

제13조(과징금처분) ① 시·도지사는 제12조 각 호의 어느 하나에 해당하는 경우로서 제조소등에 대한 사용의 정지가 그 이용자에게 심한 불편을 주거나 그 밖에 공익을 해칠 우려가 있는 때에는 '사용정지처분에 갈음하여' 2억원 이하의 과징금을 부과할 수 있다.

② 제1항의 규정에 따른 과징금을 부과하는 위반행위의 종별·정도 등에 따른 과징금의 금액 그 밖의 필요한 사항은 행정안전부령으로 정한다.

③ 시·도지사는 제1항의 규정에 따른 과징금을 납부하여야 하는 자가 납부기한까지 이를 납부하지 아니한 때에는 「지방행정제재·부과금의 징수 등에 관한 법률」에 따라 징수한다.

문1 「위험물안전관리법」의 규정 내용 중에서 ( )에 들어갈 숫자를 모두 합한 값으로 옳은 것은?

(가) 제조소 등의 위치·구조 또는 설비의 변경 없이 당해 제조소 등에서 저장하거나 취급하는 위험물의 품명·수량 또는 지정수량의 배수를 변경하고자 하는 자는 변경하고자 하는 날의 (ㄱ)일 전까지 행정안전부령이 정하는 바에 따라 시·도지사에게 신고하여야 한다.

(나) 제조소 등의 관계인은 제조소 등의 사용을 중지(경영상 형편, 대규모 공사 등의 사유로 (ㄴ)개월 이상 위험물을 저장하지 아니하거나 취급하지 아니하는 것을 말한다)하려는 경우에는 위험물의 제거 및 제조소 등에의 출입통제 등 행정안전부령으로 정하는 안전조치를 하여야 한다.

(다) 시·도지사는 제12조 각 호의 어느 하나에 해당하는 경우로서 제조소 등에 대한 사용의 정지가 그 이용자에게 심한 불편을 주거나 그 밖에 공익을 해칠 우려가 있는 때에는 사용정지처분에 갈음하여 (ㄷ)억 원 이하의 과징금을 부과할 수 있다.

① 4
② 5
③ 6
④ 7

정답 ③ 1+3+2

문2. 위험물안전관리법령상 과징금처분에 관한 조문이다. 다음 ( )에 들어갈 내용은?

(ㄱ)은/는 위험물안전관리법 제12조 각 호의 어느 하나에 해당하는 경우로서 제조소 등에 대한 사용의 정지가 그 이용자에게 심한 불편을 주거나 그 밖에 공익을 해칠 우려가 있는 때에는 사용정지처분에 갈음하여 (ㄴ) 이하의 과징금을 부과할 수 있다.

① ㄱ : 소방청장, ㄴ : 1억 원
② ㄱ : 소방청장, ㄴ : 2억 원
③ ㄱ : 시·도지사, ㄴ : 1억 원
④ ㄱ : 시·도지사, ㄴ : 2억 원

정답 ④

문3. 위험물안전관리법령상 과징금에 관한 설명으로 옳지 않은 것은?

① 시·도지사는 제조소 등에 대한 사용의 취소가 공익을 해칠 우려가 있는 때에는 사용취소처분에 갈음하여 2억 원 이하의 과징금을 부과할 수 있다.
② 과징금 징수절차에 관하여는 「국고금 관리법 시행규칙」을 준용한다.
③ 시도지사는 과징금을 납부하여야 하는 자가 납부기한까지 이를 납부하지 아니한 때에는 「지방행정제재·부과금의 징수 등에 관한 법률」에 따라 징수한다.
④ 과징금을 부과하는 위반행위의 종별·정도 등에 따른 과징금의 금액 그 밖의 필요한 사항은 행정안전부령으로 정한다.

정답 ①

제3장 위험물시설의 안전관리

제14조(위험물시설의 유지·관리) ① 제조소등의 관계인은 당해 제조소등의 위치·구조 및 설비가 제5조제4항의 규정에 따른 기술기준에 적합하도록 유지·관리하여야 한다.

② 시·도지사, 소방본부장 또는 소방서장은 제1항의 규정에 따른 유지·관리의 상황이 제5조제4항의 규정에 따른 기술기준에 부적합하다고 인정하는 때에는 그 기술기준에 적합하도록 제조소등의 위치·구조 및 설비의 수리·개조 또는 이전을 명할 수 있다.

제15조(위험물안전관리자) ① 제조소등[제6조제3항의 규정에 따라 허가를 받지 아니하는 제조소등과 이동탱크저장소(차량에 고정된 탱크에 위험물을 저장 또는 취급하는 저장소를 말한다)를 제외한다. 이하 이 조에서 같다]의 관계인은 위험물의 안전관리에 관한 직무를 수행하게 하기 위하여 제조소등마다 대통령령이 정하는 위험물의 취급에 관한 자격이 있는 자(이하 "위험물취급자격자"라 한다)를 위

험물안전관리자(이하 "안전관리자"라 한다)로 선임하여야 한다. 다만, 제조소등에서 저장·취급하는 위험물이 「화학물질관리법」에 따른 인체급성유해성물질, 인체만성유해성물질, 생태유해성물질에 해당하는 경우 등 대통령령이 정하는 경우에는 당해 제조소등을 설치한 자는 다른 법률에 의하여 안전관리 업무를 하는 자로 선임된 자 가운데 대통령령이 정하는 자를 안전관리자로 선임할 수 있다.

② 제1항의 규정에 따라 안전관리자를 선임한 제조소등의 관계인은 그 안전관리자를 해임하거나 안전관리자가 퇴직한 때에는 **해임하거나 퇴직한 날부터 30일 이내에 다시 안전관리자를 선임**하여야 한다.

③ 제조소등의 관계인은 제1항 및 제2항에 따라 안전관리자를 **선임한 경우에는 선임한 날부터 14일 이내에 행정안전부령으로 정하는 바에 따라 소방본부장 또는 소방서장에게 신고**하여야 한다.

④ 제조소등의 관계인이 안전관리자를 해임하거나 안전관리자가 퇴직한 경우 그 관계인 또는 안전관리자는 소방본부장이나 소방서장에게 그 사실을 알려 해임되거나 퇴직한 사실을 확인받을 수 있다.

⑤ 제1항의 규정에 따라 안전관리자를 선임한 제조소등의 관계인은 안전관리자가 여행·질병 그 밖의 사유로 인하여 일시적으로 직무를 수행할 수 없거나 안전관리자의 해임 또는 퇴직과 동시에 다른 안전관리자를 선임하지 못하는 경우에는 국가기술자격법에 따른 위험물의 취급에 관한 자격취득자 또는 위험물안전에 관한 기본지식과 경험이 있는 자로서 행정안전부령이 정하는 자를 **대리자(代理者)로 지정하여 그 직무를 대행하게 하여야 한다. 이 경우 대리자가 안전관리자의 직무를 대행하는 기간은 30일을 초과할 수 없다.**

⑥ 안전관리자는 위험물을 취급하는 작업을 하는 때에는 작업자에게 안전관리에 관한 필요한 지시를 하는 등 행정안전부령이 정하는 바에 따라 위험물의 취급에 관한 안전관리와 감독을 하여야 하고, 제조소등의 관계인과 그 종사자는 안전관리자의 위험물 안전관리에 관한 의견을 존중하고 그 권고에 따라야 한다.

⑦ 제조소등에 있어서 위험물취급자격자가 아닌 자는 안전관리자 또는 제5항에 따른 대리자가 참여한 상태에서 위험물을 취급하여야 한다.

⑧ 다수의 제조소등을 동일인이 설치한 경우에는 제1항의 규정에 불구하고 관계인은 대통령령이 정하는 바에 따라 1인의 안전관리자를 중복하여 선임할 수 있다. 이 경우 대통령령이 정하는 제조소등의 관계인은 제5항에 따른 대리자의 자격이 있는 자를 각 제조소등별로 지정하여 안전관리자를 보조하게 하여야 한다.

> ② 법 제15조 제8항 후단에서 "대통령령이 정하는 제조소등"이란 다음 각 호의 어느 하나에 해당하는 제조소등을 말한다.
> 1. 제조소
> 2. 이송취급소
> 3. 일반취급소. 다만, 인화점이 38도 이상인 제4류 위험물만을 지정수량의 30배 이하로 취급하는 일반취급소로서 다음 각목의 1에 해당하는 일반취급소를 제외한다.
>   가. 보일러·버너 또는 이와 비슷한 것으로서 위험물을 소비하는 장치로 이루어진 일반취급소
>   나. 위험물을 용기에 옮겨 담거나 차량에 고정된 탱크에 주입하는 일반취급소

⑨ 제조소등의 종류 및 규모에 따라 선임하여야 하는 안전관리자의 자격은 대통령령으로 정한다.

문1 위험물안전관리법령상 제조소 등의 위험물안전관리자(이하 "안전관리자"라 함)에 관한 설명으로 옳은 것은?

① 제조소 등의 관계인이 안전관리자가 질병 등의 사유로 일시적으로 직무를 수행할 수 없어 대리자를 지정하는 경우, 대리자가 안전관리자의 직무를 대행하는 기간은 15일을 초과할 수 없다.
② 제조소 등의 관계인이 안전관리자를 해임한 경우 그 관계인 또는 안전관리자는 소방본부장이나 소방서장에게 그 사실을 알려 해임된 사실을 확인받을 수 있다.
③ 제조소 등의 관계인이 안전관리자를 선임한 경우에는 선임한 날부터 30일 이내에 소방본부장 또는 소방서장에게 신고하여야 한다.
④ 안전관리자를 선임한 제조소 등의 관계인은 안전관리자가 퇴직한 때에는 퇴직한 날부터 60일 이내에 다시 안전관리자를 선임하여야 한다.

 ②

문2 위험물안전관리법령상 제조소 등의 관계인은 위험물의 안전관리에 관한 직무를 수행하기 위하여 제조소 등마다 위험물의 취급에 관한 자격이 있는 자를 위험물안전관리자로 선임하여야 한다. 이 경우 제조소 등의 관계인이 지켜야 할 기준으로 옳지 않은 것은?

① 제조소 등의 관계인은 안전관리자를 해임하거나 안전관리자가 퇴직한 때에는 해임하거나 퇴직한 날부터 15일 이내에 다시 안전관리자를 선임하여야 한다.
② 제조소 등의 관계인이 안전관리자를 선임한 경우에는 선임한 날부터 14일 이내에 소방본부장 또는 소방서장에게 신고하여야 한다.
③ 제조소 등의 관계인은 안전관리자가 여행·질병 그 밖의 사유로 인하여 일시적으로 직무를 수행할 수 없는 경우에는 국가기술자격법에 따른 위험물의 취급에 관한 자격취득자 또는 위험물안전에 관한 기본지식과 경험이 있는 자를 대리자로 지정하여 그 직무를 대행하게 하여야 한다. 이 경우 대행하는 기간은 30일을 초과할 수 없다.
④ 안전관리자는 위험물을 취급하는 작업을 하는 때에는 작업자에게 안전관리에 관한 필요한 지시를 하는 등 위험물의 취급에 관한 안전관리와 감독을 하여야 하고, 제조소 등의 관계인은 안전관리자의 위험물안전관리에 관한 의견을 존중하고 그 권고에 따라야 한다.

 ①

제16조(탱크시험자의 등록 등) ① 시·도지사 또는 제조소등의 관계인은 안전관리업무를 전문적이고 효율

적으로 수행하기 위하여 탱크안전성능시험자(이하 "탱크시험자"라 한다)로 하여금 이 법에 의한 검사 또는 점검의 일부를 실시하게 할 수 있다.

② 탱크시험자가 되고자 하는 자는 '**대통령령**'이 정하는 기술능력·시설 및 장비를 갖추어 '**시·도지사**'에게 등록하여야 한다.

③ 제2항의 규정에 따라 등록한 사항 가운데 행정안전부령이 정하는 중요사항을 변경한 경우에는 그 날부터 **30일** 이내에 시·도지사에게 변경신고를 하여야 한다.

④ 다음 각 호의 어느 하나에 해당하는 자는 탱크시험자로 등록하거나 탱크시험자의 업무에 종사할 수 없다.
  1. 피성년후견인
  2. 삭제
  3. 이 법, 「소방기본법」, 「화재의 예방 및 안전관리에 관한 법률」, 「소방시설 설치 및 관리에 관한 법률」 또는 「소방시설공사업법」에 따른 금고 이상의 실형의 선고를 받고 그 집행이 종료(집행이 종료된 것으로 보는 경우를 포함한다)되거나 집행이 면제된 날부터 2년이 지나지 아니한 자
  4. 이 법, 「소방기본법」, 「화재의 예방 및 안전관리에 관한 법률」, 「소방시설 설치 및 관리에 관한 법률」 또는 「소방시설공사업법」에 따른 금고 이상의 형의 집행유예 선고를 받고 그 유예기간 중에 있는 자
  5. 제5항의 규정에 따라 탱크시험자의 등록이 취소(제1호에 해당하여 자격이 취소된 경우는 제외한다)된 날부터 2년이 지나지 아니한 자
  6. 법인으로서 그 대표자가 제1호 내지 제5호의 1에 해당하는 경우

⑤ 시·도지사는 탱크시험자가 다음 각 호의 어느 하나에 해당하는 경우에는 행정안전부령으로 정하는 바에 따라 그 등록을 취소하거나 6월 이내의 기간을 정하여 업무의 정지를 명할 수 있다. **다만, 제1호 내지 제3호**에 해당하는 경우에는 그 **등록을 취소**하여야 한다.
  1. **허위 그 밖의 부정한 방법으로 등록을 한 경우**
  2. **제4항 각 호의 어느 하나의 등록의 결격사유에 해당하게 된 경우**
  3. **등록증을 다른 자에게 빌려준 경우**
  4. 제2항의 규정에 따른 등록기준에 미달하게 된 경우
  5. 탱크안전성능시험 또는 점검을 허위로 하거나 이 법에 의한 기준에 맞지 아니하게 탱크안전성능시험 또는 점검을 실시하는 경우 등 탱크시험자로서 적합하지 아니하다고 인정하는 경우

⑥ 탱크시험자는 이 법 또는 이 법에 의한 명령에 따라 탱크안전성능시험 또는 점검에 관한 업무를 성실히 수행하여야 한다.

문1 위험물안전관리법령상 탱크시험자로 등록하거나 탱크시험자의 업무에 종사할 수 있는 경우는?

① 피성년후견인
② 「소방기본법」에 따른 금고 이상의 형의 집행유예 선고를 받고 그 유예기간 중에 있는

자
③ 「소방시설공사업법」에 따른 금고 이상의 실형의 선고를 받고 그 집행이 종료되거나 집행이 면제된 날부터 1년이 된 자
④ 탱크시험자의 등록이 취소된 날부터 3년이 된 자

정답 ④

문2 위험물안전관리법령상 위험물시설의 안전관리에 관한 설명으로 옳지 않은 것은?

① 위험물안전관리자를 선임하여야 하는 제조소 등의 경우, 안전관리자를 선임한 제조소 등의 관계인은 그 안전관리자를 해임하거나 안전관리자가 퇴직한 때에는 해임하거나 퇴직한 날부터 30일 이내에 다시 안전관리자를 선임하여야 한다.
② 암반탱크저장소는 관계인이 예방규정을 정하여야 하는 제조소 등에 포함된다.
③ 정기검사의 대상인 제조소 등이라 함은 액체위험물을 저장 또는 취급하는 50만 리터 이상의 옥외탱크저장소를 말한다.
④ 탱크안전성능시험자가 되고자 하는 자는 대통령령이 정하는 기술능력·시설 및 장비를 갖추어 소방청장에게 등록하여야 한다.

정답 ④

문3 위험물탱크 안전성능 시험자가 기술능력, 시설 및 장비 등 중요 변경사항이 있는 때에는 변경한 날부터 며칠 이내에 변경신고를 하여야 하는가?

① 5일 이내
② 15일 이내
③ 25일 이내
④ 30일 이내

정답 ④

제17조(예방규정) ① 대통령령으로 정하는 제조소등의 관계인은 해당 제조소등의 화재예방과 화재 등 재해발생시의 비상조치를 위하여 행정안전부령으로 정하는 바에 따라 예방규정을 정하여 해당 제조소등의 사용을 시작하기 전에 시·도지사에게 제출하여야 한다. 예방규정을 변경한 때에도 또한 같다.
② 시·도지사는 제1항에 따라 제출한 예방규정이 제5조제3항에 따른 기준에 적합하지 아니하거나 화재예방이나 재해발생시의 비상조치를 위하여 필요하다고 인정하는 때에는 이를 반려하거나 그 변경을 명할 수 있다.

③ 제1항에 따른 제조소등의 관계인과 그 종업원은 예방규정을 충분히 잘 익히고 준수하여야 한다.
④ 소방청장은 <u>대통령령으로 정하는 제조소등</u>에 대하여 행정안전부령으로 정하는 바에 따라 예방규정의 이행 실태를 정기적으로 평가할 수 있다.

> ★영 제15조(예방규정) ① 법 제17조제1항에서 "대통령령으로 정하는 제조소등"이란 다음 각 호의 어느 하나에 해당하는 제조소등을 말한다. →제/외/내저/옥외탱크(10/100/150/200배)/암반/이송/10·일
> 1. 지정수량의 10배 이상의 위험물을 취급하는 <u>제조소</u>
> 2. 지정수량의 100배 이상의 위험물을 저장하는 <u>옥외저장소</u>
> 3. 지정수량의 150배 이상의 위험물을 저장하는 <u>옥내저장소</u>
> 4. 지정수량의 200배 이상의 위험물을 저장하는 <u>옥외탱크저장소</u>
> 5. <u>암반탱크저장소</u>
> 6. <u>이송취급소</u>
> 7. 지정수량의 10배 이상의 위험물을 취급하는 일반취급소. 다만, 제4류 위험물(특수인화물을 제외한다)만을 지정수량의 **50**배 이하로 취급하는 일반취급소(제1석유류·알코올류의 취급량이 지정수량의 10배 이하인 경우에 한한다)로서 다음 각목의 어느 하나에 해당하는 것을 제외한다.
> → *특수인화물(디에틸에테르, 이황화탄소, 아세트알데히드 등)은 제외의 제외이므로 지정수량 10배 이상 취급하는 일반취급소는 예방규정 대상이다.
> 가. 보일러·버너 또는 이와 비슷한 것으로서 위험물을 소비하는 장치로 이루어진 일반취급소
> 나. 위험물을 용기에 옮겨 담거나 차량에 고정된 탱크에 주입하는 일반취급소
> ② 법 제17조제4항에서 "대통령령으로 정하는 제조소등"이란 제1항에 따른 제조소등 가운데 **저장 또는 취급하는 위험물의 최대수량의 합이 지정수량의 3천배 이상인 제조소등을 말한다.** 이 경우 소방청장은 예방규정 이행 실태 평가 대상인 제조소등의 위험성 등을 고려하여 행정안전부령으로 정하는 바에 따라 평가 방법을 다르게 할 수 있다.

문1 위험물안전관리법령상 화재예방과 화재 등 재해발생 시 비상조치를 위하여 예방규정을 당해 제조소 등의 사용을 시작하기 전에 시·도지사에게 제출하여야 하는 제조소 등에 해당하지 <u>않는</u> 것은?

① 암반탱크저장소
② 지하탱크저장소
③ 지정수량의 100배 이상의 위험물을 저장하는 옥외저장소
④ 지정수량의 150배 이상의 위험물을 저장하는 옥내저장소

정답 ②

문2. 위험물안전관리법령상 관계인이 예방규정을 정하여야 하는 위험물 제조소 등에 해당하지 <u>않는</u> 것은?

① 지정수량 10배의 특수인화물을 취급하는 일반취급소
② 지정수량 20배의 휘발유를 고정된 탱크에 주입하는 일반취급소
③ 지정수량 40배의 제3석유류를 용기에 옮겨 담는 일반취급소
④ 지정수량 15배의 알코올을 버너에 소비하는 장치로 이루어진 일반취급소

정답 ③

제18조(정기점검 및 정기검사) ① <u>대통령령이 정하는 제조소등의 관계인</u>은 그 제조소등에 대하여 행정안전부령이 정하는 바에 따라 제5조제4항의 규정에 따른 기술기준에 적합한지의 여부를 **정기적으로 점검**하고 점검결과를 기록하여 보존하여야 한다. → 소방본부장, 소방서장(×)

② 제1항에 따라 **정기점검을 한 제조소등의 관계인은 점검을 한 날부터 30일 이내에 점검결과를 시·도지사에게 제출하여야 한다.**

③ 제1항에 따른 정기점검의 대상이 되는 제조소등의 관계인 가운데 대통령령으로 정하는 **제조소등의 관계인**은 행정안전부령으로 정하는 바에 따라 **소방본부장 또는 소방서장으로부터** 해당 제조소등이 제5조제4항에 따른 기술기준에 적합하게 유지되고 있는지의 여부에 대하여 정기적으로 검사를 받아야 한다.

> **제16조(정기점검의 대상인 제조소등)** 법 제18조제1항에서 "대통령령이 정하는 제조소등"이라 함은 다음 각호의 1에 해당하는 제조소등을 말한다. 〈개정 2024. 7. 2.〉
> 1. 제15조(*예방규정)제1항 각 호의 어느 하나에 해당하는 제조소등
> 2. 지하탱크저장소
> 3. 이동탱크저장소
> 4. 위험물을 취급하는 탱크로서 지하에 매설된 탱크가 있는 제조소·주유취급소 또는 일반취급소
>
> **제17조(정기검사의 대상인 제조소등)** 법 제18조제3항에서 "대통령령으로 정하는 제조소등"이란 액체위험물을 저장 또는 취급하는 **50만 리터 이상의 옥외탱크저장소**를 말한다. → *정기검사 받고 정오(50만)에 보자!

제19조(자체소방대) 다량의 위험물을 저장·취급하는 제조소등으로서 **대통령령이 정하는 제조소등이 있는 동일한 사업소에서 대통령령이 정하는 수량 이상의 위험물을 저장 또는 취급하는 경우** 당해 사업소의 관계인은 대통령령이 정하는 바에 따라 당해 사업소에 자체소방대를 설치하여야 한다. → *제조·일3천/옥외탱크50만

> **영 제18조(자체소방대를 설치하여야 하는 사업소)** ① 법 제19조에서 "대통령령이 정하는 제조소등"

이란 다음 각 호의 어느 하나에 해당하는 제조소등을 말한다.
  1. **제4류 위험물을 취급하는 제조소 또는 일반취급소**. 다만, 보일러로 위험물을 소비하는 일반취급소 등 행정안전부령으로 정하는 일반취급소는 제외한다.
  2. **제4류 위험물을 저장하는 옥외탱크저장소**
② 법 제19조에서 "대통령령이 정하는 수량 이상"이란 다음 각 호의 구분에 따른 수량을 말한다.
  1. **제1항 제1호에 해당하는 경우** : 제조소 또는 일반취급소에서 취급하는 제4류 위험물의 최대수량의 합이 지정수량의 **3천배 이상**
  2. **제1항 제2호에 해당하는 경우** : 옥외탱크저장소에 저장하는 제4류 위험물의 최대수량이 지정수량의 **50만 배 이상**
③ 법 제19조의 규정에 의하여 자체소방대를 설치하는 사업소의 관계인(소유자·점유자 또는 관리자를 말한다. 이하 같다)은 별표 8의 규정에 의하여 자체소방대에 화학소방자동차 및 자체소방대원을 두어야 한다. 다만, 화재 그 밖의 재난발생시 다른 사업소 등과 상호응원에 관한 협정을 체결하고 있는 사업소에 있어서는 행정안전부령이 정하는 바에 따라 별표 8의 범위 안에서 화학소방자동차 및 인원의 수를 달리할 수 있다.

> **시행규칙 제73조(자체소방대의 설치 제외대상인 일반취급소)** 영 제18조제1항제1호 단서에서 "행정안전부령으로 정하는 일반취급소"란 다음 각 호의 어느 하나에 해당하는 일반취급소를 말한다.
>   1. 보일러, 버너 그 밖에 이와 유사한 장치로 위험물을 **소비**하는 일반취급소
>   2. 이동저장탱크 그 밖에 이와 유사한 것에 위험물을 **주입**하는 일반취급소
>   3. 용기에 위험물을 **옮겨 담는** 일반취급소
>   4. 유압장치, 윤활유순환장치 그 밖에 이와 유사한 장치로 위험물을 취급하는 일반취급소
>   5. 「광산안전법」의 적용을 받는 일반취급소

문1

위험물안전관리법령상 다량의 위험물을 저장·취급하는 제조소 등으로서 대통령령이 정하는 수량 이상의 위험물을 저장 또는 취급하는 경우, 자체소방대 설치 대상이다. ( ) 안에 들어갈 수치로 옳은 것은?

> ○ 제조소 또는 일반취급소(일부 제외)에서 취급하는 제4류 위험물의 최대수량의 합이 지정수량의 (ㄱ)배 이상
> ○ 옥외탱크저장소에 저장하는 제4류 위험물의 최대수량이 지정수량의 (ㄴ)만 배 이상

① ㄱ : 2,000, ㄴ : 25

② ㄱ : 2,000, ㄴ : 50
③ ㄱ : 3,000, ㄴ : 25
④ ㄱ : 3,000, ㄴ : 50

정답 ④

문2 위험물안전관리법령상 제조소 등의 정기점검에 대한 설명으로 옳지 않은 것은?

① 정기점검 대상인 제조소 등의 관계인은 당해 제조소 등에 대하여 연 1회 이상 정기점검을 실시하여야 한다.
② 정기점검 대상인 제조소 등의 관계인은 당해 제조소 등의 정기점검을 안전관리자 또는 위험물운송자(이동탱크저장소의 경우에 한한다)로 하여금 실시하도록 하여야 한다.
③ 정기점검을 한 제조소 등의 관계인은 점검을 한 날부터 30일 이내에 점검결과를 시·도지사에게 제출해야 한다.
④ 등유 150,000리터를 저장하는 옥외탱크저장소는 정기점검 대상이다.

[해설]

④ 등유는 제2석유류 비수용성액체로 지정수량이 1,000리터이다.

정답 ④

문3 위험물안전관리법령상 제조소 등에 대한 정기점검 및 정기검사에 관한 설명으로 옳지 않은 것은?

① 이동탱크저장소는 정기점검의 대상이다.
② 액체위험물을 저장 또는 취급하는 50만 리터 이상의 옥외탱크저장소는 정기검사의 대상이다.
③ 소방본부장 또는 소방서장은 당해 제조소 등에 대하여 연 1회 이상 정기점검을 실시하여야 한다.
④ 정기점검의 내용·방법 등에 관한 기술상의 기준과 그 밖의 점검에 관하여 필요한 사항은 소방청장이 정하여 고시한다.

정답 ③

문4 위험물안전관리법령상 자체소방대의 설치의무가 있는 제4류 위험물을 취급하는 일반취급소는? (단, 지정수량은 3천 배 이상임)

① 용기에 위험물을 옮겨 담는 일반취급소
② 보일러 그 밖에 이와 유사한 장치로 위험물을 소비하는 일반취급소
③ 이동저장탱크 그 밖에 이와 유사한 것에 위험물을 주입하는 일반취급소
④ 세정을 위하여 위험물을 취급하는 일반취급소

정답 ④

문5 다음 위험물안전관리법령의 자체소방대 기준에 대한 설명으로 옳지 않은 것은?

> 다량의 위험물을 저장·취급하는 제조소 등으로서 대통령령이 정하는 제조소 등이 있는 동일한 사업소에서 대통령령이 정하는 수량 이상의 위험물을 저장 또는 취급하는 경우 당해 사업소의 관계인은 대통령령이 정하는 바에 따라 당해 사업소에 자체소방대를 설치하여야 한다.

① "대통령령이 정하는 제조소 등"은 제4류 위험물을 취급하는 제조소를 포함한다.
② "대통령령이 정하는 제조소 등"은 제4류 위험물을 취급하는 일반취급소를 포함한다.
③ "대통령령이 정하는 수량 이상의 위험물"은 제4류 위험물의 최대수량의 합이 지정수량의 3천배 이상인 것을 포함한다.
④ "대통령령이 정하는 제조소 등"은 보일러로 위험물을 소비하는 일반취급소를 포함한다.

정답 ④

제19조의2(제조소등에서의 흡연 금지) ① 누구든지 제조소등에서는 지정된 장소가 아닌 곳에서 흡연을 하여서는 아니 된다.
② 제조소등의 관계인은 해당 제조소등이 금연구역임을 알리는 표지를 설치하여야 한다.
③ 시·도지사는 제조소등의 관계인이 제2항을 위반하여 금연구역임을 알리는 표지를 설치하지 아니하거나 보완이 필요한 경우 일정한 기간을 정하여 그 시정을 명할 수 있다.
④ 제1항에 따른 지정 기준·방법 등은 대통령령으로 정하고, 제2항에 따른 표지를 설치하는 기준·방법 등은 행정안전부령으로 정한다.

제4장 위험물의 운반 등
제20조(위험물의 운반) ① 위험물의 운반은 그 용기·적재방법 및 운반방법에 관한 다음 각 호의 중요기준과 세부기준에 따라 행하여야 한다.
  1. 중요기준 : 화재 등 위해의 예방과 응급조치에 있어서 **큰 영향**을 미치거나 그 기준을 위반하는 경

우 직접적으로 화재를 일으킬 가능성이 큰 기준으로서 행정안전부령이 정하는 기준
   2. 세부기준 : 화재 등 위해의 예방과 응급조치에 있어서 **중요기준보다 상대적으로 적은 영향을 미치거나 그 기준을 위반하는 경우 간접적으로 화재를 일으킬 수 있는 기준** 및 위험물의 안전관리에 필요한 표시와 서류·기구 등의 비치에 관한 기준으로서 행정안전부령이 정하는 기준
② 제1항에 따라 운반용기에 수납된 위험물을 지정수량 이상으로 차량에 적재하여 운반하는 차량의 운전자(이하 "위험물운반자"라 한다)는 다음 각 호의 어느 하나에 해당하는 요건을 갖추어야 한다.
   1. 「국가기술자격법」에 따른 위험물 분야의 자격을 취득할 것
   2. 제28조제1항에 따른 교육을 수료할 것
③ 시·도지사는 운반용기를 제작하거나 수입한 자 등의 신청에 따라 제1항의 규정에 따른 운반용기를 검사할 수 있다. 다만, 기계에 의하여 하역하는 구조로 된 대형의 운반용기로서 행정안전부령이 정하는 것을 제작하거나 수입한 자 등은 행정안전부령이 정하는 바에 따라 당해 용기를 사용하거나 유통시키기 전에 시·도지사가 실시하는 운반용기에 대한 검사를 받아야 한다.

제21조(위험물의 운송) ① 이동탱크저장소에 의하여 위험물을 운송하는 자(운송책임자 및 이동탱크저장소운전자를 말하며, 이하 "위험물운송자"라 한다)는 제20조제2항 각 호의 어느 하나에 해당하는 요건을 갖추어야 한다.
② 대통령령이 정하는 위험물의 운송에 있어서는 운송책임자(위험물 운송의 감독 또는 지원을 하는 자를 말한다. 이하 같다)의 감독 또는 지원을 받아 이를 운송하여야 한다. 운송책임자의 범위, 감독 또는 지원의 방법 등에 관한 구체적인 기준은 행정안전부령으로 정한다.
③ 위험물운송자는 이동탱크저장소에 의하여 위험물을 운송하는 때에는 행정안전부령으로 정하는 기준을 준수하는 등 당해 위험물의 안전 확보를 위하여 세심한 주의를 기울여야 한다.

제5장 감독 및 조치명령

제22조(출입·검사 등) ① 소방청장(중앙119구조본부장 및 그 소속 기관의 장을 포함한다. 이하 제22조의2에서 같다), 시·도지사, 소방본부장 또는 소방서장은 위험물의 저장 또는 취급에 따른 화재의 예방 또는 진압대책을 위하여 필요한 때에는 위험물을 저장 또는 취급하고 있다고 인정되는 장소의 관계인에 대하여 필요한 보고 또는 자료제출을 명할 수 있으며, 관계공무원으로 하여금 당해 장소에 출입하여 그 장소의 위치·구조·설비 및 위험물의 저장·취급상황에 대하여 검사하게 하거나 관계인에게 질문하게 하고 시험에 필요한 최소한의 위험물 또는 위험물로 의심되는 물품을 수거하게 할 수 있다. 다만, 개인의 주거는 관계인의 승낙을 얻은 경우 또는 화재발생의 우려가 커서 긴급한 필요가 있는 경우가 아니면 출입할 수 없다.
② 소방공무원 또는 경찰공무원은 위험물운반자 또는 위험물운송자의 요건을 확인하기 위하여 필요하다고 인정하는 경우에는 주행 중인 위험물 운반 차량 또는 이동탱크저장소를 정지시켜 해당 위험물운반자 또는 위험물운송자에게 그 자격을 증명할 수 있는 국가기술자격증 또는 교육수료증의 제시를 요구할 수 있으며, 이를 제시하지 아니한 경우에는 주민등록증(모바일 주민등록증을 포함한다), 여권, 운전면허증 등 신원확인을 위한 증명서를 제시할 것을 요구하거나 신원확인을 위한 질문을 할 수 있다. 이 직무를 수행하는 경우에 있어서 소방공무원과 경찰공무원은 긴밀히 협력하여야 한다.
③ 제1항의 규정에 따른 출입·검사 등은 그 장소의 공개시간이나 근무시간내 또는 해가 뜬 후부터 해가

지기 전까지의 시간내에 행하여야 한다. 다만, 건축물 그 밖의 공작물의 관계인의 승낙을 얻은 경우 또는 화재발생의 우려가 커서 긴급한 필요가 있는 경우에는 그러하지 아니하다.

④ 제1항 및 제2항의 규정에 의하여 출입·검사 등을 행하는 관계공무원은 관계인의 정당한 업무를 방해하거나 출입·검사 등을 수행하면서 알게 된 비밀을 다른 자에게 누설하여서는 아니된다.

⑤ 시·도지사, 소방본부장 또는 소방서장은 탱크시험자에게 탱크시험자의 등록 또는 그 업무에 관하여 필요한 보고 또는 자료제출을 명하거나 관계공무원으로 하여금 당해 사무소에 출입하여 업무의 상황·시험기구·장부·서류와 그 밖의 물건을 검사하게 하거나 관계인에게 질문하게 할 수 있다.

⑥ 제1항·제2항 및 제5항의 규정에 따라 출입·검사 등을 하는 관계공무원은 그 권한을 표시하는 증표를 지니고 관계인에게 이를 내보여야 한다.

제22조의2(위험물 누출 등의 사고 조사) ① 소방청장, 소방본부장 또는 소방서장은 위험물의 누출·화재·폭발 등의 사고가 발생한 경우 사고의 원인 및 피해 등을 조사하여야 한다.

② 제1항에 따른 조사에 관하여는 제22조제1항·제3항·제4항 및 제6항을 준용한다.

③ 소방청장, 소방본부장 또는 소방서장은 제1항에 따른 사고 조사에 필요한 경우 자문을 하기 위하여 관련 분야에 전문지식이 있는 사람으로 구성된 사고조사위원회를 둘 수 있다.

④ 제3항에 따른 사고조사위원회의 구성과 운영 등에 필요한 사항은 대통령령으로 정한다.

제23조(탱크시험자에 대한 명령) 시·도지사, 소방본부장 또는 소방서장은 탱크시험자에 대하여 당해 업무를 적정하게 실시하게 하기 위하여 필요하다고 인정하는 때에는 감독상 필요한 명령을 할 수 있다.

제24조(무허가장소의 위험물에 대한 조치명령) 시·도지사, 소방본부장 또는 소방서장은 위험물에 의한 재해를 방지하기 위하여 제6조제1항의 규정에 따른 허가를 받지 아니하고 지정수량 이상의 위험물을 저장 또는 취급하는 자(제6조제3항의 규정에 따라 허가를 받지 아니하는 자를 제외한다)에 대하여 그 위험물 및 시설의 제거 등 필요한 조치를 명할 수 있다.

제25조(제조소등에 대한 긴급 사용정지명령 등) 시·도지사, 소방본부장 또는 소방서장은 공공의 안전을 유지하거나 재해의 발생을 방지하기 위하여 긴급한 필요가 있다고 인정하는 때에는 제조소등의 관계인에 대하여 당해 제조소등의 사용을 일시정지하거나 그 사용을 제한할 것을 명할 수 있다.

제26조(저장·취급기준 준수명령 등) ① 시·도지사, 소방본부장 또는 소방서장은 제조소등에서의 위험물의 저장 또는 취급이 제5조제3항의 규정에 위반된다고 인정하는 때에는 당해 제조소등의 관계인에 대하여 동항의 기준에 따라 위험물을 저장 또는 취급하도록 명할 수 있다.

② 시·도지사, 소방본부장 또는 소방서장은 관할하는 구역에 있는 이동탱크저장소에서의 위험물의 저장 또는 취급이 제5조제3항의 규정에 위반된다고 인정하는 때에는 당해 이동탱크저장소의 관계인에 대하여 동항의 기준에 따라 위험물을 저장 또는 취급하도록 명할 수 있다.

③ 시·도지사, 소방본부장 또는 소방서장은 제2항의 규정에 따라 이동탱크저장소의 관계인에 대하여 명령을 한 경우에는 행정안전부령이 정하는 바에 따라 제6조제1항의 규정에 따라 당해 이동탱크저장소의 허가를 한 시·도지사, 소방본부장 또는 소방서장에게 신속히 그 취지를 통지하여야 한다.

제27조(응급조치·통보 및 조치명령) ① 제조소등의 관계인은 당해 제조소등에서 위험물의 유출 그 밖의 사고가 발생한 때에는 즉시 그리고 지속적으로 위험물의 유출 및 확산의 방지, 유출된 위험물의 제거 그 밖에 재해의 발생방지를 위한 응급조치를 강구하여야 한다.

② 제1항의 사태를 발견한 자는 즉시 그 사실을 소방서, 경찰서 또는 그 밖의 관계기관에 통보하여야 한다.
③ 소방본부장 또는 소방서장은 제조소등의 관계인이 제1항의 응급조치를 강구하지 아니하였다고 인정하는 때에는 제1항의 응급조치를 강구하도록 명할 수 있다.
④ 소방본부장 또는 소방서장은 그 관할하는 구역에 있는 이동탱크저장소의 관계인에 대하여 제3항의 규정의 예에 따라 제1항의 응급조치를 강구하도록 명할 수 있다.

제6장 보칙

> **문** 위험물안전관리법령상 위험물의 안전관리와 관련된 업무를 수행하는 자가 받아야 하는 안전교육에 관한 설명으로 옳은 것은?
>
> ① 안전교육대상자는 시·도지사가 실시하는 교육을 받아야 한다.
> ② 모든 제조소 등의 관계인은 교육대상자이다.
> ③ 시·도지사는 안전교육을 강습교육과 실무교육으로 구분하여 실시한다.
> ④ 시·도지사, 소방본부장 또는 소방서장은 안전교육대상자가 교육을 받지 아니한 때에는 그 교육대상자가 교육을 받을 때까지 위험물안전관리법의 규정에 따라 그 자격으로 행하는 행위를 제한할 수 있다.
>
> 정답 ④

제28조(안전교육) ① 안전관리자·탱크시험자·위험물운반자·위험물운송자 등 위험물의 안전관리와 관련된 업무를 수행하는 자로서 대통령령이 정하는 자는 해당 업무에 관한 능력의 습득 또는 향상을 위하여 '**소방청장이 실시하는 교육**'을 받아야 한다.
② 제조소등의 관계인은 제1항의 규정에 따른 **교육대상자**에 대하여 필요한 안전교육을 받게 하여야 한다.
③ 제1항의 규정에 따른 교육의 과정 및 기간과 그 밖에 교육의 실시에 관하여 필요한 사항은 **행정안전부령**으로 정한다.
④ **시·도지사, 소방본부장 또는 소방서장**은 제1항의 규정에 따른 교육대상자가 교육을 받지 아니한 때에는 그 교육대상자가 교육을 받을 때까지 이 법의 규정에 따라 그 자격으로 행하는 행위를 제한할 수 있다. → 소방청장, 소방본부장 또는 소방서장(×)

> **시행규칙 제78조(안전교육)** ① 안전교육은 법 제28조제1항 및 영 제20조 각 호의 사람을 대상으로 하는 교육(이하 "**실무교육**"이라 한다)과 영 제22조제1항제1호가목·나목의 사람을 대상으로 하는 교육(이하 "**강습교육**"이라 한다)으로 구분한다.
> ② 제1항에 따른 안전교육의 과정·기간과 그 밖의 교육의 실시에 관한 사항은 **별표 24**와 같다.
> ③ 기술원 또는 「소방기본법」 제40조에 따른 한국소방안전원(이하 "안전원"이라 한다)은 매년 교육

실시계획을 수립하여 교육을 실시하는 해의 전년도 말까지 소방청장의 승인을 받아야 하고, 해당 연도 교육실시결과를 교육을 실시한 해의 다음 연도 1월 31일까지 소방청장에게 보고하여야 한다.
④ **소방본부장**은 매년 10월말까지 관할구역 안의 실무교육대상자 현황을 안전원에 통보하고 관할구역 안에서 안전원이 실시하는 안전교육에 관하여 지도·감독하여야 한다.

제29조(청문) 시·도지사, 소방본부장 또는 소방서장은 다음 각 호의 어느 하나에 해당하는 처분을 하고자 하는 경우에는 청문을 실시하여야 한다.
1. 제12조의 규정에 따른 **제조소등 설치허가의 취소**
2. 제16조제5항의 규정에 따른 **탱크시험자의 등록취소**

> **문** 위험물안전관리법령상 청문을 실시하여 처분해야 하는 것은?
>
> ① 제조소 등 설치허가의 취소
> ② 탱크시험자의 영업정지 처분
> ③ 제조소 등 영업정지 처분
> ④ 과징금 부과 처분
>
> 정답 ①

제29조의2(위험물 안전관리에 관한 협회) ① 제조소등의 관계인, 위험물운송자, 탱크시험자 및 안전관리자의 업무를 위탁받아 수행할 수 있는 안전관리대행기관으로 소방청장의 지정을 받은 자는 위험물의 안전관리, 사고 예방을 위한 안전기술 개발, 그 밖에 위험물 안전관리의 건전한 발전을 도모하기 위하여 위험물 안전관리에 관한 협회(이하 "협회"라 한다)를 설립할 수 있다.
② 협회는 법인으로 한다.
③ 협회는 소방청장의 인가를 받아 주된 사무소의 소재지에 설립등기를 함으로써 성립한다.
④ 협회의 설립인가 절차 및 정관의 기재사항 등에 관하여 필요한 사항은 대통령령으로 정한다.
⑤ 협회의 업무는 정관으로 정한다.
⑥ 협회에 관하여 이 법에서 규정한 것 외에는 「민법」 중 사단법인에 관한 규정을 준용한다.

제30조(권한의 위임·위탁) ① 소방청장 또는 시·도지사는 이 법에 따른 권한의 일부를 대통령령이 정하는 바에 따라 시·도지사, 소방본부장 또는 소방서장에게 위임할 수 있다.
② 소방청장, 시·도지사, 소방본부장 또는 소방서장은 이 법에 따른 업무의 일부를 대통령령이 정하는 바에 따라 소방기본법 제40조의 규정에 의한 한국소방안전원(이하 "안전원"이라 한다) 또는 기술원에 위탁할 수 있다.

제31조(수수료 등) 다음 각 호의 어느 하나에 해당하는 승인·허가·검사 또는 교육 등을 받으려는 자나 등록 또는 신고를 하려는 자는 행정안전부령으로 정하는 바에 따라 수수료 또는 교육비를 납부하여

야 한다.
1. 제5조제2항제1호의 규정에 따른 임시저장·취급의 승인
2. 제6조제1항의 규정에 따른 제조소등의 설치 또는 변경의 허가
3. 제8조의 규정에 따른 제조소등의 탱크안전성능검사
4. 제9조의 규정에 따른 제조소등의 완공검사
5. 제10조제3항의 규정에 따른 설치자의 지위승계신고
6. 제16조제2항의 규정에 따른 탱크시험자의 등록
7. 제16조제3항의 규정에 따른 탱크시험자의 등록사항 변경신고
8. 제18조제3항에 따른 정기검사
9. 제20조제3항에 따른 운반용기의 검사
10. 제28조의 규정에 따른 안전교육

제32조(벌칙적용에 있어서의 공무원 의제) 다음 각 호의 자는 형법 제129조 내지 제132조의 적용에 있어서는 이를 공무원으로 본다.
1. 제8조제1항 후단의 규정에 따른 검사업무에 종사하는 기술원의 담당 임원 및 직원
2. 제16조제1항의 규정에 따른 탱크시험자의 업무에 종사하는 자
3. 제30조제2항의 규정에 따라 위탁받은 업무에 종사하는 안전원 및 기술원의 담당 임원 및 직원

제7장 벌칙

제33조(벌칙) ① 제조소등 또는 제6조제1항에 따른 허가를 받지 않고 지정수량 이상의 위험물을 저장 또는 취급하는 장소에서 **위험물을 유출·방출 또는 확산시켜 사람의 생명·신체 또는 재산에 대하여 위험을 발생시킨 자는 1년 이상 10년 이하의 징역**에 처한다.
② 제1항의 규정에 따른 죄를 범하여 **사람을 상해(傷害)에 이르게 한 때**에는 무기 또는 3년 이상의 징역에 처하며, **사망에 이르게 한 때**에는 무기 또는 5년 이상의 징역에 처한다.

제34조(벌칙) ① **업무상 과실**로 제33조제1항의 죄를 범한 자는 **7년 이하의 금고 또는 7천만원 이하의 벌금**에 처한다. → *업무상 과실 77맞게
② 제1항의 죄를 범하여 사람을 사상(死傷)에 이르게 한 자는 10년 이하의 징역 또는 금고나 1억원 이하의 벌금에 처한다.

제34조의2(벌칙) 제6조제1항 전단을 위반하여 **제조소등의 설치허가를 받지 아니하고 제조소등을 설치한 자는 5년 이하의 징역 또는 1억원 이하의 벌금에 처한다.**

제34조의3(벌칙) 제5조제1항을 위반하여 저장소 또는 제조소등이 아닌 장소에서 지정수량 이상의 위험물을 저장 또는 취급한 자는 3년 이하의 징역 또는 3천만원 이하의 벌금에 처한다.

제35조(벌칙) 다음 각 호의 어느 하나에 해당하는 자는 1년 이하의 징역 또는 1천만원 이하의 벌금에 처한다.
1. 삭제
2. 삭제
3. 제16조제2항의 규정에 따른 탱크시험자로 등록하지 아니하고 탱크시험자의 업무를 한 자
4. 제18조제1항의 규정을 위반하여 정기점검을 하지 아니하거나 점검기록을 허위로 작성한 관계인으

로서 제6조제1항의 규정에 따른 허가(제6조제3항의 규정에 따라 허가가 면제된 경우 및 제7조제2항의 규정에 따라 협의로써 허가를 받은 것으로 보는 경우를 포함한다. 이하 제5호·제6호, 제36조제6호·제7호·제10호 및 제37조제3호에서 같다)를 받은 자

5. 제18조제3항을 위반하여 정기검사를 받지 아니한 관계인으로서 제6조제1항에 따른 허가를 받은 자
6. 제19조의 규정을 위반하여 자체소방대를 두지 아니한 관계인으로서 제6조제1항의 규정에 따른 허가를 받은 자
7. 제20조제3항 단서를 위반하여 운반용기에 대한 검사를 받지 아니하고 운반용기를 사용하거나 유통시킨 자
8. 제22조제1항(제22조의2제2항에서 준용하는 경우를 포함한다)의 규정에 따른 명령을 위반하여 보고 또는 자료제출을 하지 아니하거나 허위의 보고 또는 자료제출을 한 자 또는 관계공무원의 출입·검사 또는 수거를 거부·방해 또는 기피한 자
9. 제25조의 규정에 따른 제조소등에 대한 긴급 사용정지·제한명령을 위반한 자

제36조(벌칙) 다음 각 호의 어느 하나에 해당하는 자는 **1천500만원 이하의 벌금**에 처한다.

1. 제5조제3항제1호의 규정에 따른 **위험물의 저장 또는 취급에 관한 중요기준에 따르지 아니한 자**
2. 제6조제1항 후단의 규정을 위반하여 변경허가를 받지 아니하고 제조소등을 변경한 자
3. 제9조제1항의 규정을 위반하여 제조소등의 완공검사를 받지 아니하고 위험물을 저장·취급한 자
3의2. 제11조의2제3항에 따른 안전조치 이행명령을 따르지 아니한 자
4. 제12조의 규정에 따른 제조소등의 사용정지명령을 위반한 자
5. 제14조제2항의 규정에 따른 수리·개조 또는 이전의 명령에 따르지 아니한 자
6. **제15조제1항 또는 제2항의 규정을 위반하여 안전관리자를 선임하지 아니한 관계인으로서 제6조제1항**(*제조소 등의 설치자는 시·도지사의 허가)**의 규정에 따른 허가를 받은 자**
7. 제15조제5항을 위반하여 대리자를 지정하지 아니한 관계인으로서 제6조제1항의 규정에 따른 허가를 받은 자
8. 제16조제5항의 규정에 따른 업무정지명령을 위반한 자
9. 제16조제6항의 규정을 위반하여 탱크안전성능시험 또는 점검에 관한 업무를 허위로 하거나 그 결과를 증명하는 서류를 허위로 교부한 자
10. 제17조제1항 전단의 규정을 위반하여 예방규정을 제출하지 아니하거나 동조제2항의 규정에 따른 변경명령을 위반한 관계인으로서 제6조제1항의 규정에 따른 허가를 받은 자
11. 제22조제2항에 따른 정지지시를 거부하거나 국가기술자격증, 교육수료증·신원확인을 위한 증명서의 제시 요구 또는 신원확인을 위한 질문에 응하지 아니한 사람
12. 제22조제5항의 규정에 따른 명령을 위반하여 보고 또는 자료제출을 하지 아니하거나 허위의 보고 또는 자료제출을 한 자 및 관계공무원의 출입 또는 조사·검사를 거부·방해 또는 기피한 자
13. 제23조의 규정에 따른 탱크시험자에 대한 감독상 명령에 따르지 아니한 자
14. 제24조의 규정에 따른 무허가장소의 위험물에 대한 조치명령에 따르지 아니한 자
15. 제26조제1항·제2항 또는 제27조의 규정에 따른 저장·취급기준 준수명령 또는 응급조치명령을 위반한 자

제37조(벌칙) 다음 각 호의 어느 하나에 해당하는 자는 **1천만원 이하의 벌금**에 처한다.
1. 제15조제6항을 위반하여 <u>위험물의 취급에 관한 안전관리와 감독을 하지 아니한 자</u>
2. 제15조제7항을 위반하여 <u>안전관리자 또는 그 대리자가 참여하지 아니한 상태에서 위험물을 취급한 자</u>
3. 제17조제1항 후단의 규정을 위반하여 변경한 예방규정을 제출하지 아니한 관계인으로서 제6조제1항의 규정에 따른 허가를 받은 자
4. 제20조제1항제1호의 규정을 위반하여 <u>위험물의 운반에 관한 중요기준에 따르지 아니한 자</u>
4의2. 제20조제2항을 위반하여 <u>요건을 갖추지 아니한 위험물운반자</u>(*드럼통 운반)
5. 제21조제1항 또는 제2항의 <u>규정을 위반한 위험물운송자</u>(*탱크로리 운송)
6. 제22조제4항(제22조의2제2항에서 준용하는 경우를 포함한다)의 규정을 위반하여 관계인의 정당한 업무를 방해하거나 출입·검사 등을 수행하면서 알게 된 비밀을 누설한 자

문1 위험물안전관리법령상 규정하는 벌칙의 금액이 나머지 셋과 다른 것은?

① 위험물의 운반에 관한 중요기준에 따르지 아니한 자
② 위험물 운반의 자격요건을 갖추지 아니한 위험물운반자
③ 위험물의 취급에 관한 안전관리와 감독을 하지 아니한 자
④ 위험물의 저장 또는 취급에 관한 중요기준에 따르지 아니한 자

정답 ④

문2 위험물안전관리법령상 과태료 처분에 해당하지 않는 경우는?

① 관할소방서장의 승인을 받지 아니하고 지정수량 이상의 위험물을 90일 동안 임시로 저장한 경우
② 제조소 등 설치자의 지위를 승계한 날부터 30일 이내에 시·도지사에게 그 사실을 신고하지 아니한 경우
③ 제조소 등의 관계인이 안전관리자를 해임한 날부터 30일 이내에 다시 안전관리자를 선임하지 아니한 경우
④ 제조소 등의 정기점검을 한 날부터 30일 이내에 점검결과를 시·도지사에게 제출하지 아니한 경우

정답 ③

문3 위험물안전관리법령상 제조소 등에서 위험물을 유출·방출 또는 확산시켜 사람의 생명·신체 또는 재산에 대하여 위험을 발생시킨 자에게 적용되는 벌칙은?

① 1년 이상 10년 이하의 징역
② 7년 이하의 금고 또는 7천만 원 이하의 벌금
③ 5년 이하의 금고 또는 1억 원 이하의 벌금
④ 10년 이하의 금고 또는 1억 원 이하의 벌금

정답 ①

문4 위험물안전관리법령상 업무상 과실로 제조소 등에서 위험물을 유출·방출 또는 확산시켜 사람의 생명·신체 또는 재산에 대하여 위험을 발생시킨 자에 대한 벌칙기준은?

① 5년 이하의 금고 또는 2,000만 원 이하의 벌금
② 5년 이하의 금고 또는 7,000만 원 이하의 벌금
③ 7년 이하의 금고 또는 2,000만 원 이하의 벌금
④ 7년 이하의 금고 또는 7,000만 원 이하의 벌금

정답 ④

제38조(양벌규정) ① 법인의 대표자나 법인 또는 개인의 대리인, 사용인, 그 밖의 종업원이 그 법인 또는 개인의 업무에 관하여 제33조제1항의 위반행위를 하면 그 행위자를 벌하는 외에 그 법인 또는 개인을 5천만원 이하의 벌금에 처하고, 같은 조 제2항의 위반행위를 하면 그 행위자를 벌하는 외에 그 법인 또는 개인을 1억원 이하의 벌금에 처한다. 다만, 법인 또는 개인이 그 위반행위를 방지하기 위하여 해당 업무에 관하여 상당한 주의와 감독을 게을리하지 아니한 경우에는 그러하지 아니하다.

② 법인의 대표자나 법인 또는 개인의 대리인, 사용인, 그 밖의 종업원이 그 법인 또는 개인의 업무에 관하여 제34조부터 제37조까지의 어느 하나에 해당하는 위반행위를 하면 그 행위자를 벌하는 외에 그 법인 또는 개인에게도 해당 조문의 벌금형을 과(科)한다. 다만, 법인 또는 개인이 그 위반행위를 방지하기 위하여 해당 업무에 관하여 상당한 주의와 감독을 게을리하지 아니한 경우에는 그러하지 아니하다.

제39조(과태료) ① 다음 각 호의 어느 하나에 해당하는 자에게는 500만원 이하의 과태료를 부과한다.

1. **제5조**(*위험물의 저장 및 취급의 제한) **제2항 제1호**(*관할 소방서장의 승인을 받아 지정수량 이상 위험물 90일 이내 기간 동안 임시 저장 또는 취급)의 규정에 따른 승인을 받지 아니한 자
2. 제5조제3항제2호의 규정에 따른 위험물의 저장 또는 취급에 관한 세부기준을 위반한 자
3. 제6조제2항의 규정에 따른 품명 등의 변경신고를 기간 이내에 하지 아니하거나 허위로 한 자
4. **제10조제3항**(*제조소 등의 설치자의 지위 승계한 자는 승계한 날부터 30일 이내에 시·도지사에 그 사실을 신고)의 규정에 따른 지위승계신고를 기간 이내에 하지 아니하거나 허위로 한 자
5. 제11조의 규정에 따른 제조소등의 폐지신고 또는 제15조 제3항(*제조소 등의 관계인은 안전관리자 선임한 경우 선임한 날부터 14일 이내에 소방본부장 또는 소방서장에게 신고)의 규정에 따른 안전관리자의

선임신고를 기간 이내에 하지 아니하거나 허위로 한 자 → 제15조 제2항(×)

5의2. 제11조의2제2항을 위반하여 사용 중지신고 또는 재개신고를 기간 이내에 하지 아니하거나 거짓으로 한 자
6. 제16조제3항의 규정을 위반하여 등록사항의 변경신고를 기간 이내에 하지 아니하거나 허위로 한 자
6의2. 제17조제3항을 위반하여 예방규정을 준수하지 아니한 자
7. 제18조제1항의 규정을 위반하여 **점검결과를 기록·보존하지 아니한 자**
7의2. 제18조제2항을 위반하여 기간 이내에 점검결과를 제출하지 아니한 자
7의3. 제19조의2제1항을 위반하여 흡연을 한 자
7의4. 제19조의2제3항에 따른 시정명령을 따르지 아니한 자
8. 제20조제1항제2호의 규정에 따른 위험물의 운반에 관한 세부기준을 위반한 자
9. 제21조제3항의 규정을 위반하여 위험물의 운송에 관한 기준을 따르지 아니한 자

② 제1항의 규정에 따른 과태료는 대통령령이 정하는 바에 따라 시·도지사, 소방본부장 또는 소방서장(이하 "부과권자"라 한다)이 부과·징수한다.
③ 삭제
④ 삭제
⑤ 삭제
⑥ 제4조 및 제5조제2항 각 호 외의 부분 후단의 규정에 따른 조례에는 200만원 이하의 과태료를 정할 수 있다. 이 경우 과태료는 부과권자가 부과·징수한다.

> **문** 위험물안전관리법령상 과태료 처분에 해당하는 경우는?
>
> ① 정기점검 결과를 기록·보존하지 아니한 자
> ② 제조소 등의 설치허가를 받지 아니하고 제조소 등을 설치한 자
> ③ 안전관리자 또는 그 대리자가 참여하지 아니한 상태에서 위험물을 취급한 자
> ④ 위험물의 운반에 관한 중요기준에 따르지 아니한 자
>
> 정답 ①

○ 위험물안전관리법 시행령

제1장 총칙

제1조(목적) 이 영은 「위험물안전관리법」에서 위임된 사항과 그 시행에 관하여 필요한 사항을 규정함을 목적으로 한다.

제2조(위험물) 「위험물안전관리법」(이하 "법"이라 한다) 제2조제1항제1호에서 "대통령령이 정하는 물품"이라 함은 **별표 1에 규정된 위험물**을 말한다.

제3조(위험물의 지정수량) 법 제2조제1항제2호에서 "대통령령이 정하는 수량"이라 함은 별표 1의 위험물별로 지정수량란에 규정된 수량을 말한다.

제4조(위험물을 저장하기 위한 장소 등) 법 제2조제1항제4호의 규정에 의한 지정수량 이상의 위험물을 저장하기 위한 장소와 그에 따른 저장소의 구분은 **별표 2**와 같다.

제5조(위험물을 취급하기 위한 장소 등) 법 제2조제1항제5호의 규정에 의한 지정수량 이상의 위험물을 제조 외의 목적으로 취급하기 위한 장소와 그에 따른 취급소의 구분은 **별표 3**과 같다.

제2장 제조소등의 허가 등

제6조(제조소등의 설치 및 변경의 허가) ①법 제6조제1항에 따라 **제조소등의 설치허가 또는 변경허가를 받으려는 자는** 설치허가 또는 변경허가신청서에 행정안전부령으로 정하는 서류를 첨부하여 특별시장·광역시장·특별자치시장·도지사 또는 특별자치도지사(**이하 "시·도지사"라 한다**)에게 **제출**하여야 한다.

② 시·도지사는 제1항에 따른 제조소등의 설치허가 또는 변경허가 신청 내용이 다음 각 호의 기준에 적합하다고 인정하는 경우에는 허가를 하여야 한다.

1. 제조소등의 위치·구조 및 설비가 법 제5조제4항의 규정에 의한 기술기준에 적합할 것
2. 제조소등에서의 위험물의 저장 또는 취급이 공공의 안전유지 또는 재해의 발생방지에 지장을 줄 우려가 없다고 인정될 것
3. **다음 각 목의 제조소등은 해당 목에서 정한 사항에 대하여 「소방산업의 진흥에 관한 법률」 제14조에 따른 한국소방산업기술원(이하 "기술원"이라 한다)의 기술검토를 받고 그 결과가 행정안전부령으로 정하는 기준에 적합한 것으로 인정될 것.** 다만, 보수 등을 위한 부분적인 변경으로서 소방청장이 정하여 고시하는 사항에 대해서는 기술원의 기술검토를 받지 않을 수 있으나 행정안전부령으로 정하는 기준에는 적합해야 한다.
   가. **지정수량의 1천배 이상의 위험물을 취급하는 제조소 또는 일반취급소** : 구조·설비에 관한 사항
   나. **옥외탱크저장소(저장용량이 50만 리터 이상인 것만 해당한다) 또는 암반탱크저장소** : 위험물탱크의 기초·지반, 탱크본체 및 소화설비에 관한 사항

③ 제2항제3호 각 목의 어느 하나에 해당하는 제조소등에 관한 설치허가 또는 변경허가를 신청하는 자는 그 시설의 설치계획에 관하여 미리 기술원의 기술검토를 받아 그 결과를 설치허가 또는 변경허가 신청서류와 함께 제출할 수 있다.

제7조(군용위험물시설의 설치 및 변경에 대한 특례) ① 군부대의 장은 법 제7조제1항의 규정에 의하여 군사목적 또는 군부대시설을 위한 제조소등을 설치하거나 그 위치·구조 또는 설비를 변경하고자 하는 경우에는 당해 제조소등의 설치공사 또는 변경공사를 착수하기 전에 그 공사의 설계도서와 행정안전부령이 정하는 서류를 시·도지사에게 제출하여야 한다. 다만, 국가안보상 중요하거나 국가기밀에 속

하는 제조소등을 설치 또는 변경하는 경우에는 당해 공사의 설계도서의 제출을 생략할 수 있다.
② 시·도지사는 제1항의 규정에 의하여 제출받은 설계도서와 관계서류를 검토한 후 그 결과를 당해 군부대의 장에게 통지하여야 한다. 이 경우 시·도지사는 검토결과를 통지하기 전에 설계도서와 관계서류의 보완요청을 할 수 있고, 보완요청을 받은 군부대의 장은 특별한 사유가 없는 한 이에 응하여야 한다.

제8조(탱크안전성능검사의 대상이 되는 탱크 등) ① 법 제8조제1항 전단에 따라 **탱크안전성능검사를 받아야 하는 위험물탱크**는 제2항에 따른 탱크안전성능검사별로 다음 각 호의 어느 하나에 해당하는 탱크로 한다. → *기/압/용/암

1. **기초·지반검사** : 옥외탱크저장소의 액체위험물탱크 중 그 **용량이 100만 리터 이상**인 탱크
2. **충수**(充水)·**수압검사**: 액체위험물을 저장 또는 취급하는 탱크. 다만, 다음 각 목의 어느 하나에 해당하는 탱크는 제외한다.
    가. 제조소 또는 일반취급소에 설치된 탱크로서 용량이 지정수량 미만인 것
    나. 「고압가스 안전관리법」 제17조제1항에 따른 특정설비에 관한 검사에 합격한 탱크
    다. 「산업안전보건법」 제84조제1항에 따른 안전인증을 받은 탱크
3. **용접부검사**: 제1호에 따른 탱크. 다만, 탱크의 저부에 관계된 변경공사(탱크의 옆판과 관련되는 공사를 포함하는 것을 제외한다)시에 행하여진 법 제18조제3항에 따른 정기검사에 의하여 용접부에 관한 사항이 행정안전부령으로 정하는 기준에 적합하다고 인정된 탱크를 제외한다.
4. **암반탱크검사**: 액체위험물을 저장 또는 취급하는 암반내의 공간을 이용한 탱크

② 법 제8조제1항에 따른 **탱크안전성능검사는 기초·지반검사, 충수·수압검사, 용접부검사 및 암반탱크검사로 구분하되**, 그 내용은 별표 4와 같다.

> **문** 위험물안전관리법령상 탱크안전성능검사의 대상이 되는 탱크 등에 관한 내용이다. ( )에 들어갈 숫자로 옳은 것은?
>
> > 기초·지반검사: 옥외탱크저장소의 액체위험물탱크 중 그 용량이 ( )만 리터 이상인 탱크
>
> ① 20
> ② 50
> ③ 70
> ④ 100
>
> 정답 ④

제9조(탱크안전성능검사의 면제) ① 법 제8조제1항 후단의 규정에 의하여 **시·도지사가 면제할 수 있는 탱크안전성능검사는 제8조제2항 및 별표 4의 규정에 의한 충수·수압검사로 한다.**
② 위험물탱크에 대한 충수·수압검사를 면제받고자 하는 자는 법 제16조제1항에 따른 탱크안전성능시험

자(이하 "탱크시험자"라 한다) 또는 기술원으로부터 충수·수압검사에 관한 탱크안전성능시험을 받아 법 제9조제1항에 따른 완공검사를 받기 전(지하에 매설하는 위험물탱크에 있어서는 지하에 매설하기 전)에 해당 시험에 합격하였음을 증명하는 서류(이하 "탱크시험합격확인증"이라 한다)를 시·도지사에게 제출해야 한다.

③ 시·도지사는 제2항에 따라 제출받은 탱크시험합격확인증과 해당 위험물탱크를 확인한 결과 법 제5조제4항에 따른 기술기준에 적합하다고 인정되는 때에는 해당 충수·수압검사를 면제한다.

> **문** 위험물안전관리법령상 시·도지사가 면제할 수 있는 탱크안전성능검사는?
>
> ① 기초·지반검사
> ② 충수·수압검사
> ③ 용접부 검사
> ④ 암반탱크검사
>
> 정답 ②

제10조(완공검사의 신청 등) ① 법 제9조의 규정에 의한 <u>제조소등에 대한 완공검사를 받고자 하는 자는 이를 시·도지사에게 신청하여야 한다.</u>

② 제1항에 따른 신청을 받은 시·도지사는 제조소등에 대하여 완공검사를 실시하고, 완공검사를 실시한 결과 해당 제조소등이 법 제5조제4항에 따른 기술기준(탱크안전성능검사에 관련된 것을 제외한다)에 적합하다고 인정하는 때에는 완공검사합격확인증을 교부해야 한다.

③ 제2항의 완공검사합격확인증을 교부받은 자는 완공검사합격확인증을 잃어버리거나 멸실·훼손 또는 파손한 경우에는 이를 교부한 시·도지사에게 재교부를 신청할 수 있다.

④ 완공검사합격확인증을 훼손 또는 파손하여 제3항에 따른 신청을 하는 경우에는 신청서에 해당 완공검사합격확인증을 첨부하여 제출해야 한다.

⑤ 제2항의 완공검사합격확인증을 잃어버려 재교부를 받은 자는 잃어버린 완공검사합격확인증을 발견하는 경우에는 이를 10일 이내에 완공검사합격확인증을 재교부한 시·도지사에게 제출해야 한다.

제3장 위험물시설의 안전관리

제11조(위험물안전관리자로 선임할 수 있는 위험물취급자격자 등) ① 법 제15조제1항 본문에서 "대통령령이 정하는 위험물의 취급에 관한 자격이 있는 자"라 함은 별표 5에 규정된 자를 말한다.

② 법 제15조제1항 단서에서 "대통령령이 정하는 경우"란 다음 각 호의 어느 하나에 해당하는 경우를 말한다.

1. 제조소등에서 저장·취급하는 위험물이 「화학물질관리법」 제2조제2호·제2호의2·제2호의3에 따른 인체급성유해성물질, 인체만성유해성물질, 생태유해성물질에 해당하는 경우
2. 「소방시설 설치 및 관리에 관한 법률」 제2조제1항제3호에 따른 특정소방대상물의 난방·비상발전 또는 자가발전에 필요한 위험물을 저장·취급하기 위하여 설치된 저장소 또는 일반취급소가 해당 특정소방대상물 안에 있거나 인접하여 있는 경우

③ 법 제15조제1항 단서에서 "대통령령이 정하는 자"란 다음 각 호의 어느 하나에 해당하는 사를 말한다.
1. 제2항제1호의 경우 : 「화학물질관리법」 제32조제1항에 따라 해당 제조소등의 유해화학물질관리자로 선임된 자로서 법 제28조 또는 「화학물질관리법」 제33조에 따라 유해화학물질 안전교육을 받은 자
2. 제2항제2호의 경우 : 「화재의 예방 및 안전관리에 관한 법률」 제24조제1항 또는 「공공기관의 소방안전관리에 관한 규정」 제5조에 따라 소방안전관리자로 선임된 자로서 법 제15조제9항에 따른 위험물안전관리자(이하 "안전관리자"라 한다)의 자격이 있는 자

★제12조(1인의 안전관리자를 중복하여 선임할 수 있는 경우 등) ① 법 제15조제8항 전단에 따라 **다수의 제조소등을 설치한 자가 1인의 안전관리자를 중복하여 선임할 수 있는 경우는 다음 각 호의 어느 하나와 같다.**
1. 보일러·버너 또는 이와 비슷한 것으로서 위험물을 소비하는 장치로 이루어진 7개 이하의 일반취급소와 그 일반취급소에 공급하기 위한 위험물을 저장하는 저장소[일반취급소 및 저장소가 모두 동일구내(같은 건물 안 또는 같은 울 안을 말한다. 이하 같다)에 있는 경우에 한한다. 이하 제2호에서 같다]를 동일인이 설치한 경우
2. 위험물을 차량에 고정된 탱크 또는 운반용기에 옮겨 담기 위한 5개 이하의 일반취급소[일반취급소간의 거리(보행거리를 말한다. 제3호 및 제4호에서 같다)가 300미터 이내인 경우에 한한다]와 그 일반취급소에 공급하기 위한 위험물을 저장하는 저장소를 동일인이 설치한 경우
3. 동일구내에 있거나 상호 100미터 이내의 거리에 있는 저장소로서 저장소의 규모, 저장하는 위험물의 종류 등을 고려하여 <u>행정안전부령이 정하는 저장소를 동일인이 설치한 경우</u>

> **시행규칙 제56조(1인의 안전관리자를 중복하여 선임할 수 있는 저장소 등)** ① 영 제12조제1항제3호에서 "행정안전부령이 정하는 저장소"라 함은 다음 각 호의 1에 해당하는 저장소를 말한다.
> 1. <u>10개 이하의 옥내저장소</u>
> 2. <u>30개 이하의 옥외탱크저장소</u>
> 3. <u>옥내탱크저장소</u>
> 4. <u>지하탱크저장소</u>
> 5. <u>간이탱크저장소</u>
> 6. <u>10개 이하의 옥외저장소</u>
> 7. <u>10개 이하의 암반탱크저장소</u>
>
> ② 영 제12조제1항제5호에서 "행정안전부령이 정하는 제조소등"이라 함은 선박주유취급소의 고정주유설비에 공급하기 위한 위험물을 저장하는 저장소와 당해 선박주유취급소를 말한다.

4. 다음 각목의 기준에 모두 적합한 5개 이하의 제조소등을 동일인이 설치한 경우
   가. 각 제조소등이 동일구내에 위치하거나 상호 100미터 이내의 거리에 있을 것
   나. 각 제조소등에서 저장 또는 취급하는 위험물의 최대수량이 지정수량의 3천배 미만일 것. 다만, 저장소의 경우에는 그러하지 아니하다.

5. 그 밖에 제1호 또는 제2호의 규정에 의한 제조소등과 비슷한 것으로서 행정안전부령이 정하는 제조소등을 동일인이 설치한 경우

② 법 제15조 제8항 후단에서 "대통령령이 정하는 제조소등"이란 다음 각 호의 어느 하나에 해당하는 제조소등을 말한다.

1. 제조소
2. 이송취급소
3. 일반취급소. 다만, 인화점이 38도 이상인 제4류 위험물만을 지정수량의 30배 이하로 취급하는 일반취급소로서 다음 각목의 1에 해당하는 일반취급소를 제외한다.
   가. 보일러·버너 또는 이와 비슷한 것으로서 위험물을 소비하는 장치로 이루어진 일반취급소
   나. 위험물을 용기에 옮겨 담거나 차량에 고정된 탱크에 주입하는 일반취급소

제13조(위험물안전관리자의 자격) 법 제15조제9항에 따라 제조소등의 종류 및 규모에 따라 선임하여야 하는 **안전관리자의 자격**은 **별표 6**과 같다.

제14조(탱크시험자의 등록기준 등) ① 법 제16조제2항의 규정에 의하여 탱크시험자가 갖추어야 하는 기술능력·시설 및 장비는 별표 7과 같다.

② 탱크시험자로 등록하고자 하는 자는 등록신청서에 행정안전부령이 정하는 서류를 첨부하여 시·도지사에게 제출하여야 한다.

③ 시·도지사는 제2항에 따른 등록신청을 접수한 경우에 다음 각 호의 어느 하나에 해당하는 경우를 제외하고는 등록을 해 주어야 한다.

1. 제1항에 따른 기술능력·시설 및 장비 기준을 갖추지 못한 경우
2. 등록을 신청한 자가 법 제16조제4항 각 호의 어느 하나에 해당하는 경우
3. 그 밖에 법, 이 영 또는 다른 법령에 따른 제한에 위반되는 경우

★**제15조(예방규정)** ① 법 제17조제1항에서 "대통령령으로 정하는 제조소등"이란 다음 각 호의 어느 하나에 해당하는 제조소등을 말한다.

1. 지정수량의 10배 이상의 위험물을 취급하는 제조소
2. 지정수량의 100배 이상의 위험물을 저장하는 옥외저장소
3. 지정수량의 150배 이상의 위험물을 저장하는 옥내저장소
4. 지정수량의 200배 이상의 위험물을 저장하는 옥외탱크저장소
5. 암반탱크저장소
6. 이송취급소
7. 지정수량의 10배 이상의 위험물을 취급하는 일반취급소. 다만, 제4류 위험물(특수인화물을 제외한다)만을 지정수량의 50배 이하로 취급하는 일반취급소(제1석유류·알코올류의 취급량이 지정수량의 10배 이하인 경우에 한한다)로서 다음 각목의 어느 하나에 해당하는 것을 제외한다.
   가. 보일러·버너 또는 이와 비슷한 것으로서 위험물을 소비하는 장치로 이루어진 일반취급소
   나. 위험물을 용기에 옮겨 담거나 차량에 고정된 탱크에 주입하는 일반취급소

② 법 제17조제4항에서 "대통령령으로 정하는 제조소등"이란 제1항에 따른 제조소등 가운데 **저장 또는 취급하는 위험물의 최대수량의 합이 지정수량의 3천배 이상인 제조소등**을 말한다. 이 경우 소방청장

은 예방규정 이행 실태 평가 대상인 제조소등의 위험성 등을 고려하여 행정안전부령으로 정하는 바에 따라 평가 방법을 다르게 할 수 있다.

제16조(정기점검의 대상인 제조소등) 법 제18조제1항에서 "대통령령이 정하는 제조소등"이라 함은 다음 각호의 1에 해당하는 제조소등을 말한다. → *간이탱크저장소, 판매취급소(×)

1. 제15조제1항 각 호의 어느 하나에 해당하는 제조소등
2. 지하탱크저장소
3. 이동탱크저장소
4. 위험물을 취급하는 탱크로서 지하에 매설된 탱크가 있는 제조소·주유취급소 또는 일반취급소

문1 위험물안전관리법령상 정기점검의 대상인 제조소 등이 아닌 것은?

① 판매취급소
② 이동탱크저장소
③ 이송취급소
④ 지하탱크저장소

정답 ①

문2 위험물안전관리법령상 정기점검의 대상인 제조소 등에 해당하지 않는 것은?

① 지하탱크저장소
② 이동탱크저장소
③ 간이탱크저장소
④ 암반탱크저장소

정답 ③

문3 위험물안전관리법령상 관계인이 예방규정을 정하여야 하는 제조소 등이 아닌 것은?

① 지정수량의 100배의 위험물을 저장하는 옥외저장소
② 지정수량의 10배의 위험물을 취급하는 제조소
③ 지정수량의 100배의 위험물을 저장하는 옥외탱크저장소
④ 지정수량의 150배의 위험물을 저장하는 옥내저장소

정답 ③

제17조(정기검사의 대상인 제조소등) 법 제18조제3항에서 "대통령령으로 정하는 제조소등"이란 액체위험

물을 저장 또는 취급하는 **50만리터 이상의 옥외탱크저장소**를 말한다.

제4장 자체소방대

제18조(자체소방대를 설치하여야 하는 사업소) ① 법 제19조에서 "대통령령이 정하는 제조소등"이란 다음 각 호의 어느 하나에 해당하는 제조소등을 말한다.

1. **제4류 위험물**을 취급하는 제조소 또는 일반취급소. 다만, 보일러로 위험물을 소비하는 일반취급소 등 행정안전부령으로 정하는 일반취급소는 제외한다.
2. **제4류 위험물**을 저장하는 옥외탱크저장소

② 법 제19조에서 "대통령령이 정하는 수량 이상"이란 다음 각 호의 구분에 따른 수량을 말한다.

1. 제1항 제1호에 해당하는 경우 : 제조소 또는 일반취급소에서 취급하는 제4류 위험물의 최대수량의 합이 지정수량의 **3천배 이상**
2. 제1항제2호에 해당하는 경우 : 옥외탱크저장소에 저장하는 제4류 위험물의 최대수량이 지정수량의 **50만배 이상**

③ 법 제19조의 규정에 의하여 자체소방대를 설치하는 사업소의 관계인(소유자·점유자 또는 관리자를 말한다. 이하 같다)은 **별표 8의 규정에 의하여 자체소방대에 화학소방자동차 및 자체소방대원을 두어야 한다.** 다만, 화재 그 밖의 재난발생시 다른 사업소 등과 상호응원에 관한 협정을 체결하고 있는 사업소에 있어서는 행정안전부령이 정하는 바에 따라 별표 8의 범위 안에서 화학소방자동차 및 인원의 수를 달리할 수 있다.

제4장의2 흡연장소의 지정

제18조의2(흡연장소의 지정기준 등) ① 제조소등의 관계인은 법 제19조의2에 따라 제조소등에서 흡연장소를 지정할 필요가 있다고 인정하는 경우 다음 각 호의 기준에 따라 흡연장소를 지정해야 한다.

1. 흡연장소는 폭발위험장소(「산업표준화법」제12조에 따른 한국산업표준에서 정한 폭발성 가스에 의한 폭발위험장소의 범위를 말한다) 외의 장소에 지정하는 등 위험물을 저장·취급하는 건축물, 공작물 및 기계·기구, 그 밖의 설비로부터 안전 확보에 필요한 일정한 거리를 둘 것
2. 흡연장소는 옥외로 지정할 것. 다만, 부득이한 경우에는 건축물 내에 지정할 수 있다.

② 제조소등의 관계인은 제1항에 따라 흡연장소를 지정하는 경우에는 다음 각 호의 방법에 따른 화재예방 조치를 해야 한다.

1. 흡연장소는 구획된 실(室)로 하되, 가연성의 증기 또는 미분이 실내에 체류하거나 실내로 유입되는 것을 방지하기 위한 구조 또는 설비를 갖출 것
2. 소형수동식소화기(이에 준하는 소화설비를 포함한다)를 1개 이상 비치할 것

③ 제1항 및 제2항에서 규정한 사항 외에 흡연장소의 지정 기준·방법 등에 관한 세부적인 기준은 소방청장이 정하여 고시한다.

제5장 위험물의 운송

제19조(운송책임자의 감독·지원을 받아 운송하여야 하는 위험물) 법 제21조제2항에서 "대통령령이 정하는 위험물"이라 함은 다음 각 호의 1에 해당하는 위험물을 말한다.

1. 알킬알루미늄
2. 알킬리튬

3. 제1호 또는 제2호의 물질을 함유하는 위험물

> **문** 위험물안전관리법령상 위험물의 운송 시 운송책임자의 감독·지원을 받아 운송하여야 하는 것으로 옳은 것은?
>
> ① 과염소산, 질산
> ② 적린, 마그네슘
> ③ 염소산염류, 질산염류
> ④ 알킬알루미늄, 알킬리튬
>
> 정답 ④

제5장의2 사고조사위원회

제19조의2(사고조사위원회의 구성 등) ① 법 제22조의2제3항에 따른 사고조사위원회(이하 이 조에서 "위원회"라 한다)는 위원장 1명을 포함하여 7명 이내의 위원으로 구성한다.

② 위원회의 위원은 다음 각 호의 어느 하나에 해당하는 사람 중에서 소방청장, 소방본부장 또는 소방서장이 임명하거나 위촉하고, 위원장은 위원 중에서 소방청장, 소방본부장 또는 소방서장이 임명하거나 위촉한다.

1. 소속 소방공무원
2. 기술원의 임직원 중 위험물 안전관리 관련 업무에 5년 이상 종사한 사람
3. 「소방기본법」 제40조에 따른 한국소방안전원(이하 "안전원"이라 한다)의 임직원 중 위험물 안전관리 관련 업무에 5년 이상 종사한 사람
4. 위험물로 인한 사고의 원인·피해 조사 및 위험물 안전관리 관련 업무 등에 관한 학식과 경험이 풍부한 사람

③ 제2항제2호부터 제4호까지의 규정에 따라 위촉되는 민간위원의 임기는 2년으로 하며, 한 차례만 연임할 수 있다.

④ 위원회에 출석한 위원에게는 예산의 범위에서 수당, 여비, 그 밖에 필요한 경비를 지급할 수 있다. 다만, 공무원인 위원이 그 소관 업무와 직접적으로 관련되어 위원회에 출석하는 경우에는 지급하지 않는다.

⑤ 제1항부터 제4항까지에서 규정한 사항 외에 위원회의 구성 및 운영에 필요한 사항은 소방청장이 정하여 고시할 수 있다.

> **문** 「위험물안전관리법」 및 동법 시행령상 사고조사위원회의 구성과 운영 등에 관한 내용으로 옳지 않은 것은?
>
> ① 사고조사위원회의 민간위원의 임기는 3년으로 하며, 두 차례만 연임할 수 있다.
> ② 사고조사위원회는 위원장 1명을 포함하며 7명 이내의 위원으로 구성한다.

③ 소방청장, 소방본부장 또는 소방서장은 위험물의 누출·화재·폭발 등의 사고가 발생한 경우 사고의 원인 및 피해 등을 조사하여야 한다.

④ 「소방기본법」제40조에 따른 한국소방안전원의 임직원 중 위험물 안전관리 관련 업무에 5년 이상 종사한 사람을 위원으로 임명하거나 위촉할 수 있다.

정답 ①

제6장 보칙

제20조(안전교육대상자) 법 제28조제1항에서 "대통령령이 정하는 자"란 다음 각 호의 자를 말한다.
1. 안전관리자로 선임된 자
2. 탱크시험자의 기술인력으로 종사하는 자
3. 법 제20조제2항에 따른 위험물운반자로 종사하는 자
4. 법 제21조제1항에 따른 위험물운송자(이하 "위험물운송자"라 한다)로 종사하는 자

제20조의2(위험물 안전관리에 관한 협회의 설립인가 절차 등) ① 법 제29조의2제1항에 따라 위험물 안전관리에 관한 협회(이하 "협회"라 한다)를 설립하려면 다음 각 호의 자 10명 이상이 발기인이 되어 정관을 작성한 후 창립총회의 의결을 거쳐 소방청장에게 인가를 신청해야 한다.
1. 제조소등의 관계인
2. 위험물운송자
3. 탱크시험자
4. 안전관리자의 업무를 위탁받아 수행할 수 있는 안전관리대행기관으로 소방청장의 지정을 받은 자

② 소방청장은 제1항에 따른 인가를 하였을 때에는 그 사실을 공고해야 한다.

제20조의3(정관의 기재사항) 협회의 정관에는 다음 각 호의 사항이 포함되어야 한다.
1. 목적
2. 명칭
3. 주된 사무소의 소재지
4. 업무 및 자산·회계에 관한 사항
5. 회원의 가입·탈퇴 및 회비에 관한 사항
6. 임원의 정원·임기 및 선출 방법
7. 기구와 조직에 관한 사항
8. 총회와 이사회에 관한 사항
9. 정관의 변경에 관한 사항
10. 해산에 관한 사항

★**제21조(권한의 위임)** 시·도지사는 법 제30조 제1항에 따라 다음 각 호의 권한을 **소방서장에게 위임한다.** 다만, 동일한 시·도에 있는 둘 이상의 소방서장의 관할구역에 걸쳐 설치되는 이송취급소에 관련된 권한을 제외한다.

1. 법 제6조제1항의 규정에 의한 <u>제조소등의 설치허가 또는 변경허가</u>
2. 법 제6조제2항의 규정에 의한 위험물의 품명·수량 또는 지정수량의 배수의 변경신고의 수리
3. 법 제7조제1항의 규정에 의하여 군사목적 또는 군부대시설을 위한 제조소등을 설치하거나 그 위치·구조 또는 설비의 변경에 관한 군부대의 장과의 협의
4. 법 제8조제1항에 따른 탱크안전성능검사(제22조제2항제1호에 따라 기술원에 위탁하는 것을 제외한다)
5. 법 제9조에 따른 완공검사(제22조제2항제2호에 따라 기술원에 위탁하는 것을 제외한다)
6. 법 제10조제3항의 규정에 의한 제조소등의 설치자의 지위승계신고의 수리
7. 법 제11조의 규정에 의한 제조소등의 용도폐지신고의 수리
7의2. 법 제11조의2제2항에 따른 제조소등의 사용 중지신고 또는 재개신고의 수리
7의3. 법 제11조의2제3항에 따른 안전조치의 이행명령
8. 법 제12조의 규정에 의한 제조소등의 설치허가의 취소와 사용정지
9. 법 제13조의 규정에 의한 과징금처분
10. 법 제17조의 규정에 의한 <u>예방규정의 수리·반려 및 변경명령</u>
11. 법 제18조제2항에 따른 정기점검 결과의 수리
12. 법 제19조의2제3항에 따른 시정명령

> **문** 위험물안전관리법령상 시·도지사의 권한 중 소방서장에게 위임한 사항으로 옳지 않은 것은?
>
> ① 제조소 등의 설치허가 또는 변경허가
> ② 예방규정의 수리·반려 및 변경명령
> ③ 군사목적을 위한 제조소 등의 설치에 관한 군부대의 장과의 협의
> ④ 저장용량이 50만 리터 이상인 옥외탱크저장소의 변경에 따른 완공검사
>
> 정답 ④

★**제22조(업무의 위탁)** ① 소방청장은 법 제30조제2항에 따라 다음 각 호의 구분에 따른 안전교육에 관한 업무를 **안전원 또는 기술원에 위탁**한다. 〈개정 2024. 4. 30.〉
1. 안전원: 다음 각 목의 어느 하나에 해당하는 사람에 대한 안전교육
   가. 법 제20조제2항제2호 및 제21조제1항에 따라 위험물운반자 또는 위험물운송자의 요건을 갖추려는 사람
   나. 제11조제1항 및 별표 5 제2호에 따라 위험물취급자격자의 자격을 갖추려는 사람
   다. 제20조제1호, 제3호 및 제4호에 해당하는 사람
2. 기술원: 제20조제2호에 해당하는 사람에 대한 안전교육

② **시·도지사는** 법 제30조(*권한의 위임·위탁) **제2항에 따라 다음 각 호의 업무를 기술원에 위탁**한다.

〈개정 2024. 4. 30.〉
1. 법 제8조제1항에 따른 **탱크안전성능검사** 중 다음 각 목의 탱크에 대한 **탱크안전성능검사**
   가. **용량이 100만리터 이상인 액체위험물을 저장**하는 **탱크**
   나. **암반탱크**
   다. 지하탱크저장소의 위험물탱크 중 행정안전부령으로 정하는 액체위험물탱크
2. 법 제9조제1항에 따른 완공검사 중 다음 각 목의 '완공검사'
   가. 지정수량의 1천배 이상의 위험물을 취급하는 제조소 또는 일반취급소의 설치 또는 변경(사용 중인 제조소 또는 일반취급소의 보수 또는 부분적인 증설은 제외한다)에 따른 완공검사
   나. **옥외탱크저장소(저장용량이 50만 리터 이상인 것만 해당**한다) 또는 암반탱크저장소의 설치 또는 변경에 따른 완공검사
3. 법 제20조제3항에 따른 **운반용기 검사**

③ 소방본부장 또는 소방서장은 법 제30조제2항에 따라 법 제18조제3항에 따른 정기검사를 기술원에 위탁한다.

제6조(제조소등의 설치 및 변경의 허가) ① 법 제6조제1항에 따라 **제조소등의 설치허가 또는 변경허가를 받으려는 자**는 설치허가 또는 변경허가신청서에 행정안전부령으로 정하는 서류를 첨부하여 특별시장·광역시장·특별자치시장·도지사 또는 특별자치도지사(이하 "시·도지사"라 한다)에게 제출하여야 한다.

② 시·도지사는 제1항에 따른 제조소등의 설치허가 또는 변경허가 신청 내용이 다음 각 호의 기준에 적합하다고 인정하는 경우에는 허가를 하여야 한다.
  1. 제조소등의 위치·구조 및 설비가 법 제5조제4항의 규정에 의한 기술기준에 적합할 것
  2. 제조소등에서의 위험물의 저장 또는 취급이 공공의 안전유지 또는 재해의 발생방지에 지장을 줄 우려가 없다고 인정될 것
  3. 다음 각 목의 제조소등은 해당 목에서 정한 사항에 대하여 「소방산업의 진흥에 관한 법률」 제14조에 따른 한국소방산업기술원(이하 "기술원"이라 한다)의 '기술검토'를 받고 그 결과가 **행정안전부령으로 정하는 기준에 적합한 것으로 인정될 것**. 다만, 보수 등을 위한 부분적인 변경으로서 소방청장이 정하여 고시하는 사항에 대해서는 기술원의 기술검토를 받지 않을 수 있으나 행정안전부령으로 정하는 기준에는 적합해야 한다.
     가. **지정수량의 1천배 이상의 위험물을 취급하는 제조소 또는 일반취급소** : 구조·설비에 관한 사항
     나. **옥외탱크저장소(저장용량이 50만 리터 이상인 것만 해당한다) 또는 암반탱크저장소** : 위험물탱크의 기초·지반, 탱크본체 및 소화설비에 관한 사항

문1

「위험물안전관리법 시행규칙」상 한국소방산업기술원의 기술검토 및 완공검사를 받아야 하는 제조소 또는 일반취급소의 지정수량의 배수 기준으로 각각 옳은 것은? (단, 해당 지정수량은 위험물을 취급하는 수량의 지정수량임)

① 기술검토는 1천배 이상, 완공검사는 1천배 이상
② 기술검토는 1천배 이상, 완공검사는 3천배 이상
③ 기술검토는 3천배 이상, 완공검사는 1천배 이상
④ 기술검토는 3천배 이상, 완공검사는 3천배 이상

정답 ①

문2

위험물안전관리법령상 시도지사가 한국소방산업기술원에 위탁하는 업무에 해당하지 않는 것은?

① 암반탱크 안전성능검사
② 암반탱크저장소의 설치에 따른 완공검사
③ 암반탱크저장소의 변경에 따른 완공검사
④ 용량이 50만 리터 이상인 액체위험물을 저장하는 탱크안전성능검사

정답 ④

제22조의2(고유식별정보의 처리) 소방청장(법 제30조에 따라 소방청장의 권한 또는 업무를 위임 또는 위탁받은 자를 포함한다), 시·도지사(해당 권한이 위임·위탁된 경우에는 그 권한을 위임·위탁받은 자를 포함한다), 소방본부장 또는 소방서장은 다음 각 호의 사무를 수행하기 위하여 불가피한 경우 「개인정보 보호법 시행령」 제19조제1호 또는 제4호에 따른 주민등록번호 또는 외국인등록번호가 포함된 자료를 처리할 수 있다.

1. 법 제12조에 따른 제조소등 설치허가의 취소와 사용정지등에 관한 사무
2. 법 제13조에 따른 과징금 처분에 관한 사무
3. 법 제15조에 따른 위험물안전관리자의 선임신고 등에 관한 사무
4. 법 제16조에 따른 탱크시험자 등록등에 관한 사무
5. 법 제22조에 따른 출입·검사 등의 사무
6. 법 제23조에 따른 탱크시험자 명령에 관한 사무
7. 법 제24조에 따른 무허가장소의 위험물에 대한 조치명령에 관한 사무
8. 법 제25조에 따른 제조소등에 대한 긴급 사용정지명령에 관한 사무
9. 법 제26조에 따른 저장·취급기준 준수명령에 관한 사무
10. 법 제27조에 따른 응급조치·통보 및 조치명령에 관한 사무

11. 법 제28조에 따른 안전관리자 등에 대한 교육에 관한 사무

제22조의3(규제의 재검토) 소방청장은 제15조제2항에 따른 예방규정의 이행 실태 평가 대상에 대하여 2025년 1월 1일을 기준으로 5년마다(매 5년이 되는 해의 1월 1일 전까지를 말한다) 그 타당성을 검토하여 개선 등의 조치를 해야 한다.

제23조(과태료 부과기준) 법 제39조제1항에 따른 과태료의 부과기준은 별표 9와 같다.

■ 위험물안전관리법 시행령 [별표 1]

위험물 및 지정수량(제2조 및 제3조관련)

위험물			지정수량
유별	성질	품명	
제1류	산화성 고체	1. 아염소산염류	50킬로그램
		2. 염소산염류	50킬로그램
		3. 과염소산염류	50킬로그램
		4. **무기과산화물**(*과산화나트륨 등)	50킬로그램
		5. 브로민산염류	**300킬로그램**
		6. 질산염류	**300킬로그램**
		7. 아이오딘산염류	**300킬로그램**
		8. 과망가니즈산염류	1,000킬로그램
		9. 다이크로뮴산염류	1,000킬로그램
		10. 그 밖에 행정안전부령으로 정하는 것 11. 제1호부터 제10호까지의 어느 하나에 해당하는 위험물을 하나 이상 함유한 것	50킬로그램, 300킬로그램 또는 1,000킬로그램
제2류	가연성 고체	1. 황화인	100킬로그램
		2. 적린	100킬로그램
		3. 황	100킬로그램
		4. 철분	500킬로그램
		5. 금속분	500킬로그램
		6. 마그네슘	500킬로그램
		7. 그 밖에 행정안전부령으로 정하는 것	100킬로그램 또는 500킬로

		8. 제1호부터 제7호까지의 어느 하나에 해당하는 위험물을 하나 이상 함유한 것	그램
		9. 인화성고체	1,000킬로그램
제3류	자연발화성물질 및 **금수성물질**	1. **칼륨**	10킬로그램
		2. **나트륨**	10킬로그램
		3. **알킬알루미늄**	10킬로그램
		4. **알킬리튬**	10킬로그램
		5. 황린	20킬로그램
		6. 알칼리금속(칼륨 및 나트륨을 제외한다) 및 알칼리토금속	50킬로그램
		7. 유기금속화합물 (알킬알루미늄 및 알킬리튬을 제외한다)	50킬로그램
		8. 금속의 수소화물	**300킬로그램**
		9. 금속의 인화물	**300킬로그램**
		10. 칼슘 또는 알루미늄의 탄화물	**300킬로그램**
		11. 그 밖에 행정안전부령으로 정하는 것 12. 제1호 내지 제11호의 1에 해당하는 어느 하나 이상을 함유한 것	10킬로그램, 20킬로그램, 50킬로그램 또는 300킬로그램
제4류	인화성액체	1. 특수인화물 (*이황화탄소, 디에틸에테르, 아세트알데히드 등)	50리터
		2. 제1석유류 — 비수용성액체	200리터
		2. 제1석유류 — 수용성액체	400리터
		3. 알코올류(*메탄올, 에탄올 등)	400리터
		4. 제2석유류 — 비수용성액체	1,000리터
		4. 제2석유류 — 수용성액체	2,000리터
		5. 제3석유류 — 비수용성액체	2,000리터
		5. 제3석유류 — 수용성액체	4,000리터
		6. 제4석유류	6,000리터

		7. 동식물유류	10,000리터
제5류	자기 반응성 물질	1. 유기과산화물(*지정과산화물) 2. 질산에스터류 3. 나이트로화합물 4. 나이트로소화합물 5. 아조화합물 6. 다이아조화합물 7. 하이드라진 유도체 8. 하이드록실아민 9. 하이드록실아민염류 10. 그 밖에 행정안전부령으로 정하는 것 11. 제1호부터 제10호까지의 어느 하나에 해당하는 위험물을 하나 이상 함유한 것	제1종 : 10킬로그램 제2종 : 100킬로그램
제6류	산화성 액체	1. 과염소산	300킬로그램
		2. 과산화수소	300킬로그램
		3. 질산	300킬로그램
		4. 그 밖에 행정안전부령으로 정하는 것	300킬로그램
		5. 제1호 내지 제4호의 1에 해당하는 어느 하나 이상을 함유한 것	300킬로그램

> **비고**
>
> 1. "산화성고체"라 함은 고체[액체(1기압 및 섭씨 20도에서 액상인 것 또는 섭씨 20도 초과 섭씨 40도 이하에서 액상인 것을 말한다. 이하 같다)또는 기체(1기압 및 섭씨 20도에서 기상인 것을 말한다)외의 것을 말한다. 이하 같다]로서 산화력의 잠재적인 위험성 또는 충격에 대한 민감성을 판단하기 위하여 소방청장이 정하여 고시(이하 "고시"라 한다)하는 시험에서 고시로 정하는 성질과 상태를 나타내는 것을 말한다. 이 경우 "액상"이라 함은 수직으로 된 시험관(안지름 30밀리미터, 높이 120밀리미터의 원통형유리관을 말한다)에 시료를 55밀리미터까지 채운 다음 당해 시험관을 수평으로 하였을 때 시료액면의 선단이 30밀리미터를 이동하는데 걸리는 시간이 90초 이내에 있는 것을 말한다.
> 2. "가연성고체"라 함은 고체로서 화염에 의한 발화의 위험성 또는 인화의 위험성을 판단하기 위하여 고시로 정하는 시험에서 고시로 정하는 성질과 상태를 나타내는 것을 말한다.
> 3. **황은 순도가 60중량퍼센트 이상**인 것을 말하며, 순도측정을 하는 경우 불순물은 활석 등 불연성물질과 수분으로 한정한다.→ *황이네, 60(계치킨)

4. "철분"이라 함은 철의 분말로서 **53마이크로미터의 표준체**를 통과하는 것이 50중량퍼센트 미만인 것은 제외한다.→ 빈혈이니 철분53!
5. "금속분"이라 함은 **알칼리금속·알칼리토류금속·철 및 마그네슘외의 금속**의 분말을 말하고, **구리분·니켈분 및 150마이크로미터의 체**를 통과하는 것이 50중량퍼센트 미만인 것은 **제외**한다.→ *금150(금일오공)
6. 마그네슘 및 제2류제8호의 물품중 마그네슘을 함유한 것에 있어서는 다음 각목의 1에 해당하는 것은 제외한다.
    가. 2밀리미터의 체를 통과하지 아니하는 덩어리 상태의 것
    나. 지름 2밀리미터 이상의 막대 모양의 것
7. 황화인·적린·황 및 철분은 제2호에 따른 성질과 상태가 있는 것으로 본다.
8. "인화성고체"라 함은 고형알코올 그 밖에 1기압에서 인화점이 섭씨 40도 미만인 고체를 말한다.
    → *인고의 세월 40
9. "자연발화성물질 및 금수성물질"이라 함은 고체 또는 액체로서 공기 중에서 발화의 위험성이 있거나 물과 접촉하여 발화하거나 가연성가스를 발생하는 위험성이 있는 것을 말한다.
10. 칼륨·나트륨·알킬알루미늄·알킬리튬 및 황린은 제9호의 규정에 의한 성상이 있는 것으로 본다.
11. "인화성액체"라 함은 액체(**제3석유류, 제4석유류 및 동식물유류의 경우 1기압과 섭씨 20도에서 액체인 것만 해당**한다)로서 인화의 위험성이 있는 것을 말한다. 다만, 다음 각 목의 어느 하나에 해당하는 것을 법 제20조제1항의 중요기준과 세부기준에 따른 운반용기를 사용하여 운반하거나 저장(진열 및 판매를 포함한다)하는 경우는 제외한다.
    가. 「화장품법」 제2조제1호에 따른 화장품 중 인화성액체를 포함하고 있는 것
    나. 「약사법」 제2조제4호에 따른 의약품 중 인화성액체를 포함하고 있는 것
    다. 「약사법」 제2조제7호에 따른 의약외품(알코올류에 해당하는 것은 제외한다) 중 수용성인 인화성액체를 50부피퍼센트 이하로 포함하고 있는 것
    라. 「의료기기법」에 따른 체외진단용 의료기기 중 인화성액체를 포함하고 있는 것
    마. 「생활화학제품 및 살생물제의 안전관리에 관한 법률」 제3조제4호에 따른 안전확인대상생활화학제품(알코올류에 해당하는 것은 제외한다) 중 수용성인 인화성액체를 50부피퍼센트 이하로 포함하고 있는 것
12. "특수인화물"이라 함은 이황화탄소, 디에틸에테르 그 밖에 1기압에서 **발화점이 섭씨 100도 이하인 것 또는 인화점이 섭씨 영하 20도 이하이고 비점이 섭씨 40도 이하인 것**을 말한다.→ *발인비/100/-20/40
13. "제1석유류"라 함은 **아세톤, 휘발유** 그 밖에 1기압에서 인화점이 섭씨 21도 미만인 것을 말한다.
14. "알코올류"라 함은 1분자를 구성하는 **탄소원자의 수가 1개부터 3개까지인 포화1가 알코올**(변성알코올을 포함한다)을 말한다. 다만, 다음 각목의 1에 해당하는 것은 제외한다. → *알코올이 60(육체)에 들어간다.
    가. 1분자를 구성하는 탄소원자의 수가 1개 내지 3개의 **포화1가 알코올의 함유량이 60중량퍼센트 미**

만인 수용액
나. 가연성액체량이 60중량퍼센트 미만이고 인화점 및 연소점(태그개방식인화점측정기에 의한 연소점을 말한다. 이하 같다)이 에틸알코올 60중량퍼센트 수용액의 인화점 및 연소점을 초과하는 것

15. "제2석유류"라 함은 **등유, 경유** 그 밖에 1기압에서 **인화점이 섭씨 21도 이상 70도 미만**인 것을 말한다. 다만, 도료류 그 밖의 물품에 있어서 가연성 액체량이 40중량퍼센트 이하이면서 인화점이 섭씨 40도 이상인 동시에 연소점이 섭씨 60도 이상인 것은 제외한다.

16. "제3석유류"란 중유, 크레오소트유, 그 밖에 1기압에서 **인화점이 섭씨 70도 이상 섭씨 200도 미만**인 것을 말한다. **다만, 도료류 그 밖의 물품은 가연성 액체량이 40중량퍼센트 이하인 것은 제외한다.**

17. "제4석유류"라 함은 **기어유, 실린더유** 그 밖에 1기압에서 인화점이 섭씨 200도 이상 섭씨 250도 미만의 것을 말한다. **다만 도료류 그 밖의 물품은 가연성 액체량이 40중량퍼센트 이하인 것은 제외한다.**

18. "**동식물유류**"라 함은 동물의 지육(枝肉: 머리, 내장, 다리를 잘라 내고 아직 부위별로 나누지 않은 고기를 말한다) 등 또는 식물의 종자나 과육으로부터 추출한 것으로서 1기압에서 **인화점이 섭씨 250도 미만**인 것을 말한다. 다만, 법 제20조제1항의 규정에 의하여 행정안전부령으로 정하는 용기기준과 수납·저장기준에 따라 수납되어 저장·보관되고 용기의 외부에 물품의 통칭명, 수량 및 화기엄금(화기엄금과 동일한 의미를 갖는 표시를 포함한다)의 표시가 있는 경우를 제외한다.→ *동물25식물25

19. "자기반응성물질"이란 고체 또는 액체로서 폭발의 위험성 또는 가열분해의 격렬함을 판단하기 위하여 고시로 정하는 시험에서 고시로 정하는 성질과 상태를 나타내는 것을 말하며, 위험성 유무와 등급에 따라 제1종 또는 제2종으로 분류한다.

20. **제5류 제11호의 물품에 있어서는 유기과산화물을 함유하는 것 중에서 불활성고체를 함유하는 것으로서 다음 각목의 1에 해당하는 것은 '제외'한다.**
    가. **과산화벤조일의 함유량이 35.5중량퍼센트 미만인 것으로서 전분가루, 황산칼슘2수화물 또는 인산수소칼슘2수화물과의 혼합물**
    나. 비스(4-클로로벤조일)퍼옥사이드의 함유량이 30중량퍼센트 미만인 것으로서 불활성고체와의 혼합물
    다. 과산화다이쿠밀의 함유량이 40중량퍼센트 미만인 것으로서 불활성고체와의 혼합물
    라. 1·4비스(2-터셔리뷰틸퍼옥시아이소프로필)벤젠의 함유량이 40중량퍼센트 미만인 것으로서 불활성고체와의 혼합물
    마. 사이클로헥산온퍼옥사이드의 함유량이 30중량퍼센트 미만인 것으로서 불활성고체와의 혼합물

21. "산화성액체"라 함은 액체로서 산화력의 잠재적인 위험성을 판단하기 위하여 고시로 정하는 시험에서 고시로 정하는 성질과 상태를 나타내는 것을 말한다.

22. **과산화수소는 그 농도가 36중량퍼센트 이상**인 것에 한하며, 제21호의 성상이 있는 것으로 본다.
    → *과36

23. **질산은 그 비중이 1.49 이상**인 것에 한하며, 제21호의 성상이 있는 것으로 본다.

24. 위 표의 성질란에 규정된 성상을 2가지 이상 포함하는 물품(이하 이 호에서 "복수성상물품"이라 한다)이 속하는 품명은 다음 각목의 1에 의한다.→*질산 질리니까 하나만 사구

가. 복수성상물품이 산화성고체의 성상 및 가연성고체의 성상을 가지는 경우 : 제2류제8호의 규정에 의한 품명

나. 복수성상물품이 산화성고체의 성상 및 자기반응성물질의 성상을 가지는 경우 : 제5류제11호의 규정에 의한 품명

다. 복수성상물품이 가연성고체의 성상과 자연발화성물질의 성상 및 금수성물질의 성상을 가지는 경우 : 제3류제12호의 규정에 의한 품명

라. 복수성상물품이 자연발화성물질의 성상, 금수성물질의 성상 및 인화성액체의 성상을 가지는 경우 : 제3류제12호의 규정에 의한 품명

마. 복수성상물품이 인화성액체의 성상 및 자기반응성물질의 성상을 가지는 경우 : 제5류제11호의 규정에 의한 품명

25. 위 표의 지정수량란에 정하는 수량이 복수로 있는 품명에 있어서는 당해 품명이 속하는 유(類)의 품명 가운데 위험성의 정도가 가장 유사한 품명의 지정수량란에 정하는 수량과 같은 수량을 당해 품명의 지정수량으로 한다. 이 경우 위험물의 위험성을 실험·비교하기 위한 기준은 고시로 정할 수 있다.

26. 위 표의 기준에 따라 위험물을 판정하고 지정수량을 결정하기 위하여 필요한 실험은 「국가표준기본법」 제23조에 따라 인정을 받은 시험·검사기관, 기술원, 국립소방연구원 또는 소방청장이 지정하는 기관에서 실시할 수 있다. 이 경우 실험 결과에는 실험한 위험물에 해당하는 품명과 지정수량이 포함되어야 한다.

■ 위험물안전관리법 시행령 [별표 1]

위험물 및 지정수량(제2조 및 제3조관련)

유별	성질	품명	지정수량
제1류	산화성 고체	1. 아염소산염류	50킬로그램
		2. 염소산염류	50킬로그램
		3. 과염소산염류	50킬로그램
		4. **무기과산화물**	50킬로그램
		5. **브로민산염류**	**300킬로그램**
		6. **질산염류**	**300킬로그램**
		7. **아이오딘산염류**	**300킬로그램**
		8. 과망가니즈산염류	1,000킬로그램
		9. 다이크로뮴산염류	1,000킬로그램
		10. 그 밖에 행정안전부령으로 정하는 것 11. 제1호부터 제10호까지의 어느 하나에 해당하는 위험물을 하나 이상 함유한 것	50킬로그램, 300킬로그램 또는 1,000킬로그램
제2류	가연성 고체	1. 황화인	100킬로그램
		2. 적린	100킬로그램
		3. 황	100킬로그램
		4. 철분	500킬로그램
		5. 금속분	500킬로그램
		6. 마그네슘	500킬로그램
		7. 그 밖에 행정안전부령으로 정하는 것 8. 제1호부터 제7호까지의 어느 하나에 해당하는 위험물을 하나 이상 함유한 것	100킬로그램 또는 500킬로그램
		9. 인화성고체	1,000킬로그램
제3류	자연발화성 물질 및	1. 칼륨	10킬로그램
		2. 나트륨	10킬로그램
		3. 알킬알루미늄	10킬로그램

	금수성 물질	4. 알킬리튬		10킬로그램
		5. 황린		20킬로그램
		6. 알칼리금속(칼륨 및 나트륨을 제외한다) 및 알칼리토금속		50킬로그램
		7. 유기금속화합물(알킬알루미늄 및 알킬리튬을 제외한다)		50킬로그램
		8. 금속의 수소화물		**300킬로그램**
		9. 금속의 인화물		**300킬로그램**
		10. 칼슘 또는 알루미늄의 탄화물		**300킬로그램**
		11. 그 밖에 행정안전부령으로 정하는 것 12. 제1호 내지 제11호의 1에 해당하는 어느 하나 이상을 함유한 것		10킬로그램, 20킬로그램, 50킬로그램 또는 300킬로그램
제4류	인화성 액체	1. 특수인화물		50리터
		2. 제1석유류	비수용성액체	200리터
			수용성액체	400리터
		3. 알코올류		400리터
		4. 제2석유류	비수용성액체	1,000리터
			수용성액체	2,000리터
		5. 제3석유류	비수용성액체	2,000리터
			수용성액체	4,000리터
		6. 제4석유류		6,000리터
		7. 동식물유류		10,000리터
제5류	자기 반응성 물질	1. **유기과산화물**		**제1종: 10킬로그램** **제2종: 100킬로그램**
		2. 질산에스터류		
		3. 나이트로화합물		
		4. 나이트로소화합물		
		5. 아조화합물		
		6. 다이아조화합물		
		7. 하이드라진 유도체		

		8. 하이드록실아민	
		9. 하이드록실아민염류	
		10. 그 밖에 행정안전부령으로 정하는 것	
		11. 제1호부터 제10호까지의 어느 하나에 해당하는 위험물을 하나 이상 함유한 것	
제6류	산화성 액체	1. 과염소산	**300킬로그램**
		2. 과산화수소	**300킬로그램**
		3. 질산	**300킬로그램**
		4. 그 밖에 행정안전부령으로 정하는 것	**300킬로그램**
		5. 제1호 내지 제4호의 1에 해당하는 어느 하나 이상을 함유한 것	**300킬로그램**

위험물 지정수량 및 위험등급

유별(성질)	품명		지정수량	위험등급
제1류 (산화성고체)	아염소산염류 염소산염류 과염소산염류 무기과산화물		50(kg)	I
	브로민산염류 아이오딘산염류 질산염류		300(kg)	II
	과망가니즈산염류, 다이크로뮴산염류		1,000(kg)	III
제2류 (가연성고체)	황화인, 적린, 황		100(kg)	II
	철분, 금속분, 마그네슘		500(kg)	III
	인화성고체		1,000(kg)	
제3류 (자연발화성물질 및 금수성물질)	나트륨, 칼륨, 알킬알루미늄, 알킬리튬		10(kg)	I
	황린		20(kg)	
	알칼리금속 및 알칼리토금속 (K, Na제외)		50(kg)	II
	유기금속화합물 (알킬알루미늄 및 알킬리튬 제외)			
	금속의 수소화물 금속의 인화물 칼슘 또는 알루미늄의 탄화물		300(kg)	III
제4류 (인화성액체)	특수인화물		50리터	I
	제1석유류	비수용성	200리터	II
		수용성	400리터	
	알코올류		400리터	
	제2석유류	비수용성	1,000리터	III
		수용성	2,000리터	
	제3석유류	비수용성	2,000리터	

	수용성	4,000리터	
	제4석유류	6,000리터	
	동식물유류	10,000리터	
제5류 (자기반응성물질)	유기과산화물, 질산에스터류, 나이트로화합물, 나이트로소화합물, 아조화합물, 다이아조화합물, 하이드라진 유도체, 하이드록실아민, 하이드록실아민염류	제1종 : 10(kg) 제2종 : 100(kg)	제1종은 Ⅰ 제2종은 Ⅱ
제6류 (산화성액체)	과염소산, 과산화수소, 질산	300kg	Ⅰ

문1. 둘 이상의 제4류 위험물을 같은 장소에 동시에 저장하려 할 때, 위험물 제조소 등으로 허가받아야 하는 경우로 옳은 것은?

① 제1석유류 비수용성액체 100리터, 제2석유류 비수용성액체 400리터
② 특수인화물 25리터, 제1석유류 비수용성액체 100리터
③ 제3석유류 수용성액체 2,000리터, 제4석유류 2,000리터
④ 제1석유류 수용성액체 150리터, 알코올류 200리터

해설

② (사용수량÷지정수량)의 합계가 1 이상인 경우 지정수량 이상의 위험물로 보기 때문에 허가 대상이 된다.

정답 ②

문2. 「위험물안전관리법 시행령」상 위험물 및 지정수량 중에서 제1종 : 10킬로그램, 제2종 : 100킬로그램으로 구분하는 위험물의 품명으로 옳지 않은 것은?

① 질산염류
② 질산에스터류
③ 나이트로화합물
④ 하이드록실아민

정답 ①

문3 위험물안전관리법령상 "지정수량"에 관한 설명으로 옳지 않은 것은?

① 대통령령으로 정하는 수량이다.
② 위험물의 품명별로 위험성을 고려하여 정하고 있다.
③ 제조소 등의 설치허가 등에 있어서 최저의 기준이 되는 수량이다.
④ 지정수량의 단위는 액체는 리터, 고체는 킬로그램이다.

정답 ④

문4 위험물안전관리법령상 위험물의 품명과 지정수량의 연결이 옳은 것은?

구분	품명	지정수량(kg)
①	나트륨, 황린, 적린	10
②	브롬산염류, 중크롬산염류, 철분	500
③	질산염류, 금속의 인화물, 과산화수소	300
④	무기과산화물, 유기금속화합물, 황화린	50

정답 ③

문5 위험물안전관리법령상 위험물의 품명 및 성질에 관한 설명으로 옳은 것은?

① "제3석유류"라 함은 중유, 클레오소트유 그 밖에 1기압에서 인화점이 섭씨 70도 이상 섭씨 200도 미만인 것을 말한다. 다만, 도료류 그 밖의 물품은 가연성 액체량이 40중량퍼센트 이하인 것은 제외한다.
② "금속분"이라 함은 알칼리금속·알칼리토류금속·철 및 마그네슘 외의 금속의 분말을 말하고, 아연분·주석분 및 53마이크로미터의 체를 통과하는 것이 50중량퍼센트 미만인 것은 제외한다.
③ "산화성액체"라 함은 액체로서 산화력의 잠재적인 위험성이 있는 것으로 과산화수소는 그 농도가 36중량퍼센트 이상, 질산은 그 비중이 1.49 미만인 것을 말한다.
④ "동식물유류"라 함은 동물의 지육 등 또는 식물의 종자나 과육으로부터 추출한 것으로서 1기압에서 인화점이 섭씨 300도 미만인 것을 말한다.

정답 ①

문6 위험물안전관리법령상 옥내저장소에 제1석유류 중 비수용성인 휘발유 20리터 용기 200개와 제2석유류 중 수용성인 포름산 200리터 용기 20개를 저장하고 있다면, 이 저장소에는 지정수량 몇 배를 저장하고 있는가? (단, 용기에 가득 차 있다고 가정한다)

① 12
② 21
③ 22
④ 26

정답 ③

문7 위험물안전관리법령상 위험물별 위험등급-품명-지정수량의 연결로 옳지 <u>않은</u> 것은?

① Ⅰ등급 – 알킬리튬 – 10kg
② Ⅱ등급 – 황화인 – 100kg
③ Ⅱ등급 – 알칼리토금속 – 50kg
④ Ⅲ등급 – 과염소산 – 300kg

정답 ④

문8 위험물안전관리법령상 제4류 위험물의 품명별 위험등급이 바르게 짝지어진 것은?

① 알코올류 – Ⅰ등급
② 특수인화물 – Ⅰ등급
③ 제2석유류 중 수용성 액체 – Ⅱ등급
④ 제3석유류 중 비수용성 액체 – Ⅱ등급

정답 ②

문9 위험물안전관리법령상 제3류 위험물의 품명별 지정수량이 바르게 짝지어진 것은?

① 나트륨, 황린 – 10kg
② 알킬알루미늄, 알킬리튬 – 20kg
③ 금속의 수소화물, 금속의 인화물 – 50kg
④ 칼슘의 탄화물, 알루미늄의 탄화물 – 300kg

정답 ④

문10 위험물안전관리법령상 150마이크로미터(㎛)의 체를 통과하는 것이 50중량퍼센트 이상일 경우 위험물에 해당하는 것은?

① 철분
② 구리분
③ 니켈분
④ 아연분

정답 ④

문11 위험물안전관리법령상 위험물 및 지정수량에 대한 기준 중 다음 ( ) 안에 알맞은 것은?

> 금속분이라 함은 알칼리금속·알칼리토류금속·철 및 마그네슘 외의 분말을 말하고, 구리분·니켈분 및 (ㄱ)마이크로미터의 체를 통과하는 것이 (ㄴ)중량퍼센트 미만인 것은 제외된다.

① ㄱ : 150, ㄴ : 50
② ㄱ : 53, ㄴ : 50
③ ㄱ : 50, ㄴ : 150
④ ㄱ : 50, ㄴ : 53

정답 ①

문12 위험물안전관리법령상 알코올류의 성상, 위험성, 저장 및 취급에 대한 설명으로 옳지 않은 것은?

① 농도가 높아질수록 인화점이 낮아져 위험성이 증대된다.
② 알칼리금속과 반응하면 인화성이 강한 수소를 발생한다.
③ 1분자를 구성하는 탄소원자의 수가 1개 내지 3개의 포화1가 알코올의 함유량이 60부피퍼센트 미만은 수용액은 제외한다.
④ "알코올류"라 함은 1분자를 구성하는 탄소원자의 수가 1개부터 3개까지인 포화1가 알코올(변성알코올을 포함한다)을 말한다.

해설

* 높은 농도는 이미 연소에 필요한 연료의 양이 많아 불꽃이 붙을 수 있는 조건이 충족될 가능성이 높아지며, 이는 인화점이 낮아지는 결과로 이어진다.
* 알코올 분자의 하이드록시기(-OH)에 있는 수소 원자가 알칼리금속에 전자를 받으면서 수

소 분자(H₂)로 떨어져 나가기 때문이다.

* 중량퍼센트(w/w, weight/weight)는 용액의 질량에 대한 용질의 질량 비율을 나타내고, 부피퍼센트(v/v, volume/volume)는 용액의 부피에 대한 용질의 부피 비율을 나타내는 농도 단위로 중량퍼센트는 '질량'을, 부피퍼센트는 '부피'를 기준으로 한다.

14. "알코올류"라 함은 1분자를 구성하는 <u>탄소원자의 수가 1개부터 3개까지인 포화1가 알코올</u>(변성알코올을 포함한다)을 말한다. 다만, 다음 각목의 1에 해당하는 것은 제외한다.
   → *알코올이 60(육체)에 들어간다.

   가. 1분자를 구성하는 탄소원자의 수가 1개 내지 3개인 **포화1가 알코올의 함유량이 60중량퍼센트 미만**인 수용액
   나. 가연성액체량이 60중량퍼센트 미만이고 인화점 및 연소점(태그개방식인화점측정기에 의한 연소점을 말한다. 이하 같다)이 에틸알코올 60중량퍼센트 수용액의 인화점 및 연소점을 초과하는 것

  정답 ③

문13 위험물안전관리법령상 제4석유류의 정의에 대해 다음 (   )에 알맞은 수치를 나열한 것은?

"제4석유류"라 함은 기어유, 실린더유 그 밖에 1기압에서 인화점이 섭씨 (ㄱ)도 이상 섭씨 (ㄴ)도 미만의 것을 말한다. 다만, 도료류 그 밖의 물품은 가연성 액체량이 (ㄷ)중량퍼센트 이하인 것은 제외한다.

① ㄱ : 200, ㄴ : 250, ㄷ : 40
② ㄱ : 200, ㄴ : 250, ㄷ : 60
③ ㄱ : 200, ㄴ : 300, ㄷ : 40
④ ㄱ : 250, ㄴ : 300, ㄷ : 60

  정답 ①

문14 위험물안전관리법령상 유기과산화물을 함유하는 것 중에서 불활성고체를 함유하는 것으로서 다음에 해당하는 것은 위험물에서 제외된다. ( ) 안에 알맞은 수치는?

> 과산화벤조일의 함유량이 ( )중량퍼센트 미만인 것으로서 전분가루, 황산칼슘2수화물 또는 인산수소칼슘2수화물과의 혼합물

① 30
② 35.5
③ 40
④ 45.5

해설

20. 제5류 제11호의 물품에 있어서는 유기과산화물을 함유하는 것 중에서 불활성고체를 함유하는 것으로서 다음 각목의 1에 해당하는 것은 '제외'한다.
    가. 과산화벤조일의 함유량이 35.5중량퍼센트 미만인 것으로서 전분가루, 황산칼슘2수화물 또는 인산수소칼슘2수화물과의 혼합물
    나. 비스(4-클로로벤조일)퍼옥사이드의 함유량이 30중량퍼센트 미만인 것으로서 불활성고체와의 혼합물
    다. 과산화다이쿠밀의 함유량이 40중량퍼센트 미만인 것으로서 불활성고체와의 혼합물
    라. 1·4비스(2-터셔리뷰틸퍼옥시아이소프로필)벤젠의 함유량이 40중량퍼센트 미만인 것으로서 불활성고체와의 혼합물
    마. 사이클로헥산온퍼옥사이드의 함유량이 30중량퍼센트 미만인 것으로서 불활성고체와의 혼합물

정답 ②

[부표 2]

유별을 달리하는 위험물의 혼재기준(별표 19관련)
→ 1/6, 2/45, 3/4, 4/5

위험물의 구분	제1류	제2류	제3류	제4류	제5류	제6류
제1류		×	×	×	×	○
제2류	×		×	○	○	×
제3류	×	×		○	×	×
제4류	×	○	○		○	×
제5류	×	○	×	○		×
제6류	○	×	×	×	×	

비고

1. "×"표시는 혼재할 수 없음을 표시한다.
2. "○"표시는 혼재할 수 있음을 표시한다.
3. 이 표는 지정수량의 $\dfrac{1}{10}$ 이하의 위험물에 대하여는 적용하지 아니한다.

문1 「위험물안전관리법 시행규칙」상 유별을 달리하는 위험물 운반 시 혼재기준으로 옳은 것은?

① 지정수량 20배의 무기과산화물과 지정수량 15배의 특수인화물은 혼재할 수 있다.
② 지정수량 20배의 황화인과 지정수량 15배의 나트륨은 혼재할 수 있다.
③ 지정수량 15배의 경유와 지정수량 20배의 유기과산화물은 혼재할 수 없다.
④ 지정수량 15배의 과산화수소와 지정수량 20배의 염소산염류는 혼재할 수 있다.

[정답] ④

문2 위험물안전관리법령상 질산메틸의 운반 시 혼재가 가능한 위험물은? (단, 운반하는 위험물은 모두 지정수량이다)

① 질산
② 마그네슘
③ 수소화나트륨
④ 과산화나트륨

[해설]

② 수소화나트륨은 제3류 위험물로 금속의 수소화물이고, 과산화나트륨은 제1류 위험물로 무기과산화물이다.

[정답] ②

문3 위험물 운반 시 제4류 위험물과 혼재할 수 있는 위험물의 유별을 모두 나타낸 것은? (단, 혼재위험물은 지정수량이 1/10을 각각 초과한다)

① 제2류 위험물
② 제2류 위험물, 제3류 위험물
③ 제2류 위험물, 제3류 위험물, 제5류 위험물
④ 제2류 위험물, 제3류 위험물, 제5류 위험물, 제6류 위험물

[정답] ③

■ 위험물안전관리법 시행령 [별표 2]

지정수량 이상의 위험물을 저장하기 위한 장소와
그에 따른 저장소의 구분(제4조관련)

지정수량 이상의 위험물을 저장하기 위한 장소	저장소의 구분
1. 옥내(지붕과 기둥 또는 벽 등에 의하여 둘러싸인 곳을 말한다. 이하 같다)에 저장(위험물을 저장하는데 따르는 취급을 포함한다. 이하 이 표에서 같다)하는 장소. 다만, 제3호의 장소를 제외한다.	옥내저장소
2. 옥외에 있는 탱크(제4호 내지 제6호 및 제8호에 규정된 탱크를 제외한다. 이하 제3호에서 같다)에 위험물을 저장하는 장소	옥외탱크저장소
3. 옥내에 있는 탱크에 위험물을 저장하는 장소	옥내탱크저장소
4. 지하에 매설한 탱크에 위험물을 저장하는 장소	지하탱크저장소
5. 간이탱크에 위험물을 저장하는 장소	간이탱크저장소
6. 차량(피견인자동차에 있어서는 앞차축을 갖지 아니하는 것으로서 당해 피견인자동차의 일부가 견인자동차에 적재되고 당해 피견인자동차와 그 적재물의 중량의 상당부분이 견인자동차에 의하여 지탱되는 구조의 것에 한한다)에 고정된 탱크에 위험물을 저장하는 장소	이동탱크저장소
7. 옥외에 다음 각목의 1에 해당하는 위험물을 저장하는 장소. 다만, 제2호의 장소를 제외한다. 가. 제2류 위험물 중 황 또는 인화성고체(인화점이 섭씨 0도 이상인 것에 한한다) 나. 제4류 위험물중 제1석유류(인화점이 섭씨 0도 이상인 것에 한한다)·알코올류·제2석유류·제3석유류·제4석유류 및 동식물유류 다. 제6류 위험물 라. 제2류 위험물 및 제4류 위험물 중 특별시·광역시·특별자치시·도 또는 특별자치도의 조례로 정하는 위험물(「관세법」 제154조에 따른 보세구역 안에 저장하는 경우로 한정한다) 마. 「국제해사기구에 관한 협약」에 의하여 설치된 국제해사기구가 채택한 「국제해상위험물규칙」(IMDG Code)에 적합한 용기에 수납된 위험물	옥외저장소
8. 암반내의 공간을 이용한 탱크에 액체의 위험물을 저장하는 장소	암반탱크저장소

■ 위험물안전관리법 시행령 [별표 3]

위험물을 제조외의 목적으로 취급하기 위한 장소와 그에 따른 취급소의 구분(제5조관련)

위험물을 제조외의 목적으로 취급하기 위한 장소	취급소의 구분
1. 고정된 주유설비(항공기에 주유하는 경우에는 차량에 설치된 주유설비를 포함한다)에 의하여 자동차·항공기 또는 선박 등의 연료탱크에 직접 주유하기 위하여 위험물(「석유 및 석유대체연료 사업법」제29조의 규정에 의한 가짜석유제품에 해당하는 물품을 제외한다. 이하 제2호에서 같다)을 취급하는 장소(위험물을 용기에 옮겨 담거나 차량에 고정된 5천리터 이하의 탱크에 주입하기 위하여 고정된 급유설비를 병설한 장소를 포함한다)	주유취급소
2. 점포에서 위험물을 용기에 담아 판매하기 위하여 지정수량의 40배 이하의 위험물을 취급하는 장소	판매취급소
3. 배관 및 이에 부속된 설비에 의하여 위험물을 이송하는 장소. 다만, 다음 각목의 1에 해당하는 경우의 장소를 제외한다. 가. 「송유관 안전관리법」에 의한 송유관에 의하여 위험물을 이송하는 경우 나. 제조소등에 관계된 시설(배관을 제외한다) 및 그 부지가 같은 사업소안에 있고 당해 사업소안에서만 위험물을 이송하는 경우 다. 사업소와 사업소의 사이에 도로(폭 2미터 이상의 일반교통에 이용되는 도로로서 자동차의 통행이 가능한 것을 말한다)만 있고 사업소와 사업소 사이의 이송배관이 그 도로를 횡단하는 경우 라. 사업소와 사업소 사이의 이송배관이 제3자(당해 사업소와 관련이 있거나 유사한 사업을 하는 자에 한한다)의 토지만을 통과하는 경우로서 당해 배관의 길이가 100미터 이하인 경우 마. 해상구조물에 설치된 배관(이송되는 위험물이 별표 1의 제4류 위험물중 제1석유류인 경우에는 배관의 안지름이 30센티미터 미만인 것에 한한다)으로서 해당 해상구조물에 설치된 배관이 길이가 30미터 이하인 경우 바. 사업소와 사업소 사이의 이송배관이 다목 내지 마목의 규정에 의한 경우중 2이상에 해당하는 경우 사. 「농어촌 전기공급사업 촉진법」에 따라 설치된 자가발전시설에 사용되는 위험물을 이송하는 경우	이송취급소
4. 제1호 내지 제3호외의 장소(「석유 및 석유대체연료 사업법」제29조의 규정에 의한 가짜석유제품에 해당하는 위험물을 취급하는 경우의 장소를 제외한다)	일반취급소

문 위험물안전관리법령상 지정수량 이상의 위험물을 저장하기 위한 저장소의 구분에 포함되지 않는 것은?

① 옥내저장소
② 옥외저장소
③ 지하저장소
④ 이동탱크저장소

정답 ③

■ 위험물안전관리법 시행령 [별표 4]

탱크안전성능검사의 내용(제8조제2항관련)

구분	검사내용
1. 기초·지반검사	가. 제8조제1항제1호의 규정에 의한 탱크중 나목외의 탱크 : 탱크의 기초 및 지반에 관한 공사에 있어서 당해 탱크의 기초 및 지반이 행정안전부령으로 정하는 기준에 적합한지 여부를 확인함 나. 제8조제1항제1호의 규정에 의한 탱크중 행정안전부령으로 정하는 탱크 : 탱크의 기초 및 지반에 관한 공사에 상당한 것으로서 행정안전부령으로 정하는 공사에 있어서 당해 탱크의 기초 및 지반에 상당하는 부분이 행정안전부령으로 정하는 기준에 적합한지 여부를 확인함
2. 충수·수압검사	탱크에 배관 그 밖의 부속설비를 **부착하기 전**에 당해 탱크 본체의 누설 및 변형에 대한 안전성이 행정안전부령으로 정하는 기준에 적합한지 여부를 확인함
3. 용접부검사	탱크의 배관 그 밖의 부속설비를 부착하기 전에 행하는 당해 탱크의 본체에 관한 공사에 있어서 탱크의 용접부가 행정안전부령으로 정하는 기준에 적합한지 여부를 확인함
4. 암반탱크검사	탱크의 본체에 관한 공사에 있어서 탱크의 구조가 행정안전부령으로 정하는 기준에 적합한지 여부를 확인함

문1 위험물안전관리법령상 탱크안전성능검사의 종류 중 탱크에 배관 그 밖의 부속설비를 부착하기 전에 당해 탱크 본체의 누설 및 변형에 대한 안전성이 행정안전부령으로 정하는 기준에 적합하지 여부를 확인하는 검사는?

① 기초·지반검사
② 충수·수압검사
③ 용접부검사
④ 암반탱크검사

정답 ②

문2 위험물안전관리법령상 탱크안전성능검사에 해당하지 않는 것은?

① 기초·지반검사
② 충수·수압검사
③ 밀폐·재질검사
④ 암반탱크검사

정답 ③

■ 위험물안전관리법 시행령 [별표 5]

위험물취급자격자의 자격(제11조제1항 관련)

위험물취급자격자의 구분	취급할 수 있는 위험물
1. 「국가기술자격법」에 따라 위험물기능장, 위험물산업기사, 위험물기능사의 자격을 취득한 사람	별표 1의 모든 위험물
2. 안전관리자교육이수자(법 28조제1항에 따라 소방청장이 실시하는 안전관리자교육을 이수한 자를 말한다. 이하 별표 6에서 같다)	별표 1의 위험물 중 제4류 위험물
3. 소방공무원 경력자(소방공무원으로 근무한 경력이 3년 이상인 자를 말한다. 이하 별표 6에서 같다)	별표 1의 위험물 중 제4류 위험물

■ 위험물안전관리법 시행령 [별표 6]

제조소등의 종류 및 규모에 따라 선임하여야 하는 안전관리자의 자격(제13조 관련)

제조소등의 종류 및 규모			안전관리자의 자격
제조소	1. 제4류 위험물만을 취급하는 것으로서 지정수량 5배 이하의 것		위험물기능장, 위험물산업기사, 위험물기능사, **안전관리자교육이수자** 또는 **소방공무원경력자**(*3년 이상 경력자)
	2. 제1호에 해당하지 아니하는 것		위험물기능장, 위험물산업기사 또는 2년 이상의 실무경력이 있는 위험물기능사
저장소	1. <u>옥내저장소</u>	제4류 위험물만을 저장하는 것으로서 지정수량 5배 이하의 것	위험물기능장, 위험물산업기사, 위험물기능사, **안전관리자교육이수자** 또는 소방공무원경력자
		제4류 위험물 중 알코올류·제2석유류·제3석유류·제4석유류·동식물유류만을 저장하는 것으로서 **지정수량 40배 이하의 것**	
	2. 옥외탱크저장소	제4류 위험물만 저장하는 것으로서 지정수량 5배 이하의 것	
		제4류 위험물 중 제2석유류·제3석유류·제4석유류·동식물유류만을 저장하는 것으로서 지정수량 40배 이하의 것	
	3. 옥내탱크저장소	제4류 위험물만을 저장하는 것으로서 지정수량 5배 이하의 것	

		제4류 위험물 중 제2석유류·제3석유류·제4석유류·동식물유류만을 저장하는 것	
	4. 지하탱크저장소	제4류 위험물만을 저장하는 것으로서 지정수량 40배 이하의 것	
		제4류 위험물 중 제1석유류·알코올류·제2석유류·제3석유류·제4석유류·동식물유류만을 저장하는 것으로서 지정수량 250배 이하의 것	
	5. 간이탱크저장소로서 제4류 위험물만을 저장하는 것		
	6. 옥외저장소 중 제4류 위험물만을 저장하는 것으로서 지정수량의 40배 이하의 것		
	7. 보일러, 버너 그 밖에 이와 유사한 장치에 공급하기 위한 위험물을 저장하는 탱크저장소		
	8. 선박주유취급소, 철도주유취급소 또는 항공기주유취급소의 고정주유설비에 공급하기 위한 위험물을 저장하는 탱크저장소로서 지정수량의 250배(제1석유류의 경우에는 지정수량의 100배)이하의 것		
	9. 제1호 내지 제8호에 해당하지 아니하는 저장소		위험물기능장, 위험물산업기사 또는 2년 이상의 실무경력이 있는 위험물기능사
취급소	1. 주유취급소		위험물기능장, 위험물산업기사, 위험물기능사, **안전관리자교육이수자** 또는 소방공무원경력자
	2. 판매취급소	제4류 위험물만을 취급하는 것으로서 지정수량 5배 이하의 것	
		제4류 위험물 중 <u>**제1석유류**·알코올류·제2석유류·제3석유류·제4석유류·동식물유류만을 취급하는 것</u>	
	3. 제4류 위험물 중 제1류 석유류·알코올류·제2석유류·제3석유류·제4석유류·동식물유류만을 지정수량 50배 이하로 취급하는 일반취급소(제1석유류·알코올류의 취급량이 지정수량의 10배 이하인 경우에 한한다)로서 다음 각목의 어느 하나에 해당하는 것 가. 보일러, 버너 그 밖에 이와 유사한 장치에 의하여 위험물을 소비하는 것		

나. 위험물을 용기 또는 차량에 고정된 탱크에 주입하는 것	
4. 제4류 위험물만을 취급하는 일반취급소로서 지정수량 10배 이하의 것	
5. 제4류 위험물 중 제2석유류·제3석유류·제4석유류·동식물유류만을 취급하는 일반취급소로서 지정수량 20배 이하의 것	
6. 「농어촌 전기공급사업 촉진법」에 따라 설치된 자가발전시설에 사용되는 위험물을 취급하는 일반취급소	
7. 제1호 내지 제6호에 해당하지 아니하는 취급소	위험물기능장, 위험물산업기사 또는 2년 이상의 실무경력이 있는 위험물기능사

비고
1. 왼쪽란의 제조소등의 종류 및 규모에 따라 오른쪽란에 규정된 안전관리자의 자격이 있는 위험물취급자격자는 별표 5에 따라 해당 제조소등에서 저장 또는 취급하는 위험물을 취급할 수 있는 자격이 있어야 한다.
2. 위험물기능사의 실무경력 기간은 위험물기능사 자격을 취득한 이후 「위험물안전관리법」 제15조에 따른 위험물안전관리자로 선임된 기간 또는 위험물안전관리자를 보조한 기간을 말한다.

문1 안전관리자교육이수자를 안전관리자로 선임할 수 있는 제조소 등의 종류 및 규모로 옳은 것은?

① 제4류 위험물 중 제1석유류·알코올류·제2석유류·제3석유류·제4석유류·동식물유류만을 저장하는 옥내저장소로서 지정수량 40배 이하인 것
② 제4류 위험물 중 제1석유류·알코올류·제2석유류·제3석유류·제4석유류·동식물유류만을 저장하는 옥외탱크저장소로서 지정수량 40배 이하인 것
③ 제4류 위험물 중 제1석유류·알코올류·제2석유류·제3석유류·제4석유류·동식물유류만을 저장하는 지하탱크저장소로서 지정수량 250배 이하인 것
④ 제4류 위험물 중 제1석유류·알코올류·제2석유류·제3석유류·제4석유류·동식물유류만을 저장하는 일반취급소로서 지정수량 20배 이하인 것

 ③

문2 위험물안전관리법령상 위험물시설의 안전관리자에 관한 설명으로 옳지 않은 것은?

① 제조소 등에 있어서 위험물취급자격자가 아닌 자는 안전관리자 또는 그 대리자가 참여한 상태에서 위험물을 취급하여야 한다.
② 시·도지사, 소방본부장 또는 소방서장은 안전관리자가 안전교육을 받지 아니한 때에는 그 교육을 받을 때까지 그 자격으로 행하는 행위를 제한할 수 있다.
③ 안전관리자가 되려는 사람은 16시간의 강습교육을 받아야 한다.
④ 지정수량 5배 이하의 제4류 위험물만을 취급하는 제조소에서는 소방공무원경력 3년인 자를 안전관리자로 선임할 수 있다.

 ③

■ 위험물안전관리법 시행령 [별표 8]

자체소방대에 두는 화학소방자동차 및 인원(제18조 제3항 관련)

사업소의 구분	화학소방자동차	자체소방대원의 수
1. 제조소 또는 일반취급소에서 취급하는 제4류 위험물의 최대수량의 합이 지정수량의 3천배 이상 **12만배** 미만인 사업소	1대	5인
2. 제조소 또는 일반취급소에서 취급하는 제4류 위험물의 최대수량의 합이 지정수량의 12만배 이상 **24만배** 미만인 사업소	2대	10인
3. 제조소 또는 일반취급소에서 취급하는 제4류 위험물의 최대수량의 합이 지정수량의 24만배 이상 **48만배** 미만인 사업소	3대	15인
4. 제조소 또는 일반취급소에서 취급하는 제4류 위험물의 최대수량의 합이 지정수량의 **48만배 이상**인 사업소	4대	20인
5. **옥외탱크저장소**에 저장하는 제4류 위험물의 최대수량이 지정수량의 **50만배 이상**인 사업소	2대	10인

※ 비고 : 화학소방자동차에는 행정안전부령으로 정하는 소화능력 및 설비를 갖추어야 하고, 소화활동에 필요한 소화약제 및 기구(방열복 등 개인장구를 포함한다)를 비치하여야 한다.

문 위험물안전관리법령상 제4류 위험물을 지정수량의 30만 배를 취급하는 일반취급소에 최소한 갖추어야 하는 자체소방대의 화학소방차 대수와 자체소방대원의 수는?

① 2대, 15명
② 2대, 20명
③ 3대, 15명
④ 3대, 20명

정답 ③

■ 위험물안전관리법 시행령 [별표 9]

과태료의 부과기준(제23조 관련)

1. 일반기준
    가. 과태료 부과권자는 다음의 어느 하나에 해당하는 경우에는 제2호의 개별기준에 따른 과태료 금액의 2분의 1까지 그 금액을 줄일 수 있다. 다만, 과태료를 체납하고 있는 위반행위자에 대해서는 그러하지 아니하다.
        1) 위반행위자가 「질서위반행위규제법 시행령」 제2조의2제1항 각 호의 어느 하나에 해당하는 경우
        2) 위반행위자가 처음 위반행위를 한 경우로서 3년 이상 해당 업종을 모범적으로 경영한 사실이 인정되는 경우
        3) 위반행위가 사소한 부주의나 오류 등 과실로 인한 것으로 인정되는 경우
        4) 위반행위자가 같은 위반행위로 다른 법률에 따라 과태료·벌금·영업정지 등의 처분을 받은 경우
        5) 위반행위자가 위법행위로 인한 결과를 시정하거나 해소한 경우
        6) 그 밖에 위반행위의 정도, 위반행위의 동기와 그 결과 등을 고려하여 과태료를 줄일 필요가 있다고 인정되는 경우
    나. 부과권자는 고의 또는 중과실이 없는 위반행위자가 「소상공인기본법」 제2조에 따른 소상공인에 해당하고, 과태료를 체납하고 있지 않은 경우에는 다음의 사항을 고려하여 제2호의 개별기준에 따른 과태료의 100분의 70 범위에서 그 금액을 줄여 부과할 수 있다. 다만, 가목에 따른 감경과 중복하여 적용하지 않는다.
        1) 위반행위자의 현실적인 부담능력
        2) 경제위기 등으로 위반행위자가 속한 시장·산업 여건이 현저하게 변동되거나 지속적으로 악화된 상태인지 여부
    다. 위반행위의 횟수에 따른 과태료의 부과기준은 최근 1년간 같은 위반행위로 과태료 부과처분을 받은 경우에 적용한다. 이 경우 기간의 계산은 위반행위에 대하여 과태료 부과처분을 받은 날과 그 처분 후 다시 같은 위반행위를 하여 적발된 날을 기준으로 한다.
    라. 다목에 따라 가중된 부과처분을 하는 경우 가중처분의 적용 차수는 그 위반행위 전 부과처분 차수(다목에 따른 기간 내에 과태료 부과처분이 둘 이상 있었던 경우에는 높은 차수를 말한다)의 다음 차수로 한다.

2. 개별기준

(단위 : 만원)

위반행위	근거 법조문	과태료 금액
가. 법 제5조제2항제1호에 따른 승인을 받지 않은 경우	법 제39조제1항제1호	
1) 승인기한(임시저장 또는 취급개시일의 전날)의 다음날을 기산일로 하여 30일 이내에 승인을 신청한 경우		250
2) 승인기한(임시저장 또는 취급개시일의 전날)의 다음날을 기		400

위반행위	근거 법조문	과태료
산일로 하여 31일 이후에 승인을 신청한 경우		
3) 승인을 받지 않은 경우		500
나. 법 제5조제3항제2호에 따른 위험물의 저장 또는 취급에 관한 세부기준을 위반한 경우	법 제39조제1항제2호	
1) 1차 위반 시		250
2) 2차 위반 시		400
3) 3차 이상 위반 시		500
다. 법 제6조제2항에 따른 품명 등의 변경신고를 기간 이내에 하지 않거나 허위로 한 경우	법 제39조제1항제3호	
1) 신고기한(변경한 날의 1일 전날)의 다음날을 기산일로 하여 30일 이내에 신고한 경우		250
2) 신고기한(변경한 날의 1일 전날)의 다음날을 기산일로 하여 31일 이후에 신고한 경우		350
3) 허위로 신고한 경우		500
4) 신고를 하지 않은 경우		500
라. 법 제10조제3항에 따른 지위승계신고를 기간 이내에 하지 않거나 허위로 한 경우	법 제39조제1항제4호	
1) 신고기한(지위승계일의 다음날을 기산일로 하여 30일이 되는 날)의 다음날을 기산일로 하여 30일 이내에 신고한 경우		250
2) 신고기한(지위승계일의 다음날을 기산일로 하여 30일이 되는 날)의 다음날을 기산일로 하여 31일 이후에 신고한 경우		350
3) 허위로 신고한 경우		500
4) 신고를 하지 않은 경우		500
마. 법 제11조에 따른 제조소등의 폐지신고를 기간 이내에 하지 않거나 허위로 한 경우	법 제39조제1항제5호	
1) 신고기한(폐지일의 다음날을 기산일로 하여 14일이 되는 날)의 다음날을 기산일로 하여 30일 이내에 신고한 경우		250
2) 신고기한(폐지일의 다음날을 기산일로 하여 14일이 되는 날)의 다음날을 기산일로 하여 31일 이후에 신고한 경우		350
3) 허위로 신고한 경우		500
4) 신고를 하지 않은 경우		500
바. 법 제11조의2제2항을 위반하여 사용 중지신고 또는 재개신고를 기간 이내에 하지 않거나 거짓으로 한 경우	법 제39조 제1항제5호의2	
1) 신고기한(중지 또는 재개한 날의 14일 전날)의 다음날을 기산일로 하여 30일 이내에 신고한 경우		250

	2) 신고기한(중지 또는 재개한 날의 14일 전날)의 다음날을 기산일로 하여 31일 이후에 신고한 경우		350
	3) 거짓으로 신고한 경우		500
	4) 신고를 하지 않은 경우		500
사. 법 제15조제3항에 따른 안전관리자의 선임신고를 기간 이내에 하지 않거나 허위로 한 경우		법 제39조제1항제5호	
	1) 신고기한(선임한 날의 다음날을 기산일로 하여 14일이 되는 날)의 다음날을 기산일로 하여 30일 이내에 신고한 경우		250
	2) 신고기한(선임한 날의 다음날을 기산일로 하여 14일이 되는 날)의 다음날을 기산일로 하여 31일 이후에 신고한 경우		350
	3) 허위로 신고한 경우		500
	4) 신고를 하지 않은 경우		500
아. 법 제16조제3항을 위반하여 등록사항의 변경신고를 기간 이내에 하지 않거나 허위로 한 경우		법 제39조제1항제6호	
	1) 신고기한(변경일의 다음날을 기산일로 하여 30일이 되는 날)의 다음날을 기산일로 하여 30일 이내에 신고한 경우		250
	2) 신고기한(변경일의 다음날을 기산일로 하여 30일이 되는 날)의 다음날을 기산일로 하여 31일 이후에 신고한 경우		350
	3) 허위로 신고한 경우		500
	4) 신고를 하지 않은 경우		500
자. 법 제17조제3항을 위반하여 예방규정을 준수하지 않은 경우		법 제39조제1항제6호의2	
	1) 1차 위반 시		250
	2) 2차 위반 시		400
	3) 3차 이상 위반 시		500
차. 법 제18조제1항을 위반하여 점검결과를 기록하지 않거나 보존하지 않은 경우		법 제39조제1항제7호	
	1) 1차 위반 시		250
	2) 2차 위반 시		400
	3) 3차 이상 위반 시		500
카. 법 제18조제2항을 위반하여 기간 이내에 점검 결과를 제출하지 않은 경우		법 제39조제1항제7호의2	
	1) 제출기한(점검일의 다음날을 기산일로 하여 30일이 되는 날)의 다음날을 기산일로 하여 30일 이내에 제출한 경우		250

2) 제출기한(점검일의 다음날을 기산일로 하여 30일이 되는 날)의 다음날을 기산일로 하여 31일 이후에 제출한 경우		400
3) 제출하지 않은 경우		500
타. 법 제19조의2제1항을 위반하여 흡연을 한 경우	법 제39조 제1항제7호의3	
1) 1차 위반 시		250
2) 2차 위반 시		400
3) 3차 이상 위반 시		500
파. 법 제19조의2제3항에 따른 시정명령을 따르지 않은 경우	법 제39조 제1항제7호의4	
1) 1차 위반 시		250
2) 2차 위반 시		400
3) 3차 이상 위반 시		500
하. 법 제20조제1항제2호에 따른 위험물의 운반에 관한 세부기준을 위반한 경우	법 제39조제1항제8호	
1) 1차 위반 시		250
2) 2차 위반 시		400
3) 3차 이상 위반 시		500
거. 법 제21조제3항을 위반하여 위험물의 운송에 관한 기준을 따르지 않은 경우	법 제39조제1항제9호	
1) 1차 위반 시		250
2) 2차 위반 시		400
3) 3차 이상 위반 시		500

○ 위험물안전관리법 시행규칙

제1장 총칙

제1조(목적) 이 규칙은 「위험물안전관리법」 및 동법 시행령에서 위임된 사항과 그 시행에 관하여 필요한 사항을 규정함을 목적으로 한다.

제2조(정의) 이 규칙에서 사용하는 용어의 뜻은 다음과 같다.
1. "고속국도"란 「도로법」 제10조제1호에 따른 고속국도를 말한다.
2. "도로"란 다음 각 목의 어느 하나에 해당하는 것을 말한다.
   가. 「도로법」 제2조제1호에 따른 도로(*도로법상 도로는 종류와 기능에 따라 폭이 다르게 적용되며 도로폭 규정은 없다)
   나. 「항만법」 제2조제5호에 따른 항만시설 중 임항교통시설(*항만에 접한 도로 등 교통시설)에 해당하는 도로
   다. 「사도법」 제2조의 규정에 의한 사도(*사유재산 도로)
   라. 그 밖에 일반교통에 이용되는 너비 2미터 이상의 도로로서 자동차의 통행이 가능한 것
3. "하천"이란 「하천법」 제2조제1호에 따른 하천을 말한다.
4. "내화구조"란 「건축법 시행령」 제2조제7호에 따른 내화구조를 말한다.
5. "불연재료"란 「건축법 시행령」 제2조제10호에 따른 불연재료 중 유리 외의 것을 말한다.

> **문** 위험물안전관리법령상 용어의 정의에 따른 도로에 해당하지 않는 것은?
>
> ① 「도로법」에 따른 도로
> ② 「항만법」에 따른 항만시설 중 임항교통시설에 해당하는 도로
> ③ 「사도법」에 따른 사도
> ④ 그 밖에 일반교통에 이용되지 않는 너비 2미터 이상의 도로로서 자동차의 통행이 가능한 것
>
> 정답 ④

제3조(위험물 품명의 지정) ①「위험물안전관리법 시행령」(이하 "영"이라 한다) 별표 1 제1류의 품명란 제10호에서 "행정안전부령으로 정하는 것"이라 함은 다음 각호의 1에 해당하는 것을 말한다.
1. 과아이오딘산염류
2. 과아이오딘산
3. 크로뮴, 납 또는 아이오딘의 산화물
4. 아질산염류
5. 차아염소산염류
6. 염소화아이소사이아누르산
7. 퍼옥소이황산염류

8. 퍼옥소붕산염류

② 영 별표 1 제3류의 품명란 제11호에서 "행정안전부령으로 정하는 것"이라 함은 염소화규소화합물을 말한다.

③ 영 별표 1 제5류의 품명란 제10호에서 "행정안전부령으로 정하는 것"이라 함은 다음 각호의 1에 해당하는 것을 말한다.

1. 금속의 아지화합물
2. 질산구아니딘

④ 영 별표 1 제6류의 품명란 제4호에서 "행정안전부령으로 정하는 것"이란 할로젠간화합물을 말한다.

제4조(위험물의 품명) ① 제3조제1항 및 제3항 각호의 1에 해당하는 위험물은 각각 다른 품명의 위험물로 본다.

② 영 별표 1 제1류의 품명란 제11호, 동표 제2류의 품명란 제8호, 동표 제3류의 품명란 제12호, 동표 제5류의 품명란 제11호 또는 동표 제6류의 품명란 제5호의 위험물로서 당해 위험물에 함유된 위험물의 품명이 다른 것은 각각 다른 품명의 위험물로 본다.

제5조(탱크 용적의 산정기준) ① 위험물을 저장 또는 취급하는 **탱크의 용량은 해당 탱크의 내용적에서 공간용적을 뺀 용적으로 한다(*내용적=탱크의 용량+공간용적).** 이 경우 위험물을 저장 또는 취급하는 영 별표 2 제6호에 따른 차량에 고정된 탱크(이하 "이동저장탱크"라 한다)의 용량은 「자동차 및 자동차부품의 성능과 기준에 관한 규칙」에 따른 최대적재량 이하로 하여야 한다.

② 제1항의 규정에 의한 **탱크의 내용적 및 공간용적의 계산방법은 소방청장이 정하여 고시한다.**

③ 제1항의 규정에 불구하고 제조소 또는 일반취급소의 위험물을 취급하는 탱크 중 특수한 구조 또는 설비를 이용함에 따라 당해 탱크내의 위험물의 최대량이 제1항의 규정에 의한 용량 이하인 경우에는 당해 최대량을 용량으로 한다.

제2장 제조소등의 허가 및 검사의 신청 등

제6조(제조소등의 설치허가의 신청) 「위험물안전관리법」(이하 "법"이라 한다) 제6조제1항 전단 및 영 제6조제1항에 따라 제조소등의 설치허가를 받으려는 자는 별지 제1호서식 또는 별지 제2호서식의 신청서(전자문서로 된 신청서를 포함한다)에 다음 각 호의 서류(전자문서를 포함한다)를 첨부하여 특별시장·광역시장·특별자치시장·도지사 또는 특별자치도지사(이하 "시·도지사"라 한다)나 소방서장에게 제출하여야 한다. 다만, 「전자정부법」 제36조제1항에 따른 행정정보의 공동이용을 통하여 첨부서류에 대한 정보를 확인할 수 있는 경우에는 그 확인으로 첨부서류에 갈음할 수 있다.

1. 다음 각목의 사항을 기재한 제조소등의 위치·구조 및 설비에 관한 도면

   가. 당해 제조소등을 포함하는 사업소 안 및 주위의 주요 건축물과 공작물의 배치

   나. 당해 제조소등이 설치된 건축물 안에 제조소등의 용도로 사용되지 아니하는 부분이 있는 경우 그 부분의 배치 및 구조

   다. 당해 제조소등을 구성하는 건축물, 공작물 및 기계·기구 그 밖의 설비의 배치(제조소 또는 일반취급소의 경우에는 공정의 개요를 포함한다)

   라. 당해 제조소등에서 위험물을 저장 또는 취급하는 건축물, 공작물 및 기계·기구 그 밖의 설비의 구조(주유취급소의 경우에는 별표 13 Ⅴ 제1호 각목의 규정에 의한 건축물 및 공작물의

　　　　 구조를 포함한다)
　　마. 당해 제조소등에 설치하는 전기설비, 피뢰설비, 소화설비, 경보설비 및 피난설비의 개요
　　바. 압력안전장치·누설점검장치 및 긴급차단밸브 등 긴급대책에 관계된 설비를 설치하는 제조소등의 경우에는 당해 설비의 개요
2. 당해 제조소등에 해당하는 별지 제3호서식 내지 별지 제15호서식에 의한 구조설비명세표
3. 소화설비(소화기구를 제외한다)를 설치하는 제조소등의 경우에는 당해 설비의 설계도서
4. 화재탐지설비를 설치하는 제조소등의 경우에는 당해 설비의 설계도서
5. 50만리터 이상의 옥외탱크저장소의 경우에는 당해 옥외탱크저장소의 탱크(이하 "옥외저장탱크"라 한다)의 기초·지반 및 탱크본체의 설계도서, 공사계획서, 공사공정표, 지질조사자료 등 기초·지반에 관하여 필요한 자료와 용접부에 관한 설명서 등 탱크에 관한 자료
6. 암반탱크저장소의 경우에는 당해 암반탱크의 탱크본체·갱도(坑道) 및 배관 그 밖의 설비의 설계도서, 공사계획서, 공사공정표 및 지질·수리(水理)조사서
7. 옥외저장탱크가 지중탱크(저부가 지반면 아래에 있고 상부가 지반면 이상에 있으며 탱크내 위험물의 최고액면이 지반면 아래에 있는 원통세로형식의 위험물탱크를 말한다. 이하 같다)인 경우에는 해당 지중탱크의 지반 및 탱크본체의 설계도서, 공사계획서, 공사공정표 및 지질조사자료 등 지반에 관한 자료
8. 옥외저장탱크가 해상탱크[해상의 동일장소에 정치(定置)되어 육상에 설치된 설비와 배관 등에 의하여 접속된 위험물탱크를 말한다. 이하 같다]인 경우에는 당해 해상탱크의 탱크본체·정치설비(해상탱크를 동일장소에 정치하기 위한 설비를 말한다. 이하 같다) 그 밖의 설비의 설계도서, 공사계획서 및 공사공정표
9. 이송취급소의 경우에는 공사계획서, 공사공정표 및 별표 1의 규정에 의한 서류
10. 「소방산업의 진흥에 관한 법률」 제14조에 따른 한국소방산업기술원(이하 "기술원"라 한다)이 발급한 기술검토서(영 제6조제3항의 규정에 의하여 기술원의 기술검토를 미리 받은 경우에 한한다)

제7조(제조소등의 변경허가의 신청) 법 제6조제1항 후단 및 영 제6조제1항에 따라 제조소등의 위치·구조 또는 설비의 변경허가를 받으려는 자는 별지 제16호서식 또는 별지 제17호서식의 신청서(전자문서로 된 신청서를 포함한다)에 다음 각 호의 서류(전자문서를 포함한다)를 첨부하여 설치허가를 한 시·도지사 또는 소방서장에게 제출해야 한다. 다만, 「전자정부법」 제36조제1항에 따른 행정정보의 공동이용을 통하여 첨부서류에 대한 정보를 확인할 수 있는 경우에는 그 확인으로 첨부서류를 갈음할 수 있다.
1. 제조소등의 완공검사합격확인증
2. 제6조제1호의 규정에 의한 서류(라목 내지 바목의 서류는 변경에 관계된 것에 한한다)
3. 제6조제2호 내지 제10호의 규정에 의한 서류 중 변경에 관계된 서류
4. 법 제9조제1항 단서의 규정에 의한 화재예방에 관한 조치사항을 기재한 서류(변경공사와 관계가 없는 부분을 완공검사 전에 사용하고자 하는 경우에 한한다)

제8조(제조소등의 변경허가를 받아야 하는 경우) 법 제6조제1항 후단에서 "행정안전부령이 정하는 사항"이라 함은 별표 1의2에 따른 사항을 말한다.

제9조(기술검토의 신청 등) ① 영 제6조제3항에 따라 기술검토를 미리 받으려는 자는 다음 각 호의 구분에 따른 신청서(전자문서로 된 신청서를 포함한다)와 서류(전자문서를 포함한다)를 기술원에 제출하여야 한다. 다만, 「전자정부법」 제36조제1항에 따른 행정정보의 공동이용을 통하여 제출하여야 하는 서류에 대한 정보를 확인할 수 있는 경우에는 그 확인으로 서류의 제출을 갈음할 수 있다.
  1. 영 제6조제2항제3호가목의 사항에 대한 기술검토 신청 : 별지 제17호의2서식의 신청서와 제6조제1호(가목은 제외한다)부터 제4호까지의 서류 중 해당 서류(변경허가와 관련된 경우에는 변경에 관계된 서류로 한정한다)
  2. 영 제6조제2항제3호나목의 사항에 대한 기술검토 신청 : 별지 제18호서식의 신청서와 제6조제3호 및 같은 조 제5호부터 제8호까지의 서류 중 해당 서류(변경허가와 관련된 경우에는 변경에 관계된 서류로 한정한다)
② 기술원은 제1항에 따른 신청의 내용이 다음 각 호의 구분에 따른 기준에 적합하다고 인정되는 경우에는 기술검토서를 교부하고, 적합하지 아니하다고 인정되는 경우에는 신청인에게 서면으로 그 사유를 통보하고 보완을 요구하여야 한다.
  1. 영 제6조제2항제3호가목의 사항에 대한 기술검토 신청 : 별표 4 Ⅳ부터 ⅩⅡ까지의 기준, 별표 16 Ⅰ·Ⅵ·ⅩⅠ·ⅩⅡ의 기준 및 별표 17의 관련 규정
  2. 영 제6조제2항제3호나목의 사항에 대한 기술검토 신청 : 별표 6 Ⅳ부터 Ⅷ까지, ⅩⅡ 및 ⅩⅢ의 기준과 별표 12 및 별표 17 Ⅰ. 소화설비의 관련 규정

제10조(품명 등의 변경신고서) 법 제6조제2항에 따라 저장 또는 취급하는 위험물의 품명·수량 또는 지정수량의 배수에 관한 변경신고를 하려는 자는 별지 제19호서식의 신고서(전자문서로 된 신고서를 포함한다)에 제조소등의 완공검사합격확인증을 첨부하여 시·도지사 또는 소방서장에게 제출해야 한다.

제11조(군용위험물시설의 설치 등에 관한 서류 등) ① 영 제7조제1항 본문에서 "행정안전부령이 정하는 서류"라 함은 군사목적 또는 군부대시설을 위한 제조소등의 설치공사 또는 변경공사에 관한 제6조 또는 제7조의 규정에 의한 서류를 말한다.
② 법 제7조제3항 후단에서 "행정안전부령이 정하는 사항"이라 함은 다음 각 호의 사항을 말한다.
  1. 제조소등의 완공일 및 사용개시일
  2. 탱크안전성능검사의 결과(영 제8조제1항의 규정에 의한 탱크안전성능검사의 대상이 되는 위험물탱크가 있는 경우에 한한다)
  3. 완공검사의 결과
  4. 안전관리자 선임계획
  5. 예방규정(영 제15조제1항 각 호의 어느 하나에 해당하는 제조소등의 경우로 한정한다)

제12조(기초·지반검사에 관한 기준 등) ① 영 별표 4 제1호 가목에서 "행정안전부령으로 정하는 기준"이라 함은 당해 위험물탱크의 구조 및 설비에 관한 사항 중 별표 6 Ⅳ 및 Ⅴ의 규정에 의한 기초 및 지반에 관한 기준을 말한다.
② 영 별표 4 제1호 나목에서 "행정안전부령으로 정하는 탱크"라 함은 지중탱크 및 해상탱크(이하 "특수액체위험물탱크"라 한다)를 말한다.
③ 영 별표 4 제1호 나목에서 "행정안전부령으로 정하는 공사"라 함은 지중탱크의 경우에는 지반에 관

한 공사를 말하고, 해상탱크의 경우에는 정치설비의 지반에 관한 공사를 말한다.
④ 영 별표 4 제1호 나목에서 "행정안전부령으로 정하는 기준"이라 함은 지중탱크의 경우에는 별표 6 XⅡ 제2호 라목의 규정에 의한 기준을 말하고, 해상탱크의 경우에는 별표 6 XⅢ 제3호 라목의 규정에 의한 기준을 말한다.
⑤ 법 제8조제2항에 따라 **기술원은 100만리터 이상 옥외탱크저장소의 기초·지반검사를 「엔지니어링산업 진흥법」에 따른 엔지니어링사업자가 실시하는 기초·지반에 관한 시험의 과정 및 결과를 확인하는 방법으로 할 수 있다.**

제13조(충수·수압검사에 관한 기준 등) ① 영 별표 4 제2호에서 "행정안전부령으로 정하는 기준"이라 함은 다음 각호의 1에 해당하는 기준을 말한다.
  1. 100만리터 이상의 액체위험물탱크의 경우
    별표 6 Ⅵ 제1호의 규정에 의한 기준[충수시험(물 외의 적당한 액체를 채워서 실시하는 시험을 포함한다. 이하 같다) 또는 수압시험에 관한 부분에 한한다]
  2. 100만리터 미만의 액체위험물탱크의 경우
    별표 4 Ⅸ 제1호 가목, 별표 6 Ⅵ 제1호, 별표 7 Ⅰ 제1호 마목, 별표 8 Ⅰ제6호·Ⅱ 제1호·제4호·제6호·Ⅲ, 별표 9 제6호, 별표 10 Ⅱ 제1호·Ⅹ제1호 가목, 별표 13 Ⅲ 제3호, 별표 16 Ⅰ제1호의 규정에 의한 기준(충수시험·수압시험 및 그 밖의 탱크의 누설·변형에 대한 안전성에 관련된 탱크안전성능시험의 부분에 한한다)
② 법 제8조제2항의 규정에 의하여 기술원은 제18조제6항의 규정에 의한 이중벽탱크에 대하여 제1항제2호의 규정에 의한 수압검사를 법 제16조제1항의 규정에 의한 탱크안전성능시험자(이하 "탱크시험자"라 한다)가 실시하는 수압시험의 과정 및 결과를 확인하는 방법으로 할 수 있다.

제14조(용접부검사에 관한 기준 등) ① 영 별표 4 제3호에서 "행정안전부령으로 정하는 기준"이라 함은 다음 각호의 1에 해당하는 기준을 말한다.
  1. 특수액체위험물탱크 외의 위험물탱크의 경우 : 별표 6 Ⅵ 제2호의 규정에 의한 기준
  2. 지중탱크의 경우 : 별표 6 XⅡ 제2호 마목4)라)의 규정에 의한 기준(용접부에 관련된 부분에 한한다)
② 법 제8조제2항의 규정에 의하여 기술원은 용접부검사를 탱크시험자가 실시하는 용접부에 관한 시험의 과정 및 결과를 확인하는 방법으로 할 수 있다.

제15조(암반탱크검사에 관한 기준 등) ① 영 별표 4 제4호에서 "행정안전부령으로 정하는 기준"이라 함은 별표 12 Ⅰ의 규정에 의한 기준을 말한다.
② 법 제8조제2항에 따라 기술원은 암반탱크검사를 「엔지니어링산업 진흥법」에 따른 엔지니어링사업자가 실시하는 암반탱크에 관한 시험의 과정 및 결과를 확인하는 방법으로 할 수 있다.

제16조(탱크안전성능검사에 관한 세부기준 등) 제13조부터 제15조까지에서 정한 사항 외에 탱크안전성능검사의 세부기준·방법·절차 및 탱크시험자 또는 엔지니어링사업자가 실시하는 탱크안전성능시험에 대한 기술원의 확인 등에 관하여 필요한 사항은 소방청장이 정하여 고시한다.

제17조(용접부검사의 제외기준) ① 삭제
② 영 제8조제1항제3호 단서의 규정에 의하여 용접부검사 대상에서 제외되는 탱크로 인정되기 위한 기

준은 별표 6 Ⅵ 제2호의 규정에 의한 기준으로 한다.

제18조(탱크안전성능검사의 신청 등) ① 법 제8조제1항에 따라 탱크안전성능검사를 받아야 하는 자는 별지 제20호서식의 신청서(전자문서로 된 신청서를 포함한다)를 해당 위험물탱크의 설치장소를 관할하는 소방서장 또는 기술원에 제출하여야 한다. 다만, 설치장소에서 제작하지 아니하는 위험물탱크에 대한 탱크안전성능검사(충수·수압검사에 한한다)의 경우에는 별지 제20호서식의 신청서(전자문서로 된 신청서를 포함한다)에 해당 위험물탱크의 구조명세서 1부를 첨부하여 해당 위험물탱크의 제작지를 관할하는 소방서장에게 신청할 수 있다.

② 법 제8조제1항 후단에 따른 탱크안전성능시험을 받고자 하는 자는 별지 제20호서식의 신청서에 해당 위험물탱크의 구조명세서 1부를 첨부하여 기술원 또는 탱크시험자에게 신청할 수 있다.

③ 영 제9조제2항에 따라 충수·수압검사를 면제받으려는 자는 별지 제21호서식의 탱크시험합격확인증에 탱크시험성적서를 첨부하여 소방서장에게 제출해야 한다.

④ **제1항의 규정에 의한 탱크안전성능검사의 신청시기는 다음 각 호의 구분에 의한다.**

1. 기초·지반검사: 위험물탱크의 기초 및 지반에 관한 공사의 개시 전
2. 충수·수압검사: 위험물을 저장 또는 취급하는 탱크에 **배관 그 밖의 부속설비를 부착하기 전**
3. 용접부검사 : 탱크본체에 관한 공사의 개시 전
4. 암반탱크검사 : 암반탱크의 본체에 관한 공사의 개시 전

⑤ 소방서장 또는 기술원은 탱크안전성능검사를 실시한 결과 제12조제1항·제4항, 제13조제1항, 제14조제1항 및 제15조제1항에 따른 기준에 적합하다고 인정되는 때에는 해당 탱크안전성능검사를 신청한 자에게 별지 제21호서식의 탱크검사합격확인증을 교부하고, 적합하지 않다고 인정되는 때에는 신청인에게 서면으로 그 사유를 통보해야 한다.

⑥ 영 제22조제2항제1호다목에서 "행정안전부령으로 정하는 액체위험물탱크"란 별표 8 Ⅱ에 따른 이중벽탱크를 말한다.

제19조(완공검사의 신청 등) ① 법 제9조에 따라 제조소등에 대한 완공검사를 받으려는 자는 별지 제22호서식 또는 별지 제23호서식의 신청서(전자문서로 된 신청서를 포함한다)에 다음 각 호의 서류(전자문서를 포함한다)를 첨부하여 시·도지사 또는 소방서장(영 제22조제2항제2호에 따라 완공검사를 기술원에 위탁하는 제조소등의 경우에는 기술원)에게 제출해야 한다. 다만, 첨부서류는 완공검사를 실시할 때까지 제출할 수 있되, 「전자정부법」 제36조제1항에 따른 행정정보의 공동이용을 통하여 첨부서류에 대한 정보를 확인할 수 있는 경우에는 그 확인으로 첨부서류를 갈음할 수 있다.

1. 배관에 관한 내압시험, 비파괴시험 등에 합격하였음을 증명하는 서류(내압시험 등을 하여야 하는 배관이 있는 경우에 한한다)
2. 소방서장, 기술원 또는 탱크시험자가 교부한 탱크검사합격확인증 또는 탱크시험합격확인증(해당 위험물탱크의 완공검사를 실시하는 소방서장 또는 기술원이 그 위험물탱크의 탱크안전성능검사를 실시한 경우는 제외한다)
3. 재료의 성능을 증명하는 서류(이중벽탱크에 한한다)

② 기술원은 영 제22조제2항제2호에 따라 **완공검사를 실시한 경우**에는 완공검사결과서를 소방서장에게 송부하고, 검사대상명·접수일시·검사일·검사번호·검사자·검사결과 및 검사결과서 발송일 등을 기재한

완공검사업무대장을 작성하여 **10년간** 보관하여야 한다.
③ 영 제10조제2항의 완공검사합격확인증은 별지 제24호서식 또는 별지 제25호서식에 따른다.
④ 영 제10조제3항에 따른 완공검사합격확인증의 재교부신청은 별지 제26호서식의 신청서에 따른다.

제20조(완공검사의 신청시기) 법 제9조제1항에 따른 제조소등의 완공검사 신청시기는 다음 각 호의 구분에 따른다.

1. 지하탱크가 있는 제조소등의 경우 : **당해 지하탱크를 매설하기 '전'**
2. 이동탱크저장소의 경우 : **이동저장탱크를 완공하고 상시 설치 장소(이하 "상치장소"라 한다)를 확보한 후**
3. 이송취급소의 경우 : 이송배관 공사의 전체 또는 일부를 완료한 후. **다만, 지하·하천 등에 매설하는 이송배관의 공사의 경우에는 이송배관을 매설하기 '전'**
4. 전체 공사가 완료된 후에는 완공검사를 실시하기 곤란한 경우 : 다음 각목에서 정하는 시기
   가. 위험물설비 또는 배관의 설치가 완료되어 기밀시험 또는 내압시험을 실시하는 시기
   나. 배관을 지하에 설치하는 경우에는 시·도지사, 소방서장 또는 기술원이 지정하는 부분을 매몰하기 직전
   다. 기술원이 지정하는 부분의 비파괴시험을 실시하는 시기
5. 제1호 내지 제4호에 해당하지 아니하는 제조소등의 경우 : 제조소등의 공사를 완료한 후

> **문** 위험물안전관리법령상 위험물 제조소 등의 완공검사의 신청 시기에 대한 설명으로 옳은 것은?
>
> ① 이동탱크저장소는 이동저장탱크의 제작 전에 신청한다.
> ② 이송취급소에서 지하에 매설하는 이송배관 공사의 경우는 전체의 이송배관 공사를 완료한 후에 신청한다.
> ③ 지하탱크가 있는 제조소 등은 당해 지하탱크를 매설한 후에 신청한다.
> ④ 이송취급소에는 하천에 매설하는 이송배관 공사의 경우에는 이송배관을 매설하기 전에 신청한다.
>
> ④

제21조(변경공사 중 가사용의 신청) 법 제9조제1항 단서의 규정에 의하여 제조소등의 변경공사 중에 변경공사와 관계없는 부분을 사용하고자 하는 자는 별지 제16호서식 또는 별지 제17호서식의 신청서(전자문서로 된 신청서를 포함한다) 또는 별지 제27호서식의 신청서(전자문서로 된 신청서를 포함한다)에 변경공사에 따른 화재예방에 관한 조치사항을 기재한 서류(전자문서를 포함한다)를 첨부하여 시·도지사 또는 소방서장에게 신청하여야 한다.

제22조(지위승계의 신고) 법 제10조제3항에 따라 제조소등의 설치자의 지위승계를 신고하려는 자는 별지 제28호서식의 신고서(전자문서로 된 신고서를 포함한다)에 제조소등의 완공검사합격확인증과 지위승계를 증명하는 서류(전자문서를 포함한다)를 첨부하여 시·도지사 또는 소방서장에게 제출해야 한다.

제23조(용도폐지의 신고) ① 법 제11조에 따라 제조소등의 용도폐지신고를 하려는 자는 별지 제29호서식의 신고서(전자문서로 된 신고서를 포함한다)에 제조소등의 완공검사합격확인증을 첨부하여 시·도지사 또는 소방서장에게 제출해야 한다.

② 제1항의 규정에 의한 신고서를 접수한 시·도지사 또는 소방서장은 당해 제조소 등을 확인하여 위험물시설의 철거 등 용도폐지에 필요한 안전조치를 한 것으로 인정하는 경우에는 당해 신고서의 사본에 수리사실을 표시하여 용도폐지신고를 한 자에게 통보하여야 한다.

제23조의2(사용 중지신고 또는 재개신고 등) ① 법 제11조의2제1항에서 "위험물의 제거 및 제조소등에의 출입통제 등 행정안전부령으로 정하는 안전조치"란 다음 각 호의 조치를 말한다.
1. 탱크·배관 등 위험물을 저장 또는 취급하는 설비에서 위험물 및 가연성 증기 등의 제거
2. 관계인이 아닌 사람에 대한 해당 제조소등에의 출입금지 조치
3. 해당 제조소등의 사용중지 사실의 게시
4. 그 밖에 위험물의 사고 예방에 필요한 조치

② 법 제11조의2제2항에 따라 제조소등의 사용 중지신고 또는 재개신고를 하려는 자는 별지 제29호의2서식의 신고서(전자문서로 된 신고서를 포함한다)에 해당 제조소등의 완공검사합격확인증을 첨부하여 시·도지사 또는 소방서장에게 제출해야 한다.

③ 제2항에 따라 사용중지 신고서를 접수한 시·도지사 또는 소방서장은 해당 제조소등에 대한 법 제11조의2제1항 본문에 따른 안전조치 또는 같은 항 단서에 따른 위험물안전관리자의 직무수행이 적합하다고 인정되면 해당 신고서의 사본에 수리사실을 표시하여 신고를 한 자에게 통보해야 한다.

제24조(처리결과의 통보) ① 시·도지사가 영 제7조제1항의 설치·변경 관련 서류제출, 제6조의 설치허가신청, 제7조의 변경허가신청, 제10조의 품명 등의 변경신고, 제19조제1항의 완공검사신청, 제21조의 가사용승인신청, 제22조의 지위승계신고, 제23조제1항의 용도폐지신고 또는 제23조의2제2항의 사용중지신고 또는 재개신고를 각각 접수하고 처리한 경우 그 신청서 또는 신고서와 첨부서류의 사본 및 처리결과를 관할 소방서장에게 송부해야 한다.

② 시·도지사 또는 소방서장이 영 제7조제1항의 설치·변경 관련 서류제출, 제6조의 설치허가신청, 제7조의 변경허가신청, 제10조의 품명 등의 변경신고, 제19조제1항의 완공검사신청, 제22조의 지위승계신고, 제23조제1항의 용도폐지신고 또는 제23조의2제2항의 사용 중지신고 또는 재개신고를 각각 접수하고 처리한 경우 그 신청서 또는 신고서와 구조설비명세표(설치허가신청 또는 변경허가신청에 한한다)의 사본 및 처리결과를 관할 시장·군수·구청장에게 송부해야 한다.

제25조(허가취소 등의 처분기준) 법 제12조의 규정에 의한 제조소등에 대한 허가취소 및 사용정지의 처분기준은 **별표 2**와 같다.

제26조(과징금의 금액) 법 제13조제1항에 따라 과징금을 부과하는 위반행위의 종류와 위반 정도 등에 따른 과징금의 금액은 다음 각 호의 구분에 따른 기준에 따라 산정한다.
1. 2016년 2월 1일부터 2018년 12월 31일까지의 기간 중에 위반행위를 한 경우: 별표 3
2. 2019년 1월 1일 이후에 위반행위를 한 경우: 별표 3의2

제27조(과징금 징수절차) 법 제13조제2항에 따른 과징금의 징수절차에 관하여는 「국고금 관리법 시행규칙」을 준용한다.

제3장 제조소등의 위치·구조 및 설비의 기준

제28조(제조소의 기준) 법 제5조제4항의 규정에 의한 제조소등의 위치·구조 및 설비의 기준(법 제19조의2제2항에 따른 금연구역 표지의 설치 기준·방법 등을 포함하며, 이하 제40조까지에서 같다) 중 제조소에 관한 것은 별표 4와 같다.

제29조(옥내저장소의 기준) 법 제5조제4항의 규정에 의한 제조소등의 위치·구조 및 설비의 기준 중 옥내저장소에 관한 것은 별표 5와 같다.

제30조(옥외탱크저장소의 기준) 법 제5조제4항의 규정에 의한 제조소등의 위치·구조 및 설비의 기준 중 옥외탱크저장소에 관한 것은 별표 6과 같다.

제31조(옥내탱크저장소의 기준) 법 제5조제4항의 규정에 의한 제조소등의 위치·구조 및 설비의 기준 중 옥내탱크저장소에 관한 것은 별표 7과 같다.

제32조(지하탱크저장소의 기준) 법 제5조제4항의 규정에 의한 제조소등의 위치·구조 및 설비의 기준 중 지하탱크저장소에 관한 것은 별표 8과 같다.

제33조(간이탱크저장소의 기준) 법 제5조제4항의 규정에 의한 제조소등의 위치·구조 및 설비의 기준 중 간이탱크저장소에 관한 것은 별표 9와 같다.

제34조(이동탱크저장소의 기준) 법 제5조제4항의 규정에 의한 제조소등의 위치·구조 및 설비의 기준 중 이동탱크저장소에 관한 것은 별표 10과 같다.

제35조(옥외저장소의 기준) 법 제5조제4항의 규정에 의한 제조소등의 위치·구조 및 설비의 기준 중 옥외저장소에 관한 것은 별표 11과 같다.

제36조(암반탱크저장소의 기준) 법 제5조제4항의 규정에 의한 제조소등의 위치·구조 및 설비의 기준 중 암반탱크저장소에 관한 것은 별표 12와 같다.

제37조(주유취급소의 기준) 법 제5조제4항의 규정에 의한 제조소등의 위치·구조 및 설비의 기준 중 주유취급소에 관한 것은 별표 13과 같다.

제38조(판매취급소의 기준) 법 제5조제4항의 규정에 의한 제조소등의 위치·구조 및 설비의 기준 중 판매취급소에 관한 것은 별표 14와 같다.

제39조(이송취급소의 기준) 법 제5조제4항의 규정에 의한 제조소등의 위치·구조 및 설비의 기준 중 이송취급소에 관한 것은 별표 15와 같다.

제40조(일반취급소의 기준) 법 제5조제4항의 규정에 의한 제조소등의 위치·구조 및 설비의 기준 중 일반취급소에 관한 것은 별표 16과 같다.

제41조(소화설비의 기준) ① 법 제5조제4항의 규정에 의하여 제조소등에는 화재발생시 소화가 곤란한 정도에 따라 그 소화에 적응성이 있는 소화설비를 설치하여야 한다.

② 제1항의 규정에 의한 **소화가 곤란한 정도에 따른 소화난이도는 소화난이도등급Ⅰ, 소화난이도등급Ⅱ 및 소화난이도등급Ⅲ으로 구분**하되, 각 소화난이도등급에 해당하는 제조소등의 규모, 저장 또는 취급하는 위험물의 품명 및 최대수량 등과 그에 따라 제조소등별로 설치하여야 하는 소화설비의 종류, 각 소화설비의 적응성 및 소화설비의 설치기준은 별표 17과 같다.

★**제42조(경보설비의 기준)** ① 법 제5조제4항의 규정에 의하여 영 별표 1의 규정에 의한 지정수량의 **10배 이상**의 위험물을 저장 또는 취급하는 제조소등(**이동탱크저장소를 제외한다**)에는 화재발생시 이를 알릴 수 있는 경보설비를 설치하여야 한다. → *경보를 씹지(10배) 말자~

② 제1항에 따른 경보설비는 자동화재탐지설비·자동화재속보설비·비상경보설비(비상벨장치 또는 경종을 포함한다)·**확성장치(휴대용확성기를 포함한다)** 및 비상방송설비로 구분하되, 제조소등별로 설치하여야 하는 경보설비의 종류 및 설치기준은 **별표 17**과 같다.

③ 자동신호장치를 갖춘 스프링클러설비 또는 물분무등소화설비를 설치한 제조소등에 있어서는 제2항의 규정에 의한 자동화재탐지설비를 설치한 것으로 본다.

[별표 17: 제조소 및 일반취급소의 자동화재탐지설비 설치]
· 연면적이 **500제곱미터 이상**인 것
· 옥내에서 지정수량의 **100배 이상**을 취급하는 것(고인화점위험물만을 100℃ 미만의 온도에서 취급하는 것은 제외한다)

문1 위험물안전관리법령상 경보설비에 관한 설명이다. ( ) 안에 들어갈 내용으로 옳은 것은?

> 이동탱크저장소를 제외한 지정수량 (ㄱ)배 이상의 위험물을 저장 또는 취급하는 제조소 등에는 화재발생 시 이를 알릴 수 있는 경보설비를 설치하여야 하며, 그 종류에는 자동화재탐지설비, (ㄴ), 비상경보설비, (ㄷ), 비상방송설비가 있다.

① ㄱ : 5, ㄴ : 자동화재속보설비, ㄷ : 통합감시시설
② ㄱ : 5, ㄴ : 자동식 사이렌설비, ㄷ : 확성장치
③ ㄱ : 10, ㄴ : 자동화재속보설비, ㄷ : 확성장치
④ ㄱ : 10, ㄴ : 단독경보형 감지기, ㄷ : 통합감시시설

정답 ③

문2 위험물안전관리법령상 경보설비 설치기준에 대한 설명으로 옳지 않은 것은?

① 제조소 및 일반취급소의 연면적이 500㎡ 이상인 것에는 자동화재탐지설비를 설치한다.
② 자동신호장치를 갖춘 스프링클러설비 또는 물분무등소화설비를 설치한 제조소 등에 있어서는 자동화재탐지설비를 설치한 것으로 본다.
③ 경보설비는 자동화재탐지설비·비상경보설비(비상벨장치 또는 경종 포함)·확성장치(휴대용확성기 포함) 및 비상방송설비로 구분한다.

④ 지정수량의 10배 이상의 위험물을 저장 또는 취급하는 제조소 등(이동탱크저장소를 포함한다)에는 화재발생 시 이를 알릴 수 있는 경보설비를 설치하여야 한다.

정답 ④

★**제43조(피난설비의 기준)** ① 법 제5조제4항의 규정에 의하여 **주유취급소 중 건축물의 2층 이상의 부분을 점포·휴게음식점 또는 전시장의 용도로 사용하는 것과 옥내주유취급소에는 피난설비를 설치하여야 한다.** → 일반음식점(×)
② 제1항의 규정에 의한 피난설비의 설치기준은 별표 17과 같다.

문 다음은 위험물안전관리법령상 주유취급소 피난설비의 기준이다. ( )에 들어갈 내용이 옳은 것은?

> 법 제5조 제4항 규정에 의하여 주유취급소 중 건축물의 (ㄱ) 층 이상의 부분을 점포·(ㄴ)음식점 또는 전시장의 용도로 사용하는 것과 (ㄷ)주유취급소에는 피난설비를 설치하여야 한다.

① ㄱ : 2, ㄴ : 일반, ㄷ : 철도
② ㄱ : 2, ㄴ : 휴게, ㄷ : 옥내
③ ㄱ : 3, ㄴ : 일반, ㄷ : 철도
④ ㄱ : 3, ㄴ : 휴게, ㄷ : 옥내

정답 ②

제44조(소화설비 등의 설치에 관한 세부기준) 제41조 내지 제43조의 규정에 의한 기준 외에 소화설비·경보설비 및 피난설비의 설치에 관하여 필요한 세부기준은 소방청장이 정하여 고시한다.
제45조(소화설비 등의 형식) 소화설비·경보설비 및 피난설비는 「소방시설 설치 및 관리에 관한 법률」제37조에 따라 소방청장의 형식승인을 받은 것이어야 한다.
제46조(화재안전기준 등의 적용) 제조소등에 설치하는 소화설비·경보설비 및 피난설비의 설치 기준 등에 관하여 제41조부터 제44조까지의 규정에 따른 기준 외에는 「소방시설 설치 및 관리에 관한 법률」 제2조제6호에 따른 화재안전기준 및 같은 법 제7조에 따른 내진설계기준에 따른다.
제47조(제조소등의 기준의 특례) ① 시·도지사 또는 소방서장은 다음 각호의 1에 해당하는 경우에는 이 장의 규정을 적용하지 아니한다.
1. 위험물의 품명 및 최대수량, 지정수량의 배수, 위험물의 저장 또는 취급의 방법 및 제조소등의 주위의 지형 그 밖의 상황 등에 비추어 볼 때 화재의 발생 및 연소의 정도나 화재 등의 재난에 의한 피해가 이 장의 규정에 의한 제조소등의 위치·구조 및 설비의 기준에 의한 경우와 동등 이하

가 된다고 인정되는 경우

2. 예상하지 아니한 특수한 구조나 설비를 이용하는 것으로서 이 장의 규정에 의한 제조소등의 위치·구조 및 설비의 기준에 의한 경우와 동등 이상의 효력이 있다고 인정되는 경우

② 시·도지사 또는 소방서장은 제조소등의 기준의 특례 적용 여부를 심사함에 있어서 전문기술적인 판단이 필요하다고 인정하는 사항에 대해서는 기술원이 실시한 해당 제조소등의 안전성에 관한 평가(이하 이 조에서 "안전성 평가"라 한다)를 참작할 수 있다.

③ 안전성 평가를 받으려는 자는 제6조제1호부터 제4호까지 및 같은 조 제7호부터 제9호까지의 규정에 따른 서류 중 해당 서류를 기술원에 제출하여 안전성 평가를 신청할 수 있다.

④ 안전성 평가의 신청을 받은 기술원은 소방기술사, 위험물기능장 등 해당분야의 전문가가 참여하는 위원회(이하 이 조에서 "안전성평가위원회"라 한다)의 심의를 거쳐 안전성 평가 결과를 30일 이내에 신청인에게 통보하여야 한다.

⑤ 그 밖에 안전성평가위원회의 구성 및 운영과 신청절차 등 안전성 평가에 관하여 필요한 사항은 기술원의 원장이 정한다.

제48조(화약류에 해당하는 위험물의 특례) 염소산염류·과염소산염류·질산염류·황·철분·금속분·마그네슘·질산에스터류·나이트로화합물 중 「총포·도검·화약류 등의 안전관리에 관한 법률」에 따른 화약류에 해당하는 위험물을 저장 또는 취급하는 제조소 등에 대해서는 별표 4 Ⅱ·Ⅳ·Ⅸ·Ⅹ 및 별표 5 Ⅰ 제1호·제2호·제4호부터 제8호까지·제14호·제16호·Ⅱ·Ⅲ을 적용하지 않는다.

제4장 위험물의 저장 및 취급의 기준

제49조(제조소등에서의 위험물의 저장 및 취급의 기준) 법 제5조제3항의 규정에 의한 제조소등에서의 위험물의 저장 및 취급에 관한 기준은 **별표 18**과 같다.

제5장 위험물의 운반 및 운송의 기준

제50조(위험물의 운반기준) 법 제20조제1항의 규정에 의한 위험물의 운반에 관한 기준은 **별표 19**와 같다.

제51조(운반용기의 검사) ① 법 제20조제3항 단서에서 "행정안전부령이 정하는 것"이란 별표 20에 따른 운반용기를 말한다.

② 법 제20조제3항에 따라 운반용기의 검사를 받고자 하는 자는 별지 제30호서식의 신청서(전자문서로 된 신청서를 포함한다)에 용기의 설계도면과 재료에 관한 설명서를 첨부하여 기술원에 제출해야 한다. 다만, UN의 위험물 운송에 관한 권고(RTDG, Recommendations on the Transport of Dangerous Goods)에서 정한 기준에 따라 관련 검사기관으로부터 검사를 받은 때에는 그렇지 않다.

③ 기술원은 제2항에 따른 검사신청을 한 운반용기가 별표 19 Ⅰ에 따른 기준에 적합하고 위험물의 운반상 지장이 없다고 인정되는 때에는 별지 제31호서식의 용기검사합격확인증을 교부해야 한다.

④ 기술원의 원장은 운반용기 검사업무의 처리절차와 방법을 정하여 운용해야 한다.

⑤ 기술원의 원장은 전년도의 운반용기 검사업무 처리결과를 매년 1월 31일까지 시·도지사에게 보고해야 하고, 시·도지사는 기술원으로부터 보고받은 운반용기 검사업무 처리결과를 매년 2월 말까지 소방청장에게 제출해야 한다.

제52조(위험물의 운송기준) ① 법 제21조제2항의 규정에 의한 위험물 운송책임자는 다음 각호의 1에 해당하는 자로 한다.

1. 당해 위험물의 취급에 관한 국가기술자격을 취득하고 관련 업무에 1년 이상 종사한 경력이 있는 자
2. 법 제28조제1항의 규정에 의한 위험물의 운송에 관한 안전교육을 수료하고 관련 업무에 2년 이상 종사한 경력이 있는 자

② 법 제21조제2항의 규정에 의한 위험물 운송책임자의 감독 또는 지원의 방법과 법제21조제3항의 규정에 의한 위험물의 운송시에 준수하여야 하는 사항은 별표 21과 같다.

제6장 안전관리자 등

제53조(안전관리자의 선임신고 등) ① 제조소 등의 관계인은 법 제15조제3항에 따라 안전관리자(「기업활동 규제완화에 관한 특별조치법」 제29조제1항·제3항 및 제32조제1항에 따른 안전관리자와 제57조제1항에 따른 안전관리대행기관을 포함한다)의 선임을 신고하려는 경우에는 별지 제32호서식의 신고서(전자문서로 된 신고서를 포함한다)에 다음 각 호의 해당 서류(전자문서를 포함한다)를 첨부하여 소방본부장 또는 소방서장에게 제출하여야 한다.
1. 위험물안전관리업무대행계약서(제57조제1항에 따른 안전관리대행기관에 한한다)
2. 위험물안전관리교육 수료증(제78조제1항 및 별표 24에 따른 안전관리자 강습교육을 받은 자에 한한다)
3. 위험물안전관리자를 겸직할 수 있는 관련 안전관리자로 선임된 사실을 증명할 수 있는 서류(「기업활동 규제완화에 관한 특별조치법」 제29조제1항제1호부터 제3호까지 및 제3항에 해당하는 안전관리자 또는 영 제11조제3항 각 호의 어느 하나에 해당하는 사람으로서 위험물의 취급에 관한 국가기술자격자가 아닌 사람으로 한정한다)
4. 소방공무원 경력증명서(소방공무원 경력자에 한한다)

② 제1항에 따라 신고를 받은 담당 공무원은 「전자정부법」 제36조제1항에 따른 행정정보의 공동이용을 통하여 다음 각 호의 행정정보를 확인하여야 한다. 다만, 신고인이 확인에 동의하지 아니하는 경우에는 그 서류(국가기술자격증의 경우에는 그 사본을 말한다)를 제출하도록 하여야한다.
1. 국가기술자격증(위험물의 취급에 관한 국가기술자격자에 한한다)
2. 국가기술자격증(「기업활동 규제완화에 관한 특별조치법」 제29조제1항 및 제3항에 해당하는 자로서 국가기술자격자에 한한다)

제54조(안전관리자의 대리자) 법 제15조제5항 전단에서 "행정안전부령이 정하는 자"란 다음 각 호의 어느 하나에 해당하는 사람을 말한다.
1. 법 제28조제1항에 따른 안전교육을 받은 자
2. 삭제
3. 제조소등의 위험물 안전관리업무에 있어서 안전관리자를 지휘·감독하는 직위에 있는 자

제55조(안전관리자의 책무) 법 제15조제6항에 따라 안전관리자는 위험물의 취급에 관한 안전관리와 감독에 관한 다음 각 호의 업무를 성실하게 수행하여야 한다.
1. 위험물의 취급작업에 참여하여 당해 작업이 법 제5조제3항의 규정에 의한 저장 또는 취급에 관한 기술기준과 법 제17조의 규정에 의한 예방규정에 적합하도록 해당 작업자(당해 작업에 참여하는 위험물취급자격자를 포함한다)에 대하여 지시 및 감독하는 업무
2. 화재 등의 재난이 발생한 경우 응급조치 및 소방관서 등에 대한 연락업무

3. 위험물시설의 안전을 담당하는 자를 따로 두는 제조소등의 경우에는 그 담당자에게 다음 각목의 규정에 의한 업무의 지시, 그 밖의 제조소등의 경우에는 다음 각목의 규정에 의한 업무
   가. 제조소등의 위치·구조 및 설비를 법 제5조제4항의 기술기준에 적합하도록 유지하기 위한 점검과 점검상황의 기록·보존
   나. 제조소등의 구조 또는 설비의 이상을 발견한 경우 관계자에 대한 연락 및 응급조치
   다. 화재가 발생하거나 화재발생의 위험성이 현저한 경우 소방관서 등에 대한 연락 및 응급조치
   라. 제조소등의 계측장치·제어장치 및 안전장치 등의 적정한 유지·관리
   마. 제조소등의 위치·구조 및 설비에 관한 설계도서 등의 정비·보존 및 제조소등의 구조 및 설비의 안전에 관한 사무의 관리
4. 화재 등의 재해의 방지와 응급조치에 관하여 인접하는 제조소등과 그 밖의 관련되는 시설의 관계자와 협조체제의 유지
5. 위험물의 취급에 관한 일지의 작성·기록
6. 그 밖에 위험물을 수납한 용기를 차량에 적재하는 작업, 위험물설비를 보수하는 작업 등 위험물의 취급과 관련된 작업의 안전에 관하여 필요한 감독의 수행

문 위험물안전관리법령상 위험물안전관리자의 책무에 해당하지 <u>않는</u> 것은?

① 화재가 발생하거나 화재발생의 위험성이 현저한 경우 소방관서 등에 대한 연락 및 응급조치
② 화재 등의 재해의 방지와 응급조치에 관하여 인접하는 제조소 등과 그 밖의 관련되는 시설의 관계자와 협조체제의 유지
③ 위험물의 취급에 관한 일지의 작성·기록
④ 안전관리대행기관에 대하여 필요한 지도·감독

정답 ④

★제56조(1인의 안전관리자를 중복하여 선임할 수 있는 저장소 등) ① 영 제12조제1항제3호에서 "행정안전부령이 정하는 저장소"라 함은 다음 각 호의 1에 해당하는 저장소를 말한다.
1. 10개 이하의 옥내저장소
2. 30개 이하의 옥외탱크저장소
3. 옥내탱크저장소
4. 지하탱크저장소
5. 간이탱크저장소
6. 10개 이하의 옥외저장소
7. 10개 이하의 암반탱크저장소

② 영 제12조제1항제5호에서 "행정안전부령이 정하는 제조소등"이라 함은 선박주유취급소의 고정주유설

비에 공급하기 위한 위험물을 저장하는 저장소와 당해 선박주유취급소를 말한다.

문1. 위험물안전관리법령상 1인의 안전관리자를 중복하여 선임할 수 있는 경우, 행정안전부령이 정하는 저장소의 기준으로 옳은 것은? (단, 동일구내에 있거나 상호 100미터 이내의 거리에 있는 저장소로서 저장소의 규모, 저장하는 위험물의 종류 등을 동일인이 설치한 경우이다)

① 10개 이하의 암반탱크저장소
② 35개 이하의 옥외탱크저장소
③ 30개 이하의 옥내저장소
④ 30개 이하의 옥외저장소

정답 ①

문2. 위험물안전관리법령상 1인의 안전관리자를 중복하여 선임할 수 있는 저장소에 해당하지 않는 것은? (단, 동일구내에 있거나 상호 100미터 이내의 거리에 있는 저장소로서 저장소의 규모, 저장하는 위험물의 종류 등을 동일인이 설치한 경우이다)

① 30개 이하의 옥내저장소
② 30개 이하의 옥외탱크저장소
③ 10개 이하의 옥외저장소
④ 10개 이하의 암반탱크저장소

정답 ①

제57조(안전관리대행기관의 지정 등) ① 「기업활동 규제완화에 관한 특별조치법」 제40조제1항제3호의 규정에 의하여 위험물안전관리자의 업무를 위탁받아 수행할 수 있는 관리대행기관(이하 "안전관리대행기관"이라 한다)은 다음 각 호의 1에 해당하는 기관으로서 **별표 22**(*기술인력 총 4인 이상*)의 **안전관리대행기관의 지정기준을 갖추어 소방청장의 지정**을 받아야 한다.

1. 법 제16조제2항의 규정에 의한 탱크시험자로 등록한 법인
2. 다른 법령에 의하여 안전관리업무를 대행하는 기관으로 지정·승인 등을 받은 법인

② 안전관리대행기관으로 지정받고자 하는 자는 별지 제33호서식의 신청서(전자문서로 된 신청서를 포함한다)에 다음 각호의 서류(전자문서를 포함한다)를 첨부하여 소방청장에게 제출하여야 한다.

1. 삭제
2. 기술인력 연명부 및 기술자격증
3. 사무실의 확보를 증명할 수 있는 서류
4. 장비보유명세서

③ 제2항의 규정에 의한 지정신청을 받은 소방청장은 자격요건·기술인력 및 시설·장비보유현황 등을 검토하여 적합하다고 인정하는 때에는 별지 제34호서식의 위험물안전관리대행기관지정서를 발급하고, 제2항제2호의 규정에 의하여 제출된 기술인력의 기술자격증에는 그 자격자가 안전관리대행기관의 기술인력자임을 기재하여 교부하여야 한다.

④ 소방청장은 안전관리대행기관에 대하여 필요한 지도·감독을 하여야 한다.

⑤ 안전관리대행기관은 **지정받은 사항의 변경이 있는 경우에는 그 사유가 있는 날부터 14일 이내에** 별지 제35호서식의 위험물안전관리대행기관 변경신고서(전자문서로 된 신고서를 포함한다)에 다음 각 호의 구분에 따른 서류(전자문서를 포함한다)를 첨부하여 **소방청장에게 제출해야 한다.**

1. 영업소의 소재지, 법인명칭 또는 대표자를 변경하는 경우
    가. 삭제
    나. 위험물안전관리대행기관지정서
2. 기술인력을 변경하는 경우
    가. 기술인력자의 연명부
    나. 변경된 기술인력자의 기술자격증
3. 삭제

⑥ **안전관리대행기관**은 휴업·재개업 또는 폐업을 하려는 경우에는 **휴업·재개업 또는 폐업하려는 날 1일 전까지** 별지 제35호의2서식의 위험물안전관리대행기관 휴업·재개업·폐업 신고서(전자문서로 된 신고서를 포함한다)에 위험물안전관리대행기관지정서(전자문서를 포함한다)를 첨부하여 **소방청장에게 제출해야 한다.**

⑦ 제2항에 따른 신청서 또는 제5항제1호에 따른 신고서를 제출받은 경우에 담당공무원은 법인 등기사항증명서를 제출받는 것에 갈음하여 그 내용을 「전자정부법」 제36조제1항에 따른 행정정보의 공동이용을 통하여 확인하여야 한다.

제58조(안전관리대행기관의 지정취소 등) ① 「기업활동 규제완화에 관한 특별조치법」 제40조제3항의 규정에 의하여 소방청장은 안전관리대행기관이 다음 각 호의 어느 하나에 해당하는 때에는 별표 2의 기준에 따라 그 지정을 취소하거나 6월 이내의 기간을 정하여 그 업무의 정지를 명하거나 시정하게 할 수 있다. 다만, 제1호부터 제3호까지의 규정 중 어느 하나에 해당하는 때에는 그 지정을 취소하여야 한다.

1. **허위 그 밖의 부정한 방법으로 지정을 받은 때**
2. **탱크시험자의 등록 또는 다른 법령에 의하여 안전관리업무를 대행하는 기관의 지정·승인 등이 취소된 때**
3. **다른 사람에게 지정서를 대여한 때**
4. 별표 22의 안전관리대행기관의 지정기준에 미달되는 때
5. 제57조제4항의 규정에 의한 소방청장의 지도·감독에 정당한 이유 없이 따르지 아니하는 때
6. 제57조제5항에 따른 변경 신고를 연간 2회 이상 하지 아니한 때
6의2. 제57조제6항에 따른 휴업 또는 재개업 신고를 연간 2회 이상 하지 아니한 때
7. 안전관리대행기관의 기술인력이 제59조의 규정에 의한 안전관리업무를 성실하게 수행하지 아니한 때

② 소방청장은 안전관리대행기관의 지정·업무정지 또는 지정취소를 한 때에는 이를 관보에 공고하여야 한다.
③ 안전관리대행기관의 지정을 취소한 때에는 지정서를 회수하여야 한다.

> **문** 위험물안전관리법령상 위험물안전관리자의 업무를 위탁 받아 수행하는 안전관리대행기관에 관한 설명으로 옳은 것은?
>
> ① 위험물탱크시험자로 등록된 법인은 안전관리대행기관이 될 수 없다.
> ② 전용사무실은 일정 면적기준을 충족하여야 한다.
> ③ 지정기준을 갖추어 소방청장에게 지정을 받아야 한다.
> ④ 기술인력은 최소 5인 이상이어야 한다.
>
> 정답 ③

제59조(안전관리대행기관의 업무수행) ① 안전관리대행기관은 안전관리자의 업무를 위탁받는 경우에는 영 제13조 및 영 별표 6의 규정에 적합한 기술인력을 당해 제조소등의 안전관리자로 지정하여 안전관리자의 업무를 하게 하여야 한다.
② 안전관리대행기관은 제1항의 규정에 의하여 기술인력을 안전관리자로 지정함에 있어서 1인의 기술인력을 다수의 제조소등의 안전관리자로 중복하여 지정하는 경우에는 영 제12조제1항 및 이 규칙 제56조의 규정에 적합하게 지정하거나 안전관리자의 업무를 성실히 대행할 수 있는 범위내에서 관리하는 제조소등의 수가 25를 초과하지 아니하도록 지정하여야 한다. 이 경우 각 제조소등(지정수량의 20배 이하를 저장하는 저장소는 제외한다)의 관계인은 당해 제조소등마다 위험물의 취급에 관한 국가기술자격자 또는 법 제28조제1항에 따른 안전교육을 받은 자를 안전관리원으로 지정하여 대행기관이 지정한 안전관리자의 업무를 보조하게 하여야 한다.
③ 제1항에 따라 안전관리자로 지정된 안전관리대행기관의 기술인력(이하 이항에서 "기술인력"이라 한다) 또는 제2항에 따라 안전관리원으로 지정된 자는 위험물의 취급작업에 참여하여 법 제15조 및 이 규칙 제55조에 따른 안전관리자의 책무를 성실히 수행하여야 하며, 기술인력이 위험물의 취급작업에 참여하지 아니하는 경우에 기술인력은 제55조제3호 가목에 따른 점검 및 동조제6호에 따른 감독을 매월 4회(저장소의 경우에는 매월 2회) 이상 실시하여야 한다.
④ 안전관리대행기관은 제1항의 규정에 의하여 안전관리자로 지정된 안전관리대행기관의 기술인력이 여행·질병 그 밖의 사유로 인하여 일시적으로 직무를 수행할 수 없는 경우에는 안전관리대행기관에 소속된 다른 기술인력을 안전관리자로 지정하여 안전관리자의 책무를 계속 수행하게 하여야 한다.
제60조(탱크시험자의 등록신청 등) ① 법 제16조제2항에 따라 탱크시험자로 등록하려는 자는 별지 제36호서식의 신청서(전자문서로 된 신청서를 포함한다)에 다음 각 호의 서류(전자문서를 포함한다)를 첨부하여 시·도지사에게 제출하여야 한다.
1. 삭제
2. 기술능력자 연명부 및 기술자격증

3. 안전성능시험장비의 명세서
4. 보유장비 및 시험방법에 대한 기술검토를 기술원으로부터 받은 경우에는 그에 대한 자료
5. 「원자력안전법」에 따른 방사성동위원소이동사용허가증 또는 방사선발생장치이동사용허가증의 사본 1부
6. 사무실의 확보를 증명할 수 있는 서류

② 제1항에 따른 신청서를 제출받은 경우에 담당공무원은 법인 등기사항증명서를 제출받는 것에 갈음하여 그 내용을 「전자정부법」 제36조제1항에 따른 행정정보의 공동이용을 통하여 확인하여야 한다.

③ 시·도지사는 제1항의 신청서를 접수한 때에는 15일 이내에 그 신청이 영 제14조제1항의 규정에 의한 등록기준에 적합하다고 인정하는 때에는 별지 제37호서식의 위험물탱크안전성능시험자등록증을 교부하고, 제1항의 규정에 의하여 제출된 기술인력자의 기술자격증에 그 기술인력자가 당해 탱크시험기관의 기술인력자임을 기재하여 교부하여야 한다.

제61조(변경사항의 신고 등) ① **탱크시험자**는 법 제16조제3항의 규정에 의하여 다음 각호의 1에 해당하는 **중요사항을 변경한 경우**에는 별지 제38호서식의 신고서(전자문서로 된 신고서를 포함한다)에 다음 각 호의 구분에 따른 서류(전자문서를 포함한다)를 첨부하여 **시·도지사에게 제출하여야 한다.**

1. 영업소 소재지의 변경 : 사무소의 사용을 증명하는 서류와 위험물탱크안전성능시험자등록증
2. **기술능력의 변경** : 변경하는 기술인력의 자격증과 위험물탱크안전성능시험자등록증
3. 대표자의 변경 : 위험물탱크안전성능시험자등록증
4. 상호 또는 명칭의 변경 : 위험물탱크안전성능시험자등록증

따른 신고서를 제출받은 경우에 담당공무원은 법인 등기사항증명서를 제출받는 것에 갈음하여 그 내용을 「전자정부법」 제36조제1항에 따른 행정정보의 공동이용을 통하여 확인하여야 한다.

③ 시·도지사는 제1항의 신고서를 수리한 때에는 등록증을 새로 교부하거나 제출된 등록증에 변경사항을 기재하여 교부하고, 기술자격증에는 그 변경된 사항을 기재하여 교부하여야 한다.

> **문** 위험물안전관리법령상 탱크안전성능시험자가 30일 이내에 시도지사에게 변경신고를 해야 하는 경우가 아닌 것은?
>
> ① 영업소 소재지의 변경
> ② 보유장비의 변경
> ③ 대표자의 변경
> ④ 상호 또는 명칭의 변경
>
> 정답 ②

제62조(등록의 취소 등) ① 법 제16조제5항의 규정에 의한 탱크시험자의 등록취소 및 업무정지의 기준은 별표 2와 같다.

② 시·도지사는 법 제16조제2항에 따라 탱크시험자의 등록을 받거나 법 제16조제5항에 따라 등록의 취소 또는 업무의 정지를 한 때에는 이를 특별시·광역시·특별자치시·도 또는 특별자치도(이하 "시·도"라

한다)의 공보에 공고하여야 한다.
③ 시·도지사는 탱크시험자의 등록을 취소한 때에는 등록증을 회수하여야 한다.

제7장 예방규정

제63조(예방규정의 작성 등) ① 법 제17조제1항에 따라 **영 제15조제1항 각 호의 어느 하나에 해당하는 제조소등의 관계인은 다음 각 호의 사항이 포함된 예방규정을 작성**하여야 한다.
1. 위험물의 안전관리업무를 담당하는 자의 직무 및 조직에 관한 사항
2. 안전관리자가 여행·질병 등으로 인하여 그 직무를 수행할 수 없을 경우 그 직무의 대리자에 관한 사항
3. 영 제18조의 규정에 의하여 자체소방대를 설치하여야 하는 경우에는 자체소방대의 편성과 화학소방자동차의 배치에 관한 사항
4. 위험물의 안전에 관계된 작업에 종사하는 자에 대한 안전교육 및 훈련에 관한 사항
5. 위험물시설 및 작업장에 대한 안전순찰에 관한 사항
6. 위험물시설·소방시설 그 밖의 관련시설에 대한 점검 및 정비에 관한 사항
7. **위험물시설의 운전 또는 조작에 관한 사항**
8. **위험물 취급작업의 기준에 관한 사항**
9. 이송취급소에 있어서는 배관공사 현장책임자의 조건 등 배관공사 현장에 대한 감독체제에 관한 사항과 배관주위에 있는 이송취급소 시설 외의 공사를 하는 경우 배관의 안전확보에 관한 사항
10. 재난 그 밖의 비상시의 경우에 취하여야 하는 조치에 관한 사항
11. **위험물의 안전에 관한 기록에 관한 사항**
12. 제조소등의 위치·구조 및 설비를 명시한 서류와 도면의 정비에 관한 사항
13. 그 밖에 위험물의 안전관리에 관하여 필요한 사항

② 예방규정은 「산업안전보건법」 제25조에 따른 안전보건관리규정, 같은 법 제44조에 따른 공정안전보고서 또는 「화학물질관리법」 제23조에 따른 화학사고예방관리계획서와 통합하여 작성할 수 있다.
③ 영 제15조제1항 각 호의 어느 하나에 해당하는 제조소등의 관계인은 예방규정을 제정하거나 변경한 경우에는 별지 제39호서식의 예방규정제출서에 제정 또는 변경한 예방규정 1부를 첨부하여 시·도지사 또는 소방서장에게 제출하여야 한다.

> **문** 위험물안전관리법령상 예방규정 작성 시 포함되어야 하는 사항이 <u>아닌</u> 것은?
>
> ① 위험물시설의 운전 또는 조작에 관한 사항
> ② 위험물 취급작업의 기준에 관한 사항
> ③ 위험물의 안전에 관한 기록에 관한 사항
> ④ 소방관서의 출입검사 지원에 관한 사항
>
> 정답 ④

제63조의2(예방규정의 이행 실태 평가) ① 법 제17조제4항에 따른 예방규정의 이행 실태 평가는 다음 각 호의 구분에 따라 실시한다.
  1. 최초평가 : 법 제17조제1항 전단에 따라 **예방규정을 최초로 제출한 날부터 3년이 되는 날이 속하는 연도에 실시**
  2. 정기평가 : 최초평가 또는 **직전 정기평가를 실시한 날을 기준으로 4년마다 실시**. 다만, 제3호에 따라 수시평가를 실시한 경우에는 수시평가를 실시한 날을 기준으로 4년마다 실시한다.
  3. 수시평가: 위험물의 누출·화재·폭발 등의 사고가 발생한 경우 소방청장이 제조소등의 관계인 또는 종업원의 예방규정 준수 여부를 평가할 필요가 있다고 인정하는 경우에 실시
② 소방청장은 제1항에 따른 평가를 실시하는 경우 영 제15조제2항 후단에 따라 제조소등의 위험성 등을 고려하여 서면점검 또는 현장검사의 방법으로 실시할 수 있다. 이 경우 현장검사는 소방청장이 정하여 고시하는 고위험군의 제조소등에 대하여만 실시한다.
③ 소방청장은 제1항에 따른 평가를 실시하는 경우 평가실시일 30일 전까지(제1항제3호의 경우에는 7일 전까지를 말한다) 제조소등의 관계인에게 평가실시일, 평가항목 및 세부 평가일정에 관한 사항을 통보해야 한다.
④ 제1항에 따른 평가는 제63조제1항 각 호에 따른 예방규정의 세부항목에 대하여 실시한다. 다만, 평가실시일부터 직전 1년 동안 「산업안전보건법」 제46조제4항에 따른 공정안전보고서의 이행 상태 평가 또는 「화학물질관리법」 제23조의2제2항에 따른 화학사고예방관리계획서의 이행 여부 점검을 받은 경우로서 해당 평가 또는 점검 항목과 중복되는 항목이 있는 경우에는 해당 항목에 대한 평가를 면제할 수 있다.
⑤ 소방청장은 제1항부터 제4항까지의 규정에 따라 예방규정의 이행 실태 평가를 완료한 때에는 그 결과를 해당 제조소등의 관계인에게 통보해야 한다. 이 경우 소방청장은 제조소등의 관계인에게 화재예방과 화재 등 재해발생시 비상조치의 효율적 수행을 위하여 필요한 조치 등의 이행을 권고할 수 있다.
⑥ 제1항부터 제5항까지에서 규정한 사항 외에 예방규정의 이행 실태 평가의 내용·절차·방법 등에 관하여 필요한 사항은 소방청장이 정하여 고시한다.

제8장 정기점검

제64조(정기점검의 횟수) 법 제18조제1항의 규정에 의하여 **제조소등의 관계인은** 당해 제조소등에 대하여 **연 1회 이상 정기점검을 실시**하여야 한다.

★**제65조(특정·준특정옥외탱크저장소의 정기점검)** ① 법 제18조제1항에 따라 옥외탱크저장소 중 저장 또는 취급하는 액체위험물의 **최대수량이 50만리터 이상인 것**(이하 "특정·준특정옥외탱크저장소"라 한다)에 대해서는 제64조에 따른 **정기점검 외에 다음 각 호의** 어느 하나에 해당하는 기간 이내에 1회 이상 특정·준특정옥외저장탱크(특정·준특정옥외탱크저장소의 탱크)의 **구조 등에 관한 안전점검(이하 "구조안전점검"이라 한다)을 해야 한다.** 다만, 해당 기간 이내에 특정·준특정옥외저장탱크의 사용중단 등으로 구조안전점검을 실시하기가 곤란한 경우에는 별지 제39호의2서식에 따라 관할소방서장에게 구조안전점검의 실시기간 연장신청(전자문서에 의한 신청을 포함한다)을 할 수 있으며, 그 신청을 받은 소방서장은 1년(특정·준특정옥외저장탱크의 사용을 중지

한 경우에는 사용중지기간)의 범위에서 실시기간을 연장할 수 있다.
1. **특정·준특정옥외탱크저장소의 설치허가에 따른 완공검사합격확인증을 발급받은 날부터 12년**
2. 제70조제1항제1호에 따른 **최근의 정밀정기검사를 받은 날부터 11년**
3. 제2항에 따라 **특정·준특정옥외저장탱크에 안전조치를 한 후** 제71조제2항에 따라 구조안전점검시기 연장신청을 하여 해당 안전조치가 적정한 것으로 인정받은 경우에는 제70조제1항제1호에 따른 **최근의 정밀정기검사를 받은 날부터 13년**

② 제1항제3호에 따른 특정·준특정옥외저장탱크의 안전조치는 특정·준특정옥외저장탱크의 부식 등에 대한 안전성을 확보하는 데 필요한 다음 각 호의 어느 하나의 조치로 한다.
1. 특정·준특정옥외저장탱크의 부식방지 등을 위한 다음 각 목의 조치
   가. 특정·준특정옥외저장탱크의 내부의 부식을 방지하기 위한 코팅[유리입자(글래스플레이크)코팅 또는 유리섬유강화플라스틱 라이닝(lining: 침식 및 부식 방지를 위해 재료의 접촉면에 약품재 등을 대는 일)에 한한다] 또는 이와 동등 이상의 조치
   나. 특정·준특정옥외저장탱크의 애뉼러 판(annular plate) 및 밑판 외면의 부식을 방지하는 조치
   다. 특정·준특정옥외저장탱크의 애뉼러 판 및 밑판의 두께가 적정하게 유지되도록 하는 조치
   라. 특정·준특정옥외저장탱크에 구조상의 영향을 줄 우려가 있는 보수를 하지 아니하거나 변형이 없도록 하는 조치
   마. 구조물이 현저히 불균형하게 가라앉는 현상(이하 "부등침하"라 한다)이 없도록 하는 조치
   바. 지반이 충분한 지지력을 확보하는 동시에 침하에 대하여 충분한 안전성을 확보하는 조치
   사. 특정·준특정옥외저장탱크의 유지관리체제의 적정 유지
2. 위험물의 저장관리 등에 관한 다음 각 목의 조치
   가. 부식의 발생에 영향을 주는 물 등의 성분의 적절한 관리
   나. 특정·준특정옥외저장탱크에 대하여 현저한 부식성이 있는 위험물을 저장하지 아니하도록 하는 조치
   다. 부식의 발생에 현저한 영향을 미치는 저장조건의 변경을 하지 아니하도록 하는 조치
   라. 특정·준특정옥외저장탱크의 애뉼러 판 및 밑판의 부식율(애뉼러 판 및 밑판이 부식에 의하여 감소한 값을 판의 경과연수로 나누어 얻은 값)이 연간 0.05밀리미터 이하일 것
   마. 특정·준특정옥외저장탱크의 애뉼러 판 및 밑판 외면의 부식을 방지하는 조치
   바. 특정·준특정옥외저장탱크의 애뉼러 판 및 밑판의 두께가 적정하게 유지되도록 하는 조치
   사. 특정·준특정옥외저장탱크에 구조상의 영향을 줄 우려가 있는 보수를 하지 아니하거나 변형이 없도록 하는 조치
   아. 현저한 부등침하가 없도록 하는 조치
   자. 지반이 충분한 지지력을 확보하는 동시에 침하에 대하여 충분한 안전성을 확보하는 조치
   차. 특정·준특정옥외저장탱크의 유지관리체제의 적정 유지
③ 제1항제3호의 규정에 의한 신청은 별지 제40호서식 또는 별지 제41호서식의 신청서에 의한다.

문1 위험물안전관리법령상 특정·준특정옥외탱크저장소의 정기점검에 관한 조문 중 일부이다. (   )에 들어갈 내용으로 옳은 것은?

> 옥외탱크저장소 중 저장 또는 취급하는 액체위험물의 최대수량이 (ㄱ)만 리터 이상인 것에 대해서는 정기점검 외에 다음 각 호의 어느 하나에 해당하는 기간 이내에 1회 이상 특정·준특정옥외저장탱크의 구조 등에 관한 안전점검(이하 "구조안전점검"이라 한다)을 해야 한다.
> 1. 특정·준특정옥외탱크저장소의 설치허가에 따른 완공검사합격증을 발급받은 날부터 (ㄴ)년
> 2. 제70조 제1항 제1호에 따른 정밀정기검사를 받은 날부터 (ㄷ)년
> 3. 제2항에 따라 특정·준특정옥외저장탱크에 안전조치를 한 후 구조안전점검시기 연장신청을 하여 해당 안전조치가 적정한 것으로 인정받은 경우에는 최근의 정밀정기검사를 받은 날부터 13년

① ㄱ : 30, ㄴ : 12, ㄷ : 11
② ㄱ : 50, ㄴ : 12, ㄷ : 11
③ ㄱ : 30, ㄴ : 11, ㄷ : 12
④ ㄱ : 50, ㄴ : 11, ㄷ : 12

정답 ②

문2 위험물안전관리법령상 정기검사를 받아야 하는 특정·준특정옥외탱크저장소의 관계인은 특정·준특정옥외탱크저장소의 설치허가에 따른 완공검사필증을 발급받을 날부터 몇 년 이내에 정기검사를 받아야 하는가?

① 9
② 10
③ 11
④ 12

정답 ④

제66조(정기점검의 내용 등) 제조소등의 위치·구조 및 설비가 법 제5조제4항의 기술기준에 적합한지를 점검하는데 필요한 정기점검의 내용·방법 등에 관한 기술상의 기준과 그 밖의 점검에 관하여 필요한 사항은 '소방청장이 정하여 고시'한다.

제67조(정기점검의 실시자) ① 제조소등의 관계인은 법 제18조제1항의 규정에 의하여 당해 **제조소등의**

정기점검을 **안전관리자**(제65조의 규정에 의한 정기점검에 있어서는 제66조의 규정에 의하여 소방청장이 정하여 고시하는 점검방법에 관한 지식 및 기능이 있는 자에 한한다) 또는 **위험물운송자**(이동탱크저장소의 경우에 한한다)로 하여금 실시하도록 하여야 한다. 이 경우 옥외탱크저장소에 대한 구조안전점검을 위험물안전관리자가 직접 실시하는 경우에는 점검에 필요한 영 별표 7의 인력 및 장비를 갖춘 후 이를 실시하여야 한다.
② **제1항에도 불구하고** 제조소등의 관계인은 **안전관리대행기관(제65조에 따른 특정·준특정옥외탱크저장소의 정기점검은 제외**한다) 또는 **탱크시험자**에게 정기점검을 의뢰하여 실시할 수 있다. 이 경우 해당 제조소등의 안전관리자는 안전관리대행기관 또는 탱크시험자의 점검현장에 참관해야 한다.

> **문** 위험물안전관리법령상 위험물 제조소 등의 정기점검의 점검자에 해당하지 <u>않는</u> 것은?
>
> ① 위험물안전관리자
> ② 위험물운송자(이동탱크저장소에 한함)
> ③ 안전관리대행기관(특정·준특정옥외탱크저장소의 정기점검 포함)
> ④ 탱크시험자
>
> 정답 ③

제68조(정기점검의 기록·유지) ① 법 제18조제1항에 따라 제조소등의 관계인은 정기점검 후 다음 각 호의 사항을 기록해야 한다.
1. 점검을 실시한 제조소등의 명칭
2. 점검의 방법 및 결과
3. 점검연월일
4. 점검을 한 안전관리자 또는 점검을 한 탱크시험자와 점검에 참관한 안전관리자의 성명
② 제1항의 규정에 의한 정기점검기록은 다음 각호의 구분에 의한 기간 동안 이를 보존하여야 한다.
   1. 제65조제1항의 규정에 의한 **옥외저장탱크의 구조안전점검에 관한 기록 : 25년**(동항제3호에 규정한 기간의 적용을 받는 경우에는 30년)
   2. **제1호에 해당하지 아니하는 정기점검의 기록 : 3년**

제69조(정기점검의 의뢰 등) ① 제조소등의 관계인은 법 제18조제1항의 정기점검을 제67조제2항의 규정에 의하여 탱크시험자에게 실시하게 하는 경우에는 별지 제42호서식의 정기점검의뢰서를 탱크시험자에게 제출하여야 한다.
② 탱크시험자는 정기점검을 실시한 결과 그 탱크 등의 유지관리상황이 적합하다고 인정되는 때에는 점검을 완료한 날부터 10일 이내에 별지 제43호서식의 정기점검결과서에 위험물탱크안전성능시험자등록증 사본 및 시험성적서를 첨부하여 제조소등의 관계인에게 교부하고, 적합하지 아니한 경우에는 개선하여야 하는 사항을 통보하여야 한다.
③ 제2항의 규정에 의하여 개선하여야 하는 사항을 통보 받은 제조소등의 관계인은 이를 개선한 후 다

시 점검을 의뢰하여야 한다. 이 경우 탱크시험자는 정기점검결과서에 개선하게 한 사항(탱크시험자가 직접 보수한 경우에는 그 보수한 사항을 포함한다)을 기재하여야 한다.

④ 탱크시험자는 제2항의 규정에 의한 정기점검결과서를 교부한 때에는 그 내용을 정기점검대장에 기록하고 이를 제68조제2항 각호의 규정에 의한 기간동안 보관하여야 한다.

제9장 정기검사

★**제70조(정기검사의 시기)** ① 법 제18조제3항에 따른 정기검사(이하 "정기검사"라 한다)를 받아야 하는 <u>특정·준특정옥외탱크저장소의 관계인</u>은 다음 각 호의 구분에 따라 정밀정기검사 및 중간정기검사를 받아야 한다. 다만, 재난 그 밖의 비상사태의 발생, 안전유지상의 필요 또는 사용상황 등의 변경으로 해당 시기에 정기검사를 실시하는 것이 적당하지 않다고 인정되는 때에는 소방서장의 직권 또는 관계인의 신청에 따라 소방서장이 따로 지정하는 시기에 정기검사를 받을 수 있다.

1. 정밀정기검사 : 다음 각 목의 어느 하나에 해당하는 기간 내에 1회
   가. <u>특정·준특정옥외탱크저장소의 설치허가에 따른 완공검사합격확인증을 발급받은 날부터 **12년**</u>
   나. <u>최근의 정밀정기검사를 받은 날부터 **11년**</u>
2. 중간정기검사 : 다음 각 목의 어느 하나에 해당하는 기간 내에 1회
   가. <u>특정·준특정옥외탱크저장소의 설치허가에 따른 완공검사합격확인증을 발급받은 날부터 **4년**</u>
   나. <u>최근의 정밀정기검사 또는 중간정기검사를 받은 날부터 **4년**</u>

② 삭제

③ 제1항제1호에 따른 정밀정기검사(이하 "정밀정기검사"라 한다)를 받아야 하는 특정·준특정옥외탱크저장소의 관계인은 제1항에도 불구하고 정밀정기검사를 제65조제1항에 따른 구조안전점검을 실시하는 때에 함께 받을 수 있다.

제71조(정기검사의 신청 등) ① 정기검사를 받아야 하는 특정·준특정옥외탱크저장소의 관계인은 별지 제44호서식의 신청서(전자문서로 된 신청서를 포함한다)에 다음 각 호의 서류(전자문서를 포함한다)를 첨부하여 기술원에 제출하고 별표 25 제8호에 따른 수수료를 기술원에 납부해야 한다. 다만, 제2호 및 제4호의 서류는 정기검사를 실시하는 때에 제출할 수 있다.

1. 별지 제5호서식의 구조설비명세표
2. 제조소등의 위치·구조 및 설비에 관한 도면
3. 완공검사합격확인증
4. 밑판, 옆판, 지붕판 및 개구부의 보수이력에 관한 서류

② 제65조제1항제3호에 따른 기간 이내에 구조안전점검을 받으려는 자는 별지 제40호서식 또는 별지 제41호서식의 신청서(전자문서로 된 신청서를 포함한다)를 제1항 각 호 외의 부분 본문에 따라 정기검사를 신청하는 때에 함께 기술원에 제출해야 한다.

③ 제70조제1항 각 호 외의 부분 단서에 따라 정기검사 시기를 변경하려는 자는 별지 제45호서식의 신청서(전자문서로 된 신청서를 포함한다)에 정기검사 시기의 변경을 필요로 하는 사유를 기재한 서류(전자문서를 포함한다)를 첨부하여 소방서장에게 제출해야 한다.

④ 기술원은 제72조제4항의 소방청장이 정하여 고시하는 기준에 따라 정기검사를 실시한 결과 다음 각 호의 구분에 따른 사항이 적합하다고 인정되면 검사종료일부터 10일 이내에 별지 제46호서식의 정

기검사합격확인증을 관계인에게 발급하고, 그 결과보고서를 작성하여 소방서장에게 제출해야 한다.
1. 정밀정기검사 대상인 경우: 특정·준특정옥외저장탱크에 대한 다음 각 목의 사항
   가. 수직도·수평도에 관한 사항(지중탱크에 대한 것은 제외한다)
   나. 밑판(지중탱크의 경우에는 누액방지판을 말한다)의 두께에 관한 사항
   다. 용접부에 관한 사항
   라. 구조·설비의 외관에 관한 사항
2. 제70조제1항제2호에 따른 중간정기검사 대상인 경우: 특정·준특정옥외저장탱크의 구조·설비의 외관에 관한 사항

⑤ 기술원은 정기검사를 실시한 결과 부적합한 경우에는 개선해야 하는 사항을 신청자 및 소방서장에게 통보하고 개선할 사항을 통보받은 관계인은 개선을 완료한 후 별지 제44호서식의 신청서를 기술원에 다시 제출해야 한다.

⑥ 정기검사를 받은 제조소등의 관계인과 정기검사를 실시한 기술원은 정기검사합격확인증 등 정기검사에 관한 서류를 해당 제조소등에 대한 차기 정기검사시까지 보관해야 한다.

제72조(정기검사의 방법 등) ① 정기검사는 특정·준특정옥외탱크저장소의 위치·구조 및 설비의 특성을 고려하여 안전성 확인에 적합한 검사방법으로 실시해야 한다.

② 특정·준특정옥외탱크저장소의 관계인이 제65조제1항에 따른 구조안전점검 시에 제71조제4항제1호 각 목에 따른 사항을 미리 점검한 후에 정밀정기검사를 신청하는 때에는 그 사항에 대한 정밀정기검사는 전체의 검사범위 중 임의의 부위를 발췌하여 검사하는 방법으로 실시한다.

③ 특정옥외탱크저장소의 변경허가에 따른 탱크안전성능검사를 하는 때에 정밀정기검사를 같이 실시하는 경우 검사범위가 중복되면 해당 검사범위에 대한 어느 하나의 검사를 생략한다.

④ 제1항부터 제3항까지의 규정에 따른 검사방법과 판정기준 그 밖의 정기검사의 실시에 관하여 필요한 사항은 소방청장이 정하여 고시한다.

제10장 자체소방대

제73조(자체소방대의 설치 제외대상인 일반취급소) 영 제18조제1항제1호 단서에서 "행정안전부령으로 정하는 일반취급소"란 다음 각 호의 어느 하나에 해당하는 일반취급소를 말한다.
1. 보일러, 버너 그 밖에 이와 유사한 장치로 위험물을 소비하는 일반취급소
2. 이동저장탱크 그 밖에 이와 유사한 것에 위험물을 주입하는 일반취급소
3. 용기에 위험물을 옮겨 담는 일반취급소
4. 유압장치, 윤활유순환장치 그 밖에 이와 유사한 장치로 위험물을 취급하는 일반취급소
5. 「광산안전법」의 적용을 받는 일반취급소

제74조(자체소방대 편성의 특례) 영 제18조제3항 단서의 규정에 의하여 2 이상의 사업소가 상호응원에 관한 협정을 체결하고 있는 경우에는 당해 모든 사업소를 하나의 사업소로 보고 제조소 또는 취급소에서 취급하는 제4류 위험물을 합산한 양을 하나의 사업소에서 취급하는 제4류 위험물의 최대수량으로 간주하여 동항 본문의 규정에 의한 화학소방자동차의 대수 및 자체소방대원을 정할 수 있다. 이 경우 상호응원에 관한 협정을 체결하고 있는 각 사업소의 자체소방대에는 영 제18조제3항 본문의 규정에 의한 화학소방차 대수의 2분의 1 이상의 대수와 화학소방자동차마다 5인 이상의 자체소방대원

을 두어야 한다.

제75조(화학소방차의 기준 등) ① 영 별표 8 비고의 규정에 의하여 화학소방자동차(내폭화학차 및 제독차를 포함한다)에 갖추어야 하는 소화능력 및 설비의 기준은 별표 23과 같다.

② <u>포수용액을 방사하는 화학소방자동차의 대수는 영 제18조제3항의 규정에 의한 화학소방자동차의 대수의 3분의 2 이상으로 하여야 한다.</u>

제11장 질문·검사 등

제76조(소방검사서) 법 제22조제1항의 규정에 의한 출입·검사 등을 행하는 관계공무원은 법 또는 법에 근거한 명령 또는 조례의 규정에 적합하지 아니한 사항을 발견한 때에는 그 내용을 기재한 별지 제47호서식의 위험물제조소등 소방검사서의 사본을 검사현장에서 제조소등의 관계인에게 교부하여야 한다. 다만, 도로상에서 주행중인 이동탱크저장소를 정지시켜 검사를 한 경우에는 그러하지 아니하다.

제77조(이동탱크저장소에 관한 통보사항) 시·도지사, 소방본부장 또는 소방서장은 법 제26조제3항의 규정에 의하여 이동탱크저장소의 관계인에 대하여 위험물의 저장 또는 취급기준 준수명령을 한 때에는 다음 각호의 사항을 당해 이동탱크저장소의 허가를 한 소방서장에게 통보하여야 한다.

1. 명령을 한 시·도지사, 소방본부장 또는 소방서장
2. 명령을 받은 자의 성명·명칭 및 주소
3. 명령에 관계된 이동탱크저장소의 설치자, 상치장소 및 설치 또는 변경의 허가번호
4. 위반내용
5. 명령의 내용 및 그 이행사항
6. 그 밖에 명령을 한 시·도지사, 소방본부장 또는 소방서장이 통보할 필요가 있다고 인정하는 사항

제12장 보칙

제78조(안전교육) ① 안전교육은 법 제28조제1항 및 영 제20조 각 호의 사람을 대상으로 하는 교육(이하 "**실무교육**"이라 한다)과 영 제22조제1항제1호가목·나목의 사람을 대상으로 하는 교육(이하 "**강습교육**"이라 한다)으로 구분한다.

② 제1항에 따른 안전교육의 과정·기간과 그 밖의 교육의 실시에 관한 사항은 **별표 24**와 같다.

③ **기술원 또는 「소방기본법」 제40조에 따른 한국소방안전원(이하 "안전원"**이라 한다)은 매년 교육실시계획을 수립하여 교육을 실시하는 해의 전년도 말까지 소방청장의 승인을 받아야 하고, 해당 연도 교육실시결과를 교육을 실시한 해의 다음 연도 1월 31일까지 소방청장에게 보고하여야 한다.

④ <u>**소방본부장**은 매년 10월말까지 관할구역 안의 실무교육대상자 현황을 안전원에 통보하고 관할구역 안에서 안전원이 실시하는 안전교육에 관하여 지도·감독하여야 한다.</u>

제79조(수수료 등) ① 법 제31조의 규정에 의한 수수료 및 교육비는 별표 25와 같다.

② 제1항의 규정에 의한 수수료 또는 교육비는 당해 허가 등의 신청 또는 신고시에 당해 허가 등의 업무를 직접 행하는 기관에 납부하되, 시·도지사 또는 소방서장에게 납부하는 수수료는 당해 시·도의 수입증지로 납부하여야 한다. 다만, 시·도지사 또는 소방서장은 정보통신망을 이용하여 전자화폐·전자결제 등의 방법으로 이를 납부하게 할 수 있다.

■ 위험물안전관리법 시행규칙 [별표 1의2]

제조소등의 변경허가를 받아야 하는 경우(제8조 관련)

제조소등의 구분	변경허가를 받아야 하는 경우
1. 제조소 또는 일반취급소	가. 제조소 또는 일반취급소의 위치를 이전하는 경우 나. **건축물의 벽·기둥·바닥·보 또는 지붕을 증설 또는 철거하는 경우** 다. <u>배출설비를 신설하는 경우</u> 라. 위험물취급탱크를 신설·교체·철거 또는 보수(탱크의 본체를 절개하는 경우에 한한다)하는 경우 마. 위험물취급탱크의 노즐 또는 맨홀을 신설하는 경우(노즐 또는 맨홀의 지름이 250㎜를 초과하는 경우에 한한다) 바. <u>**위험물취급탱크의 방유제의 높이 또는 방유제 내의 면적을 변경하는 경우**</u> 사. 위험물취급탱크의 탱크전용실을 증설 또는 교체하는 경우 아. 300m(지상에 설치하지 아니하는 배관의 경우에는 30m)를 초과하는 위험물배관을 신설·교체·철거 또는 보수(배관을 절개하는 경우에 한한다)하는 경우 자. **불활성기체(다른 원소와 화학 반응을 일으키기 어려운 기체→ *질소, 헬륨, 네온, 아르곤 등)의 봉입장치를 신설하는 경우→ *옥외탱크/옥내탱크/지하탱크저장소(O)** 차. 별표 4 XII제2호가목에 따른 누설범위를 국한하기 위한 설비를 신설하는 경우 카. 별표 4 XII제3호다목에 따른 냉각장치 또는 보냉장치를 신설하는 경우 타. 별표 4 XII제3호마목에 따른 탱크전용실을 증설 또는 교체하는 경우 파. 별표 4 XII제4호나목에 따른 담 또는 토제를 신설·철거 또는 이설하는 경우 하. 별표 4 XII제4호다목에 따른 온도 및 농도의 상승에 의한 위험한 반응을 방지하기 위한 설비를 신설하는 경우 거. 별표 4 XII제4호라목에 따른 철 이온 등의 혼입에 의한 위험한 반응을 방지하기 위한 설비를 신설하는 경우 너. 방화상 유효한 담을 신설·철거 또는 이설하는 경우 더. 위험물의 제조설비 또는 취급설비를 증설하는 경우. 다만, **펌프설비** 또는 **1일 취급량**이 지정수량의 **5분의 1 미만**인 설비를 증설하는 경우는 **제외한다.** 러. 옥내소화전설비·옥외소화전설비·스프링클러설비·물분무등소화설비를 신설·교체(배관·밸브·압력계·소화전본체·소화약제탱크·포헤드·포방출구 등의 교체는 제외한다) 또는 철거하는 경우 머. **자동화재탐지설비를 신설 또는 철거하는 경우**
2. 옥내 저장소	가. 건축물의 벽·기둥·바닥·보 또는 지붕을 증설 또는 철거하는 경우 나. **배출설비를 신설하는 경우** 다. 별표 5 VIII제3호가목에 따른 누설범위를 국한하기 위한 설비를 신설하는 경우 라. 별표 5 VIII제4호에 따른 온도의 상승에 의한 위험한 반응을 방지하기 위한 설비를 신설하는 경우 마. 별표 5 부표 1 비고 제1호 또는 같은 별표 부표 2 비고 제1호에 따른 담 또는 토제를 신설·철거 또는 이설하는 경우

		바. 옥외소화전설비·스프링클러설비·물분무등소화설비를 신설·교체(배관·밸브·압력계·소화전본체·소화약제탱크·포헤드·포방출구 등의 교체는 제외한다) 또는 철거하는 경우 사. 자동화재탐지설비를 신설 또는 철거하는 경우
3. 옥외탱크 저장소		가. 옥외저장탱크의 위치를 이전하는 경우 나. 옥외탱크저장소의 기초·지반을 정비하는 경우 다. 별표 6 Ⅱ제5호에 따른 물분무설비를 신설 또는 철거하는 경우 라. 주입구의 위치를 이전하거나 신설하는 경우 마. 300m(지상에 설치하지 아니하는 배관의 경우에는 30m)를 초과하는 위험물배관을 신설·교체·철거 또는 보수(배관을 절개하는 경우에 한한다)하는 경우 바. 별표 6 Ⅵ제20호에 따른 수조를 교체하는 경우 사. 방유제(간막이 둑을 포함한다)의 높이 또는 방유제 내의 면적을 변경하는 경우 아. 옥외저장탱크의 밑판 또는 옆판을 교체하는 경우 자. 옥외저장탱크의 노즐 또는 맨홀을 신설하는 경우(노즐 또는 맨홀의 지름이 250㎜를 초과하는 경우에 한한다) 차. 옥외저장탱크의 밑판 또는 옆판의 표면적의 20%를 초과하는 겹침보수공사 또는 육성보수공사를 하는 경우 카. 옥외저장탱크의 애뉼러 판의 겹침보수공사 또는 육성보수공사를 하는 경우 타. 옥외저장탱크의 애뉼러 판 또는 밑판이 옆판과 접하는 용접이음부의 겹침보수공사 또는 육성보수공사를 하는 경우(용접길이가 300㎜를 초과하는 경우에 한한다) 파. 옥외저장탱크의 옆판 또는 밑판(애뉼러 판을 포함한다) 용접부의 절개보수공사를 하는 경우 하. 옥외저장탱크의 지붕판 표면적 30% 이상을 교체하거나 구조·재질 또는 두께를 변경하는 경우 거. 별표 6 Ⅺ제1호가목에 따른 누설범위를 국한하기 위한 설비를 신설하는 경우 너. 별표 6 Ⅺ제2호나목에 따른 냉각장치 또는 보냉장치를 신설하는 경우 더. 별표 6 Ⅺ제3호가목에 따른 온도의 상승에 의한 위험한 반응을 방지하기 위한 설비를 신설하는 경우 러. 별표 6 Ⅺ제3호나목에 따른 철 이온 등의 혼입에 의한 위험한 반응을 방지하기 위한 설비를 신설하는 경우 머. **불활성기체의 봉입장치를 신설하는 경우** 버. 지중탱크의 누액방지판을 교체하는 경우 서. 해상탱크의 정치설비를 교체하는 경우 어. 물분무등소화설비를 신설·교체(배관·밸브·압력계·소화전본체·소화약제탱크·포헤드·포방출구 등의 교체는 제외한다) 또는 철거하는 경우 저. **자동화재탐지설비를 신설 또는 철거하는 경우**
4. 옥내탱크 저장소		가. 옥내저장탱크의 위치를 이전하는 경우 나. 주입구의 위치를 이전하거나 신설하는 경우 다. 300m(지상에 설치하지 아니하는 배관의 경우에는 30m)를 초과하는 위험물배

		관을 신설·교체·철거 또는 보수(배관을 절개하는 경우에 한한다)하는 경우 라. 옥내저장탱크를 신설·교체 또는 철거하는 경우 마. **옥내저장탱크를 보수(탱크본체를 절개하는 경우에 한한다)하는 경우** 바. <u>옥내저장탱크의 노즐 또는 맨홀을 신설하는 경우(노즐 또는 맨홀의 지름이 250mm를 초과하는 경우에 한한다)</u> 사. 건축물의 벽·기둥·바닥·보 또는 지붕을 증설 또는 철거하는 경우 아. **배출설비를 신설하는 경우** 자. 별표 7 Ⅱ에 따른 누설범위를 국한하기 위한 설비·냉각장치·보냉장치·온도의 상승에 의한 위험한 반응을 방지하기 위한 설비 또는 철 이온 등의 혼입에 의한 위험한 반응을 방지하기 위한 설비를 신설하는 경우 차. **불활성기체의 봉입장치를 신설하는 경우** 카. 물분무등소화설비를 신설·교체(배관·밸브·압력계·소화전본체·소화약제탱크·포헤드·포방출구 등의 교체는 제외한다) 또는 철거하는 경우 타. **자동화재탐지설비를 신설 또는 철거하는 경우**
5.	지하탱크 저장소	가. 지하저장탱크의 위치를 이전하는 경우 나. 탱크전용실을 증설 또는 교체하는 경우 다. 지하저장탱크를 신설·교체 또는 철거하는 경우 라. 지하저장탱크를 보수(탱크본체를 절개하는 경우에 한한다)하는 경우 마. **지하저장탱크의 노즐 또는 맨홀을 신설하는 경우(노즐 또는 맨홀의 지름이 250mm를 초과하는 경우에 한한다)** 바. 주입구의 위치를 이전하거나 신설하는 경우 사. 300m(지상에 설치하지 아니하는 배관의 경우에는 30m)를 초과하는 위험물배관을 신설·교체·철거 또는 보수(배관을 절개하는 경우에 한한다)하는 경우 아. 특수누설방지구조를 보수하는 경우 자. 별표 8 Ⅳ제2호나목 및 같은 항 제3호에 따른 냉각장치· 보냉장치·온도의 상승에 의한 위험한 반응을 방지하기 위한설비 또는 철 이온 등의 혼입에 의한 위험한 반응을 방지하기 위한 설비를 신설하는 경우 차. **불활성기체의 봉입장치를 신설하는 경우** 카. **자동화재탐지설비를 신설 또는 철거하는 경우** 타. 지하저장탱크의 내부에 탱크를 추가로 설치하거나 철판 등을 이용하여 탱크 내부를 구획하는 경우
6.	간이탱크 저장소	가. 간이저장탱크의 위치를 이전하는 경우 나. 건축물의 벽·기둥·바닥·보 또는 지붕을 증설 또는 철거하는 경우 다. 간이저장탱크를 신설·교체 또는 철거하는 경우 라. 간이저장탱크를 보수(탱크본체를 절개하는 경우에 한한다)하는 경우 마. 간이저장탱크의 노즐 또는 맨홀을 신설하는 경우(노즐 또는 맨홀의 지름이 250mm를 초과하는 경우에 한한다)

7. 이동탱크 저장소	가. 상치장소(*위험물을 차량에 싣고 다니는 탱크인 이동탱크저장소를 주차할 수 있는 장소)의 위치를 이전하는 경우(**같은 사업장 또는 같은 울안에서 이전하는 경우는 제외한다**) 나. 이동저장탱크를 보수(탱크본체를 절개하는 경우에 한한다)하는 경우 다. 이동저장탱크의 노즐 또는 맨홀을 신설하는 경우(노즐 또는 맨홀의 지름이 250㎜를 초과하는 경우에 한한다) 라. 이동저장탱크의 내용적을 변경하기 위하여 구조를 변경하는 경우 마. 별표 10 Ⅳ제3호에 따른 주입설비를 설치 또는 철거하는 경우 바. **펌프설비를 신설하는 경우→ *이송취급소(O)**
8. 옥외저장소	가. 옥외저장소의 면적을 변경하는 경우 나. 별표 11 Ⅲ제1호에 따른 살수설비 등을 신설 또는 철거하는 경우 다. 옥외소화전설비·스프링클러설비·물분무등소화설비를 신설·교체(배관·밸브·압력계·소화전본체·소화약제탱크·포헤드·포방출구 등의 교체는 제외한다) 또는 철거하는 경우
9. 암반탱크 저장소	가. 암반탱크저장소의 내용적을 변경하는 경우 나. 암반탱크의 내벽을 정비하는 경우 다. 배수시설·압력계 또는 안전장치를 신설하는 경우 라. 주입구의 위치를 이전하거나 신설하는 경우 마. 300m(지상에 설치하지 아니하는 배관의 경우에는 30m)를 초과하는 위험물배관을 신설·교체·철거 또는 보수(배관을 절개하는 경우에 한한다)하는 경우 바. 물분무등소화설비를 신설·교체(배관·밸브·압력계·소화전본체·소화약제탱크·포헤드·포방출구 등의 교체는 제외한다) 또는 철거하는 경우 사. 자동화재탐지설비를 신설 또는 철거하는 경우

10. 주유취급소	가. 지하에 매설하는 탱크의 변경 중 다음의 어느 하나에 해당하는 경우
	    1) 탱크의 위치를 이전하는 경우
	    2) 탱크전용실을 보수하는 경우
	    3) 탱크를 신설·교체 또는 철거하는 경우
	    4) 탱크를 보수(탱크본체를 절개하는 경우에 한한다)하는 경우
	    5) 탱크의 노즐 또는 맨홀을 신설하는 경우(노즐 또는 맨홀의 지름이 250㎜를 초과하는 경우에 한한다)
	    6) 특수누설방지구조를 보수하는 경우
	나. 옥내에 설치하는 탱크의 변경 중 다음의 어느 하나에 해당하는 경우
	    1) 탱크의 위치를 이전하는 경우
	    2) 탱크를 신설·교체 또는 철거하는 경우
	    3) 탱크를 보수(탱크본체를 절개하는 경우에 한한다)하는 경우
	    4) 탱크의 노즐 또는 맨홀을 신설하는 경우(노즐 또는 맨홀의 지름이 250㎜를 초과하는 경우에 한한다)
	다. 고정주유설비 또는 고정급유설비를 신설 또는 철거하는 경우

		라. 고정주유설비 또는 고정급유설비의 위치를 이전하는 경우
		*고정주유설비는 전용탱크에서 자동차 등의 연료탱크에, 고정급유설비는 용기 등에 위험물을 주유하기 위한 설비를 말한다.
		마. 건축물의 벽·기둥·바닥·보 또는 지붕을 증설 또는 철거하는 경우 바. 담 또는 캐노피(기둥으로 받치거나 매달아 놓은 덮개)를 신설 또는 철거(<u>유리를 부착하기 위하여 담의 일부를 철거하는 경우를 포함한다</u>)하는 경우 사. 주입구의 위치를 이전하거나 신설하는 경우 아. 별표 13 Ⅴ제1호 각 목에 따른 시설과 관계된 공작물(바닥면적이 4m² 이상인 것에 한한다)을 신설 또는 증축하는 경우 자. 별표 13 ⅩⅥ에 따른 개질장치(改質裝置: 탄화수소의 구조를 변화시켜 제품의 품질을 높이는 조작 장치), 압축기(壓縮機), 충전설비, 축압기(압력흡수저장장치) 또는 수입설비(受入設備)를 신설하는 경우 차. **자동화재탐지설비를 신설 또는 철거하는 경우** 카. <u>셀프용이 아닌 고정주유설비를 셀프용 고정**주유**설비로 변경하는 경우</u> 타. 주유취급소 부지의 면적 또는 위치를 변경하는 경우 파. 300m(지상에 설치하지 않는 배관의 경우에는 30m)를 초과하는 위험물의 배관을 신설·교체·철거 또는 보수(배관을 자르는 경우만 해당한다)하는 경우 하. 탱크의 내부에 탱크를 추가로 설치하거나 철판 등을 이용하여 탱크 내부를 구획하는 경우
11. 판매취급소		가. 건축물의 벽·기둥·바닥·보 또는 지붕을 증설 또는 철거하는 경우 나. **자동화재탐지설비를 신설 또는 철거**하는 경우
12. 이송취급소		가. 이송취급소의 위치를 이전하는 경우 나. 300m(지상에 설치하지 아니하는 배관의 경우에는 30m)를 초과하는 위험물배관을 신설·교체·철거 또는 보수(배관을 절개하는 경우에 한한다)하는 경우 다. 방호구조물을 신설 또는 철거하는 경우 라. 누설확산방지조치·운전상태의 감시장치·안전제어장치·압력안전장치·누설검지장치를 신설하는 경우 마. **주입구·배출구 또는 펌프설비의 위치를 이전하거나 신설하는 경우** 바. 옥내소화전설비·옥외소화전설비·스프링클러설비·물분무등소화설비를 신설·교체(배관·밸브·압력계·소화전본체·소화약제탱크·포헤드·포방출구 등의 교체는 제외한다) 또는 철거하는 경우 사. **자동화재탐지설비를 신설 또는 철거하는 경우**(→ *간이탱크저장소, 이동탱크저장소, 옥외저장소, 암반탱크저장소는 ×)

문1 위험물주유취급소의 위치·구조 또는 설비 중 변경허가를 받아야 하는 경우에 해당하는 것은?

① 셀프용이 아닌 고정주유설비를 셀프용 고정주유설비로 변경하는 경우
② 셀프용인 고정주유설비를 셀프용이 아닌 고정주유설비로 변경하는 경우
③ 셀프용인 고정급유설비를 셀프용이 아닌 고정급유설비로 변경하는 경우
④ 셀프용이 아닌 고정급유설비를 셀프용 고정급유설비로 변경하는 경우

정답 ①

문2 위험물안전관리법령상 제조소 등의 변경허가를 받아야 하는 경우로 옳지 않은 것은?

① 제조소 : 위험물취급탱크의 방유제 내의 면적을 변경하는 경우
② 옥외탱크저장소 : 주입구의 위치를 이전하는 경우
③ 이동탱크저장소 : 상치장소의 위치를 같은 사업장 안에서 이전하는 경우
④ 주유취급소 : 유리를 부착하기 위하여 담의 일부를 철거하는 경우

정답 ③

문3 위험물안전관리법령상 옥내탱크저장소의 변경허가를 받아야 하는 경우를 모두 고른 것은?

ㄱ. 옥내저장탱크의 탱크본체를 절개하여 보수하는 경우
ㄴ. 불활성기체의 봉입장치를 신설하는 경우
ㄷ. 자동화재탐지설비를 신설 또는 철거하는 경우

① ㄷ ② ㄱ, ㄴ ③ ㄴ, ㄷ ④ ㄱ, ㄴ, ㄷ

정답 ④

문4 위험물안전관리법령상 제조소 등의 변경허가를 받아야 하는 경우에 속하는 것은?

① 일반취급소에서 계단을 신설하는 경우
② 제조소에서 펌프설비를 증설하는 경우
③ 옥외탱크저장소에서 자동화재탐지설비를 신설하는 경우
④ 판매취급소의 배출설비를 신설하는 경우

정답 ③

■ **위험물안전관리법 시행규칙 [별표 2]**

행정처분기준(제25조, 제58조제1항 및 제62조제1항관련)

1. 일반기준
   가. 위반행위가 2 이상인 때에는 그 중 중한 처분기준(중한 처분기준이 동일한 때에는 그 중 하나의 처분기준을 말한다. 이하 이 호에서 같다)에 의하되, 2 이상의 처분기준이 동일한 사용정지이거나 업무정지인 경우에는 중한 처분의 2분의 1까지 가중처분할 수 있다.
   나. 사용정지 또는 업무정지의 처분기간 중에 사용정지 또는 업무정지에 해당하는 새로운 위반행위가 있는 때에는 종전의 처분기간 만료일의 다음 날부터 새로운 위반행위에 따른 사용정지 또는 업무정지의 행정처분을 한다.
   다. 위반행위의 횟수에 따른 행정처분기준은 최근 2년간 같은 위반행위로 행정처분을 받은 경우에 적용한다. 이 경우 기간의 계산은 위반행위에 대하여 행정처분을 받은 날과 그 처분 후 다시 같은 위반행위를 하여 적발된 날을 기준으로 한다.
   라. 다목에 따라 가중된 행정처분을 하는 경우 가중처분의 적용 차수는 그 위반행위 전 행정처분 차수(다목에 따른 기간 내에 행정처분이 둘 이상 있었던 경우에는 높은 차수를 말한다)의 다음 차수로 한다.
   마. 사용정지 또는 업무정지의 처분기간이 완료될 때까지 위반행위가 계속되는 경우에는 사용정지 또는 업무정지의 행정처분을 다시 한다.
   바. 처분권자는 다음의 사항을 고려하여 제2호의 개별기준에 따른 처분을 감경할 수 있다. 이 경우 그 처분이 사용정지 또는 업무정지인 경우에는 그 처분기준의 2분의 1 범위에서 처분기간을 감경할 수 있고, 그 처분이 지정취소(제58조제1항제1호부터 제3호까지에 해당하는 경우는 제외한다) 또는 등록취소(법 제16조제5항제1호부터 제3호까지에 해당하는 경우는 제외한다)인 경우에는 6개월의 업무정지 처분으로 감경할 수 있다.
      1) 위반행위의 동기·내용·횟수 또는 그 결과 등을 고려할 때 제2호 각 목의 기준을 적용하는 것이 불합리하다고 인정되는 경우
      2) 고의 또는 중과실이 없는 위반행위자가 「소상공인기본법」 제2조에 따른 소상공인인 경우로서 해당 행정처분으로 위반행위자가 더 이상 영업을 영위하기 어렵다고 객관적으로 인정되는지 여부, 경제위기 등으로 위반행위자가 속한 시장·산업 여건이 현저하게 변동되거나 지속적으로 악화된 상태인지 여부 등을 종합적으로 고려할 때 행정처분을 감경할 필요가 있다고 인정되는 경우

2. 개별기준
   가. 제조소등에 대한 행정처분기준

위반행위	근거 법조문	행정처분기준		
		1차	2차	3차
(1) 법 제6조제1항의 후단에 따른 변경허가를 받지 않고, 제조소등의 위치·구조 또는 설비를 변경한 경우	법 제12조제1호	경고 또는 사용정지 15일	사용정지 60일	허가취소

위반사항	근거법규	1차	2차	3차
(2) 법 제9조에 따른 **완공검사를 받지 않고** 제조소등을 사용한 경우	법 제12조 제2호	사용정지 15일	사용정지 60일	허가취소
(3) 법 제11조의2제3항에 따른 안전조치 이행명령을 따르지 않은 경우	법 제12조 제2호의2	경고	허가취소	-
(4) 법 제14조제2항에 따른 수리·개조 또는 이전의 명령을 위반한 경우	법 제12조 제3호	사용정지 30일	사용정지 90일	허가취소
(5) 법 제15조제1항 및 제2항에 따른 **위험물 안전관리자를 선임하지 않은 경우**	법 제12조 제4호	사용정지 15일	사용정지 60일	허가취소
(6) 법 제15조제5항을 위반하여 대리자를 지정하지 않은 경우	법 제12조 제5호	사용정지 10일	사용정지 30일	허가취소
(7) 법 제18조제1항에 따른 정기점검을 하지 않은 경우	법 제12조 제6호	사용정지 10일	사용정지 30일	허가취소
(8) 법 제18조제3항에 따른 정기검사를 받지 않은 경우	법 제12조 제7호	사용정지 10일	사용정지 30일	허가취소
(9) 법 제26조에 따른 저장·취급기준 준수 명령을 위반한 경우	법 제12조 제8호	사용정지 30일	사용정지 60일	허가취소

나. 안전관리대행기관에 대한 행정처분기준

위반사항	근거법규	행정처분기준		
		1차	2차	3차
(1) 허위 그 밖의 부정한 방법으로 등록을 한 때	제58조	지정취소		
(2) 탱크시험자의 등록 또는 다른 법령에 의한 안전관리업무대행기관의 지정·승인 등이 취소된 때	제58조	지정취소		
(3) 다른 사람에게 지정서를 대여한 때	제58조	지정취소		
(4) 별표 22의 규정에 의한 안전관리대행기관의 지정기준에 미달되는 때	제58조	업무정지 30일	업무정지 60일	지정취소
(5) 제57조제4항의 규정에 의한 소방청장의 지도·감독에 정당한 이유없이 따르지 아니한 때	제58조	업무정지 30일	업무정지 60일	지정취소
(6) 제57조제5항에 따른 변경 신고를 연간 2회 이상 하지 아니한 때	제58조	경고 또는 업무정지 30일	업무정지 90일	지정취소

(7) 제57조제6항에 따른 휴업 또는 재개업 신고를 연간 2회 이상 하지 아니한 때	제58조	경고 또는 업무정지 30일	업무정지 90일	지정취소
(8) 안전관리대행기관의 기술인력이 제59조의 규정에 의한 안전관리업무를 성실하게 수행하지 아니한 때	제58조	경고	업무정지 90일	지정취소

문 위험물안전관리법령상 제조소 등에 대한 행정처분기준(1차)으로 옳은 것은?

① 위험물안전관리자를 선임하지 않은 경우 사용정지 15일
② 저장·취급기준 준수명령을 위반한 경우 사용정지 15일
③ 변경허가 없이 제조소의 위치를 이전한 경우 사용정지 10일
④ 완공검사를 받지 않고 제조소 등을 사용한 경우 사용정지 10일

정답 ①

■ 위험물안전관리법 시행규칙 [별표 4]

제조소의 위치·구조 및 설비의 기준(제28조관련)

Ⅰ. 안전거리
1. 제조소(**제6류 위험물을 취급하는 제조소를 제외**한다 →*산화성액체로 안전거리 제외)는 다음 각목의 규정에 의한 건축물의 외벽 또는 이에 상당하는 공작물의 외측으로부터 당해 제조소의 외벽 또는 이에 상당하는 공작물의 외측까지의 사이에 다음 각목의 규정에 의한 수평거리(이하 "안전거리"라 한다)를 두어야 한다.
   가. 나목 내지 라목의 규정에 의한 것 외의 건축물 그 밖의 공작물로서 **주거용으로 사용되는 것(제조소가 설치된 부지 내에 있는 것을 제외한다)**에 있어서는 **10m 이상**
   나. <u>**학교·병원·극장 그 밖에 다수인을 수용하는 시설**</u>로서 다음의 1에 해당하는 것에 있어서는 **30m 이상**
      1) 「초·중등교육법」제2조 및 「고등교육법」제2조에 정하는 학교
      2) 「의료법」제3조제2항제3호에 따른 **병원급 의료기관** → *입원환자를 대상으로 하는 병원, 한방병원, 치과병원, 요양병원, 정신병원, 종합병원
      3) 「공연법」제2조제4호에 따른 **공연장**, 「영화 및 비디오물의 진흥에 관한 법률」제2조제10호에 따른 영화상영관 및 그 밖에 이와 유사한 시설로서 **3백명 이상의 인원을 수용할 수 있는 것**
      4) 「아동복지법」제3조제10호에 따른 **아동복지시설**, 「노인복지법」제31조제1호부터 제3호까지에 해당하는 **노인복지시설**, 「장애인복지법」제58조제1항에 따른 **장애인복지시설**, 「한부모가족지원법」제19조제1항에 따른 한부모가족복지시설, 「영유아보육법」제2조제3호에 따른 어린이집, 「성매매 방지 및 피해자보호 등에 관한 법률」제9조제1항에 따른 성매매피해자등을 위한 지원시설, 「정신건강증진 및 정신질환자 복지서비스 지원에 관한 법률」제3조제4호에 따른 정신건강증진시설, 「가정폭력방지 및 피해자보호 등에 관한 법률」제7조의2제1항에 따른 보호시설 및 그 밖에 이와 유사한 시설로서 **20명 이상의 인원을 수용할 수 있는 것**
   다. 「**문화유산**의 보존 및 활용에 관한 법률」제2조제3항에 따른 지정문화유산 및 「자연유산의 보존 및 활용에 관한 법률」제2조제5호에 따른 천연기념물등에 있어서는 **50m 이상**
   라. <u>**고압가스, 액화석유가스 또는 도시가스를 저장 또는 취급하는 시설**</u>로서 다음의 1에 해당하는 것에 있어서는 **20m 이상**. 다만, 당해 시설의 배관 중 <u>**제조소가 설치된 부지 내에 있는 것은 제외**</u>한다.
      1) 「고압가스 안전관리법」의 규정에 의하여 허가를 받거나 신고를 하여야 하는 고압가스제조시설(용기에 충전하는 것을 포함한다) 또는 고압가스 사용시설로서 1일 30㎥ 이상의 용적을 취급하는 시설이 있는 것
      2) 「고압가스 안전관리법」의 규정에 의하여 허가를 받거나 신고를 하여야 하는 고압가스저장시설
      3) 「고압가스 안전관리법」의 규정에 의하여 허가를 받거나 신고를 하여야 하는 액화산소를 소비하는 시설

4) 「액화석유가스의 안전관리 및 사업법」의 규정에 의하여 허가를 받아야 하는 액화석유가스 제조시설 및 액화석유가스저장시설

5) 「도시가스사업법」제2조제5호의 규정에 의한 가스공급시설

마. 사용전압이 **7,000V** 초과 **35,000V** 이하의 특고압가공전선에 있어서는 **3m 이상**

바. 사용전압이 **35,000V**를 초과하는 특고압가공전선에 있어서는 **5m 이상**

2. 제1호가목 내지 다목의 규정에 의한 건축물 등은 부표의 기준에 의하여 불연재료로 된 방화상 유효한 담 또는 벽을 설치하는 경우에는 동표의 기준에 의하여 안전거리를 단축할 수 있다.

II. 보유공지

1. 위험물을 취급하는 건축물 그 밖의 시설(위험물을 이송하기 위한 배관 그 밖에 이와 유사한 시설을 제외한다)의 주위에는 그 취급하는 위험물의 최대수량에 따라 다음 표에 의한 너비의 공지를 보유하여야 한다.

취급하는 위험물의 최대수량	공지의 너비
지정수량의 10배 이하	3m 이상
지정수량의 10배 초과	5m 이상

2. 제조소의 작업공정이 다른 작업장의 작업공정과 연속되어 있어, 제조소의 건축물 그 밖의 공작물의 주위에 공지를 두게 되면 그 제조소의 작업에 현저한 지장이 생길 우려가 있는 경우 당해 제조소와 다른 작업장 사이에 다음 각목의 기준에 따라 방화상 유효한 격벽(隔壁)을 설치한 때에는 당해 제조소와 다른 작업장 사이에 제1호의 규정에 의한 공지를 보유하지 아니할 수 있다.

가. 방화벽은 내화구조로 할 것, 다만 취급하는 위험물이 제6류 위험물인 경우에는 불연재료로 할 수 있다.

나. 방화벽에 설치하는 출입구 및 창 등의 개구부는 가능한 한 최소로 하고, 출입구 및 창에는 자동폐쇄식의 60분+방화문 또는 60분방화문을 설치할 것

다. 방화벽의 양단 및 상단이 외벽 또는 지붕으로부터 50㎝ 이상 돌출하도록 할 것

III. 표지 및 게시판

1. 제조소에는 보기 쉬운 곳에 다음 각목의 기준에 따라 **"위험물 제조소"**라는 표시를 한 표지를 설치하여야 한다.

가. 표지는 한 변의 길이가 **0.3m 이상**, 다른 한 변의 길이가 **0.6m 이상**인 직사각형으로 할 것

나. 표지의 바탕은 백색으로, 문자는 흑색으로 할 것

2. 제조소에는 보기 쉬운 곳에 다음 각목의 기준에 따라 방화에 관하여 필요한 사항을 게시한 게시판을 설치하여야 한다.

가. 게시판은 한변의 길이가 0.3m 이상, 다른 한변의 길이가 0.6m 이상인 직사각형으로 할 것

나. 게시판에는 저장 또는 취급하는 위험물의 유별·품명 및 저장최대수량 또는 취급최대수량, 지정수량의 배수 및 안전관리자의 성명 또는 직명을 기재할 것

다. 나목의 게시판의 바탕은 백색으로, 문자는 흑색으로 할 것
라. 나목의 게시판 외에 저장 또는 취급하는 위험물에 따라 다음의 규정에 의한 주의사항을 표시한 게시판을 설치할 것
   1) 제1류 위험물 중 알칼리금속의 과산화물과 이를 함유한 것 또는 제3류 위험물 중 금수성물질에 있어서는 "물기엄금"
   2) 제2류 위험물(인화성고체를 제외한다)에 있어서는 "화기주의"
   3) 제2류 위험물 중 인화성고체, 제3류 위험물 중 자연발화성물질, 제4류 위험물 또는 제5류 위험물에 있어서는 "화기엄금"
마. 라목의 게시판의 색은 "물기엄금"을 표시하는 것에 있어서는 청색바탕에 백색문자로, "화기주의" 또는 "화기엄금"을 표시하는 것에 있어서는 적색바탕에 백색문자로 할 것

3. 법 제19조의2제2항에 따라 제조소에는 보기 쉬운 곳에 다음 각 목의 기준에 따라 해당 제조소가 금연구역임을 알리는 표지를 설치해야 한다. 다만, 제조소에 출입하는 사람이 특정인으로 한정되고, 해당 제조소를 포함하는 사업소의 출입구에 해당 사업소 전체가 금연구역임을 알리는 표지를 설치한 경우에는 해당 제조소에 금연구역임을 알리는 표지를 설치한 것으로 본다.
   가. 표지에는 금연을 상징하는 그림 또는 문자, 위반시 조치사항 등이 포함될 것
   나. 건축물 또는 시설의 규모나 구조에 따라 표지의 크기를 다르게 할 수 있으며, 바탕색 및 글씨 색상 등은 그 내용이 눈에 잘 띄도록 배색할 것

Ⅳ. 건축물의 구조

위험물을 취급하는 건축물의 구조는 다음 각호의 기준에 의하여야 한다.

1. 지하층이 없도록 하여야 한다. 다만, 위험물을 취급하지 아니하는 지하층으로서 위험물의 취급장소에서 새어나온 위험물 또는 가연성의 증기가 흘러 들어갈 우려가 없는 구조로 된 경우에는 그러하지 아니하다.
2. 벽·기둥·바닥·보·서까래 및 계단을 불연재료로 하고, 연소(延燒)의 우려가 있는 외벽(소방청장이 정하여 고시하는 것에 한한다. 이하 같다)은 출입구 외의 개구부가 없는 내화구조의 벽으로 하여야 한다. 이 경우 제6류 위험물을 취급하는 건축물에 있어서 위험물이 스며들 우려가 있는 부분에 대하여는 아스팔트 그 밖에 부식되지 아니하는 재료로 피복하여야 한다.
3. 지붕(작업공정상 제조기계시설 등이 2층 이상에 연결되어 설치된 경우에는 최상층의 지붕을 말한다)은 폭발력이 위로 방출될 정도의 가벼운 불연재료로 덮어야 한다. 다만, 위험물을 취급하는 건축물이 다음 각목의 1에 해당하는 경우에는 그 지붕을 '내화구조'로 할 수 있다. → *지붕이 있는 집 2/4(4동)/6/90분밀폐
   가. 제2류 위험물(분말상태의 것과 인화성고체를 제외한다), 제4류 위험물 중 제4석유류·동식물유류 또는 제6류 위험물을 취급하는 건축물인 경우
   나. 다음의 기준에 적합한 밀폐형 구조의 건축물인 경우
      1) 발생할 수 있는 내부의 과압(過壓) 또는 부압(負壓)에 견딜 수 있는 철근콘크리트조일 것
      2) 외부화재에 90분 이상 견딜 수 있는 구조일 것
4. 출입구와 「산업안전보건기준에 관한 규칙」 제17조에 따라 설치하여야 하는 비상구에는 60분+방화문·60분방화문 또는 30분방화문을 설치하되, 연소의 우려가 있는 외벽에 설치하는 출입구에는 수

시로 열 수 있는 자동폐쇄식의 60분+방화문 또는 60분방화문을 설치하여야 한다.

> ○ **산업안전보건기준에 관한 규칙**
> **제17조(비상구의 설치)** ① 사업주는 별표 1에 규정된 위험물질을 제조·취급하는 작업장(이하 이 항에서 "작업장"이라 한다)과 그 작업장이 있는 건축물에 제11조에 따른 출입구 외에 안전한 장소로 대피할 수 있는 비상구 1개 이상을 다음 각 호의 기준을 모두 충족하는 구조로 설치해야 한다. 다만, 작업장 바닥면의 가로 및 세로가 각 3미터 미만인 경우에는 그렇지 않다.
> 1. 출입구와 같은 방향에 있지 아니하고, 출입구로부터 3미터 이상 떨어져 있을 것
> 2. 작업장의 각 부분으로부터 하나의 비상구 또는 출입구까지의 수평거리가 50미터 이하가 되도록 할 것. 다만, 작업장이 있는 층에 「건축법 시행령」 제34조제1항에 따라 피난층(직접 지상으로 통하는 출입구가 있는 층과 「건축법 시행령」 제34조제3항 및 제4항에 따른 피난안전구역을 말한다) 또는 지상으로 통하는 직통계단(경사로를 포함한다)을 설치한 경우에는 그 부분에 한정하여 본문에 따른 기준을 충족한 것으로 본다.
> 3. 비상구의 너비는 0.75미터 이상으로 하고, 높이는 1.5미터 이상으로 할 것
> 4. 비상구의 문은 피난 방향으로 열리도록 하고, 실내에서 항상 열 수 있는 구조로 할 것
> ② 사업주는 제1항에 따른 비상구에 문을 설치하는 경우 항상 사용할 수 있는 상태로 유지하여야 한다.

5. 위험물을 취급하는 건축물의 창 및 출입구에 유리를 이용하는 경우에는 망입유리(두꺼운 판유리에 철망을 넣은 것)로 하여야 한다.
6. 액체의 위험물을 취급하는 건축물의 바닥은 위험물이 스며들지 못하는 재료를 사용하고, 적당한 경사를 두어 그 최저부에 집유설비를 하여야 한다.

V. 채광·조명 및 환기설비
1. 위험물을 취급하는 건축물에는 다음 각목의 기준에 의하여 위험물을 취급하는데 필요한 채광·조명 및 환기의 설비를 설치하여야 한다.
    가. **채광설비는 불연재료**로 하고, 연소의 우려가 없는 장소에 설치하되 **채광면적을 최소로 할 것**
        → 최대(×)
    나. 조명설비는 다음의 기준에 적합하게 설치할 것
        1) 가연성가스 등이 체류할 우려가 있는 장소의 조명등은 방폭등(防爆燈)으로 할 것
        2) 전선은 내화·내열전선으로 할 것
        3) **점멸스위치는 출입구 바깥부분에 설치할 것**. 다만, 스위치의 스파크로 인한 화재·폭발의 우려가 없을 경우에는 그러하지 아니하다.
    다. 환기설비는 다음의 기준에 의할 것
        1) 환기는 자연배기방식으로 할 것
        2) 급기구는 당해 급기구가 설치된 실의 바닥면적 **150㎡마다 1개** 이상으로 하되, 급기구의 크기는 **800㎠** 이상으로 할 것. 다만 바닥면적이 150㎡ 미만인 경우에는 다음의 크기로 하

여야 한다.

바닥면적	급기구의 면적
60㎡ 미만	150㎠ 이상
60㎡ 이상 90㎡ 미만	300㎠ 이상
90㎡ 이상 120㎡ 미만	450㎠ 이상
120㎡ 이상 150㎡ 미만	600㎠ 이상

3) **급기구는 낮은 곳에 설치**(*무거운 가스나 증기가 바닥에 깔리는 성질을 이용하여 급기 즉 공기공급 구를 낮은 곳에 설치하여 환기하려는 이유이다. 낮은 곳에 급기구를 설치하고 높은 곳에 배출구를 설치하여 공기 흐름을 원활하게 하는 것이 목적)하고 가는 눈의 구리망 등으로 **인화방지망을 설치할 것** → *(인화방지망은 통기관을 통과하는 가연성 증기에 의해 발생하는 불꽃이 외부로 퍼져나가는 것을 막아주는 장치이며, 가연성 증기의 열을 흡수하여 발화점 이하로 낮춤으로써 불을 끄는 '**냉각소화의 원리**'를 이용)

4) <u>환기구는 지붕 위 또는 지상 2m 이상의 높이에 회전식 고정벤티레이터 또는 루프팬 방식</u> (roof fan: 지붕에 설치하는 배기장치)으로 설치할 것

2. 배출설비가 설치되어 유효하게 환기가 되는 건축물에는 환기설비를 하지 아니 할 수 있고, 조명설비가 설치되어 유효하게 조도(밝기)가 확보되는 건축물에는 채광설비를 하지 아니할 수 있다.

Ⅵ. 배출설비

가연성의 증기 또는 미분이 체류할 우려가 있는 건축물에는 그 증기 또는 미분을 옥외의 높은 곳으로 배출할 수 있도록 다음 각호의 기준에 의하여 배출설비를 설치하여야 한다.

1. **배출설비는 국소방식으로 하여야 한다. 다만, 다음 각목의 1에 해당하는 경우에는 전역방식**(*오염물질을 희석하는 방식으로 유해물질이 저농도로 넓게 퍼져 있거나 고온 작업장에 적합하다. 실내 전체 공기를 신선한 외부공기로 교환하는 방식)**으로 할 수 있다.**

    가. 위험물취급설비가 배관이음 등으로만 된 경우

    나. 건축물의 구조·작업장소의 분포 등의 조건에 의하여 전역방식이 유효한 경우

2. 배출설비는 배풍기(오염된 공기를 뽑아내는 통풍기)·배출 덕트(공기 배출통로)·후드 등을 이용하여 강제적으로 배출하는 것으로 해야 한다.

3. **배출능력은 1시간당 배출장소 용적**(*부피)**의 20배 이상인 것으로 하여야 한다. 다만, 전역방식의 경우에는 바닥면적 1㎡당 18㎥ 이상으로 할 수 있다.** → *전역했다 18!

4. 배출설비의 급기구 및 배출구는 다음 각목의 기준에 의하여야 한다.

    가. **급기구는 높은 곳**(*환기설비에서는 급기구는 낮은 곳에 설치한다. 무거운 공기가 아래로 내려오는 원리에 기인한다. 여기서는 배출설비이므로 반대로 급기구는 높은 곳에 설치함에 유의하자)**에 설치하고**, 가

는 눈의 구리망 등으로 인화방지망을 설치할 것
   나. **배출구는 지상 2m 이상으로서 연소의 우려가 없는 장소에 설치**하고, 배출 덕트가 관통하는 벽부분의 바로 가까이에 화재 시 자동으로 폐쇄되는 방화댐퍼(화재 시 연기 등을 차단하는 장치)를 설치할 것
5. 배풍기는 강제배기방식으로 하고, 옥내 덕트의 내압이 대기압 이상이 되지 아니하는 위치에 설치하여야 한다.

Ⅶ. 옥외설비의 바닥

옥외에서 액체위험물을 취급하는 설비의 바닥은 다음 각 호의 기준에 의하여야 한다.
1. 바닥의 둘레에 높이 0.15m 이상의 턱을 설치하는 등 위험물이 외부로 흘러나가지 아니하도록 하여야 한다.
2. 바닥은 콘크리트 등 위험물이 스며들지 아니하는 재료로 하고, 제1호의 **턱이 있는 쪽이 낮게 경사지게** 하여야 한다. → *턱이 있는 쪽이 낮게 경사지게 하는 이유는 누출된 위험물이 외부로 흘러가지 않게 위함이다.
3. 바닥의 최저부에 집유설비를 하여야 한다.
4. 위험물(온도 20℃의 물 100g에 용해되는 양이 1g 미만인 것에 한한다)을 취급하는 설비에 있어서는 당해 위험물이 직접 배수구에 흘러들어가지 아니하도록 집유설비에 유분리장치를 설치하여야 한다.

Ⅷ. 기타설비

1. 위험물의 누출·비산방지

    위험물을 취급하는 기계·기구 그 밖의 설비는 위험물이 새거나 넘치거나 비산(飛散)하는 것을 방지할 수 있는 구조로 하여야 한다. 다만, 당해 설비에 위험물의 누출 등으로 인한 재해를 방지할 수 있는 부대설비(되돌림관·수막 등)를 한 때에는 그러하지 아니하다.

2. 가열·냉각설비 등의 온도측정장치

    위험물을 가열하거나 냉각하는 설비 또는 위험물의 취급에 수반하여 온도변화가 생기는 설비에는 온도측정장치를 설치하여야 한다.

3. 가열건조설비

    위험물을 가열 또는 건조하는 설비는 직접 불을 사용하지 아니하는 구조로 하여야 한다. 다만, 당해 설비가 방화상 안전한 장소에 설치되어 있거나 화재를 방지할 수 있는 부대설비를 한 때에는 그러하지 아니하다.

4. **압력계 및 안전장치**

    위험물을 가압하는 설비 또는 그 취급하는 **위험물의 압력이 상승할 우려가 있는 설비에는 압력계 및 다음 각목의 1에 해당하는 안전장치를 설치하여야 한다.** 다만, 라목의 파괴판은 위험물의 성질에 따라 안전밸브의 작동이 곤란한 가압설비에 한한다.

    가. 자동적으로 압력의 상승을 정지시키는 장치
    나. 감압측에 안전밸브를 부착한 감압밸브

다. 안전밸브를 겸하는 경보장치

라. 파괴판

5. 전기설비

제조소에 설치하는 전기설비는 「전기사업법」에 의한 전기설비기술기준에 의하여야 한다.

6. 정전기 제거설비

위험물을 취급함에 있어서 정전기가 발생할 우려가 있는 설비에는 다음 각목의 1에 해당하는 방법으로 정전기를 유효하게 제거할 수 있는 설비를 설치하여야 한다.

가. 접지에 의한 방법

나. 공기 중의 상대습도를 70% 이상으로 하는 방법

다. 공기를 이온화하는 방법

7. 피뢰설비

지정수량의 10배 이상의 위험물을 취급하는 제조소(제6류 위험물을 취급하는 위험물제조소를 제외한다)에는 피뢰침(「산업표준화법」 제12조에 따른 한국산업표준 중 피뢰설비 표준에 적합한 것을 말한다. 이하 같다)을 설치하여야 한다. 다만, 제조소의 주위의 상황에 따라 안전상 지장이 없는 경우에는 피뢰침을 설치하지 아니할 수 있다.

8. 전동기 등

전동기 및 위험물을 취급하는 설비의 펌프·밸브·스위치 등은 화재예방상 지장이 없는 위치에 부착하여야 한다.

Ⅸ. 위험물 취급탱크

1. 위험물제조소의 옥외에 있는 위험물취급탱크(용량이 지정수량의 5분의 1 미만인 것을 제외한다)는 다음 각목의 기준에 의하여 설치하여야 한다.

    가. 옥외에 있는 위험물취급탱크의 구조 및 설비는 별표 6 Ⅵ제1호(특정옥외저장탱크 및 준특정옥외저장탱크와 관련되는 부분을 제외한다)·제3호 내지 제9호·제11호 내지 제14호 및 ⅩⅣ의 규정에 의한 옥외탱크저장소의 탱크의 구조 및 설비의 기준을 준용할 것

    나. **옥외에 있는 위험물취급탱크로서 액체위험물(이황화탄소를 제외한다)을 취급하는 것의 주위에는 다음의 기준에 의하여 방유제(*제방)를 설치할 것**

    1) 하나의 취급탱크 주위에 설치하는 '방유제의 용량은' 당해 탱크용량의 50% 이상으로 하고, 2 이상의 취급탱크 주위에 하나의 방유제를 설치하는 경우 그 방유제의 용량은 당해 탱크 중 용량이 최대인 것의 50%에 나머지 탱크용량 합계의 10%를 가산한 양 이상이 되게 할 것. 이 경우 방유제의 용량은 당해 방유제의 내용적에서 용량이 최대인 탱크 외의 탱크의 방유제 높이 이하 부분의 용적, 당해 방유제 내에 있는 모든 탱크의 지반면 이상 부분의 기초의 체적, 간막이 둑의 체적 및 당해 방유제 내에 있는 배관 등의 체적을 뺀 것으로 한다.

    2) 방유제의 구조 및 설비는 **별표 6** Ⅸ제1호 나목·사목·차목·카목 및 파목의 규정에 의한 옥외저장탱크의 방유제의 기준에 적합하게 할 것

2. 위험물제조소의 옥내에 있는 위험물취급탱크(용량이 지정수량의 5분의 1 미만인 것을 제외한다)는 다음 각목의 기준에 의하여 설치하여야 한다.

가. 탱크의 구조 및 설비는 별표 7 Ⅰ제1호 마목 내지 자목 및 카목 내지 파목의 규정에 의한 옥내탱크저장소의 위험물을 저장 또는 취급하는 탱크의 구조 및 설비의 기준을 준용할 것
나. 위험물취급탱크의 주위에는 턱(이하 "방유턱"이라고 한다)을 설치하는 등 위험물이 누설된 경우에 그 유출을 방지하기 위한 조치를 할 것. 이 경우 당해조치는 탱크에 수납하는 위험물의 양(하나의 방유턱안에 2 이상의 탱크가 있는 경우는 당해 탱크 중 실제로 수납하는 위험물의 양이 최대인 탱크의 양)을 전부 수용할 수 있도록 하여야 한다.
3. 위험물제조소의 지하에 있는 위험물취급탱크의 위치·구조 및 설비는 별표 8 Ⅰ(제5호·제11호 및 제14호를 제외한다), Ⅱ(Ⅰ제5호·제11호 및 제14호의 규정을 적용하도록 하는 부분을 제외한다) 또는 Ⅲ(Ⅰ제5호·제11호 및 제14호의 규정을 적용하도록 하는 부분을 제외한다)의 규정에 의한 지하탱크저장소의 위험물을 저장 또는 취급하는 탱크의 위치·구조 및 설비의 기준에 준하여 설치하여야 한다.

Ⅹ. 배관

위험물제조소내의 위험물을 취급하는 배관은 다음 각호의 기준에 의하여 설치하여야 한다.
1. 배관의 재질은 강관 그 밖에 이와 유사한 금속성으로 하여야 한다. 다만, 다음 각 목의 기준에 적합한 경우에는 그러하지 아니하다.
    가. <u>배관의 재질은 한국산업규격의 유리섬유강화플라스틱·고밀도폴리에틸렌 또는 폴리우레탄으로 할 것</u>
    나. 배관의 구조는 내관 및 외관의 이중으로 하고, 내관과 외관의 사이에는 틈새공간을 두어 누설여부를 외부에서 쉽게 확인할 수 있도록 할 것. 다만, 배관의 재질이 취급하는 위험물에 의해 쉽게 열화될 우려가 없는 경우에는 그러하지 아니하다.
    다. 국내 또는 국외의 관련공인시험기관으로부터 안전성에 대한 시험 또는 인증을 받을 것
    라. <u>배관은 지하에 매설할 것. 다만, 화재 등 열에 의하여 쉽게 변형될 우려가 없는 재질이거나 화재 등 열에 의한 악영향을 받을 우려가 없는 장소에 설치되는 경우에는 그러하지 아니하다.</u>
2. **배관은 다음 각 목의 구분에 따른 압력으로 <u>내압시험</u>을 실시하여 누설 또는 그 밖의 이상이 없는 것으로 해야 한다.**
    가. 불연성 액체를 이용하는 경우에는 <u>최대상용압력의 1.5배 이상</u>
    나. 불연성 기체를 이용하는 경우에는 <u>최대상용압력의 1.1배 이상</u>
3. 배관을 지상에 설치하는 경우에는 지진·풍압·지반침하 및 온도변화에 안전한 구조의 지지물에 설치하되, 지면에 닿지 아니하도록 하고 배관의 외면에 부식방지를 위한 도장을 하여야 한다. 다만, 불변강관 또는 부식의 우려가 없는 재질의 배관의 경우에는 부식방지를 위한 도장을 아니할 수 있다.
4. **배관을 지하에 매설하는 경우에는 다음 각목의 기준에 적합하게 하여야 한다.**
    가. 금속성 배관의 외면에는 부식방지를 위하여 도장·복장·코팅 또는 전기방식등의 필요한 조치를 할 것
    나. 배관의 접합부분(용접에 의한 접합부 또는 위험물의 누설의 우려가 없다고 인정되는 방법에 의하여 접합된 부분을 제외한다)에는 위험물의 누설여부를 점검할 수 있는 점검구를 설치할 것
    다. 지면에 미치는 중량이 당해 배관에 미치지 아니하도록 보호할 것

5. 배관에 가열 또는 보온을 위한 설비를 설치하는 경우에는 화재예방상 안전한 구조로 하여야 한다.

XI. 고인화점 위험물의 제조소의 특례
인화점이 100℃ 이상인 제4류 위험물(이하 "고인화점위험물"이라 한다)만을 100℃ 미만의 온도에서 취급하는 제조소로서 그 위치 및 구조가 다음 각호의 기준에 모두 적합한 제조소에 대하여는 Ⅰ, Ⅱ, Ⅳ제1호, Ⅳ제3호 내지 제5호, Ⅷ제6호·제7호 및 Ⅸ제1호나목2)에 의하여 준용되는 별표 6 Ⅸ제1호 나목의 규정을 적용하지 아니한다.
1. 다음 각목의 규정에 의한 건축물의 외벽 또는 이에 상당하는 공작물의 외측으로부터 당해 제조소의 외벽 또는 이에 상당하는 공작물의 외측까지의 사이에 다음 각목의 규정에 의한 안전거리를 두어야 한다. 다만, 가목 내지 다목의 규정에 의한 건축물 등에 부표의 기준에 의하여 불연재료로 된 방화상 유효한 담 또는 벽을 설치하여 소방본부장 또는 소방서장이 안전하다고 인정하는 거리로 할 수 있다.
    가. 나목 내지 라목 외의 건축물 그 밖의 공작물로서 주거용으로 제공하는 것(제조소가 있는 부지와 동일한 부지내에 있는 것을 제외한다)에 있어서는 10m 이상
    나. Ⅰ제1호 나목1) 내지 4)의 규정에 의한 시설에 있어서는 30m 이상
    다. 「문화유산의 보존 및 활용에 관한 법률」제2조제3항에 따른 지정문화유산 및 「자연유산의 보존 및 활용에 관한 법률」제2조제5호에 따른 천연기념물등에 있어서는 50m 이상
    라. Ⅰ제1호 라목1) 내지 5)의 규정에 의한 시설(불활성 가스만을 저장 또는 취급하는 것을 제외한다)에 있어서는 20m 이상
2. 위험물을 취급하는 건축물 그 밖의 공작물(위험물을 이송하기 위한 배관 그 밖에 이에 준하는 공작물을 제외한다)의 주위에 3m 이상의 너비의 공지를 보유하여야 한다. 다만, Ⅱ제2호 각목의 규정에 의하여 방화상 유효한 격벽을 설치하는 경우에는 그러하지 아니하다.
3. 위험물을 취급하는 건축물은 그 지붕을 불연재료로 하여야 한다.
4. 위험물을 취급하는 건축물의 창 및 출입구에는 60분+방화문·60분방화문·30분방화문 또는 불연재료나 유리로 만든 문을 달고, 연소의 우려가 있는 외벽에 두는 출입구에는 수시로 열 수 있는 자동폐쇄식의 60분+방화문 또는 60분방화문을 설치하여야 한다.
5. 위험물을 취급하는 건축물의 연소의 우려가 있는 외벽에 두는 출입구에 유리를 이용하는 경우에는 망입유리로 하여야 한다.

XII. 위험물의 성질에 따른 제조소의 특례
1. 다음 각목의 1에 해당하는 위험물을 취급하는 제조소에 있어서는 Ⅰ 내지 Ⅷ의 규정에 의한 기준에 의하는 외에 당해 위험물의 성질에 따라 제2호 내지 제4조의 기준에 의하여야 한다.
    가. 제3류 위험물 중 **알킬알루미늄·알킬리튬** 또는 이중 어느 하나 이상을 함유하는 것(이하 **"알킬알루미늄등"**이라 한다)
    나. 제4류 위험물 중 특수인화물의 아세트알데하이드·산화프로필렌 또는 이 중 어느 하나 이상을 함유하는 것(이하 "아세트알데하이드등"이라 한다)
    다. 제5류 위험물 중 하이드록실아민·하이드록실아민염류 또는 이 중 어느 하나 이상을 함유하는 것(이하 "하이드록실아민등"이라 한다)

2. 알킬알루미늄등을 취급하는 제조소의 특례는 다음 각목과 같다.
    가. 알킬알루미늄등을 취급하는 설비의 주위에는 누설범위를 국한하기 위한 설비와 누설된 알킬알루미늄등을 안전한 장소에 설치된 저장실에 유입시킬수 있는 설비를 갖출 것
    나. **알킬알루미늄등을 취급하는 설비에는 불활성기체를 봉입**하는 장치를 갖출 것
3. **아세트알데하이드등을 취급하는 제조소의 특례**는 다음 각 목과 같다.
    가. 아세트알데하이드등을 취급하는 설비는 은·수은·동·마그네슘 또는 이들을 성분으로 하는 합금으로 만들지 아니할 것 → *아세요? 은인지 수은인지!
    나. 아세트알데하이드등을 취급하는 설비에는 연소성 혼합기체의 생성에 의한 폭발을 방지하기 위한 **불활성기체 또는 수증기를 봉입**하는 장치를 갖출 것
    다. 아세트알데하이드등을 취급하는 탱크(옥외에 있는 탱크 또는 옥내에 있는 탱크로서 그 용량이 지정수량의 5분의 1 미만의 것을 제외한다)에는 냉각장치 또는 저온을 유지하기 위한 장치(이하 "보냉장치"라 한다) 및 연소성 혼합기체의 생성에 의한 폭발을 방지하기 위한 불활성기체를 봉입하는 장치를 갖출 것. 다만, 지하에 있는 탱크가 아세트알데하이드등의 온도를 저온으로 유지할 수 있는 구조인 경우에는 냉각장치 및 보냉장치를 갖추지 아니할 수 있다.
    라. 다목에 따른 냉각장치 또는 보냉장치는 둘 이상 설치하여 하나의 냉각장치 또는 보냉장치가 고장난 때에도 일정 온도를 유지할 수 있도록 하고, 다음의 기준에 적합한 비상전원을 갖출 것
        1) 상용전력원이 고장인 경우에 자동으로 비상전원으로 전환되어 가동되도록 할 것
        2) 비상전원의 용량은 냉각장치 또는 보냉장치를 유효하게 작동할 수 있는 정도일 것
    마. 아세트알데하이드등을 취급하는 탱크를 지하에 매설하는 경우에는 Ⅸ 제3호에 따라 적용되는 별표 8 Ⅰ 제1호 단서에도 불구하고 해당 탱크를 탱크전용실에 설치할 것
4. **하이드록실아민등을 취급하는 제조소의 특례**는 다음 각 목과 같다.
    가. Ⅰ제1호가목부터 라목까지의 규정에도 불구하고 지정수량 이상의 하이드록실아민등을 취급하는 제조소의 위치는 Ⅰ제1호가목부터 라목까지의 규정에 따른 건축물의 벽 또는 이에 상당하는 공작물의 외측으로부터 해당 제조소의 외벽 또는 이에 상당하는 공작물의 외측까지의 사이에 다음 식에 의하여 요구되는 거리 이상의 안전거리를 둘 것

    $D = 51.1 \sqrt[3]{N}$

    D : 거리(m)

    N : 해당 제조소에서 취급하는 하이드록실아민등의 지정수량의 배수

    나. 가목의 제조소의 주위에는 다음의 기준에 적합한 담 또는 토제(土堤)를 설치할 것
        1) 담 또는 토제는 당해 제조소의 외벽 또는 이에 상당하는 **공작물의 외측으로부터 2m 이상** 떨어진 장소에 설치할 것
        2) 담 또는 토제의 높이는 해당 제조소에 있어서 하이드록실아민등을 취급하는 부분의 높이 이상으로 할 것
        3) 담은 **두께 15㎝ 이상의 철근콘크리트조·철골철근콘크리트조 또는 두께 20㎝ 이상의 보강 콘크리트블록조**로 할 것
        4) 토제의 경사면의 경사도는 60도 미만으로 할 것

다. 하이드록실아민등을 취급하는 설비에는 하이드록실아민등의 온도 및 농도의 상승에 의한 위험한 반응을 방지하기 위한 조치를 강구할 것
라. 하이드록실아민등을 취급하는 설비에는 철 이온 등의 혼입에 의한 위험한 반응을 방지하기 위한 조치를 강구할 것

문1 하이드록실아민 등을 취급하는 제조소의 안전거리를 구하는 공식은? (D : 거리(m), N : 해당 제조소에서 취급하는 하이드록실아민 등의 지정수량의 배수)

① $D=\dfrac{51.1 \times N}{3}$

② $D=51.1 \times \sqrt[3]{N}$

③ $D=\dfrac{51.1\sqrt{N}}{3}$

④ $D=51.1\sqrt{N}$

정답 ②

문2 위험물안전관리법령상 위험물제조소 옥외취급탱크에 벤젠 10㎥와 톨루엔 1㎥가 있다. 이를 하나의 방유제 내에 설치하고자 할 때 방유제 용량의 최소 기준으로 옳은 것은? (단, 비중은 1로 한다)

① 1.5㎥ ② 2.1㎥
③ 3.1㎥ ④ 5.1㎥

정답 ④

문3 「위험물안전관리법 시행규칙」상 제조소에 설치되는 위험물을 취급하는 배관은 내압시험을 실시하도록 규정하고 있다. 이때 불연성 기체를 이용하는 내압시험의 압력 기준으로 옳은 것은?

① 최대상용압력의 1.1배 미만
② 최대상용압력의 1.1배 이상
③ 최대상용압력의 1.5배 미만
④ 최대상용압력의 1.5배 이상

정답 ②

문4 위험물안전관리법령상 위험물의 성질에 따른 제조소의 특례에 관한 내용으로 옳은 것은?

① 하이드록실아민 등을 취급하는 설비에는 하이드록실아민 등의 온도 및 농도의 상승에 의한 위험한 반응을 방지하기 위한 조치를 강구할 것
② 하이드록실아민 등을 취급하는 설비는 은·수은·동·마그네슘 또는 이들을 성분으로 하는 합

금으로 만들지 아니할 것
③ 아세트알데히드 등을 취급하는 설비에는 철이온 등의 혼입에 의한 위험한 반응을 방지하기 위한 조치를 강구할 것
④ 알킬알루미늄 등을 취급하는 설비에는 연소성 혼합기체의 생성에 의한 폭발을 방지하기 위하여 불활성기체 또는 수증기를 봉입하는 장치를 갖출 것

정답 ①

문5
위험물안전관리법령상 제조소의 위치구조 및 설비의 기준 중 피뢰설비 설치를 제외할 수 있는 위험물은? (단, 제조소의 주위의 상황에 따라 안전상 지장이 있고, 지정수량 10배 이상의 위험물을 취급하는 제조소임)

① 아염소산염류   ② 과염소산
③ 황린   ④ 하이드록실아민

정답 ②

문6
위험물안전관리법령상 제조소에서 저장 또는 취급하는 위험물별 게시판에 표시해야 하는 주의사항으로 옳은 것은?

① 톨루엔(제1석유류로 아세톤, 휘발유, 벤젠, 톨루엔 등) : 화기엄금
② 질산에틸(제5류 위험물 중 질산에스터류로 질산에틸, 질산메틸 등) : 화기주의
③ 철분 : 물기엄금
④ 인화성고체 : 화기주의

[해설]

> 라. 나목의 게시판 외에 저장 또는 취급하는 위험물에 따라 다음의 규정에 의한 주의사항을 표시한 게시판을 설치할 것
> 1) 제1류 위험물 중 알칼리금속의 과산화물과 이를 함유한 것 또는 제3류 위험물 중 금수성물질(*나트륨, 칼륨, 알킬~)에 있어서는 "물기엄금"
> 2) 제2류 위험물(인화성고체를 제외한다)에 있어서는 "화기주의"
> 3) 제2류 위험물 중 인화성고체, 제3류 위험물 중 자연발화성물질, 제4류 위험물 또는 제5류 위험물에 있어서는 "화기엄금"

정답 ①

문7 위험물안전관리법령상 제조소의 "위험물의 성질에 따른 제조소의 특례" 기준이다. 다음 (   )에 알맞은 것은?

> • (ㄱ)을 취급하는 설비에는 불활성기체를 봉입하는 장치를 갖출 것
> • (ㄴ)을/를 취급하는 설비는 은·수은·동·마그네슘 또는 이들을 성분으로 하는 합금으로 만들지 아니할 것

① ㄱ : 알킬리튬, ㄴ : 아세트알데하이드
② ㄱ : 알킬리튬, ㄴ : 하이드록실아민
③ ㄱ : 산화프로필렌, ㄴ : 아세트알데하이드
④ ㄱ : 산화프로필렌, ㄴ : 하이드록실아민

 ①

문8 위험물안전관리법령상 위험물을 취급하는 건축물에 설치하는 채광·조명 및 환기설비에 관한 설명으로 옳지 않은 것은?

① 환기설비의 급기구는 낮은 곳에 설치한다.
② 채광설비는 채광면적이 최대가 되도록 한다.
③ 바닥면적이 100㎡인 경우 환기설비의 급기구의 면적은 450㎠로 할 수 있다.
④ 스위치의 스파크로 인해 화재·폭발의 우려가 있는 경우에는 조명설비의 점멸스위치를 출입구 바깥부분에 설치한다.

 ②

문9 위험물안전관리법령상 위험물 제조소의 바닥면적이 100㎡이고 배출설비를 전역방식으로 하는 경우 배출설비의 최소 배출능력(㎥/시간)은?

① 100
② 450
③ 1,000
④ 1,800

 ④

문 10 위험물안전관리법령상 위험물 제조소의 위치·구조 및 설비기준 중 위험물을 취급하는 건축물에 설치하는 채광 및 조명설비의 기준으로 옳은 것은? (단, 예외규정은 고려하지 않는다)

① 채광설비는 난연재료로 할 것
② 채광설비는 연소의 우려가 없는 장소에 설치하되 채광면적을 최대로 할 것
③ 조명설비의 전선은 내화·내열전선으로 할 것
④ 조명설비의 점멸스위치는 출입구 내부에 설치할 것

정답 ③

문 11 위험물안전관리법령상 위험물 제조소의 위치·구조 및 설비기준 중 위험물을 취급하는 건축물에 설치하는 환기설비의 기준으로 옳은 것은?

① 환기구는 강제배기방식으로 할 것
② 환기구는 지붕 위 또는 지상 1.8m 이상의 높이에 설치할 것
③ 급기구는 높은 곳에 설치하고 가는 눈의 구리망 등으로 인화방지망을 설치할 것
④ 급기구가 설치된 실의 바닥면적이 115㎡인 경우 급기구의 면적은 450㎠ 이상으로 할 것

정답 ④

문 12 위험물안전관리법령상 액체위험물을 취급하는 옥외설비의 바닥에 관한 기준으로 옳지 않은 것은?

① 바닥의 둘레에 높이 0.15미터 이상의 턱을 설치한다.
② 바닥은 턱이 있는 쪽이 높게 경사지게 한다.
③ 바닥의 최저부에 집유설비를 한다.
④ 바닥은 콘크리트 등 위험물이 스며들지 않는 재료로 한다.

정답 ②

문 13 위험물안전관리법령상 위험물을 취급하는 건축물에 설치하는 배출설비의 설치기준으로 옳지 않은 것은?

① 배풍기는 강제배기방식으로 한다.
② 배출능력은 1시간당 배출장소 용적의 20배 이상인 것으로 한다.
③ 배출구는 지상 2m 이상으로서 연소의 우려가 없는 장소에 설치한다.
④ 위험물취급설비가 배관이음 등으로만 된 경우에는 국소방식으로만 해야 한다.

정답 ④

문14 위험물안전관리법령상 제5류 위험물을 취급하는 위험물제조소에 설치하여야 하는 게시판의 주의사항으로 옳은 것은?

① 화기엄금
② 화기주의
③ 물기엄금
④ 물기주의

정답 ①

문15 위험물안전관리법령상 제조소의 위치·구조 및 설비의 환기설비 기준에서 급기구가 설치된 실의 바닥면적이 60㎡일 경우 급기구의 면적기준은?

① 150㎠ 이상
② 300㎠ 이상
③ 450㎠ 이상
④ 600㎠ 이상

정답 ②

문16 위험물안전관리법령상 하이드록실아민 등을 취급하는 제조소의 특례에서 제조소 주위에 설치하는 담 또는 토제(土堤)의 설치기준으로 옳지 <u>않은</u> 것은?

① 담은 두께 10㎝ 이상의 철근콘크리트조·철골철근콘크리트조로 할 것
② 담은 두께 20㎝ 이상의 보강콘크리트블록조로 할 것
③ 담 또는 토제는 당해 제조소의 외벽 또는 이에 상당하는 공작물의 외측으로부터 2m 이상 떨어진 장소에 설치할 것
④ 토제의 경사면의 경사도는 60도 미만으로 할 것

정답 ①

문17 위험물안전관리법령상 제조소의 위치·구조 및 설비의 기준에서 위험물을 취급하는 건축물의 지붕(작업공정상 제조·기계시설 등이 2층 이상에 연결되어 설치된 경우에는 최상층의 지붕을 말한다)을 내화구조로 할 수 있는 건축물을 모두 고른 것은?

> ㄱ. 제6류 위험물을 취급하는 건축물
> ㄴ. 제4류 위험물 중 제4석유류·동식물유류를 취급하는 건축물
> ㄷ. 외부화재에 60분 이상 견딜 수 있는 밀폐형 구조의 건축물

① ㄱ, ㄴ
② ㄱ, ㄷ
③ ㄴ, ㄷ
④ ㄱ, ㄴ, ㄷ

[해설]

① *지붕이 있는 집 2/4(4동)/6/90분밀폐

정답 ①

문18 위험물안전관리법령상 제조소에 설치하는 배출설비에 관한 설명으로 옳지 않은 것은?

① 배출능력은 1시간당 배출장소 용적의 10배 이상인 것으로 하여야 한다. 다만, 전역방식의 경우에는 바닥면적 1㎡당 18㎥ 이상으로 할 수 있다.
② 위험물취급설비가 배관이음 등으로만 된 경우에는 전역방식으로 할 수 있다.
③ 배출구는 지상 2m 이상으로서 연소의 우려가 없는 장소에 설치하여야 한다.
④ 배출구·배출 덕트(duct)·후드 등을 이용하여 강제적으로 배출하는 것으로 해야 한다.

정답 ①

문19 위험물안전관리법령상 제조소의 안전거리 기준에 관한 설명으로 옳지 않은 것은? (단, 제6류 위험물을 취급하는 제조소를 제외한다)

① 「초·중등교육법」제2조 및 「고등교육법」제2조에 정하는 학교는 수용인원에 관계없이 30m 이상 이격하여야 한다.
② 「아동복지법」에 따른 아동복지시설에 20명 이상의 인원을 수용하는 경우는 30m 이상 이격하여야 한다.
③ 「공연법」에 의한 공연장이 300명 이상의 인원을 수용하는 경우는 30m 이상 이격하여야 한다.
④ 「노인복지법」에 의한 노인복지시설에 20명 이상의 인원을 수용하는 경우는 20m 이상 이격하여야 한다.

정답 ④

문20 위험물안전관리법령상 제조소의 환기설비 시설기준에 관한 설명으로 옳지 않은 것은?

① 바닥면적이 120㎡인 경우, 급기구의 면적은 300㎠ 이상으로 하여야 한다.
② 환기구는 지붕 위 또는 지상 2m 이상의 높이에 회전식 고정벤티레이터 또는 루푸팬방식으로 설치할 것
③ 급기는 해당 급기구가 설치된 실의 바닥면적 150㎡마다 1개 이상으로 하여야 한다.
④ 급기구는 낮은 곳에 설치하고 가는 눈의 구리망 등으로 인화방지망을 설치하여야 한다.

정답 ①

문21 위험물안전관리법령상 위험물 제조소에서 위험물을 가압하는 설비 또는 그 취급하는 위험물의 압력이 상승할 우려가 있는 설비에 설치하는 안전장치가 아닌 것은?

① 대기밸브부착 통기관
② 자동적으로 압력의 상승을 정지시키는 장치
③ 안전밸브를 병용하는 경보장치
④ 감압측에 안전밸브를 부착한 감압밸브

정답 ①

문22 위험물안전관리법령상 제조소 등에서 "화기엄금" 게시판을 설치하여야 하는 위험물을 모두 고른 것은?

| ㄱ. 제2류 위험물(인화성고체 제외) | ㄴ. 제4류 위험물 |
| ㄷ. 제3류 위험물 중 자연발화성 물질 | ㄹ. 제5류 위험물 |

① ㄴ, ㄹ
② ㄱ, ㄴ, ㄷ
③ ㄱ, ㄷ, ㄹ
④ ㄴ, ㄷ, ㄹ

정답 ④

문23 위험물안전관리법령상 하이드록실아민(제2종)을 1일 800㎏을 취급하는 제조소의 최소 안전거리(m)는 약 얼마인가?

① 86
② 96
③ 102
④ 121

정답 ③

문24 다음은 위험물안전관리법령상 제조소의 위치·구조 및 설비의 기준에 관한 내용이다. ( )에 알맞은 숫자를 순서대로 나열한 것은?

> Ⅱ. 보유공지
> 1. 위험물을 취급하는 건축물 그 밖의 시설(위험물을 이송하기 위한 배관 그 밖에 이와 유사한 시설을 제외한다)의 주위에는 그 취급하는 위험물의 최대수량에 따라 다음 표에 의한 너비의 공지를 보유하여야 한다.
>
> | 취급하는 위험물의 최대수량 | 공지의 너비 |
> | --- | --- |
> | 지정수량의 10배 이하 | ( )m 이상 |
> | 지정수량의 10배 초과 | ( )m 이상 |

① 1, 3   ② 2, 3
③ 3, 5   ④ 5, 7

정답 ③

문25 위험물안전관리법령상 제조소의 위치·구조 및 설비의 기준에서 배관의 설치에 관한 설명으로 옳은 것은?

① 배관의 재질은 폴리에틸렌(PE) 그 밖에 이와 유사한 금속성으로 하여야 한다.
② 배관은 불연성 액체를 이용하는 경우 최대상용압력의 1.1배 이상의 압력으로 내압시험을 실시하여 누설 또는 그 밖의 이상이 없는 것으로 해야 한다.
③ 지상에 설치하는 배관은 지진·풍압·지반침하 및 온도변화에 안전한 구조의 지지물에 설치하여야 한다.
④ 지하에 매설하는 배관은 지면에 미치는 중량이 당해 배관에 미치도록 하여 안전하게 하여야 한다.

정답 ③

문26 위험물안전관리법령상 제조소의 위치·구조 및 설비의 기준에서 표지 및 게시판에 관한 설명으로 옳지 않은 것은?

① "위험물제조소"의 표지는 백색바탕에 흑색문자로 할 것
② 제1류 위험물의 "물기엄금"의 표지는 청색바탕에 백색문자로 할 것
③ 제4류 위험물의 "화기엄금"의 표지는 적색바탕에 백색문자로 할 것
④ 제5류 위험물의 "화기주의"의 표지는 적색바탕에 백색문자로 할 것

정답 ④

문27 위험물안전관리법령상 옥내저장소의 위치·구조 및 설비의 기준에서 위험물을 취급하는 건축물의 지붕(작업공정상 제조·기계시설 등이 2층 이상에 연결되어 설치된 경우에는 최상층의 지붕을 말한다)을 내화구조로 할 수 없는 것은?

① 제1류 위험물
② 제2류 위험물(분말상태의 것과 인화성고체를 제외)
③ 제4류 위험물 중 제4석유류·동식물유류
④ 제6류 위험물을 취급하는 건축물

해설

> 3. 지붕(작업공정상 제조기계시설 등이 2층 이상에 연결되어 설치된 경우에는 최상층의 지붕을 말한다)은 폭발력이 위로 방출될 정도의 가벼운 불연재료로 덮어야 한다. 다만, 위험물을 취급하는 건축물이 다음 각목의 1에 해당하는 경우에는 그 지붕을 '내화구조'로 할 수 있다. → *지붕이 있는 집 2/4(4동)/6/90분밀폐
> 가. 제2류 위험물(분말상태의 것과 인화성고체를 제외한다), 제4류 위험물 중 제4석유류·동식물유류 또는 제6류 위험물을 취급하는 건축물인 경우
> 나. 다음의 기준에 적합한 밀폐형 구조의 건축물인 경우
>   1) 발생할 수 있는 내부의 과압(過壓) 또는 부압(負壓)에 견딜 수 있는 철근콘크리트조일 것
>   2) 외부화재에 90분 이상 견딜 수 있는 구조일 것

정답 ①

문28 위험물안전관리법령상 철분을 취급하는 위험물 제조소에 설치하여야 하는 주의사항을 표시한 게시판의 내용으로 옳은 것은?

① 물기주의
② 물기엄금
③ 화기주의
④ 화기엄금

정답 ③

문29 위험물안전관리법령상 위험물 제조소와 인근 건축물 등과의 안전거리가 다음 중 가장 긴 것은? (단, 제6류 위험물을 취급하는 제조소를 제외한다)

① 「초·중등교육법」에 정하는 학교
② 사용전압이 35,000V를 초과하는 특고압가공전선
③ 「도시가스사업법」의 규정에 의한 가스공급시설
④ 「문화유산의 보존 및 활용에 관한 법률」의 규정에 의한 지정문화유산

정답 ④

문30 위험물안전관리법령상 하이드록실아민 등을 취급하는 제조소의 담 또는 토제 설치기준에 관한 내용이다. ( )에 알맞은 숫자를 순서대로 나열한 것은?

> 제조소 주위에는 공작물 외측으로부터 ( )m 이상 떨어진 장소에 담 또는 토제를 설치하고 담의 두께는 ( )cm 이상의 철근콘크리트조로 하고, 토제의 경우 경사면의 경사도는 ( )도 미만으로 한다.

① 2, 15, 60
② 2, 20, 45
③ 3, 15, 60
④ 3, 20, 45

정답 ①

문31 위험물안전관리법령상 제조소 등에 설치하는 비상구 설치기준으로 옳지 않은 것은?

① 출입구와 같은 방향에 있지 아니하고, 출입구로부터 3미터 이상 떨어져 있을 것
② 작업장 각 부분으로부터 하나의 비상구까지 수평거리는 50미터 이하가 되도록 할 것
③ 비상구의 너비는 0.75미터 이상, 높이는 1.5미터 이상으로 할 것
④ 피난 방향으로 열리는 구조이며, 항상 잠겨 있는 구조로 할 것

정답 ④

문32 위험물안전관리법령상 제조소의 특례기준에서 은·수은·동·마그네슘 또는 이들의 합금으로 된 취급설비를 사용해서는 안 되는 위험물은?

① 아세트알데히드
② 휘발유
③ 톨루엔
④ 아세톤

정답 ①

문33 위험물안전관리법령상 제조소와 수용인원이 300인 이상인 영화상영관과의 안전거리 기준으로 옳은 것은? (단, 제6류 위험물을 취급하는 제조소를 제외한다)

① 10m 이상
② 20m 이상
③ 30m 이상
④ 50m 이상

정답 ③

문34 위험물안전관리법령상 제조소에 설치하는 배출설비에 관한 설명으로 옳지 않은 것은?

① 위험물취급설비가 배관이음 등으로만 된 경우에는 전역방식으로 할 수 있다.
② 전역방식 배출설비의 배출능력은 1시간당 바닥면적 1㎡당 15㎥ 이상으로 하여야 한다.
③ 배출구는 지상 2m 이상으로서 연소의 우려가 없는 장소에 설치하여야 한다.
④ 배풍기·배출 덕트·후드 등을 이용하여 강제적으로 배출하는 것으로 하여야 한다.

정답 ②

문35 위험물안전관리법령상 에탄올(알코올류) 2,000L를 취급하는 제조소 건축물 주위에 보유하여야 할 공지의 너비기준으로 옳은 것은?

① 2m 이상
② 3m 이상
③ 4m 이상
④ 5m 이상

정답 ②

문36 위험물안전관리법령상 위험물제조소의 안전거리 적용대상에서 제외되는 위험물은?

① 제3류 위험물
② 제4류 위험물
③ 제5류 위험물
④ 제6류 위험물

정답 ④

문37 위험물안전관리법령상 위험물 제조소의 옥외에서 액체위험물을 취급하는 설비의 바닥의 둘레에 설치하는 턱의 높이 기준은?

① 0.1m 이상
② 0.15m 이상
③ 0.2m 이상
④ 0.3m 이상

[해설]

○ 턱 높이 비교

1. 제조소(옥외에서 액체위험물을 취급하는 설비의 바닥)
   바닥의 둘레에 높이 0.15m(15㎝) 이상의 턱을 설치할 것

2. 주유취급소(건축물 중 사무실 그 밖의 화기를 사용하는 곳)
   출입구 또는 사이통로의 문턱의 높이를 15㎝ 이상으로 할 것

3. **판매취급소**(위험물을 배합하는 실)
   출입구 문턱의 높이는 바닥면으로부터 0.1m(10㎝) 이상으로 할 것

4. 옥내탱크저장소
   탱크전용실에 **펌프설비**를 설치하는 경우 불연재료로 된 턱을 0.2m(20㎝) 이상

정답 ②

문38 바닥면적이 120㎡인 제조소인 경우에 환기설비인 급기구의 최소 설치개수와 최소크기는?

① 1개, 800㎠
② 1개, 600㎠
③ 2개, 800㎠
④ 2개, 600㎠

정답 ②

문39 위험물제조소로부터 30m 이상의 안전거리를 유지하여야 하는 건축물 또는 공작물은?

① 「문화유산의 보존 및 활용에 관한 법률」에 따른 지정문화재
② 「고압가스 안전관리법」에 따라 신고하여야 하는 고압가스 저장시설
③ 사용전압이 75,000V인 특고압가공전선
④ 「고등교육법」제2조에 정하는 학교

정답 ④

문40 위험물안전관리법령상 제조소의 기준에 따라 건축물의 외벽 또는 이에 상당하는 공작물의 외측으로부터 제조소의 외벽 또는 이에 상당하는 공작물의 외측까지의 안전거리 기준으로 옳지 않은 것은? (단, 제6류 위험물을 취급하는 제조소를 제외하고, 건축물에 불연재료로 된 방화상 유효한 담 또는 벽을 설치하지 않은 경우이다)

① 의료법에 의한 종합병원에 있어서는 30m 이상
② 도시가스사업법에 의한 가스공급시설에 있어서는 20m 이상
③ 사용전압 35,000V를 초과하는 특고압가공전선에 있어서는 5m 이상
④ 문화유산의 보존 및 활용에 관한 법률에 의한 유형문화재와 기념물 중 지정문화재에 있어서는 30m 이상

정답 ④

문41 위험물안전관리법령상 "고인화점 위험물"이란?

① 인화점이 섭씨 100도 이상인 제4류 위험물
② 인화점이 섭씨 130도 이상인 제4류 위험물
③ 인화점이 섭씨 100도 이상인 제4류 위험물 또는 제3류 위험물
④ 인화점이 섭씨 100도 이상인 위험물

정답 ①

문42 위험물 제조소 내의 위험물을 취급하는 배관은 불연성 액체를 이용하는 경우 최대상용압력의 몇 배 이상의 압력으로 내압시험을 실시하여 누설 또는 그 밖의 이상이 없어야 하는가?

① 1.1
② 1.5
③ 2.0
④ 2.5

[해설]

> 2. 배관은 다음 각 목의 구분에 따른 압력으로 <u>내압시험</u>을 실시하여 누설 또는 그 밖의 이상이 없는 것으로 해야 한다.
>   가. 불연성 <u>액체</u>를 이용하는 경우에는 <u>최대상용압력의 1.5배 이상</u>
>   나. 불연성 <u>기체</u>를 이용하는 경우에는 <u>최대상용압력의 1.1배 이상</u>

정답 ②

문43 바닥면적이 150㎡ 이상인 제조소에 설치하는 환기설비의 급기구는 얼마 이상의 크기로 하는가?

① 600㎠
② 800㎠
③ 1,000㎠
④ 1,500㎠

정답 ②

■ 위험물안전관리법 시행규칙 [별표 5]

옥내저장소의 위치·구조 및 설비의 기준(제29조 관련)

Ⅰ. 옥내저장소의 기준(Ⅱ 및 Ⅲ의 규정에 의한 것을 제외한다)
  1. 옥내저장소는 별표 4 Ⅰ의 규정에 준하여 안전거리를 두어야 한다. 다만, 다음 각목의 1에 해당하는 옥내저장소는 안전거리를 두지 아니할 수 있다.
    가. 제4석유류 또는 동식물유류의 위험물을 저장 또는 취급하는 옥내저장소로서 그 최대수량이 지정수량의 20배 미만인 것
    나. 제6류 위험물을 저장 또는 취급하는 옥내저장소
    다. 지정수량의 20배(하나의 저장창고의 바닥면적이 150㎡ 이하인 경우에는 50배) 이하의 위험물을 저장 또는 취급하는 옥내저장소로서 다음의 기준에 적합한 것
      1) 저장창고의 벽·기둥·바닥·보 및 지붕이 내화구조인 것
      2) 저장창고의 출입구에 수시로 열 수 있는 자동폐쇄방식의 60분+방화문 또는 60분방화문이 설치되어 있을 것
      3) 저장창고에 창을 설치하지 아니할 것
  2. 옥내저장소의 주위에는 그 저장 또는 취급하는 위험물의 최대수량에 따라 다음 표에 의한 너비의 공지를 보유하여야 한다. 다만, 지정수량의 20배를 초과하는 옥내저장소와 동일한 부지내에 있는 다른 옥내저장소와의 사이에는 동표에 정하는 공지의 너비의 3분의 1(당해 수치가 3m 미만인 경우에는 3m)의 공지를 보유할 수 있다.

저장 또는 취급하는 위험물의 최대수량	공지의 너비	
	벽·기둥 및 바닥이 내화구조로 된 건축물	그 밖의 건축물
지정수량의 5배 이하		0.5m 이상
지정수량의 5배 초과 10배 이하	1m 이상	1.5m 이상
지정수량의 10배 초과 20배 이하	2m 이상	3m 이상
지정수량의 20배 초과 50배 이하	3m 이상	5m 이상
지정수량의 50배 초과 200배 이하	5m 이상	10m 이상
지정수량의 200배 초과	10m 이상	15m 이상

  3. 옥내저장소에는 **별표 4(*제조소 기준)** Ⅲ제1호의 기준에 따라 보기 쉬운 곳에 "위험물 옥내저장소"라는 표시를 한 표지와 같은 표 Ⅲ제2호의 기준에 따라 방화에 관하여 필요한 사항을 게시한 **게시판** 및 같은 표 Ⅲ 제3호의 기준을 준용하여 해당 옥내저장소가 금연구역임을 알리는 **표지를 설치해야 한다.**
  4. 저장창고는 위험물의 저장을 전용으로 하는 독립된 건축물로 하여야 한다.

5. 저장창고는 지면에서 처마까지의 높이(이하 "처마높이"라 한다)가 **6m 미만인 단층건물**로 하고 그 바닥을 지반면보다 높게 하여야 한다. 다만, 제2류 또는 제4류의 위험물만을 저장하는 창고로서 다음 각목의 기준에 적합한 창고의 경우에는 **20m 이하**로 할 수 있다.
   가. 벽·기둥·보 및 바닥을 내화구조로 할 것
   나. 출입구에 60분+방화문 또는 60분방화문을 설치할 것
   다. 피뢰침을 설치할 것. 다만, 주위상황에 의하여 안전상 지장이 없는 경우에는 그러하지 아니하다.
6. 하나의 저장창고의 바닥면적(2 이상의 구획된 실이 있는 경우에는 각 실의 바닥면적의 합계)은 다음 각목의 구분에 의한 면적 이하로 하여야 한다. 이 경우 가목의 위험물과 나목의 위험물을 같은 저장창고에 저장하는 때에는 가목의 위험물을 저장하는 것으로 보아 그에 따른 바닥면적을 적용한다.
   가. 다음의 위험물을 저장하는 창고 : 1,000㎡
      1) 제1류 위험물 중 아염소산염류, 염소산염류, 과염소산염류, 무기과산화물 그 밖에 지정수량이 50㎏인 위험물
      2) 제3류 위험물 중 칼륨, 나트륨, 알킬알루미늄, 알킬리튬 그 밖에 지정수량이 10㎏인 위험물 및 황린
      3) 제4류 위험물 중 특수인화물, 제1석유류 및 알코올류
      4) 제5류 위험물 중 유기과산화물, 질산에스터류 그 밖에 지정수량이 10㎏인 위험물
      5) 제6류 위험물
   나. 가목의 위험물 외의 위험물을 저장하는 창고 : 2,000㎡
   다. 가목의 위험물과 나목의 위험물을 내화구조의 격벽으로 완전히 구획된 실에 각각 저장하는 창고 : 1,500㎡(가목의 위험물을 저장하는 실의 면적은 500㎡를 초과할 수 없다)
7. **저장창고의 벽·기둥 및 바닥은 내화구조로 하고, 보와 서까래는 불연재료로 하여야 한다.** 다만, 지정수량의 10배 이하의 위험물의 저장창고 또는 제2류 위험물(인화성고체는 제외한다)과 제4류의 위험물(인화점이 70℃ 미만인 것은 제외한다)만의 저장창고에 있어서는 '연소의 우려가 없는 벽·기둥 및 바닥'은 불연재료로 할 수 있다. → *내화구조 완화
8. **저장창고는 지붕을 폭발력이 위로 방출될 정도의 가벼운 불연재료로 하고, 천장을 만들지 않아야 한다.** 다만, 제2류 위험물(분말상태의 것과 인화성고체를 제외한다)과 제6류 위험물만의 저장창고에 있어서는 지붕을 내화구조로 할 수 있고, **제5류 위험물만의 저장창고에 있어서는** 당해 저장창고내의 온도를 저온으로 유지하기 위하여 난연재료 또는 불연재료로 된 **천장을 설치할 수 있다.**
9. 저장창고의 출입구에는 60분+방화문·60분방화문 또는 30분방화문을 설치하되, 연소의 우려가 있는 외벽에 있는 출입구에는 수시로 열 수 있는 자동폐쇄식의 60분+방화문 또는 60분방화문을 설치하여야 한다.
10. 저장창고의 창 또는 출입구에 유리를 이용하는 경우에는 망입유리(*망입판유리)로 하여야 한다.
11. **제1류 위험물 중 알칼리금속의 과산화물(*과산화나트륨) 또는 이를 함유하는 것, 제2류 위험물 중 철분·금속분·마그네슘 또는 이중 어느 하나 이상을 함유하는 것, 제3류 위험물 중 금수성물질(*나트륨, 칼륨, 알킬~) 또는 제4류 위험물의 저장창고의 바닥은 물이 스며 나오거나 스며들지 아니하는 구조로 하여야 한다.**
12. 액상의 위험물의 저장창고의 바닥은 위험물이 스며들지 아니하는 구조로 하고, 적당하게 경사지게 하여 그 최저부에 집유설비를 하여야 한다.

13. 저장창고에 선반 등의 수납장을 설치하는 경우에는 다음 각목의 기준에 적합하게 하여야 한다.
    가. 수납장은 불연재료로 만들어 견고한 기초 위에 고정할 것
    나. 수납장은 당해 수납장 및 그 부속설비의 자중, 저장하는 위험물의 중량 등의 하중에 의하여 생기는 응력(변형력)에 대하여 안전한 것으로 할 것
    다. 수납장에는 위험물을 수납한 용기가 쉽게 떨어지지 아니하게 하는 조치를 할 것
14. 저장창고에는 별표 4 Ⅴ 및 Ⅵ의 규정에 준하여 채광·조명 및 환기의 설비를 갖추어야 하고, 인화점이 70℃ 미만인 위험물의 저장창고에 있어서는 내부에 체류한 가연성의 증기를 지붕 위로 배출하는 설비를 갖추어야 한다.
15. 저장창고에 설치하는 전기설비는 「전기사업법」에 의한 전기설비기술기준에 의하여야 한다.
16. **지정수량의 10배 이상의 저장창고(제6류 위험물의 저장창고를 제외한다)에는 피뢰침을 설치하여야 한다.** 다만, 저장창고의 주위의 상황에 따라 안전상 지장이 없는 경우에는 피뢰침을 설치하지 아니할 수 있다.
17. 제5류 위험물 중 셀룰로이드 그 밖에 온도의 상승에 의하여 분해·발화할 우려가 있는 것의 저장창고는 당해 위험물이 발화하는 온도에 달하지 아니하는 온도를 유지하는 구조로 하거나 다음 각목의 기준에 적합한 비상전원을 갖춘 통풍장치 또는 냉방장치 등의 설비를 2 이상 설치하여야 한다.
    가. 상용전력원이 고장인 경우에 자동으로 비상전원으로 전환되어 가동되도록 할 것
    나. 비상전원의 용량은 통풍장치 또는 냉방장치 등의 설비를 유효하게 작동할 수 있는 정도일 것

Ⅱ. 다층건물의 옥내저장소의 기준
옥내저장소중 제2류의 위험물(인화성고체는 제외한다) 또는 제4류의 위험물(인화점이 70℃ 미만인 것은 제외한다)만을 저장 또는 취급하는 저장창고가 다층건물인 옥내저장소의 위치·구조 및 설비의 기술기준은 Ⅰ제1호 내지 제4호 및 제8호 내지 제16호의 규정에 의하는 외에 다음 각호의 기준에 의하여야 한다.
1. 저장창고는 각층의 바닥을 지면보다 높게 하고, 바닥면으로부터 상층의 바닥(상층이 없는 경우에는 처마)까지의 높이(이하 "층고"라 한다)를 6m 미만으로 하여야 한다.
2. 하나의 저장창고의 바닥면적 합계는 1,000㎡ 이하로 하여야 한다.
3. 저장창고의 벽·기둥·바닥 및 보를 내화구조로 하고, 계단을 불연재료로 하며, 연소의 우려가 있는 외벽은 출입구외의 개구부를 갖지 아니하는 벽으로 하여야 한다.
4. 2층 이상의 층의 바닥에는 개구부를 두지 아니하여야 한다. 다만, 내화구조의 벽과 60분+방화문·60분방화문 또는 30분방화문으로 구획된 계단실에 있어서는 그러하지 아니하다.

Ⅲ. 복합용도 건축물의 옥내저장소의 기준
옥내저장소중 지정수량의 20배 이하의 것(옥내저장소외의 용도로 사용하는 부분이 있는 건축물에 설치하는 것에 한한다)의 위치·구조 및 설비의 기술기준은 Ⅰ제3호, 제11호 내지 제17호의 규정에 의하는 외에 다음 각호의 기준에 의하여야 한다.
1. 옥내저장소는 벽·기둥·바닥 및 보가 내화구조인 건축물의 1층 또는 2층의 어느 하나의 층에 설치하여야 한다.
2. 옥내저장소의 용도에 사용되는 부분의 바닥은 지면보다 높게 설치하고 그 층고를 6m 미만으로 하여야 한다.

3. 옥내저장소의 용도에 사용되는 부분의 바닥면적은 75㎡ 이하로 하여야 한다.
4. 옥내저장소의 용도에 사용되는 부분은 벽·기둥·바닥·보 및 지붕(상층이 있는 경우에는 상층의 바닥)을 내화구조로 하고, 출입구외의 개구부가 없는 두께 70㎜ 이상의 철근콘크리트조 또는 이와 동등 이상의 강도가 있는 구조의 바닥 또는 벽으로 당해 건축물의 다른 부분과 구획되도록 하여야 한다.
5. 옥내저장소의 용도에 사용되는 부분의 출입구에는 수시로 열 수 있는 자동폐쇄방식의 60분+방화문 또는 60분방화문을 설치하여야 한다.
6. 옥내저장소의 용도에 사용되는 부분에는 창을 설치하지 아니하여야 한다.
7. 옥내저장소의 용도에 사용되는 부분의 환기설비 및 배출설비에는 방화상 유효한 댐퍼 등을 설치하여야 한다.

Ⅳ. 소규모 옥내저장소의 특례
1. 지정수량의 50배 이하인 소규모의 옥내저장소중 저장창고의 처마높이가 6m 미만인 것으로서 저장창고가 다음 각목에 정하는 기준에 적합한 것에 대하여는 Ⅰ제1호·제2호 및 제6호 내지 제9호의 규정은 적용하지 아니한다.
   가. 저장창고의 주위에는 다음 표에 정하는 너비의 공지를 보유할 것

저장 또는 취급하는 위험물의 최대수량	공지의 너비
지정수량의 5배 이하	
지정수량의 5배 초과 20배 이하	1m 이상
지정수량의 20배 초과 50배 이하	2m 이상

   나. 하나의 저장창고 바닥면적은 150㎡ 이하로 할 것
   다. 저장창고는 벽·기둥·바닥·보 및 지붕을 내화구조로 할 것
   라. 저장창고의 출입구에는 수시로 개방할 수 있는 자동폐쇄방식의 60분+방화문 또는 60분방화문을 설치할 것
   마. 저장창고에는 창을 설치하지 아니할 것
2. 지정수량의 50배 이하인 소규모의 옥내저장소중 저장창고의 처마높이가 6m 이상인 것으로서 저장창고가 제1호 나목 내지 마목의 규정에 의한 기준에 적합한 것에 대하여는 Ⅰ제1호 및 제6호 내지 제9호의 규정은 적용하지 아니한다.

Ⅴ. 고인화점 위험물의 단층건물 옥내저장소의 특례
1. 고인화점 위험물만을 저장 또는 취급하는 단층건물의 옥내저장소중 저장창고의 처마높이가 6m 미만인 것으로서 위치 및 구조가 다음 각목의 규정에 적합한 것은 Ⅰ제1호·제2호·제8호 내지 제10호 및 제16호의 규정은 적용하지 아니한다.
   가. 지정수량의 20배를 초과하는 옥내저장소에 있어서는 별표 4 ⅩⅠ제1호의 규정에 준하여 안전거리를 둘 것
   나. 저장창고의 주위에는 다음 표에 정하는 너비의 공지를 보유할 것

저장 또는 취급하는 위험물의 최대수량	공지의 너비	
	당해 건축물의 벽·기둥 및 바닥이 내화구조로 된 경우	왼쪽란에 정하는 경우외의 경우
20배 이하		0.5m 이상
20배 초과 50배 이하	1m 이상	1.5m 이상
50배 초과 200배 이하	2m 이상	3m 이상
200배 초과	3m 이상	5m 이상

  다. 저장창고는 지붕을 불연재료로 할 것
  라. 저장창고의 창 및 출입구에는 방화문 또는 불연재료나 유리로 된 문을 달고, 연소의 우려가 있는 외벽에 두는 출입구에는 수시로 열 수 있는 자동폐쇄방식의 60분+방화문 또는 60분방화문을 설치할 것
  마. 저장창고의 연소의 우려가 있는 외벽에 설치하는 출입구에 유리를 이용하는 경우에는 망입유리로 할 것
 2. 고인화점 위험물만을 저장 또는 취급하는 단층건물의 옥내저장소중 저장창고의 처마높이가 6m 이상인 것으로서 위치가 제1호가목의 규정에 의한 기준에 적합한 것은 Ⅰ제1호의 규정은 적용하지 아니한다.

Ⅵ. 고인화점 위험물의 다층건물 옥내저장소의 특례
 1. 고인화점 위험물만을 저장 또는 취급하는 다층건물의 옥내저장소중 그 위치 및 구조가 다음 각목의 규정에 의한 기준에 적합한 것에 대하여는 Ⅰ제1호·제2호·제8호 내지 제10호 및 제16호와 Ⅱ제3호의 규정은 적용하지 아니한다.
  가. Ⅴ제1호 각목의 기준에 적합할 것
  나. 저장창고는 벽·기둥·바닥·보 및 계단을 불연재료로 만들고, 연소의 우려가 있는 외벽은 출입구 외의 개구부가 없는 내화구조의 벽으로 할 것

Ⅶ. 고인화점 위험물의 소규모 옥내저장소의 특례
 1. 고인화점 위험물만을 지정수량의 50배 이하로 저장 또는 취급하는 옥내저장소중 저장창고의 처마높이가 6m 미만인 것으로서 Ⅳ제1호 나목 내지 마목의 규정에 의한 기준에 적합한 것에 대하여는 Ⅰ제1호·제2호 및 제6호 내지 제9호 및 제16호의 규정은 적용하지 아니한다.
 2. 고인화점 위험물만을 지정수량의 50배 이하로 저장 또는 취급하는 옥내저장소중 처마높이가 6m 이상인 것으로서 저장창고가 Ⅳ제1호 각목의 규정에 의한 기준에 적합한 것에 대하여는 Ⅰ제1호·제2호·제6호 내지 제9호의 규정은 적용하지 아니한다.

Ⅷ. 위험물의 성질에 따른 옥내저장소의 특례
1. 다음 각목의 1에 해당하는 위험물을 저장 또는 취급하는 옥내저장소에 있어서는 Ⅰ 내지 Ⅳ의 규정에 의하되, 당해 위험물의 성질에 따라 **강화되는 기준은 제2호 내지 제4호에 의하여야 한다.**
    가. **제5류 위험물중 유기과산화물 또는 이를 함유하는 것으로서 지정수량이 10kg인 것**(이하 "지정과산화물"이라 한다)
    나. 알킬알루미늄등
    다. 하이드록실아민등
2. 지정과산화물을 저장 또는 취급하는 옥내저장소에 대하여 강화되는 기준은 다음 각목과 같다.
    가. 옥내저장소는 당해 옥내저장소의 외벽으로부터 별표 4 Ⅰ제1호 가목 내지 다목의 규정에 의한 건축물의 외벽 또는 이에 상당하는 공작물의 외측까지의 사이에 부표 1에 정하는 안전거리를 두어야 한다.
    나. **옥내저장소의 저장창고 주위에는 부표 2에 정하는 너비의 공지를 보유하여야 한다.** 다만, 2 이상의 옥내저장소를 동일한 부지내에 인접하여 설치하는 때에는 당해 옥내저장소의 상호간 공지의 너비를 동표에 정하는 공지 너비의 3분의 2로 할 수 있다. → *지정수량의 10배 이하 3m, 지정수량 10배 초과는 5m 공지

    다. 옥내저장소의 저장창고의 기준은 다음과 같다.
        1) **저장창고는 150㎡ 이내마다 격벽**(*격벽은 내부 공간을 구획하는 벽)**으로 완전하게 구획할 것.** 이 경우 당해 **격벽은 두께 30cm 이상**의 철근콘크리트조 또는 철골철근콘크리트조로 하거나 두께 40cm 이상의 보강콘크리트블록조로 하고, 당해 저장창고의 양측의 외벽으로부터 1m 이상, 상부의 지붕으로부터 50cm 이상 돌출하게 하여야 한다.
        2) 저장창고의 **외벽은 두께 20cm 이상**의 철근콘크리트조나 철골철근콘크리트조 또는 두께 30cm 이상의 보강콘크리트블록조로 할 것
        3) 저장창고의 지붕은 다음 각목의 1에 적합할 것
            가) 중도리(서까래 중간을 받치는 수평의 도리) 또는 서까래의 간격은 30cm 이하로 할 것
            나) 지붕의 아래쪽 면에는 한 변의 길이가 45cm 이하의 환강(丸鋼)·경량형강(輕量形鋼) 등으로 된 강제(鋼製)의 격자를 설치할 것
            다) 지붕의 아래쪽 면에 철망을 쳐서 불연재료의 도리(서까래를 받치기 위해 기둥과 기둥 사이에 설치한 부재)·보 또는 서까래에 단단히 결합할 것
            라) 두께 5cm 이상, 너비 30cm 이상의 목재로 만든 받침대를 설치할 것
        4) 저장창고의 출입구에는 60분+방화문 또는 60분방화문을 설치할 것
        5) 저장창고의 창은 바닥면으로부터 **2m 이상의 높이**에 두되, 하나의 벽면에 두는 창의 면적의 합계를 당해 벽면의 면적의 80분의 1 이내로 하고, 하나의 창의 면적을 0.4㎡ 이내로 할 것
    라. Ⅱ 내지 Ⅳ의 규정은 적용하지 아니한다.
3. 알킬알루미늄등을 저장 또는 취급하는 옥내저장소에 대하여 강화되는 기준은 다음 각목과 같다.
    가. 옥내저장소에는 누설범위를 국한하기 위한 설비 및 누설한 알킬알루미늄등을 안전한 장소에

설치된 조(槽)로 끌어들일 수 있는 설비를 설치하여야 한다.
나. Ⅱ 내지 Ⅳ의 규정은 적용하지 아니한다.
4. **하이드록실아민등을 저장 또는 취급하는 옥내저장소에 대하여 강화되는 기준**은 하이드록실아민등의 온도의 상승에 의한 위험한 반응을 방지하기 위한 조치를 강구하는 것으로 한다.

Ⅸ. 수출입 하역장소의 옥내저장소의 특례

「관세법」 제154조에 따른 보세구역, 「항만법」 제2조제1호에 따른 항만 또는 같은 조 제7호에 따른 항만배후단지 내에서 수출입을 위한 위험물을 저장 또는 취급하는 옥내저장소 중 Ⅰ(제2호는 제외한다)의 규정에 적합한 것은 다음 표에 정하는 너비의 공지(空地)를 보유할 수 있다.

저장 또는 취급하는 위험물의 최대수량	공지의 너비	
	벽·기둥 및 바닥이 내화구조로 된 건축물	그 밖의 건축물
지정수량의 5배 이하		0.5m 이상
지정수량의 5배 초과 10배 이하	1m 이상	1.5m 이상
지정수량의 10배 초과 20배 이하	2m 이상	3m 이상
지정수량의 20배 초과 50배 이하	3m 이상	3.3m 이상
지정수량의 50배 초과 200배 이하	3.3m 이상	3.5m 이상
지정수량의 200배 초과	3.5m 이상	5m 이상

문1 위험물안전관리법령상 옥내저장소의 기준에 관한 설명으로 옳지 않은 것은?

① 저장창고의 벽·기둥 및 바닥은 내화구조로 하여야 한다.
② 제4류 위험물(인화점이 70℃ 미만인 것은 제외)만의 저장창고에 있어서는 연소의 우려가 있는 벽·기둥 및 바닥은 불연재료로 할 수 있다.
③ 지붕은 폭발력이 위로 방출될 정도의 가벼운 불연재료로 하고 천장을 만들지 않아야 한다.
④ 제5류 위험물만을 저장하는 창고에 있어서는 당해 저장창고 내의 온도를 저온으로 유지하기 위하여 난연재료 또는 불연재료로 된 천장을 설치할 수 있다.

정답 ②

문2 위험물안전관리법령상 위험물의 성질에 따른 옥내저장소의 특례에서 지정과산화물을 저장 또는 취급하는 옥내저장소에 대해 강화되는 저장창고의 기준으로 옳지 않은 것은?

① 저장창고는 200㎡ 이내마다 격벽으로 완전하게 구획할 것
② 저장창고의 격벽은 30㎝ 이상의 철근콘크리트조 또는 철골철근콘크리트조로 하거나 두께 40㎝ 이상의 보강콘크리트블록조로 할 것
③ 저장창고의 외벽은 20㎝ 이상의 철근콘크리트조 또는 철골철근콘크리트조로 하거나 두께 30㎝ 이상의 보강콘크리트블록조로 할 것
④ 저장창고의 창은 바닥면으로부터 2m 이상의 높이에 둘 것

정답 ①

문3 위험물안전관리법령상 옥내저장소의 위치·구조 및 설비의 기준에 따라 위험물 저장창고의 바닥을 물이 스며 나오거나 스며들지 아니하는 구조로 하여야 하는 위험물이 아닌 것은?

① 알칼리금속의 무기과산화물(과산화나트륨)
② 철분
③ 칼륨
④ 나이트로소화합물

정답 ④

문4 위험물안전관리법령상 옥내저장소의 위치·구조 및 설비의 기준상 제1류 위험물을 저장하는 옥내저장소의 저장창고는 지면에서 처마까지의 높이를 몇 m 미만인 단층건물로 하는가?

① 6
② 8
③ 10
④ 12

정답 ①

문5 위험물안전관리법령상 옥내저장소의 표지 및 게시판의 기준으로 옳지 않은 것은?

① 표지의 바탕은 백색으로, 문자는 흑색으로 할 것
② 표지는 한 변의 길이가 0.3m 이상, 다른 한 변의 길이가 0.6m 이상인 직사각형으로 할 것
③ 인화성고체를 제외한 제2류 위험물에 있어서는 "화기엄금"의 게시판을 설치할 것
④ "물기엄금"을 표시하는 게시판에 있어서는 청색바탕에 백색문자로 할 것

정답 ③

문6 저장하는 지정과산화물의 최대수량이 지정수량의 5배인 옥내저장창고의 주위에 위험물안전관리법령에서 정한 담 또는 토제를 설치할 경우, 창고의 주위에 보유하는 공지의 너비는 몇 m 이상으로 하여야 하는가?

① 3
② 5
③ 8
④ 10

정답 ①

■ 위험물안전관리법 시행규칙 [별표 6]
옥외탱크저장소의 위치·구조 및 설비의 기준(제30조관련)

Ⅵ. 옥외저장탱크의 외부구조 및 설비
1. 옥외저장탱크는 특정옥외저장탱크 및 준특정옥외저장탱크 외에는 두께 3.2㎜ 이상의 강철판 또는 소방청장이 정하여 고시하는 규격에 적합한 재료로, 특정옥외저장탱크 및 준특정옥외저장탱크는 Ⅶ 및 Ⅷ에 의하여 소방청장이 정하여 고시하는 규격에 적합한 강철판 또는 이와 동등 이상의 기계적 성질 및 용접성이 있는 재료로 틈이 없도록 제작하여야 하고, **압력탱크(최대상용압력이 대기압을 초과하는 탱크를 말한다)외의 탱크는 충수시험, 압력탱크는 최대상용압력의 1.5배의 압력으로 10분간 실시하는 수압시험에서 각각 새거나 변형되지 아니하여야 한다.**
2. 특정옥외저장탱크의 용접부는 소방청장이 정하여 고시하는 바에 따라 실시하는 방사선투과시험, 진공시험 등의 비파괴시험에 있어서 소방청장이 정하여 고시하는 기준에 적합한 것이어야 한다.
3. 특정옥외저장탱크 및 준특정옥외저장탱크외의 탱크는 다음 각목에 정하는 바에 따라, 특정옥외저장탱크 및 준특정옥외저장탱크는 Ⅶ 및 Ⅷ의 규정에 의한 바에 따라 지진 및 풍압에 견딜 수 있는 구조로 하고 그 기둥은 철근콘크리트조, 철골콘크리트조 그 밖에 이와 동등 이상의 내화성능(불에 견디는 성능)이 있는 것이어야 한다.
   가. 지진동에 의한 관성력 또는 풍하중(바람으로 인하여 구조물에 발생하는 하중)에 대한 응력이 옥외저장탱크의 옆판 또는 기둥의 특정한 점에 집중하지 아니하도록 당해 탱크를 견고한 기초 및 지반 위에 고정할 것
   나. 가목의 지진동에 의한 관성력 및 풍하중의 계산방법은 소방청장이 정하여 고시하는 바에 의할 것
4. 옥외저장탱크는 위험물의 폭발 등에 의하여 탱크내의 압력이 비정상적으로 상승하는 경우에 내부의 가스 또는 증기를 상부로 방출할 수 있는 구조로 하여야 한다.
5. 옥외저장탱크의 외면에는 녹을 방지하기 위한 도장을 하여야 한다. 다만, 탱크의 재질이 부식의 우려가 없는 스테인레스 강판 등인 경우에는 그러하지 아니하다.
6. 옥외저장탱크의 밑판[애뉼러 판(특정옥외저장탱크의 옆판의 최하단 두께가 15㎜를 초과하는 경우, 안지름이 30m를 초과하는 경우 또는 옆판을 고장력강으로 사용하는 경우에 옆판의 직하에 설치하여야 하는 판을 말한다. 이하 같다)을 설치하는 특정옥외저장탱크에 있어서는 애뉼러 판을 포함한다. 이하 이 호에서 같다]을 지반면에 접하게 설치하는 경우에는 다음 각목의 1의 기준에 따라 밑판 외면의 부식을 방지하기 위한 조치를 강구하여야 한다.
   가. 탱크의 밑판 아래에 밑판의 부식을 유효하게 방지할 수 있도록 아스팔트샌드 등의 방식재료를 댈 것
   나. 탱크의 밑판에 전기방식의 조치를 강구할 것
   다. 가목 또는 나목의 규정에 의한 것과 동등 이상으로 밑판의 부식을 방지할 수 있는 조치를 강구할 것
7. 옥외저장탱크중 압력탱크(최대상용압력이 부압 또는 정압 5㎪을 초과하는 탱크를 말한다)외의 탱크(제4류 위험물의 옥외저장탱크에 한한다)에 있어서는 밸브없는 통기관 또는 대기밸브부착 통기관을 다음 각목에 정하는 바에 의하여 설치하여야 하고, 압력탱크에 있어서는 별표 4 Ⅷ제4호의 규정에 의한 안전장치를 설치하여야 한다.
   가. 밸브없는 통기관

1) 지름은 30㎜ 이상일 것
2) 끝부분은 수평면보다 45도 이상 구부려 빗물 등의 침투를 막는 구조로 할 것
3) 인화점이 38℃ 미만인 위험물만을 저장 또는 취급하는 탱크에 설치하는 통기관에는 화염방지장치를 설치하고, 그 외의 탱크에 설치하는 통기관에는 40메쉬(mesh) 이상의 구리망 또는 동등 이상의 성능을 가진 인화방지장치를 설치할 것. 다만, 인화점이 70℃ 이상인 위험물만을 해당 위험물의 인화점 미만의 온도로 저장 또는 취급하는 탱크에 설치하는 통기관에는 인화방지장치를 설치하지 않을 수 있다.
4) 가연성의 증기를 회수하기 위한 밸브를 통기관에 설치하는 경우에 있어서는 당해 통기관의 밸브는 저장탱크에 위험물을 주입하는 경우를 제외하고는 항상 개방되어 있는 구조로 하는 한편, 폐쇄하였을 경우에 있어서는 10㎪ 이하의 압력에서 개방되는 구조로 할 것. 이 경우 개방된 부분의 유효단면적은 777.15㎟ 이상이어야 한다.

나. 대기밸브부착 통기관
1) 5㎪ 이하의 압력차이로 작동할 수 있을 것
2) 가목3)의 기준에 적합할 것

8. 액체위험물의 옥외저장탱크에는 위험물의 양을 자동적으로 표시할 수 있도록 기밀부유식(밀폐되어 부상하는 방식) 계량장치, 증기가 비산하지 아니하는 구조의 부유식 계량장치, 전기압력자동방식이나 방사성동위원소를 이용한 방식에 의한 자동계량장치 또는 유리측정기(Gauge Glass: 수면이나 유면의 높이를 측정하는 유리로 된 기구를 말하며, 금속관으로 보호된 경질유리 등으로 되어 있고 게이지가 파손되었을 때 위험물의 유출을 자동적으로 정지할 수 있는 장치가 되어 있는 것으로 한정한다)를 설치하여야 한다.

9. 액체위험물의 옥외저장탱크의 주입구는 다음 각목의 기준에 의하여야 한다.
가. 화재예방상 지장이 없는 장소에 설치할 것
나. 주입호스 또는 주입관과 결합할 수 있고, 결합하였을 때 위험물이 새지 아니할 것
다. 주입구에는 밸브 또는 뚜껑을 설치할 것
라. 휘발유, 벤젠 그 밖에 정전기에 의한 재해가 발생할 우려가 있는 액체위험물의 옥외저장탱크의 주입구 부근에는 정전기를 유효하게 제거하기 위한 접지전극을 설치할 것
마. 인화점이 21℃ 미만인 위험물의 옥외저장탱크의 주입구에는 보기 쉬운 곳에 다음의 기준에 의한 게시판을 설치할 것. 다만, 소방본부장 또는 소방서장이 화재예방상 당해 게시판을 설치할 필요가 없다고 인정하는 경우에는 그러하지 아니하다.
1) 게시판은 한변이 0.3m 이상, 다른 한변이 0.6m 이상인 직사각형으로 할 것
2) 게시판에는 "옥외저장탱크 주입구"라고 표시하는 것외에 취급하는 위험물의 유별, 품명 및 별표 4 Ⅲ제2호 라목의 규정에 준하여 주의사항을 표시할 것
3) 게시판은 백색바탕에 흑색문자(별표 4 Ⅲ제2호 라목의 주의사항은 적색문자)로 할 것
바. 주입구 주위에는 새어나온 기름 등 액체가 외부로 유출되지 아니하도록 방유턱을 설치하거나 집유설비 등의 장치를 설치할 것

10. 옥외저장탱크의 펌프설비(펌프 및 이에 부속하는 전동기를 말하며, 당해 펌프 및 전동기를 위한 건축물 그 밖의 공작물을 설치하는 경우에는 당해 공작물을 포함한다. 이하 같다)는 다음 각목에 의

하여야 한다.
가. 펌프설비의 주위에는 너비 3m 이상의 공지를 보유할 것. 다만, 방화상 유효한 격벽을 설치하는 경우와 제6류 위험물 또는 지정수량의 10배 이하 위험물의 옥외저장탱크의 펌프설비에 있어서는 그러하지 아니하다.
나. 펌프설비로부터 옥외저장탱크까지의 사이에는 당해 옥외저장탱크의 보유공지 너비의 3분의 1 이상의 거리를 유지할 것
다. 펌프설비는 견고한 기초 위에 고정할 것
라. 펌프 및 이에 부속하는 전동기를 위한 건축물 그 밖의 공작물(이하 "펌프실"이라 한다)의 벽·기둥·바닥 및 보는 불연재료로 할 것
마. 펌프실의 지붕을 폭발력이 위로 방출될 정도의 가벼운 불연재료로 할 것
바. 펌프실의 창 및 출입구에는 60분+방화문·60분방화문 또는 30분방화문을 설치할 것
사. 펌프실의 창 및 출입구에 유리를 이용하는 경우에는 망입유리로 할 것
아. 펌프실의 바닥의 주위에는 높이 0.2m 이상의 턱을 만들고 바닥은 콘크리트 등 위험물이 스며들지 아니하는 재료로 적당히 경사지게 하여 그 최저부에는 집유설비를 설치할 것
자. 펌프실에는 위험물을 취급하는데 필요한 채광, 조명 및 환기의 설비를 설치할 것
차. 가연성 증기가 체류할 우려가 있는 펌프실에는 그 증기를 옥외의 높은 곳으로 배출하는 설비를 설치할 것
카. 펌프실외의 장소에 설치하는 펌프설비에는 그 직하의 지반면의 주위에 높이 0.15m 이상의 턱을 만들고 당해 지반면은 콘크리트 등 위험물이 스며들지 아니하는 재료로 적당히 경사지게 하여 그 최저부에는 집유설비를 할 것. 이 경우 제4류 위험물(온도 20℃의 물 100g에 용해되는 양이 1g 미만인 것에 한한다)을 취급하는 펌프설비에 있어서는 당해 위험물이 직접 배수구에 유입하지 아니하도록 집유설비에 유분리장치를 설치하여야 한다.
타. 인화점이 21℃ 미만인 위험물을 취급하는 펌프설비에는 보기 쉬운 곳에 제9호 마목의 규정에 준하여 "옥외저장탱크 펌프설비"라는 표시를 한 게시판과 방화에 관하여 필요한 사항을 게시한 게시판을 설치할 것. 다만, 소방본부장 또는 소방서장이 화재예방상 당해 게시판을 설치할 필요가 없다고 인정하는 경우에는 그러하지 아니하다.
11. 옥외저장탱크의 밸브는 주강 또는 이와 동등 이상의 기계적 성질이 있는 재료로 되어 있고, 위험물이 새지 아니하여야 한다.
12. 옥외저장탱크의 배수관은 탱크의 옆판에 설치하여야 한다. 다만, 탱크와 배수관과의 결합부분이 지진 등에 의하여 손상을 받을 우려가 없는 방법으로 배수관을 설치하는 경우에는 탱크의 밑판에 설치할 수 있다.
13. 부상지붕이 있는 옥외저장탱크의 옆판 또는 부상지붕에 설치하는 설비는 지진 등에 의하여 부상지붕 또는 옆판에 손상을 주지 아니하게 설치하여야 한다. 다만, 당해 옥외저장탱크에 저장하는 위험물의 안전관리에 필요한 가동(可動)사다리, 회전방지기구, 검척관(檢尺管), 샘플링(sampling)설비 및 이에 부속하는 설비에 있어서는 그러하지 아니하다.
14. 옥외저장탱크의 배관의 위치·구조 및 설비는 제15호의 규정에 의한 것 외에 별표 4 X의 규정에 의한 제조소의 배관의 기준을 준용하여야 한다.

15. 액체위험물을 이송하기 위한 옥외저장탱크의 배관은 지진 등에 의하여 당해 배관과 탱크와의 결합 부분에 손상을 주지 아니하게 설치하여야 한다.
16. 옥외저장탱크에 설치하는 전기설비는 전기사업법에 의한 전기설비기술기준에 의하여야 한다.
17. 지정수량의 10배 이상인 옥외탱크저장소(제6류 위험물의 옥외탱크저장소를 제외한다)에는 별표 4 Ⅷ제7호의 규정에 준하여 피뢰침을 설치하여야 한다. 다만, 탱크에 저항이 5Ω 이하인 접지시설을 설치하거나 인근 피뢰설비의 보호범위 내에 들어가는 등 주위의 상황에 따라 안전상 지장이 없는 경우에는 피뢰침을 설치하지 아니할 수 있다.
18. 액체위험물의 옥외저장탱크의 주위에는 Ⅸ의 기준에 따라 위험물이 새었을 경우에 그 유출을 방지하기 위한 방유제를 설치하여야 한다.
19. 제3류 위험물 중 금수성물질(고체에 한한다)의 옥외저장탱크에는 방수성의 불연재료로 만든 피복설비를 설치하여야 한다.
20. 이황화탄소의 옥외저장탱크는 벽 및 바닥의 두께가 0.2m 이상이고 누수가 되지 아니하는 철근콘크리트의 수조에 넣어 보관하여야 한다. 이 경우 보유공지·통기관 및 자동계량장치는 생략할 수 있다.
21. 옥외저장탱크에 부착되는 부속설비[교반기(휘저어 섞는 장치), 밸브, 폼챔버(foam chamber), 화염방지장치, 통기관대기밸브, 비상압력배출장치]는 기술원 또는 소방청장이 정하여 고시하는 국내·외 공인시험기관에서 시험 또는 인증 받은 제품을 사용하여야 한다.

Ⅸ. 방유제
1. **제3류, 제4류 및 제5류 위험물 중 인화성이 있는 액체**(이황화탄소를 제외한다)의 옥외탱크저장소의 탱크 주위에는 다음 각목의 기준에 의하여 **방유제를 설치**하여야 한다.
    가. 방유제의 용량은 방유제안에 설치된 탱크가 하나인 때에는 그 탱크 용량의 **110% 이상, 2기 이상인 때에는 그 탱크 중 용량이 최대인 것의 용량의 110% 이상으로 할 것.** 이 경우 방유제의 용량은 당해 방유제의 내용적에서 용량이 최대인 탱크 외의 탱크의 방유제 높이 이하 부분의 용적, 당해 방유제내에 있는 모든 탱크의 지반면 이상 부분의 기초의 체적, **간막이 둑의 체적 및 당해 방유제 내에 있는 배관 등의 체적을 뺀 것**으로 한다.

○ 비교 : 제조소에서의 방유제
Ⅸ. 위험물 취급탱크
1. **위험물제조소의 옥외에 있는 위험물취급탱크**(용량이 지정수량의 5분의 1 미만인 것을 제외한다)는 다음 각목의 기준에 의하여 설치하여야 한다.
    가. 옥외에 있는 위험물취급탱크의 구조 및 설비는 별표 6 Ⅵ제1호(특정옥외저장탱크 및 준특정옥외저장탱크와 관련되는 부분을 제외한다)·제3호 내지 제9호·제11호 내지 제14호 및 ⅩⅣ의 규정에 의한 옥외탱크저장소의 탱크의 구조 및 설비의 기준을 준용할 것
    나. 옥외에 있는 위험물취급탱크로서 액체위험물(이황화탄소를 제외한다)을 취급하는 것의 주위에는 다음의 기준에 의하여 방유제(*제방)를 설치할 것
        1) 하나의 취급탱크 주위에 설치하는 '방유제의 용량은' 당해 탱크용량의 **50%** 이상으로 하고, **2 이상의 취급탱크 주위에 하나의 방유제를 설치하는 경우 그 방유제의 용량은 당해 탱크 중 용량이 최대인 것의 50%에 나머지 탱크용량 합계의 10%를 가산한 양**

<u>이상이 되게 할 것</u>. 이 경우 방유제의 용량은 당해 방유제의 내용적에서 용량이 최대인 탱크 외의 탱크의 방유제 높이 이하 부분의 용적, 당해 방유제 내에 있는 모든 탱크의 지반면 이상 부분의 기초의 체적, 간막이 둑의 체적 및 당해 방유제 내에 있는 배관 등의 체적을 뺀 것으로 한다.

나. 방유제는 높이 **0.5m 이상 3m 이하**, <u>두께 **0.2m 이상**, 지하매설깊이 **1m 이상**</u>으로 할 것. 다만, 방유제와 옥외저장탱크 사이의 지반면 아래에 불침윤성(不浸潤性: 수분 흡수를 막는 성질) 구조물을 설치하는 경우에는 지하매설깊이를 해당 불침윤성 구조물까지로 할 수 있다.

다. 방유제 내의 면적은 **8만㎡ 이하**로 할 것

라. <u>방유제내의 설치하는 옥외저장탱크의 수는 **10**(방유제내에 설치하는 모든 옥외저장탱크의 용량이 **20만ℓ 이하**이고, 당해 옥외저장탱크에 저장 또는 취급하는 위험물의 인화점이 **70℃ 이상 200℃ 미만**인 경우에는 **20**) 이하</u>로 할 것. 다만, 인화점이 200℃ 이상인 위험물을 저장 또는 취급하는 옥외저장탱크에 있어서는 그러하지 아니하다. → *200℃ 이상 250℃ 미만인 제4석유류는 개수 제한이 없다.

마. 방유제 외면의 2분의 1 이상은 자동차 등이 통행할 수 있는 3m 이상의 노면폭을 확보한 구내도로(옥외저장탱크가 있는 부지내의 도로를 말한다. 이하 같다)에 직접 접하도록 할 것. 다만, 방유제내에 설치하는 옥외저장탱크의 용량합계가 20만ℓ 이하인 경우에는 소화활동에 지장이 없다고 인정되는 3m 이상의 노면폭을 확보한 도로 또는 공지에 접하는 것으로 할 수 있다.

바. 방유제는 옥외저장탱크의 지름에 따라 그 탱크의 '옆판으로부터' 다음에 정하는 거리를 유지할 것. 다만, 인화점이 200℃ 이상인 위험물을 저장 또는 취급하는 것에 있어서는 그러하지 아니하다. → *옆에서 15되네!
   1) <u>지름이 **15m 미만**인 경우에는 탱크 높이의 **3분의 1 이상**</u>
   2) <u>지름이 **15m '이상'**인 경우에는 탱크 높이의 **'2분의 1 이상'**</u>

사. 방유제는 철근콘크리트로 하고, 방유제와 옥외저장탱크 사이의 지표면은 불연성과 불침윤성이 있는 구조(철근콘크리트 등)로 할 것. 다만, 누출된 위험물을 수용할 수 있는 전용유조(專用油槽) 및 펌프 등의 설비를 갖춘 경우에는 방유제와 옥외저장탱크 사이의 지표면을 흙으로 할 수 있다.

아. <u>용량이 **1,000만ℓ 이상**인 옥외저장탱크의 주위에 설치하는 방유제에는 다음의 규정에 따라 당해 탱크마다 간막이 둑</u>을 설치할 것
   1) 간막이 둑의 높이는 **0.3m**(방유제내에 설치되는 옥외저장탱크의 용량의 합계가 **2억ℓ**를 넘는 방유제에 있어서는 **1m**)이상으로 하되, 방유제의 높이보다 **0.2m 이상 낮게** 할 것
   2) 간막이 둑은 흙 또는 철근콘크리트로 할 것
   3) 간막이 둑의 용량은 간막이 둑 안에 설치된 탱크의 용량의 **10% 이상**일 것

자. 방유제내에는 당해 방유제내에 설치하는 옥외저장탱크를 위한 배관(당해 옥외저장탱크의 소화설비를 위한 배관을 포함한다), 조명설비 및 계기시스템과 이들에 부속하는 설비 그 밖의 안전확보에 지장이 없는 부속설비 외에는 다른 설비를 설치하지 아니할 것

차. 방유제 또는 간막이 둑에는 해당 방유제를 관통하는 배관을 설치하지 아니할 것. 다만, 위험물을 이송하는 배관의 경우에는 배관이 관통하는 지점의 좌우방향으로 각 1m 이상까지의 방유제 또는 간막이 둑의 외면에 두께 0.1m 이상, 지하매설깊이 0.1m 이상의 구조물을 설치하여 방유제 또는 간막이 둑을 이중구조로 하고, 그 사이에 토사를 채운 후, 관통하는 부분을 완충재 등으로 마감하는 방식으로 설치할 수 있다.

카. **방유제에는 그 내부에 고인 물을 외부로 배출하기 위한 배수구를 설치하고 이를 개폐하는 밸브 등을 방유제의 외부에 설치할 것**

타. 용량이 100만ℓ 이상인 위험물을 저장하는 옥외저장탱크에 있어서는 카목의 밸브 등에 그 개폐상황을 쉽게 확인할 수 있는 장치를 설치할 것

파. **높이가 1m를 넘는 방유제 및 간막이 둑의 안팎에는 방유제 내에 출입하기 위한 계단 또는 경사로를 '약 50m마다' 설치할 것** → *경사로~50

하. 용량이 50만미터 이상인 옥외탱크저장소가 해안 또는 강변에 설치되어 방유제 외부로 누출된 위험물이 바다 또는 강으로 유입될 우려가 있는 경우에는 해당 옥외탱크저장소가 설치된 부지 내에 전용유조(專用油槽) 등 누출위험물 수용설비를 설치할 것

2. 제1호 가목·나목·사목 내지 파목의 규정은 인화성이 없는 액체위험물의 옥외저장탱크의 주위에 설치하는 방유제의 기술기준에 대하여 준용한다. 이 경우에 있어서 제1호 가목 중 "110%"는 "100%"로 본다.

3. 그 밖에 방유제의 기술기준에 관하여 필요한 사항은 소방청장이 정하여 고시한다.

XI. 알킬알루미늄등, 아세트알데하이드등 및 하이드록실아민등을 저장 또는 취급하는 옥외탱크저장소는 Ⅰ부터 Ⅸ까지의 규정에 따른 기준 외에 해당 위험물의 성질에 따라 다음 각 호에서 정하는 기준에 따라야 한다.

1. 알킬알루미늄등의 옥외탱크저장소

    가. 옥외저장탱크의 주위에는 누설범위를 국한하기 위한 설비 및 누설된 알킬알루미늄등을 안전한 장소에 설치된 조에 이끌어 들일 수 있는 설비를 설치할 것

    나. **옥외저장탱크에는 불활성의 기체를 봉입하는 장치를 설치할 것**

2. 아세트알데하이드등의 옥외탱크저장소

    가. 옥외저장탱크의 설비는 동·마그네슘·은·수은 또는 이들을 성분으로 하는 합금으로 만들지 아니할 것

    나. 옥외저장탱크에는 냉각장치 또는 보냉장치, 그리고 연소성 혼합기체의 생성에 의한 폭발을 방지하기 위한 불활성의 기체를 봉입하는 장치를 설치할 것

3. 하이드록실아민등의 옥외탱크저장소

    가. 옥외탱크저장소에는 하이드록실아민등의 온도의 상승에 의한 위험한 반응을 방지하기 위한 조치를 강구할 것

    나. **옥외탱크저장소에는 철 이온 등의 혼입에 의한 위험한 반응을 방지**하기 위한 조치를 강구할 것

문1 위험물안전관리법령상 옥외탱크저장소 탱크 주위에 설치하는 방유제의 설치기준 중 ( )에 들어갈 내용으로 옳게 나열된 것은?

> 방유제는 두께 (ㄱ)m 이상, 지하매설깊이 (ㄴ)m 이상으로 할 것. 다만, 방유제와 옥외저장탱크 사이의 지반면 아래에 불침윤성 구조물을 설치하는 경우에는 지하매설깊이를 해당 불침윤성 구조물까지 할 수 있다.

① ㄱ : 0.1, ㄴ : 0.5
② ㄱ : 0.1, ㄴ : 1.0
③ ㄱ : 0.2, ㄴ : 0.5
④ ㄱ : 0.2, ㄴ : 1.0

정답 ④

문2 위험물안전관리법령상 옥외탱크저장소의 위치·구조 및 설비의 기준에서 인화성액체위험물(이황화탄소를 제외한다) 옥외탱크저장소의 탱크 주위에 설치하는 방유제의 설치높이 기준으로 옳은 것은?

① 0.1m 이상 1m 이하
② 0.3m 이상 2m 이하
③ 0.5m 이상 3m 이하
④ 0.7m 이상 4m 이하

정답 ③

문3 위험물안전관리법령상 휘발유를 옥외탱크저장소에 저장할 경우 옥외탱크저장소의 위치·구조 및 설비의 기준에서 방유제의 설치에 관한 설명으로 옳지 않은 것은?

① 방유제의 높이는 0.5m 이상 3m 이하로 한다.
② 방유제 내의 면적은 8만㎡ 이하로 한다.
③ 방유제에는 그 내부에 고인 물을 외부로 배출하기 위한 배수구를 설치하고 이를 개폐하는 밸브 등을 내부에 설치한다.
④ 높이가 1m를 넘는 방유제 및 간막이 둑의 안팎에는 방유제 내에 출입하기 위한 계단 또는 경사로를 약 50m마다 설치한다.

정답 ③

문4 위험물안전관리법령상 알킬리튬을 취급하는 옥외탱크저장소 설치기준에 관한 설명으로 옳지 않은 것은?

① 옥외저장탱크의 주위에는 누설범위를 국한하기 위한 설비를 설치하여야 한다.
② 옥외저장탱크에는 냉각장치 또는 수증기 봉입장치를 설치하여야 한다.
③ 옥외저장탱크에는 헬륨, 네온 등 불활성 기체를 봉입하는 장치를 설치하여야 한다.
④ 누설된 알킬리튬을 안전한 장소에 설치된 조에 이끌어 들일 수 있는 설비를 설치하여야 한다.

정답 ②

문5 옥외탱크저장소의 하나의 방유제 안에 3기의 아세톤 저장탱크가 있다. 위험물안전관리법령상 탱크 주위에 설치하여야 할 방유제 용량은 최소 몇 L 이상이어야 하는가? (단, 아세톤 저장탱크의 용량은 각각 10,000L, 20,000L, 30,00L이다)

① 10,000
② 22,000
③ 33,000
④ 60,000

정답 ③

문6 위험물안전관리법령상 옥외탱크 저장소에서 제4석유류를 저장하는 경우, 방유제 내에 설치할 수 있는 옥외저장탱크의 수는 몇 개 이하여야 하는가?

① 10
② 20
③ 30
④ 제한이 없다

정답 ④

문7 위험물안전관리법령상 인화성액체위험물(이황화탄소 제외)의 옥외탱크저장소 탱크 주위에 설치하는 방유제 기준에 관한 내용이다. ( ) 안에 알맞은 수치를 바르게 나열한 것은?

> 방유제는 옥외저장탱크의 지름에 따라 그 탱크의 옆판으로부터 다음에 정하는 거리를 유지할 것. 다만, 인화점이 200℃ 이상인 위험물을 저장 또는 취급하는 것에 있어서는 그러하지 아니하다.
> 1) 지름이 (ㄱ)m 미만인 경우에는 탱크 높이의 (ㄴ) 이상
> 2) 지름이 (ㄱ)m 이상인 경우에는 탱크 높이의 (ㄷ) 이상

① ㄱ : 12, ㄴ : 1/3, ㄷ : 1/2
② ㄱ : 12, ㄴ : 1/3, ㄷ : 2/3
③ ㄱ : 15, ㄴ : 1/3, ㄷ : 1/2
④ ㄱ : 15, ㄴ : 1/3, ㄷ : 2/3

정답 ③

문8 위험물안전관리법령상 인화성액체위험물(이황화탄소를 제외)의 옥외탱크저장소의 탱크 주위에 설치하여야 하는 방유제의 기준 중 옳지 않은 것은?

① 방유제의 용량은 방유제 안에 설치된 탱크가 하나인 때에는 그 탱크 용량의 110% 이상으로 할 것
② 방유제의 용량은 방유제 안에 설치된 탱크가 2기 이상인 때에는 그 탱크 중 용량이 최대인 것의 용량의 110% 이상으로 할 것
③ 방유제는 높이 1m 이상 2m 이하, 두께 0.2m 이상, 지하매설 깊이 0.5m 이상으로 할 것
④ 방유제 내의 면적은 80,000㎡ 이하로 할 것

정답 ③

문9 위험물안전관리법령상 인화성 액체 위험물을 저장하는 옥외탱크저장소의 주위에 설치하는 방유제에 관한 내용으로 옳지 않은 것은?

① 방유제는 높이 0.5m 이상 3m 이하, 두께 0.2m 이상, 지하매설 깊이 1m 이상으로 한다.
② 2기 이상의 탱크가 있는 경우 방유제의 용량은 그 탱크 중 용량이 최대인 것의 용량의 110% 이상으로 한다.
③ 용량이 1,000만 리터 이상인 옥외저장탱크의 주위에 설치하는 방유제에는 탱크마다 간막이 둑을 흙 또는 철근콘크리트로 설치한다.
④ 간막이 둑을 설치하는 경우 간막이 둑의 용량은 간막이 둑 안에 설치된 탱크용량의 110% 이상이어야 한다.

정답 ④

문10 위험물안전관리법령상 옥외탱크저장소에 설치하는 높이가 1m를 넘는 방유제 및 간막이 둑의 안팎에 설치하는 계단 또는 경사로는 약 몇 m마다 설치하여야 하는가?

① 20m
② 30m
③ 40m
④ 50m

정답 ④

문11 위험물안전관리법령상 위험물 제조소 옥외에 있는 위험물취급탱크 용량이 100,000L인 곳의 방유제 용량은 몇 L 이상이어야 하는가?

① 50,000   ② 90,000   ③ 100,000   ④ 110,000

정답 ①

문12 위험물안전관리법령상 옥외탱크저장소의 탱크 중 압력탱크의 수압시험 기준은?

① 최대상용압력의 2배의 압력으로 20분간 실시하는 수압시험에서 새거나 변형되지 아니하여야 한다.
② 최대상용압력의 2배의 압력으로 10분간 실시하는 수압시험에서 새거나 변형되지 아니하여야 한다.
③ 최대상용압력의 1.5배의 압력으로 20분간 실시하는 수압시험에서 새거나 변형되지 아니하여야 한다.
④ 최대상용압력의 1.5배의 압력으로 10분간 실시하는 수압시험에서 새거나 변형되지 아니하여야 한다.

정답 ④

문13 위험물안전관리법령상 인화성액체위험물(이황화탄소를 제외한다)의 옥외탱크저장소의 탱크 주위에 설치하여야 하는 방유제에 관한 내용이다. 아래 조건에서 방유제 내에 설치할 수 있는 옥외저장탱크의 최대 수는?

> 방유제 내에 설치하는 모든 옥외저장탱크의 용량이 20만 리터 이하이고, 당해 옥외저장탱크에 저장 또는 취급하는 위험물의 인화점이 70℃ 이상 200℃ 미만인 경우

① 10   ② 15   ③ 20   ④ 25

해설

석유류 구분	인화점(℃)
제1석유류(아세톤, 휘발유, 톨루엔, 벤젠 등)	21미만
제2석유류(등유, 경유)	21이상 70미만
제3석유류(중유, 클레오소트유)	70이상 200미만
제4석유류(기어유, 실린더유)	200이상 250미만

정답 ③

■ 위험물안전관리법 시행규칙 [별표 7]

옥내탱크저장소의 위치·구조 및 설비의 기준(제31조관련)

Ⅰ. 옥내탱크저장소의 기준
  1. 옥내탱크저장소(제2호에 정하는 것을 제외한다)의 위치·구조 및 설비의 기술기준은 다음 각목과 같다.
    가. 위험물을 저장 또는 취급하는 옥내탱크(이하 "옥내저장탱크"라 한다)는 단층건축물에 설치된 탱크전용실에 설치할 것
    나. 옥내저장탱크와 탱크전용실의 벽과의 사이 및 옥내저장탱크의 상호간에는 0.5m 이상의 간격을 유지할 것. 다만, 탱크의 점검 및 보수에 지장이 없는 경우에는 그러하지 아니하다.
    다. 옥내탱크저장소에는 별표 4 Ⅲ제1호의 기준에 따라 보기 쉬운 곳에 "위험물 옥내탱크저장소"라는 표시를 한 표지와 같은 표 Ⅲ제2호의 기준에 따라 방화에 관하여 필요한 사항을 게시한 게시판 및 같은 표 Ⅲ 제3호의 기준을 준용하여 해당 옥내탱크저장소가 금연구역임을 알리는 표지를 설치해야 한다.
    라. 옥내저장탱크의 용량(동일한 탱크전용실에 옥내저장탱크를 2 이상 설치하는 경우에는 각 탱크의 용량의 합계를 말한다)은 지정수량의 40배(제4석유류 및 동식물유류 외의 제4류 위험물에 있어서 당해 수량이 20,000ℓ를 초과할 때에는 20,000ℓ) 이하일 것 → *40배가 아니라 40배 이하이다.
    마. 옥내저장탱크의 구조는 별표 6 Ⅵ제1호 및 ⅩⅣ의 규정에 의한 옥외저장탱크의 구조의 기준을 준용할 것
    바. 옥내저장탱크의 외면에는 녹을 방지하기 위한 도장을 할 것. 다만, 탱크의 재질이 부식의 우려가 없는 스테인레스 강판 등인 경우에는 그러하지 아니하다.
    사. 옥내저장탱크 중 압력탱크(최대상용압력이 부압 또는 정압 5KPa을 초과하는 탱크를 말한다) 외의 탱크(제4류 위험물의 옥내저장탱크로 한정한다)에 있어서는 밸브 없는 통기관 또는 대기밸브 부착 통기관을 다음의 기준에 따라 설치하고, 압력탱크에 있어서는 별표 4 Ⅷ제4호에 따른 **안전장치를 설치할 것** → *5kPa 이하의 압력차이로 작동한다는 뜻
      1) 밸브 없는 통기관
        가) 통기관의 끝부분은 건축물의 창·출입구 등의 개구부로부터 1m 이상 떨어진 옥외의 장소에 지면으로부터 4m 이상의 높이로 설치하되, 인화점이 40℃ 미만인 위험물의 탱크에 설치하는 통기관에 있어서는 부지경계선으로부터 1.5m 이상 거리를 둘 것. 다만, 고인화점 위험물만을 100℃ 미만의 온도로 저장 또는 취급하는 탱크에 설치하는 통기관은 그 끝부분을 탱크전용실 내에 설치할 수 있다.
        나) 통기관은 가스 등이 체류할 우려가 있는 굴곡이 없도록 할 것
        다) 별표 6 Ⅵ제7호가목의 기준에 적합할 것
      2) 대기밸브 부착 통기관
        가) 1)가) 및 나)의 기준에 적합할 것

나) 별표 6 Ⅵ제7호나목의 기준에 적합할 것
아. 액체위험물의 옥내저장탱크에는 위험물의 양을 자동적으로 표시하는 장치를 설치할 것
자. 액체위험물의 옥내저장탱크의 주입구는 별표 6 Ⅵ 제9호의 규정에 의한 옥외저장탱크의 주입구의 기준을 준용할 것
차. **옥내저장탱크의 펌프설비 중 탱크전용실이 있는 건축물 외의 장소에 설치하는 펌프설비에 있어서는** 별표 6 Ⅵ제10호(가목 및 나목을 제외한다)의 규정에 의한 옥외저장탱크의 펌프설비의 기준을 준용하고, 탱크전용실이 있는 건축물에 설치하는 펌프설비에 있어서는 다음의 1에 정하는 바에 의할 것
　1) 탱크전용실외의 장소에 설치하는 경우에는 별표 6 Ⅵ제10호 다목 내지 차목 및 타목의 규정에 의할 것, **다만 펌프실의 지붕은 내화구조 또는 불연재료로 할 수 있다.**
　2) 탱크전용실에 설치하는 경우에는 펌프설비를 견고한 기초 위에 고정시킨다음 그 주위에 불연재료로 된 턱을 탱크전용실의 문턱높이 이상으로 설치할 것. 다만, 펌프설비의 기초를 탱크전용실의 문턱높이 이상으로 하는 경우를 제외한다.
카. 옥내저장탱크의 밸브는 별표 6 Ⅵ제11호의 규정에 의한 옥외저장탱크의 밸브의 기준을 준용할 것
타. 옥내저장탱크의 배수관은 별표 6 Ⅵ제12호의 규정에 의한 옥외저장탱크의 배수관의 기준을 준용할 것
파. 옥내저장탱크의 배관의 위치·구조 및 설비는 하목의 규정에 의하는 외에 별표 4 Ⅹ의 규정에 의한 제조소의 위험물을 취급하는 배관의 기준을 준용할 것
하. 액체위험물을 이송하기 위한 옥내저장탱크의 배관은 별표 6 Ⅵ제15호의 규정에 의한 옥외저장탱크의 배관의 기준을 준용할 것
거. 탱크전용실은 벽·기둥 및 바닥을 내화구조로 하고, 보를 불연재료로 하며, 연소의 우려가 있는 외벽은 출입구외에는 개구부가 없도록 할 것. 다만, 인화점이 70℃ 이상인 제4류 위험물만의 옥내저장탱크를 설치하는 탱크전용실에 있어서는 연소의 우려가 없는 외벽·기둥 및 바닥을 불연재료로 할 수 있다.
너. **탱크전용실은 지붕을 불연재료로 하고, 천장을 설치하지 아니할 것**
더. 탱크전용실의 창 및 출입구에는 60분+방화문·60분방화문 또는 30분방화문을 설치하는 동시에, 연소의 우려가 있는 외벽에 두는 출입구에는 수시로 열 수 있는 자동폐쇄식의 60분+방화문 또는 60분방화문을 설치할 것
러. 탱크전용실의 창 또는 출입구에 유리를 이용하는 경우에는 망입유리로 할 것
머. 액상의 위험물의 옥내저장탱크를 설치하는 탱크전용실의 바닥은 위험물이 침투하지 아니하는 구조로 하고, 적당한 경사를 두는 한편, 집유설비를 설치할 것
버. 탱크전용실의 출입구의 턱의 높이를 당해 탱크전용실내의 옥내저장탱크(옥내저장탱크가 2 이상인 경우에는 최대용량의 탱크)의 용량을 수용할 수 있는 높이 이상으로 하거나 옥내저장탱크로부터 누설된 위험물이 탱크전용실외의 부분으로 유출하지 아니하는 구조로 할 것
서. 탱크전용실의 채광·조명·환기 및 배출의 설비는 별표 5 Ⅰ제14조의 규정에 의한 옥내저장소

의 채광·조명·환기 및 배출의 설비의 기준을 준용할 것

어. 전기설비는 「전기사업법」에 의한 전기설비기술기준에 의하여야 한다.

2. 옥내탱크저장소 중 탱크전용실을 단층건물 외의 건축물에 설치하는 것(제2류 위험물 중 황화인·적린 및 덩어리 황, 제3류 위험물 중 황린, 제6류 위험물 중 질산 및 제4류 위험물 중 인화점이 38℃ 이상인 위험물만을 저장 또는 취급하는 것에 한한다)의 위치·구조 및 설비의 기술기준은 제1호나목·다목·마목· 내지 자목·차목(탱크전용실이 있는 건축물 외의 장소에 설치하는 펌프설비에 관한 기준과 관련되는 부분에 한한다)·카목 내지 하목·머목·서목 및 어목의 규정을 준용하는 외에 다음 각목의 기준에 의하여야 한다.

　가. **옥내저장탱크는 탱크전용실에 설치할 것. 이 경우 제2류 위험물 중 황화인·적린 및 덩어리 황, 제3류 위험물 중 황린, 제6류 위험물 중 질산의 탱크전용실은 건축물의 1층 또는 지하층에 설치하여야 한다.**

　나. 옥내저장탱크의 주입구 부근에는 당해 옥내저장탱크의 위험물의 양을 표시하는 장치를 설치할 것. 다만, 당해 위험물의 양을 쉽게 확인할 수 있는 경우에는 그러하지 아니하다.

　다. **탱크전용실이 있는 건축물에 설치하는 옥내저장탱크의 펌프설비는 다음의 1에 정하는 바에 의할 것**

　　1) 탱크전용실외의 장소에 설치하는 경우에는 다음의 기준에 의할 것

　　　가) 이 펌프실은 벽·기둥·바닥 및 보를 내화구조로 할 것

　　　나) 펌프실은 상층이 있는 경우에 있어서는 상층의 바닥을 내화구조로 하고, 상층이 없는 경우에 있어서는 지붕을 불연재료로 하며, 천장을 설치하지 아니할 것

　　　다) 펌프실에는 창을 설치하지 아니할 것. 다만, 제6류 위험물의 탱크전용실에 있어서는 60분+방화문·60분방화문 또는 30분방화문이 있는 창을 설치할 수 있다.

　　　라) 펌프실의 출입구에는 60분+방화문 또는 60분방화문을 설치할 것. 다만, 제6류 위험물의 탱크전용실에 있어서는 30분방화문을 설치할 수 있다.

　　　마) 펌프실의 환기 및 배출의 설비에는 방화상 유효한 댐퍼 등을 설치할 것

　　　바) 그 밖의 기준은 별표 6 Ⅵ제10호다목·아목 내지 차목 및 타목의 규정을 준용할 것

　　2) **탱크전용실에 펌프설비를 설치하는 경우에는 견고한 기초 위에 고정한 다음 그 주위에는 불연재료로 된 턱을 0.2m 이상의 높이로 설치하는 등 누설된 위험물이 유출되거나 유입되지 아니하도록 하는 조치를 할 것**

　라. 탱크전용실은 벽·기둥·바닥 및 보를 내화구조로 할 것

　마. 탱크전용실은 상층이 있는 경우에 있어서는 상층의 바닥을 내화구조로 하고, 상층이 없는 경우에 있어서는 지붕을 불연재료로 하며, 천장을 설치하지 아니할 것

　바. **탱크전용실에는 창을 설치하지 아니할 것**

　사. 탱크전용실의 출입구에는 수시로 열 수 있는 자동폐쇄식의 60분+방화문 또는 60분방화문을 설치할 것

　아. 탱크전용실의 환기 및 배출의 설비에는 방화상 유효한 댐퍼 등을 설치할 것

　자. 탱크전용실의 출입구의 턱의 높이를 당해 탱크전용실내의 옥내저장탱크(옥내저장탱크가 2 이

상인 경우에는 모든 탱크)의 용량을 수용할 수 있는 높이 이상으로 하거나 옥내저장탱크로부터 누설된 위험물이 탱크전용실 외의 부분으로 유출하지 아니하는 구조로 할 것

차. 옥내저장탱크의 용량(동일한 탱크전용실에 옥내저장탱크를 2 이상 설치하는 경우에는 각 탱크의 용량의 합계를 말한다)은 1층 이하의 층에 있어서는 지정수량의 40배(제4석유류 및 동식물유류 외의 제4류 위험물에 있어서 당해 수량이 2만ℓ 를 초과할 때에는 2만ℓ) 이하, 2층 이상의 층에 있어서는 지정수량의 10배(제4석유류 및 동식물유류 외의 제4류 위험물에 있어서 당해 수량이 5천ℓ 를 초과할 때에는 5천ℓ) 이하일 것

II. 위험물의 성질에 따른 옥내탱크저장소의 특례

알킬알루미늄등, 아세트알데하이드등 및 하이드록실아민등을 저장 또는 취급하는 옥내탱크저장소에 있어서는 I 제1호에 따른 기준 외에 별표 6 XI 각호의 규정에 의한 알킬알루미늄등의 옥외탱크저장소, 아세트알데하이드등의 옥외탱크저장소 및 하이드록실아민등의 옥외탱크저장소의 규정을 준용하여야 한다.

문1 위험물안전관리법령상 옥내탱크저장소 중 탱크전용실을 단층건물 외의 건축물에 설치하는 경우 탱크전용실을 건축물의 1층 또는 지하층에 설치하여야 하는 것은?

① 질산의 탱크전용실
② 등유의 탱크전용실
③ 실린더유의 탱크전용실
④ 클레오소트유의 탱크전용실

[해설]

석유류 구분	인화점(℃)
제1석유류(아세톤, 휘발유, 톨루엔, 벤젠)	21미만
제2석유류(등유, 경유)	21이상 70미만
제3석유류(중유, 클레오소트유)	70이상 200미만
제4석유류(기어유, 실린더유)	200이상 250미만

[정답] ①

문2 위험물안전관리법령상 옥내저장탱크의 대기밸브 부착 통기관은 얼마 이하의 압력차(kPa)로 작동되어야 하는가?

① 5
② 7
③ 10
④ 20

[정답] ①

문3 위험물안전관리법령상 옥내탱크저장소의 저장탱크에 클레오소트유(제3석유류 비수용성)를 저장하고자 할 때 최대용량(L)은?

① 20,000
② 40,000
③ 60,000
④ 80,000

[정답] ①

문 4
다음은 옥내저장소의 저장창고와 옥내탱크저장소의 탱크전용실에 관한 설명이다. 위험물안전관리법령상 내용으로 옳지 <u>않은</u> 것은?

① 제4류 위험물 중 제1석유류를 저장하는 옥내저장소에 있어서 하나의 저장창고의 바닥면적은 1,000㎡ 이하로 설치하여야 한다.
② 제4류 위험물 중 제1석유류를 저장하는 옥내탱크저장소의 탱크전용실은 건축물의 1층 또는 지하층에 설치하여야 한다.
③ 다층건물 옥내저장소의 저장창고에서 연소의 우려가 있는 외벽은 출입구 외의 개구부를 갖지 아니하는 벽으로 하여야 한다.
④ 제3류 위험물인 황린을 단독으로 저장하는 옥내탱크저장소의 탱크전용실은 지하층에 설치할 수 있다.

해설

[별표 5 : 옥내저장소의 위치·구조 및 설비의 기준]
6. 하나의 저장창고의 바닥면적(2 이상의 구획된 실이 있는 경우에는 각 실의 바닥면적의 합계)은 다음 각목의 구분에 의한 면적 이하로 하여야 한다. 이 경우 가목의 위험물과 나목의 위험물을 같은 저장창고에 저장하는 때에는 가목의 위험물을 저장하는 것으로 보아 그에 따른 바닥면적을 적용한다.
    가. **다음의 위험물을 저장하는 창고 : 1,000㎡**
        1) 제1류 위험물 중 아염소산염류, 염소산염류, 과염소산염류, 무기과산화물 그 밖에 지정수량이 50kg인 위험물
        2) 제3류 위험물 중 칼륨, 나트륨, 알킬알루미늄, 알킬리튬 그 밖에 지정수량이 10kg인 위험물 및 황린
        3) **제4류 위험물 중 특수인화물, 제1석유류 및 알코올류**
        4) 제5류 위험물 중 유기과산화물, 질산에스터류 그 밖에 지정수량이 10kg인 위험물
        5) 제6류 위험물
    나. 가목의 위험물 외의 위험물을 저장하는 창고 : 2,000㎡
    다. 가목의 위험물과 나목의 위험물을 내화구조의 격벽으로 완전히 구획된 실에 각각 저장하는 창고 : 1,500㎡(가목의 위험물을 저장하는 실의 면적은 500㎡를 초과할 수 없다)

정답 ②

문5 옥내저장탱크의 펌프설비가 탱크전용실이 있는 건축물에 설치되어 있다. 펌프설비가 탱크전용실 외의 장소에 설치되어 있는 경우, 위험물안전관리법령상 펌프실 지붕의 기준에 대한 설명으로 옳은 것은?

① 폭발력이 위로 방출될 정도의 가벼운 불연재료로만 하여야 한다.
② 불연재료로만 하여야 한다.
③ 내화구조 또는 불연재료로 할 수 있다.
④ 내화구조로만 하여야 한다.

정답 ③

문6 위험물안전관리법령상 옥내탱크저장소의 탱크전용실에 하나의 탱크를 설치하고 제2석유류(경유)를 저장하려고 할 때 ( ) 안에 들어갈 내용으로 옳은 것은?

- 저장할 수 있는 최대용량은 (ㄱ)이다.
- 지정수량의 (ㄴ)배까지 저장 가능하다.

① ㄱ : 20,000리터, ㄴ : 20
② ㄱ : 20,000리터, ㄴ : 40
③ ㄱ : 40,000리터, ㄴ : 20
④ ㄱ : 40,000리터, ㄴ : 40

정답 ①

제4류	인화성 액체	1. 특수인화물		50리터
		2. 제1석유류	비수용성액체	200리터
			수용성액체	400리터
		3. 알코올류		400리터
		4. 제2석유류	비수용성액체(경유, 등유)	1,000리터
			수용성액체	2,000리터
		5. 제3석유류	비수용성액체	2,000리터
			수용성액체	4,000리터
		6. 제4석유류		6,000리터
		7. 동식물유류		10,000리터

■ 위험물안전관리법 시행규칙 [별표 8]
지하탱크저장소의 위치·구조 및 설비의 기준(제32조관련)

Ⅰ. 지하탱크저장소의 기준(Ⅱ 및 Ⅲ에 정하는 것을 제외한다)
1. 위험물을 저장 또는 취급하는 지하탱크(이하 Ⅰ, 별표 13 Ⅲ 및 별표 18 Ⅲ에서 "지하저장탱크"라 한다)는 지면하에 설치된 탱크전용실에 설치하여야 한다. 다만, 제4류 위험물의 지하저장탱크가 다음 가목 내지 마목의 기준에 적합한 때에는 그러하지 아니하다.
    가. 당해 탱크를 지하철·지하가 또는 지하터널로부터 수평거리 10m 이내의 장소 또는 지하건축물 내의 장소에 설치하지 아니할 것
    나. 당해 탱크를 그 수평투영의 세로 및 가로보다 각각 0.6m 이상 크고 두께가 0.3m 이상인 철근콘크리트조의 뚜껑으로 덮을 것
    다. 뚜껑에 걸리는 중량이 직접 당해 탱크에 걸리지 아니하는 구조일 것
    라. 당해 탱크를 견고한 기초 위에 고정할 것
    마. 당해 탱크를 지하의 가장 가까운 벽·피트(pit: 인공지하구조물)·가스관 등의 시설물 및 대지경계선으로부터 0.6m 이상 떨어진 곳에 매설할 것
2. 탱크전용실은 지하의 가장 가까운 벽·피트·가스관 등의 시설물 및 대지경계선으로부터 **0.1m 이상** 떨어진 곳에 설치하고, 지하저장탱크와 탱크전용실의 안쪽과의 사이는 **0.1m 이상의 간격을 유지**하도록 하며, 당해 탱크의 주위에 마른 모래 또는 습기 등에 의하여 응고되지 아니하는 입자지름 5mm 이하의 마른 자갈분을 채워야 한다.
3. **지하저장탱크의 윗부분은 지면으로부터 0.6m 이상 아래에 있어야 한다.**
4. **지하저장탱크를 2 이상 인접해 설치하는 경우에는 그 상호간에 1m(당해 2 이상의 지하저장탱크의 용량의 합계가 지정수량의 100배 이하인 때에는 0.5m) 이상의 간격을 유지하여야 한다.** 다만, 그 사이에 탱크전용실의 벽이나 두께 20㎝ 이상의 콘크리트 구조물이 있는 경우에는 그러하지 아니하다.
5. 지하탱크저장소에는 별표 4 Ⅲ제1호의 기준에 따라 보기 쉬운 곳에 "위험물 지하탱크저장소"라는 표시를 한 표지와 같은 표 Ⅲ제2호의 기준에 따라 방화에 관하여 필요한 사항을 게시한 게시판 및 같은 표 Ⅲ 제3호의 기준을 준용하여 해당 지하탱크저장소가 금연구역임을 알리는 표지를 설치해야 한다.
6. 지하저장탱크는 용량에 따라 다음 표에 정하는 기준에 적합하게 강철판 또는 동등 이상의 성능이 있는 금속재질로 완전용입용접 또는 양면겹침이음용접으로 틈이 없도록 만드는 동시에, **압력탱크**(최대상용압력이 46.7kPa 이상인 탱크를 말한다) **외의 탱크에 있어서는 70kPa의 압력으로, 압력탱크에 있어서는 최대상용압력의 1.5배의 압력으로 각각 10분간 수압시험을** 실시하여 새거나 변형되지 아니하여야 한다. 이 경우 수압시험은 소방청장이 정하여 고시하는 기밀시험과 비파괴시험을 동시에 실시하는 방법으로 대신할 수 있다. → *70//1.5/10(싫어/일어나/십(시오)
16. **탱크전용실은 벽·바닥 및 뚜껑을 다음 각 목에 정한 기준에 적합한 철근콘크리트구조** 또는 이와 동등 이상의 강도가 있는 구조로 설치하여야 한다.
    가. 벽·바닥 및 뚜껑의 두께는 0.3m 이상일 것
    나. 벽·바닥 및 뚜껑의 내부에는 지름 9mm부터 13mm까지의 철근을 가로 및 세로로 5㎝부터 20㎝까지의 간격으로 배치할 것

다. 벽·바닥 및 뚜껑의 재료에 수밀(액체가 새지 않도록 밀봉되어 있는 상태)콘크리트를 혼입하거나 벽·바닥 및 뚜껑의 중간에 아스팔트층을 만드는 방법으로 적정한 방수조치를 할 것

탱크용량(단위 ℓ)	탱크의 최대지름(단위 mm)	강철판의 최소두께(단위 mm)
1,000 이하	1,067	3.20
1,000 초과 2,000 이하	1,219	3.20
2,000 초과 4,000 이하	1,625	3.20
4,000 초과 15,000 이하	2,450	4.24
15,000 초과 45,000 이하	3,200	6.10
45,000 초과 75,000 이하	3,657	7.67
75,000 초과 189,000 이하	3,657	9.27
189,000 초과	−	10.00

문1 위험물안전관리법령상 지하저장탱크 용량이 40,000리터인 경우 탱크의 최대지름(mm)은?

① 1,625
② 2,450
③ 3,200
④ 3,657

정답 ③

문2 위험물안전관리법령상 지하탱크저장소의 기준에 관한 설명으로 옳은 것은? (단, 이중벽 탱크와 특수누설방지구조는 제외한다)

① 지하저장탱크의 윗부분은 지면으로부터 0.5m 이상 아래에 있어야 한다.
② 지하저장탱크와 탱크전용실의 안쪽과의 사이는 5cm 이상의 간격을 유지하도록 한다.
③ 지하저장탱크는 용량이 1,500L 이하일 때 탱크의 최대 직경은 1,067mm, 강철판의 최소 두께는 4.24mm로 한다.
④ 철근콘크리트 구조인 탱크전용실의 벽·바닥 및 뚜껑은 두께 0.3m 이상으로 하고 그 내부에는 직경 9mm부터 13mm까지의 철근을 가로 및 세로로 5cm부터 20cm까지의 간격으로 배치한다.

정답 ④

문3 위험물안전관리법령상 지하탱크저장소 하나의 전용실에 경유 20,000리터와 휘발유 10,000리터의 저장탱크를 인접해 설치하는 경우 탱크 상호간의 거리는 최소 몇 m를 유지하여야 하는가? (단, 지하저장탱크 사이에 탱크전용실의 벽이나 두께 20cm 이상의 콘크리트 구조물이 있는 경우는 제외)

① 0.3
② 0.5
③ 0.6
④ 1

[해설]

경유(제2석유류 비수용성 지정수량 1,000리터)는 20배, 휘발유(제1석유류 비수용성 200리터)는 50배 합계 70배이므로 100배 이하인 경우 0.5m 이상에 해당한다.

정답 ②

문4 위험물안전관리법령상 지하탱크저장소의 수압시험 기준으로 옳은 것은?

① 압력탱크(최대상용압력 46.7kPa 이상인 탱크) 외의 탱크에 있어서는 50kPa의 압력으로 10분간 수압시험을 실시하여 새거나 변형되지 아니하여야 한다.

② 압력탱크(최대상용압력 46.7kPa 이상인 탱크) 외의 탱크에 있어서는 70kPa의 압력으로 15분간 수압시험을 실시하여 새거나 변형되지 아니하여야 한다.

③ 압력탱크(최대상용압력 46.7kPa 이상인 탱크)에 있어서는 최대상용압력의 1.1배의 압력으로 10분간 수압시험을 실시하여 새거나 변형되지 아니하여야 한다.

④ 압력탱크(최대상용압력 46.7kPa 이상인 탱크)에 있어서는 최대상용압력의 1.5배의 압력으로 10분간 수압시험을 실시하여 새거나 변형되지 아니하여야 한다.

[해설]

6. 지하저장탱크는 용량에 따라 다음 표에 정하는 기준에 적합하게 강철판 또는 동등 이상의 성능이 있는 금속재질로 완전용입용접 또는 양면겹침이음용접으로 틈이 없도록 만드는 동시에, **압력탱크(최대상용압력이 46.7kPa 이상인 탱크를 말한다) 외의 탱크에 있어서는 70kPa의 압력으로, 압력탱크에 있어서는 최대상용압력의 1.5배의 압력으로 각각 10분간 수압시험을** 실시하여 새거나 변형되지 아니하여야 한다. 이 경우 수압시험은 소방청장이 정하여 고시하는 기밀시험과 비파괴시험을 동시에 실시하는 방법으로 대신할 수 있다. → *70//1.5/10(싫어/일어나/십(시오)

[정답] ④

■ 위험물안전관리법 시행규칙 [별표 9]

간이탱크저장소의 위치·구조 및 설비의 기준(제33조관련)

1. 위험물을 저장 또는 취급하는 간이탱크(이하 Ⅰ, 별표 13 Ⅲ 및 별표 18 Ⅲ에서 "간이저장탱크"라 한다)는 **옥외에 설치하여야 한다.** 다만, 다음 각목의 기준에 적합한 **전용실안에 설치하는 경우에는** 그러하지 아니하다. → *전용실 안에 설치하는 경우에는 옥내에 설치할 수 있다.
    가. 전용실의 구조는 별표 7 Ⅰ제1호 거목 및 너목의 규정에 의한 옥내탱크저장소의 탱크전용실의 구조의 기준에 적합할 것
    나. 전용실의 창 및 출입구는 별표 7 Ⅰ제1호 더목 및 러목의 규정에 의한 옥내탱크저장소의 창 및 출입구의 기준에 적합할 것
    다. 전용실의 바닥은 별표 7 Ⅰ제1호 머목의 규정에 의한 옥내탱크저장소의 탱크전용실의 바닥의 구조의 기준에 적합할 것
    라. 전용실의 채광·조명·환기 및 배출의 설비는 별표 5 Ⅰ제14호의 규정에 의한 옥내저장소의 채광·조명·환기 및 배출의 설비의 기준에 적합할 것
2. **하나의 간이탱크저장소에 설치하는 간이저장탱크는 그 수를 3 이하로 하고, 동일한 품질의 위험물의 간이저장탱크를 2 이상 설치하지 아니하여야 한다.**
3. 간이탱크저장소에는 별표 4 Ⅲ제1호의 기준에 따라 보기 쉬운 곳에 "위험물 간이탱크저장소"라는 표시를 한 표지와 같은 표 Ⅲ제2호의 기준에 따라 방화에 관하여 필요한 사항을 게시한 게시판 및 같은 표 Ⅲ 제3호의 기준을 준용하여 해당 간이탱크저장소가 금연구역임을 알리는 표지를 설치해야 한다.
4. 간이저장탱크는 움직이거나 넘어지지 아니하도록 지면 또는 가설대에 고정시키되, **옥외에 설치하는 경우에는 그 탱크의 주위에 너비 1m 이상의 공지를 두고,** '**전용실 안에 설치하는 경우에는 탱크와 전용실의 벽과의 사이에 0.5m 이상의 간격**'을 유지하여야 한다.
5. 간이저장탱크의 용량은 **600ℓ** 이하이어야 한다.
6. 간이저장탱크는 두께 **3.2㎜** 이상의 강판으로 흠이 없도록 제작하여야 하며, **70㎪**의 압력으로 **10분간의 수압시험을 실시하여 새거나 변형되지 아니하여야 한다.**
7. 간이저장탱크의 외면에는 녹을 방지하기 위한 도장을 하여야 한다. 다만, 탱크의 재질이 부식의 우려가 없는 스테인레스 강판 등인 경우에는 그러하지 아니하다.
8. 간이저장탱크에는 다음 각 목의 구분에 따른 기준에 적합한 밸브 없는 통기관 또는 대기밸브부착 통기관을 설치하여야 한다.
    가. 밸브 없는 통기관
        1) **통기관의 지름은 25㎜ 이상으로 할 것**
        2) 통기관은 옥외에 설치하되, **그 끝부분의 높이는 지상 1.5m 이상으로 할 것**
        3) **통기관의 끝부분은 수평면에 대하여 아래로 45° 이상 구부려 빗물 등이 침투하지 아니하도록 할 것**
        4) **가는 눈의 구리망 등으로 인화방지장치를 할 것. 다만, 인화점 70℃ 이상의 위험물만을 해당 위험물의 인화점 미만의 온도로 저장 또는 취급하는 탱크에 설치하는 통기관에 있어서는 그러하지 아니하다.**
    나. 대기밸브 부착 통기관
        1) 가목2) 및 4)의 기준에 적합할 것

2) 별표 6 Ⅵ제7호나목1)의 기준에 적합할 것
9. 간이저장탱크에 고정주유설비 또는 고정급유설비를 설치하는 경우에는 별표 13 Ⅳ의 규정에 의한 고정주유설비 또는 고정급유설비의 기준에 적합하여야 한다.

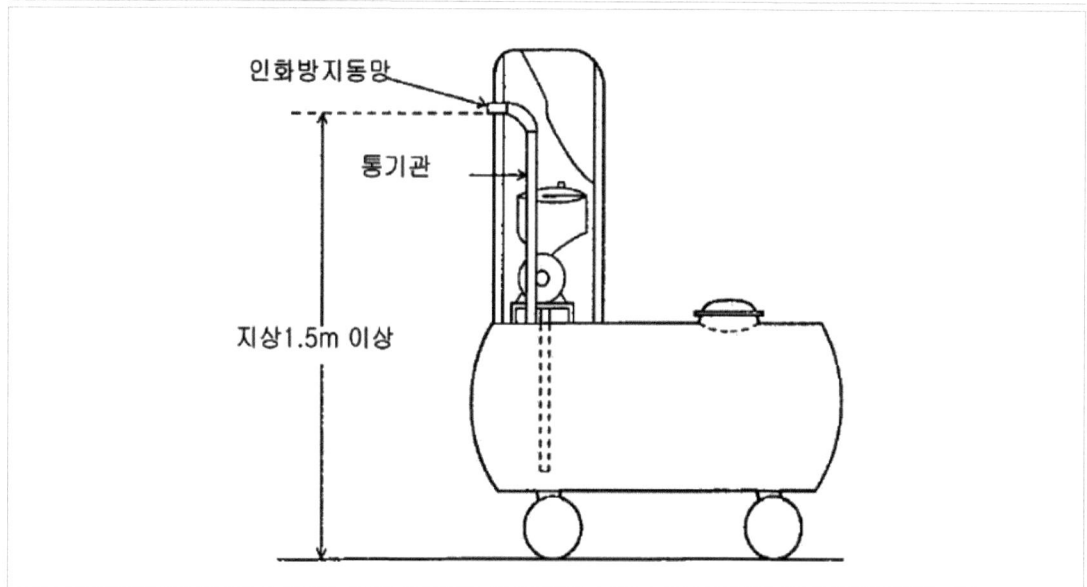

문1 위험물안전관리법령상 간이탱크저장소의 간이저장탱크에 설치하여야 하는 '밸브 없는 통기관'의 설비기준으로 옳지 않은 것은?

① 통기관의 지름은 25㎜ 이상으로 할 것
② 통기관은 옥외에 설치하되, 그 끝부분의 높이는 지상 1.5m 이상으로 할 것
③ 인화점 80℃ 이상의 위험물만을 해당 위험물의 인화점 미만의 온도로 저장 또는 취급하는 탱크에 설치하는 통기관에는 인화방지장치를 할 것
④ 통기관의 끝부분은 수평면에 대하여 아래로 45° 이상 구부려 빗물 등이 침투하지 아니하도록 할 것

정답 ③

문2 위험물안전관리법령상 간이탱크저장소의 위치구조 및 설비의 기준에 관한 조문의 일부이다. ( )에 들어갈 숫자가 바르게 나열된 것은?

> 간이저장탱크는 두께 (ㄱ)㎜ 이상 강판으로 흠이 없도록 제작하여야 하며, (ㄴ)kPa의 압력으로 10분간의 수압시험을 실시하여 새거나 변형되지 아니하여야 한다.

① ㄱ : 2.3, ㄴ : 60
② ㄱ : 2.3, ㄴ : 70
③ ㄱ : 3.2, ㄴ : 60
④ ㄱ : 3.2, ㄴ : 70

정답 ④

문3 위험물안전관리법령상 간이탱크저장소 설치기준에 관한 내용으로 옳은 것은?

① 간이저장탱크의 용량은 1,000리터 이하이어야 한다.
② 하나의 간이탱크저장소에 설치하는 간이탱크 수는 5이하로 한다.
③ 간이저장탱크는 70kPa의 압력으로 10분간의 수압시험을 실시하여 새거나 변형되지 아니하여야 한다.
④ 간이저장탱크를 옥외에 설치하는 경우 그 탱크 주위에 너비 0.5m 이상의 공지를 둔다.

정답 ③

문4 위험물안전관리법령상 간이탱크저장소의 위치·구조 및 설비의 기준이 아닌 것은?

① 전용실 안에 설치하는 간이저장탱크의 경우 전용실 주위에는 1m 이상의 공지를 두어야 한다.
② 동일한 품질의 위험물의 간이저장탱크를 2이상 설치하지 아니하여야 한다.
③ 간이저장탱크는 옥외에 설치하여야 하지만, 규정에서 정한 기준에 적합한 전용실 안에 설치하는 경우에는 옥내에 설치할 수 있다.
④ 간이저장탱크는 70kPa의 압력으로 10분간의 수압시험을 실시하여 새거나 변형되지 아니하여야 한다.

정답 ①

■ 위험물안전관리법 시행규칙 [별표 10]

이동탱크저장소의 위치·구조 및 설비의 기준(제34조관련)

Ⅰ. 상치장소
이동탱크저장소의 상치장소는 다음 각 호의 기준에 적합하여야 한다.
1. 옥외에 있는 상치장소는 화기를 취급하는 장소 또는 인근의 건축물로부터 5m 이상(인근의 건축물이 1층인 경우에는 3m 이상)의 거리를 확보하여야 한다. 다만, 하천의 공지나 수면, 내화구조 또는 불연재료의 담 또는 벽 그 밖에 이와 유사한 것에 접하는 경우를 제외한다.
2. 옥내에 있는 상치장소는 벽·바닥·보·서까래 및 지붕이 내화구조 또는 불연재료로 된 건축물의 1층에 설치하여야 한다.

Ⅱ. 이동저장탱크의 구조
1. 이동저장탱크(*탱크로리)의 구조는 다음 각목의 기준에 의하여야 한다.
   가. 탱크(맨홀 및 주입관의 뚜껑을 포함한다)는 두께 3.2mm 이상의 강철판 또는 이와 동등 이상의 강도·내식성 및 내열성이 있다고 인정하여 소방청장이 정하여 고시하는 재료 및 구조로 위험물이 새지 아니하게 제작할 것
   나. 압력탱크(최대상용압력이 46.7KPa 이상인 탱크를 말한다) 외의 탱크는 70KPa의 압력으로, 압력탱크는 최대상용압력의 1.5배의 압력으로 각각 10분간의 수압시험을 실시하여 새거나 변형되지 아니할 것. 이 경우 수압시험은 용접부에 대한 비파괴시험과 기밀시험으로 대신할 수 있다.
2. 이동저장탱크는 그 내부에 4,000ℓ 이하마다 3.2mm 이상의 강철판 또는 이와 동등 이상의 강도·내열성 및 내식성이 있는 금속성의 것으로 칸막이를 설치하여야 한다. 다만, 고체인 위험물을 저장하거나 고체인 위험물을 가열하여 액체 상태로 저장하는 경우에는 그러하지 아니하다.
3. 제2호의 규정에 의한 칸막이로 구획된 각 부분마다 맨홀과 다음 각목의 기준에 의한 안전장치 및 방파판을 설치하여야 한다. 다만, 칸막이로 구획된 부분의 용량이 2,000ℓ 미만인 부분에는 방파판을 설치하지 아니할 수 있다.
   가. 안전장치
   상용압력이 20KPa 이하인 탱크에 있어서는 20KPa 이상 24KPa 이하의 압력에서, 상용압력이 20KPa를 초과하는 탱크에 있어서는 상용압력의 '1.1배 이하'의 압력에서 작동하는 것으로 할 것
   나. 방파판(*출렁거리는 것을 막아주는 차폐장치)
      1) 두께 1.6mm 이상의 강철판 또는 이와 동등 이상의 강도·내열성 및 내식성이 있는 금속성의 것으로 할 것
      2) 하나의 구획부분에 2개 이상의 방파판을 이동탱크저장소의 진행방향과 평행으로 설치하되, 각 방파판은 그 높이 및 칸막이로부터의 거리를 '다르게' 할 것
      3) 하나의 구획부분에 설치하는 각 방파판의 면적의 합계는 당해 구획부분의 최대 수직단면적의 50% 이상으로 할 것. 다만, 수직단면이 원형이거나 짧은 지름이 1m 이하의 타원형일 경우에는 40% 이상으로 할 수 있다.
4. 맨홀·주입구 및 안전장치 등이 탱크의 상부에 돌출되어 있는 탱크에 있어서는 다음 각목의 기준에 의하여 부속장치의 손상을 방지하기 위한 측면틀 및 방호틀을 설치하여야 한다. 다만, 피견인자동

차에 고정된 탱크에는 측면틀을 설치하지 아니할 수 있다.

가. **측면틀**
1) 탱크 뒷부분의 입면도에 있어서 측면틀의 최외측과 탱크의 최외측을 연결하는 직선(이하 Ⅱ에서 "**최외측선**"이라 한다)의 '**수평면에 대한 내각이 75도 이상**'이 되도록 하고, 최대수량의 위험물을 저장한 상태에 있을 때의 당해 탱크중량의 중심점과 측면틀의 최외측을 연결하는 직선과 그 중심점을 지나는 직선 중 **최외측선과 '직각을 이루는 직선과의 내각이 35도 이상**'이 되도록 할 것 → *수평75(싫어) 직각35(삼오님~)
2) 외부로부터 하중에 견딜 수 있는 구조로 할 것
3) 탱크상부의 네 모퉁이에 당해 탱크의 전단 또는 후단으로부터 각각 1m 이내의 위치에 설치할 것
4) 측면틀에 걸리는 하중에 의하여 탱크가 손상되지 아니하도록 측면틀의 부착부분에 받침판을 설치할 것

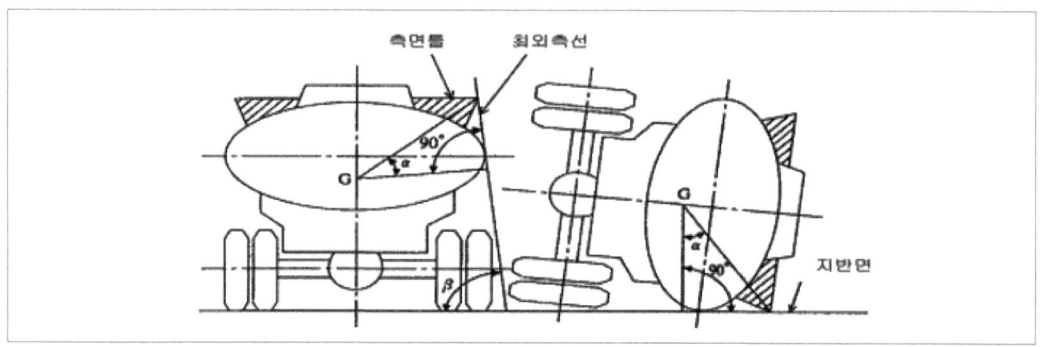

나. **방호틀**
1) 두께 2.3mm 이상의 강철판 또는 이와 동등 이상의 기계적 성질이 있는 재료로써 산모양의 형상으로 하거나 이와 동등 이상의 강도가 있는 형상으로 할 것
2) 정상부분은 부속장치보다 50mm 이상 높게 하거나 이와 동등 이상의 성능이 있는 것으로 할 것

5. 탱크의 외면에는 부식방지도장을 하여야 한다. 다만, 탱크의 재질이 부식의 우려가 없는 스테인레스 강판 등인 경우에는 그러하지 아니하다.

Ⅲ. 배출밸브 및 폐쇄장치
1. 이동저장탱크의 아랫부분에 배출구를 설치하는 경우에는 당해 탱크의 배출구에 밸브(이하 Ⅲ에서 "배출밸브"라 한다)를 설치하고 비상시에 직접 당해 배출밸브를 폐쇄할 수 있는 수동폐쇄장치 또는 자동폐쇄장치를 설치하여야 한다.
2. 제1호에 따른 수동폐쇄장치를 설치하는 경우에는 수동폐쇄장치를 작동시킬 수 있는 레버 또는 이와 유사한 기능을 하는 것을 설치하고, 그 바로 옆에 해당 장치의 작동방식을 표시하여야 한다. 이 경우 레버를 설치하는 경우에는 다음 각 목의 기준에 따라 설치하여야 한다.
    가. 손으로 잡아당겨 수동폐쇄장치를 작동시킬 수 있도록 할 것

나. 길이는 15㎝ 이상으로 할 것
3. 제1호의 규정에 의하여 배출밸브를 설치하는 경우, 그 배출밸브에 대하여 외부로부터의 충격으로 인한 손상을 방지하기 위하여 필요한 장치를 하여야 한다.
4. 탱크의 배관이 끝부분에는 개폐밸브를 설치하여야 한다.

Ⅳ. 결합금속구 등
1. 액체위험물의 이동탱크저장소의 주입호스(이동저장탱크로부터 위험물을 저장 또는 취급하는 다른 탱크로 위험물을 공급하는 호스를 말한다. 제2호 및 제3호에서 같다)는 위험물을 저장 또는 취급하는 탱크의 주입구와 결합할 수 있는 금속구를 사용하되, 그 결합금속구(제6류 위험물의 탱크의 것을 제외한다)는 놋쇠 그 밖에 마찰 등에 의하여 불꽃이 생기지 아니하는 재료로 하여야 한다.
2. 제1호의 규정에 의한 주입호스의 재질과 규격 및 결합금속구의 규격은 소방청장이 정하여 고시한다.
3. **이동탱크저장소에 주입설비(주입호스의 끝부분에 개폐밸브를 설치한 것을 말한다)를 설치하는 경우에는 다음 각목의 기준에 의하여야 한다.**
　　가. 위험물이 샐 우려가 없고 화재예방상 안전한 구조로 할 것
　　나. <u>주입설비의 길이는 50m 이내로 하고</u>, 그 끝부분에 축적되는 정전기를 유효하게 제거할 수 있는 장치를 할 것
　　다. <u>분당 배출량은 200ℓ 이하로 할 것</u>

Ⅴ. 표지 및 상치장소 표시
1. 이동탱크저장소에는 소방청장이 정하여 고시하는 바에 따라 저장하는 위험물의 위험성을 알리는 표지를 설치하여야 한다.
2. 이동탱크저장소의 탱크외부에는 소방청장이 정하여 고시하는 바에 따라 도장 등을 하여 쉽게 식별할 수 있도록 하고, 보기 쉬운 곳에 Ⅰ의 규정에 의한 상치장소의 위치를 표시하여야 한다.
3. 법 제19조의2제2항에 따라 이동탱크저장소에는 보기 쉬운 곳에 해당 이동탱크저장소가 금연구역임을 알리는 표지를 설치해야 한다. 이 경우 표지에는 금연을 상징하는 그림 또는 문자가 포함되어야 한다.

Ⅵ. 펌프설비
1. 이동탱크저장소에 설치하는 펌프설비는 당해 이동탱크저장소의 차량구동용엔진(피견인식 이동탱크저장소의 견인부분에 설치된 것은 제외한다)의 동력원을 이용하여 위험물을 이송하여야 한다. 다만, 다음 각목의 기준에 의하여 외부로부터 전원을 공급받는 방식의 모터펌프를 설치할 수 있다.
　　가. 저장 또는 취급가능한 위험물은 인화점 40℃ 이상의 것 또는 비인화성의 것에 한할 것
　　나. 화재예방상 지장이 없는 위치에 고정하여 설치할 것
2. 피견인식 이동탱크저장소의 견인부분에 설치된 차량구동용 엔진의 동력원을 이용하여 위험물을 이송하는 경우에는 다음 각목의 기준에 적합하여야 한다.
　　가. 견인부분에 작동유탱크 및 유압펌프를 설치하고, 피견인부분에 오일모터 및 펌프를 설치할 것
　　나. 트랜스미션(Transmission)으로부터 동력전동축을 경유하여 견인부분의 유압펌프를 작동시키고 그 유압에 의하여 피견인부분의 오일모터를 경유하여 펌프를 작동시키는 구조일 것
3. 이동탱크저장소에 설치하는 펌프설비는 당해 이동저장탱크로부터 위험물을 배출하는 용도에 한한

다. 다만, 폐유의 회수 등의 용도에 사용되는 이동탱크저장소에는 다음의 각목의 기준에 의하여 진공흡입방식의 펌프를 설치할 수 있다.
　가. 저장 또는 취급가능한 위험물은 인화점이 70℃ 이상인 폐유 또는 비인화성의 것에 한할 것
　나. 감압장치의 배관 및 배관의 이음은 금속제일 것. 다만, 완충용이음은 내압 및 내유성이 있는 고무제품을, 배기통의 최상부는 합성수지제품을 사용할 수 있다.
　다. 호스 끝부분에는 돌 등의 고형물이 혼입되지 아니하도록 망 등을 설치할 것
　라. 이동저장탱크로부터 위험물을 다른 저장소로 옮겨 담는 경우에는 당해 저장소의 펌프 또는 자연하류의 방식에 의하는 구조일 것

Ⅶ. 접지도선

제4류 위험물중 특수인화물, 제1석유류 또는 제2석유류의 이동탱크저장소에는 다음의 각호의 기준에 의하여 접지도선을 설치하여야 한다.
1. 양도체(良導體)의 도선에 비닐 등의 전열(電熱)차단재료로 피복하여 끝부분에 접지전극등을 결착시킬 수 있는 클립(clip) 등을 부착할 것
2. 도선이 손상되지 아니하도록 도선을 수납할 수 있는 장치를 부착할 것

Ⅷ. 컨테이너식 이동탱크저장소의 특례

1. 이동저장탱크를 차량 등에 옮겨 싣는 구조로 된 이동탱크저장소(이하 "컨테이너식 이동탱크저장소"라 한다)에 대하여는 Ⅳ의 규정을 적용하지 아니하되, 다음 각목의 기준에 적합하여야 한다.
　가. 이동저장탱크는 옮겨 싣는 때에 이동저장탱크하중에 의하여 생기는 응력 및 변형에 대하여 안전한 구조로 할 것
　나. 컨테이너식 이동탱크저장소에는 이동저장탱크하중의 4배의 전단하중에 견디는 걸고리체결금속구 및 모서리체결금속구를 설치할 것. 다만, 용량이 6,000ℓ 이하인 이동저장탱크를 싣는 이동탱크저장소의 경우에는 이동저장탱크를 차량의 섀시프레임(차대 고정틀)에 체결하도록 만든 구조의 유(U)자볼트를 설치할 수 있다.
　다. 컨테이너식 이동탱크저장소에 주입호스를 설치하는 경우에는 Ⅳ의 기준에 의할 것
2. 다음 각목의 기준에 적합한 이동저장탱크로 된 컨테이너식 이동탱크저장소에 대하여는 Ⅱ제2호 내지 제4호의 규정을 적용하지 아니한다.
　가. 이동저장탱크 및 부속장치(맨홀·주입구 및 안전장치 등을 말한다)는 강재로 된 상자형태의 틀(이하 "상자틀"이라 한다)에 수납할 것
　나. 상자틀의 구조물중 이동저장탱크의 이동방향과 평행한 것과 수직인 것은 당해 이동저장탱크·부속장치 및 상자틀의 자중과 저장하는 위험물의 무게를 합한 하중(이하 "이동저장탱크하중"이라 한다)의 2배 이상의 하중에, 그 외 이동저장탱크의 이동방향과 직각인 것은 이동저장탱크하중 이상의 하중에 각각 견딜 수 있는 강도가 있는 구조로 할 것
　다. 이동저장탱크·맨홀 및 주입구의 뚜껑은 두께 6㎜[당해 탱크의 지름 또는 장축(긴지름)이 1.8m 이하인 것은 5㎜] 이상의 강판 또는 이와 동등 이상의 기계적 성질이 있는 재료로 할 것
　라. 이동저장탱크에 칸막이를 설치하는 경우에는 당해 탱크의 내부를 완전히 구획하는 구조로 하

고, 두께 3.2㎜ 이상의 강판 또는 이와 동등 이상의 기계적 성질이 있는 재료로 할 것
　마. 이동저장탱크에는 맨홀 및 안전장치를 할 것
　바. 부속장치는 상자틀의 최외측과 50㎜ 이상의 간격을 유지할 것
3. 컨테이너식 이동탱크저장소에 대하여는 Ⅴ제2호를 적용하지 아니하되, 이동저장탱크의 보기 쉬운 곳에 가로 0.4m 이상, 세로 0.15m 이상의 백색 바탕에 흑색 문자로 허가청의 명칭 및 완공검사번호를 표시하여야 한다.

Ⅸ. 주유탱크차의 특례
1. 항공기주유취급소(별표 13 Ⅹ의 규정에 의한 항공기주유취급소를 말한다. 이하 같다)에 있어서 항공기의 연료탱크에 직접 주유하기 위한 주유설비를 갖춘 이동탱크저장소(이하 "주유탱크차"라 한다)에 대하여는 Ⅳ 및 Ⅶ을 적용하지 아니하되, 다음 각목의 기준에 적합하여야 한다.
　가. 주유탱크차에는 엔진배기통의 끝부분에 화염의 분출을 방지하는 장치를 설치할 것
　나. 주유탱크차에는 주유호스 등이 적정하게 격납되지 아니하면 발진되지 아니하는 장치를 설치할 것
　다. 주유설비는 다음의 기준에 적합한 구조로 할 것
　　1) 배관은 금속제로서 최대상용압력의 1.5배 이상의 압력으로 10분간 수압시험을 실시하였을 때 누설 그 밖의 이상이 없는 것으로 할 것
　　2) 주유호스의 끝부분에 설치하는 밸브는 위험물의 누설을 방지할 수 있는 구조로 할 것
　　3) 외장은 난연성이 있는 재료로 할 것
　라. 주유설비에는 당해 주유설비의 펌프기기를 정지하는 등의 방법에 의하여 이동저장탱크로부터의 위험물 이송을 긴급히 정지할 수 있는 장치를 설치할 것
　마. 주유설비에는 개방조작시에만 개방하는 자동폐쇄식의 개폐장치를 설치하고, 주유호스의 끝부분에는 연료탱크의 주입구에 연결하는 결합금속구를 설치할 것. 다만, 주유호스의 끝부분에 수동개폐장치를 설치한 주유노즐(수동개폐장치를 개방상태에서 고정하는 장치를 설치한 것을 제외한다)을 설치한 경우에는 그러하지 아니하다.
　바. 주유설비에는 항공기와 전기적으로 접속하기 위한 도선을 설치하고, 주유호스의 끝부분에 축적된 정전기를 유효하게 제거하는 장치를 설치할 것
　사. <u>주유호스는 최대상용압력의 2배 이상의 압력으로 수압시험을 실시하여 누설 그 밖의 이상이 없는 것으로 할 것</u>
2. 공항에서 시속 40㎞ 이하로 운행하도록 된 주유탱크차에는 Ⅱ제2호와 제3호(방파판에 관한 부분으로 한정한다)의 규정을 적용하지 아니하되, 다음 각 목의 기준에 적합하여야 한다.
　가. 이동저장탱크는 그 내부에 길이 1.5m 이하 또는 부피 4천ℓ 이하마다 3.2㎜ 이상의 강철판 또는 이와 같은 수준 이상의 강도·내열성 및 내식성이 있는 금속성의 것으로 칸막이를 설치할 것
　나. 가목에 따른 칸막이에 구멍을 낼 수 있되, 그 지름이 40㎝ 이내 일 것

Ⅹ. 위험물의 성질에 따른 이동탱크저장소의 특례

1. 알킬알루미늄등을 저장 또는 취급하는 이동탱크저장소는 Ⅰ 내지 Ⅷ의 규정에 의한 기준에 의하되, 당해 위험물의 성질에 따라 강화되는 기준은 다음 각 목에 의하여야 한다.
   가. Ⅱ제1호의 규정에 불구하고 **이동저장탱크는 두께 10㎜ 이상의 강판 또는 이와 동등 이상의 기계적 성질이 있는 재료로 기밀하게 제작되고 1㎫ 이상의 압력으로 10분간 실시하는 수압시험에서 새거나 변형하지 아니하는 것**일 것
   나. 이동저장탱크의 용량은 1,900ℓ 미만일 것
   다. Ⅱ제3호 가목의 규정에 불구하고, **안전장치는 이동저장탱크의 수압시험의 압력의 3분의 2를 초과하고 5분의 4를 넘지 아니하는 범위의 압력으로 작동할 것**
   라. Ⅱ제1호 가목의 규정에 불구하고, 이동저장탱크의 맨홀 및 주입구의 뚜껑은 두께 10㎜ 이상의 강판 또는 이와 동등 이상의 기계적 성질이 있는 재료로 할 것
   마. Ⅲ제1호의 규정에 불구하고, 이동저장탱크의 배관 및 밸브 등은 당해 탱크의 윗부분에 설치할 것
   바. Ⅷ제1호 나목의 규정에 불구하고, 이동탱크저장소에는 이동저장탱크하중의 4배의 전단하중에 견딜 수 있는 걸고리체결금속구 및 모서리체결금속구를 설치할 것
   사. 이동저장탱크는 불활성의 기체를 봉입할 수 있는 구조로 할 것
   아. **이동저장탱크는 그 외면을 적색으로 도장하는 한편, 백색문자로서 동판(胴板)의 양측면 및 경판(동체의 양 끝부분에 부착하는 판)에 별표 4 Ⅲ 제2호 라목의 규정에 의한 주의사항을 표시할 것**

> 라. 나목의 게시판 외에 저장 또는 취급하는 위험물에 따라 다음의 규정에 의한 주의사항을 표시한 게시판을 설치할 것
>   1) 제1류 위험물 중 알칼리금속의 과산화물과 이를 함유한 것 또는 **제3류 위험물 중 금수성물질 (→ *나트륨, 칼륨, 알킬~)에 있어서는 "물기엄금"**
>   2) 제2류 위험물(인화성고체를 제외한다)에 있어서는 "화기주의"
>   3) 제2류 위험물 중 인화성고체, 제3류 위험물 중 자연발화성물질, 제4류 위험물 또는 제5류 위험물에 있어서는 "화기엄금"
> 마. 라목의 게시판의 색은 "물기엄금"을 표시하는 것에 있어서는 청색바탕에 백색문자로, "화기주의" 또는 "화기엄금"을 표시하는 것에 있어서는 적색바탕에 백색문자로 할 것

2. 아세트알데하이드등을 저장 또는 취급하는 이동탱크저장소는 Ⅰ부터 Ⅷ까지의 규정에 따르되, 해당 위험물의 성질에 따라 강화되는 기준은 다음 각 목에 따라야 한다.
   가. 이동저장탱크는 불활성의 기체를 봉입할 수 있는 구조로 할 것
   나. 이동저장탱크 및 그 설비는 은·수은·동·마그네슘 또는 이들을 성분으로 하는 합금으로 만들지 아니할 것
3. 하이드록실아민등을 저장 또는 취급하는 이동탱크저장소는 Ⅰ부터 Ⅷ까지의 규정에 따르되, 강화되는 기준은 별표 6 Ⅺ 제3호에 따른 하이드록실아민등을 저장 또는 취급하는 옥외탱크저장소의 규정을 준용해야 한다.

문1
「위험물안전관리법 시행규칙」상 이동탱크저장소의 이동저장탱크에 맨홀을 설치하도록 규정하고 있다. 제4류 인화성 액체만을 저장하는 이동탱크저장소의 최대 용량이 12,000리터인 이동저장탱크에 설치되어야 하는 맨홀의 최소 개수로 옳은 것은? (단, 컨테이너식 이동탱크저장소, 주유탱크차는 제외)

① 1
② 2
③ 3
④ 4

정답 ③

문2
위험물안전관리법령상 이동탱크저장소에 저장할 수 있는 제4류 위험물 중 접지도선을 설치해야 하는 위험물은?

① 특수인화물
② 동식물유류
③ 알코올류
④ 제3석유류

정답 ①

문3
위험물안전관리법령상 이동탱크저장소의 위치·구조 및 설비의 기준 중 이동저장탱크의 구조에 관한 조문의 일부이다. ( )에 들어갈 숫자로 옳은 것은?

> 압력탱크[최대상용압력 (ㄱ)kPa 이상인 탱크를 말한다] 외의 탱크는 70kPa의 압력으로, 압력탱크는 (ㄴ)배의 압력으로 각각 (ㄷ)분간의 수압시험을 실시하여 새거나 변형되지 아니할 것

① ㄱ : 20, ㄴ : 1.1, ㄷ : 5
② ㄱ : 20, ㄴ : 1.5, ㄷ : 5
③ ㄱ : 46.7, ㄴ : 1.1, ㄷ : 10
④ ㄱ : 46.7, ㄴ : 1.5, ㄷ : 10

정답 ④

문4 위험물안전관리법령상 이동탱크저장소의 위치·구조 및 설비의 기준에 관한 설명으로 옳은 것을 모두 고른 것은?

> ㄱ. 안전장치는 상용압력이 20kPa 이하인 탱크에 있어서는 20kPa 이상 24kPa 이하의 압력에서, 상용압력이 20kPa를 초과하는 탱크에 있어서는 상용압력의 1.1배 이하의 압력에서 작동하는 것으로 할 것
> ㄴ. 옥내에 있는 상치장소는 벽·바닥·보·서까래 및 지붕이 내화구조 또는 난연재료로 된 건축물의 1층에 설치하여야 한다.
> ㄷ. 이동탱크저장소에 주입설비를 설치하는 경우에는 주입설비의 길이는 60m 이내로 하고, 분당 배출량은 200리터 이하로 할 것
> ㄹ. 이동저장탱크는 그 내부에 4,000리터 이하마다 1.6㎜ 이상의 강철판 또는 이와 동등 이상의 강도·내열성 및 내식성이 있는 금속성의 것으로 칸막이를 설치하여야 한다.

① ㄱ
② ㄱ, ㄴ
③ ㄱ, ㄴ, ㄷ
④ ㄴ, ㄷ, ㄹ

정답 ①

문5 위험물안전관리법령상 이동탱크저장소 시설기준으로 옳지 <u>않은</u> 것은?

① 옥내에 있는 상치장소는 지붕이 내화구조 또는 불연재료로 된 건축물의 1층에 설치하여야 한다.
② 이동저장탱크는 그 내부에 4,000L 이하마다 3.2㎜ 이상의 강철판으로 칸막이를 설치하여야 한다.
③ 제4류 위험물 중 알코올류, 제1석유류 또는 제2석유류의 이동탱크저장소에는 접지도선을 설치하여야 한다.
④ 이동저장탱크에 설치하는 안전장치는 상용압력이 20kPa를 초과하는 탱크에 있어서는 상용압력의 1.1배 이하의 압력에서 작동하도록 하여야 한다.

정답 ③

문6 위험물안전관리법령상 이동탱크저장소의 이동저장탱크에 설치하는 안전장치 및 방파판의 기준으로 옳지 <u>않은</u> 것은?

① 하나의 구획부분에 2개 이상의 방파판을 이동탱크저장소의 진행방향과 수직으로 설치하되, 각 방파판은 그 높이 및 칸막이로부터 거리를 같게 할 것
② 방파판은 두께 1.6㎜ 이상의 강철판 또는 이와 동등 이상의 강도·내열성 및 내식성이 있

는 금속성의 것으로 할 것
③ 상용압력이 20kPa 이하인 탱크에 있어서는 20kPa 이상 24kPa 이하의 압력에서 안전장치가 작동하는 것으로 할 것
④ 상용압력이 20kPa를 초과하는 탱크에 있어서는 상용압력의 1.1배 이하의 압력에서 작동하는 것으로 할 것

정답 ①

문7 위험물안전관리법령상 제4류 위험물 중 이동탱크저장소에 저장하는 경우 접지도선을 설치하여야 하는 것으로 명시되어 있지 않은 것은?

① 특수인화물
② 제1석유류
③ 제2석유류
④ 제3석유류

정답 ④

문8 위험물안전관리법령상 이동탱크저장소의 기준에 관한 설명으로 옳은 것을 모두 고른 것은?

> ㄱ. 이동탱크저장소에 주입설비를 설치하는 경우에는 주입설비의 길이는 60m 이내로 하고, 분당 토출량은 250L 이하로 할 것
> ㄴ. 탱크는 두께 3.2mm 이상의 강철판 또는 이와 동등 이상의 강도·내식성 및 내열성이 있다고 인정하여 소방청장이 정하여 고시하는 재료 및 구조로 위험물이 새지 아니하게 제작할 것
> ㄷ. 제4류 위험물 중 특수인화물, 제1석유류 또는 제2석유류의 이동탱크저장소에는 정해진 기준에 의하여 접지도선을 설치할 것
> ㄹ. 방호틀은 두께 1.6mm 이상의 강철판 또는 이와 동등 이상의 기계적 성질이 있는 재료로써 산 모양의 형상으로 할 것

① ㄱ, ㄹ
② ㄴ, ㄷ
③ ㄱ, ㄷ, ㄹ
④ ㄱ, ㄴ, ㄷ, ㄹ

정답 ②

문 9 위험물안전관리법령상 이동탱크저장소의 측면틀의 기준에 있어서 탱크 뒷부분의 입면도에서 측면틀의 최외측과 탱크의 최외측을 연결하는 직선의 수평면에 대한 내각은 얼마 이상이 되도록 하여야 하는가?

① 35° 이상
② 65° 이상
③ 75° 이상
④ 90° 이상

정답 ③

문 10 위험물안전관립법령상 "알킬알루미늄 등"을 저장 또는 취급하는 이동탱크저장소에 관한 기준으로 옳은 것은?

① 탱크 외면은 적색으로 도장을 하고, 백색문자로 동판의 양 측면 및 경판에 "화기주의" 또는 "물기주의"라는 주의사항을 표시한다.
② 안전장치는 이동저장탱크의 수압시험의 3분의 2를 초과하고 5분의 4를 넘지 아니하는 범위의 압력으로 작동할 것
③ 이동저장탱크의 용량은 1,000L 미만일 것
④ 이동저장탱크는 두께 5㎜ 이상의 강판으로 제작하고 3MPa 이상의 압력으로 5분간 실시하는 수압시험에서 새거나 변형되지 않아야 한다.

해설

> X. 위험물의 성질에 따른 이동탱크저장소의 특례
> 1. 알킬알루미늄등을 저장 또는 취급하는 이동탱크저장소는 Ⅰ 내지 Ⅷ의 규정에 의한 기준에 의하되, 당해 위험물의 성질에 따라 강화되는 기준은 다음 각 목에 의하여야 한다.
>   가. Ⅱ제1호의 규정에 불구하고 **이동저장탱크는 두께 10㎜ 이상의 강판** 또는 이와 동등 이상의 기계적 성질이 있는 재료로 기밀하게 제작되고 1MPa 이상의 압력으로 10분간 실시하는 수압시험에서 새거나 변형하지 아니하는 것일 것
>   나. 이동저장탱크의 용량은 1,900ℓ 미만일 것
>   다. Ⅱ제3호 가목의 규정에 불구하고, **안전장치는 이동저장탱크의 수압시험의 압력의 3분의 2를 초과하고 5분의 4를 넘지 아니하는 범위의 압력으로 작동할 것**
>   라. Ⅱ제1호 가목의 규정에 불구하고, 이동저장탱크의 맨홀 및 주입구의 뚜껑은 두께 10㎜ 이상의 강판 또는 이와 동등 이상의 기계적 성질이 있는 재료로 할 것
>   마. Ⅲ제1호의 규정에 불구하고, 이동저장탱크의 배관 및 밸브 등은 당해 탱크의 윗부분

에 설치할 것
바. Ⅷ제1호 나목의 규정에 불구하고, 이동탱크저장소에는 이동저장탱크하중의 4배의 전단하중에 견딜 수 있는 걸고리체결금속구 및 모서리체결금속구를 설치할 것
사. 이동저장탱크는 불활성의 기체를 봉입할 수 있는 구조로 할 것
아. **이동저장탱크는** 그 외면을 적색으로 도장하는 한편, 백색문자로서 동판(胴板)의 양측면 및 경판(동체의 양 끝부분에 부착하는 판)에 별표 4 Ⅲ 제2호 라목의 규정에 의한 주의사항을 표시할 것

정답 ②

■ 위험물안전관리법 시행규칙 [별표 11]

옥외저장소의 위치·구조 및 설비의 기준(제35조관련)

Ⅰ. 옥외저장소의 기준
　1. 옥외저장소 중 위험물을 용기에 수납하여 저장 또는 취급하는 것의 위치·구조 및 설비의 기술기준은 다음 각목과 같다.
　　가. 옥외저장소는 별표 4 Ⅰ의 규정에 준하여 안전거리를 둘 것
　　나. 옥외저장소는 습기가 없고 배수가 잘 되는 장소에 설치할 것
　　다. 위험물을 저장 또는 취급하는 장소의 주위에는 경계표시(울타리의 기능이 있는 것에 한한다. 이와 같다)를 하여 명확하게 구분할 것
　　라. 다목의 경계표시의 주위에는 그 저장 또는 취급하는 위험물의 최대수량에 따라 다음 표에 의한 너비의 공지를 보유할 것. 다만, **제4류 위험물** 중 제4석유류와 **제6류 위험물**을 저장 또는 취급하는 옥외저장소의 보유공지는 다음 표에 의한 공지의 너비의 3분의 1 이상의 너비로 할 수 있다.

저장 또는 취급하는 위험물의 최대수량	공지의 너비
지정수량의 10배 이하	3m 이상
지정수량의 10배 초과 20배 이하	5m 이상
지정수량의 20배 초과 50배 이하	9m 이상
지정수량의 50배 초과 200배 이하	12m 이상
지정수량의 200배 초과	15m 이상

　　마. 옥외저장소에는 별표 4 Ⅲ제1호의 기준에 따라 보기 쉬운 곳에 "위험물 옥외저장소"라는 표시를 한 표지와 같은 표 Ⅲ제2호의 기준에 따라 방화에 관하여 필요한 사항을 게시한 게시판 및 같은 표 Ⅲ 제3호의 기준을 준용하여 해당 옥외저장소가 금연구역임을 알리는 표지를 설치해야 한다.
　　바. 옥외저장소에 선반을 설치하는 경우에는 다음의 기준에 의할 것
　　　1) 선반은 불연재료로 만들고 견고한 지반면에 고정할 것
　　　2) 선반은 당해 선반 및 그 부속설비의 자중·저장하는 위험물의 중량·풍하중·지진의 영향 등에 의하여 생기는 응력에 대하여 안전할 것
　　　3) **선반의 높이는 6m를 초과하지 아니할 것**
　　　4) 선반에는 위험물을 수납한 용기가 쉽게 낙하하지 아니하는 조치를 강구할 것
　　사. 과산화수소 또는 과염소산을 저장하는 옥외저장소에는 불연성 또는 난연성의 천막 등을 설치하여 햇빛을 가릴 것
　　아. 눈·비 등을 피하거나 차광 등을 위하여 옥외저장소에 캐노피 또는 지붕을 설치하는 경우에는

환기 및 소화활동에 지장을 주지 아니하는 구조로 할 것. 이 경우 기둥은 내화구조로 하고, 캐노피 또는 지붕을 불연재료로 하며, 벽을 설치하지 아니하여야 한다.
2. 옥외저장소 중 덩어리 상태의 황만을 지반면에 설치한 경계표시의 안쪽에서 저장 또는 취급하는 것(제1호에 정하는 것을 제외한다)의 위치·구조 및 설비의 기술기준은 제1호 각목의 기준 및 다음 각목과 같다.
    가. 하나의 경계표시의 내부의 면적은 100㎡ 이하일 것
    나. 2 이상의 경계표시를 설치하는 경우에 있어서는 각각의 경계표시 내부의 면적을 합산한 면적은 1,000㎡ 이하로 하고, 인접하는 경계표시와 경계표시와의 간격을 제1호 라목의 규정에 의한 공지의 너비의 2분의 1 이상으로 할 것. 다만, 저장 또는 취급하는 위험물의 최대수량이 지정수량의 200배 이상인 경우에는 10m 이상으로 하여야 한다.
    다. 경계표시는 불연재료로 만드는 동시에 황이 새지 아니하는 구조로 할 것
    라. 경계표시의 높이는 1.5m 이하로 할 것
    마. 경계표시에는 황이 넘치거나 비산하는 것을 방지하기 위한 천막 등을 고정하는 장치를 설치하되, 천막 등을 고정하는 장치는 경계표시의 길이 2m마다 한 개 이상 설치할 것
    바. 황을 저장 또는 취급하는 장소의 주위에는 배수구와 분리장치를 설치할 것

II. 고인화점 위험물의 옥외저장소의 특례

1. 고인화점 위험물만을 저장 또는 취급하는 옥외저장소 중 그 위치가 다음 각목에 정하는 기준에 적합한 것에 대하여는 I제1호 가목 및 라목의 규정을 적용하지 아니한다.
    가. 옥외저장소는 별표 4 XI제1호의 규정에 준하여 안전거리를 둘 것
    나. I제1호 다목의 경계표시의 주위에는 다음 표에 정하는 너비의 공지를 보유할 것

저장 또는 취급하는 위험물의 최대수량	공지의 너비
지정수량의 50배 이하	3m 이상
지정수량의 50배 초과 200배 이하	6m 이상
지정수량의 200배 초과	10m 이상

III. 인화성고체, 제1석유류 또는 알코올류의 옥외저장소의 특례

제2류 위험물 중 인화성고체(인화점이 21℃ 미만인 것에 한한다. 이하 III에서 같다) 또는 제4류 위험물 중 제1석유류 또는 알코올류를 저장 또는 취급하는 옥외저장소에 있어서는 I제1호의 규정에 의한 기준에 의하는 외에 당해 위험물의 성질에 따라 다음 각호에 정하는 기준에 의한다.
1. 인화성고체, 제1석유류 또는 알코올류를 저장 또는 취급하는 장소에는 당해 위험물을 적당한 온도로 유지하기 위한 살수설비 등을 설치하여야 한다.
2. 제1석유류 또는 알코올류를 저장 또는 취급하는 장소의 주위에는 배수구 및 집유설비를 설치하여야 한다. 이 경우 제1석유류(온도 20℃의 물 100g에 용해되는 양이 1g 미만인 것에 한한다)를

저장 또는 취급하는 장소에 있어서는 **집유설비에 유분리장치를 설치**하여야 한다. → *살수설비(참아라, 인화성고체) 1알로!

Ⅳ. 수출입 하역장소의 옥외저장소의 특례
「관세법」제154조에 따른 보세구역, 「항만법」제2조제1호에 따른 항만 또는 같은 조 제7호에 따른 항만배후단지 내에서 수출입을 위한 위험물을 저장 또는 취급하는 옥외저장소 중 Ⅰ제1호(라목은 제외한다)의 규정에 적합한 것은 다음 표에 정하는 너비의 공지(空地)를 보유할 수 있다.

저장 또는 취급하는 위험물의 최대수량	공지의 너비
지정수량의 50배 이하	3m 이상
지정수량의 50배 초과 200배 이하	4m 이상
지정수량의 200배 초과	5m 이상

문1 위험물안전관리법령상 옥외저장소에 관한 설명으로 옳지 <u>않은</u> 것은?

① 옥외저장소를 설치하는 경우, 그 설치장소를 관할하는 시·도지사의 허가를 받아야 한다.
② 옥외저장소에는 제2류 위험물 및 제5류 위험물을 저장할 수 있다.
③ 옥외저장소에 선반을 설치하는 경우 선반의 높이는 6m를 초과하지 않아야 한다.
④ 알코올류를 저장하는 옥외저장소에는 살수설비 등을 설치하여야 한다.

정답 ②

문2 옥외저장소에 저장하는 위험물 중에서 위험물을 적당한 온도로 유지하기 위한 살수설비를 설치하여야 하는 위험물이 아닌 것은?

① 인화성고체(인화점 20℃)
② 제2석유류(경유)
③ 제1석유류(톨루엔)
④ 알코올류(에탄올)

정답 ②

■ 위험물안전관리법 시행규칙 [별표 12]

암반탱크저장소의 위치·구조 및 설비의 기준(제36조관련)

Ⅰ. 암반탱크
　1. 암반탱크저장소의 암반탱크는 다음 각목의 기준에 의하여 설치하여야 한다.
　　가. **암반탱크는 암반투수계수가 1초당 10만분의 1m** 이하인 천연암반 내에 설치할 것
　　나. **암반탱크는 저장할 위험물의 증기압을 억제할 수 있는 지하수면 하에 설치할 것**
　　다. 암반탱크의 내벽은 암반균열에 의한 낙반(落盤: 갱내 천장이나 벽의 암석이 떨어지는 것)을 방지할 수 있도록 볼트·콘크리크 등으로 보강할 것
　2. 암반탱크는 다음 각목의 기준에 적합한 수리조건을 갖추어야 한다.
　　가. **암반탱크내로 유입되는 지하수의 양은 암반내의 지하수 충전량보다 적을 것**
　　나. 암반탱크의 상부로 물을 주입하여 수압을 유지할 필요가 있는 경우에는 수벽공을 설치할 것
　　다. **암반탱크에 가해지는 지하수압은 저장소의 최대운영압보다 항상 크게 유지할 것**(*이유는 저장소의 안정성을 확보하고 위험물 누출을 방지하기 위함)

Ⅱ. 지하수위 관측공의 설치
　암반탱크저장소 주위에는 지하수위 및 지하수의 흐름 등을 확인·통제할 수 있는 관측공을 설치하여야 한다.

Ⅲ. 계량장치
　암반탱크저장소에는 위험물의 양과 내부로 유입되는 지하수의 양을 측정할 수 있는 계량구와 자동측정이 가능한 계량장치를 설치하여야 한다.

Ⅳ. 배수시설
　암반탱크저장소에는 주변 암반으로부터 유입되는 침출수를 자동으로 배출할 수 있는 시설을 설치하고 침출수에 섞인 위험물이 직접 배수구로 흘러 들어가지 아니하도록 유분리장치를 설치하여야 한다.

Ⅴ. 펌프설비
　암반탱크저장소의 펌프설비는 점검 및 보수를 위하여 사람의 출입이 용이한 구조의 전용공동에 설치하여야 한다. 다만, 액중펌프(펌프 또는 전동기를 저장탱크 또는 암반탱크안에 설치하는 것을 말한다. 이하 같다)를 설치한 경우에는 그러하지 아니하다.

Ⅵ. 위험물제조소 및 옥외탱크저장소에 관한 기준의 준용
　1. 암반탱크저장소에는 별표 4 Ⅲ제1호의 기준에 따라 보기 쉬운 곳에 "위험물 암반탱크저장소"라는 표시를 한 표지와 같은 표 Ⅲ제2호의 기준에 따라 방화에 관하여 필요한 사항을 게시한 게시판 및 같은 표 Ⅲ 제3호의 기준을 준용하여 해당 암반탱크저장소가 금연구역임을 알리는 표지를 설치해야 한다.
　2. 별표 4 Ⅷ제4호·제6호, 동표 Ⅹ 및 별표 6 Ⅵ제9호의 규정은 암반탱크저장소의 압력계·안전장치, 정전기 제거설비, 배관 및 주입구의 설치에 관하여 이를 준용한다.

문1 위험물안전관리법령상 암반탱크저장소의 위치·구조 및 설비기준으로 옳은 것을 모두 고른 것은?

> ㄱ. 암반탱크는 암반투수계수가 초당 10만분의 1미터 이하인 천연암반 내에 설치할 것
> ㄴ. 암반탱크는 저장할 위험물의 증기압을 억제할 수 있는 지하수면 하에 설치할 것
> ㄷ. 암반탱크 내로 유입되는 지하수의 양은 암반 내의 지하수 충전량보다 적을 것
> ㄹ. 암반탱크에 가해지는 지하수압은 저장소의 최대운용압보다 작게 유지할 것

① ㄱ, ㄴ
② ㄴ, ㄹ
③ ㄷ, ㄹ
④ ㄱ, ㄴ, ㄷ

정답 ④

문2 위험물안전관리법령상 암반탱크저장소의 암반탱크 설치기준에서 암반투수계수(m/s) 기준은?

① 1×10^{-5} 이하
② 1×10^{-6} 이하
③ 1×10^{-7} 이하
④ 1×10^{-8} 이하

정답 ①

■ 위험물안전관리법 시행규칙 [별표 13]
주유취급소의 위치·구조 및 설비의 기준(제37조관련)

I. 주유공지 및 급유공지
1. **주유취급소**의 **고정주유설비**[펌프기기 및 호스기기로 되어 위험물을 자동차등에 직접 주유하기 위한 설비로서 현수식(매닮식)의 것을 포함한다. 이하 같다]의 주위에는 **주유를 받으려는 자동차 등이 출입할 수 있도록 너비 15m 이상, 길이 6m 이상의 콘크리트 등으로 포장한 공지**(이하 "**주유공지**"라 한다)를 **보유**하여야 하고, 고정급유설비(펌프기기 및 호스기기로 되어 위험물을 용기에 옮겨 담거나 이동저장탱크에 주입하기 위한 설비로서 현수식의 것을 포함한다. 이하 같다)를 설치하는 경우에는 고정급유설비의 호스기기의 주위에 필요한 공지(이하 "급유공지"라 한다)를 보유하여야 한다.
2. 제1호의 규정에 의한 공지의 바닥은 주위 지면보다 높게 하고, 그 표면을 적당하게 경사지게 하여 새어나온 기름 그 밖의 액체가 공지의 외부로 유출되지 아니하도록 배수구·집유설비 및 유분리장치를 하여야 한다.

II. 표지 및 게시판
주유취급소에는 별표 4 Ⅲ제1호의 기준에 준하여 보기 쉬운 곳에 "위험물 주유취급소"라는 표시를 한 표지, 같은 표 Ⅲ제2호의 기준에 준하여 방화에 관하여 필요한 사항을 게시한 게시판 및 **황색바탕에 흑색문자로 "주유중엔진정지"라는 표시를 한 게시판** 및 같은 표 Ⅲ 제3호의 기준을 준용하여 해당 주유취급소가 금연구역임을 알리는 표지를 설치해야 한다. → *ㅎㅎ주유중엔진정지

IV. 고정주유설비 등
1. 주유취급소에는 자동차 등의 연료탱크에 직접 주유하기 위한 고정주유설비를 설치하여야 한다.
2. 주유취급소의 고정주유설비 또는 고정급유설비는 Ⅲ제1호 가목·나목 또는 마목의 규정에 의한 탱크중 하나의 탱크만으로부터 위험물을 공급받을 수 있도록 하고, 다음 각목의 기준에 적합한 구조로 하여야 한다.
    가. **펌프기기는 주유관 끝부분에서의 최대배출량이 제1석유류의 경우에는 분당 50ℓ 이하, 경유의 경우에는 분당 180ℓ 이하, 등유의 경우에는 분당 80ℓ 이하인 것으로 할 것. 다만, 이동저장탱크에 주입하기 위한 고정급유설비의 펌프기기는 최대배출량이 분당 300ℓ 이하인 것으로 할 수 있으며, '분당 배출량이 200ℓ 이상인 것의 경우'에는 주유설비에 관계된 모든 배관의 안지름을 '40㎜ 이상'으로 하여야 한다.**
    나. 이동저장탱크의 상부를 통하여 주입하는 고정급유설비의 주유관에는 당해 탱크의 밑부분에 달하는 주입관을 설치하고, 그 배출량이 분당 80ℓ 를 초과하는 것은 이동저장탱크에 주입하는 용도로만 사용할 것
    다. 고정주유설비 또는 고정급유설비는 난연성 재료로 만들어진 외장을 설치할 것. 다만, Ⅸ의 규정에 의한 기준에 적합한 펌프실에 설치하는 펌프기기 또는 액중펌프에 있어서는 그러하지 아니하다.
    라. 고정주유설비 또는 고정급유설비의 본체 또는 노즐 손잡이에 주유작업자의 인체에 축적되는 정전기를 유효하게 제거할 수 있는 장치를 설치할 것

3. 고정주유설비 또는 고정급유설비의 주유관의 길이(끝부분의 개폐밸브를 포함한다)는 5m(현수식의 경우에는 지면위 0.5m의 수평면에 수직으로 내려 만나는 점을 중심으로 반경 3m) 이내로 하고 그 끝부분에는 축적된 정전기를 유효하게 제거할 수 있는 장치를 설치하여야 한다.
4. **고정주유설비 또는 고정급유설비는 다음 각목의 기준에 적합한 위치에 설치하여야 한다.**
   가. <u>고정주유설비의 중심선을 기점으로 하여 도로경계선까지 **4m** 이상, 부지경계선·담 및 건축물의 벽까지 **2m**(개구부가 없는 벽까지는 1m) 이상의 거리를 유지하고, 고정급유설비의 중심선을 기점으로 하여 도로경계선까지 **4m** 이상, 부지경계선 및 담까지 **1m** 이상, 건축물의 벽까지 **2m**(개구부가 없는 벽까지는 1m) 이상의 거리를 유지할 것</u>
   나. <u>고정주유설비와 고정급유설비의 사이에는 **4m** 이상의 거리를 유지할 것</u>

V. 건축물 등의 제한 등

1. 주유취급소에는 주유 또는 그에 부대하는 업무를 위하여 사용되는 <u>다음 각목의 건축물 또는 시설 외에는 다른 건축물 그 밖의 공작물을 설치할 수 없다.</u>
   가. 주유 또는 등유·경유를 옮겨 담기 위한 작업장
   나. 주유취급소의 업무를 행하기 위한 사무소
   다. 자동차 등의 점검 및 간이정비를 위한 작업장
   라. 자동차 등의 세정을 위한 작업장
   마. 주유취급소에 출입하는 사람을 대상으로 한 점포·휴게음식점 또는 전시장
   바. 주유취급소의 관계자가 거주하는 주거시설
   사. 전기자동차용 충전설비(전기를 동력원으로 하는 자동차에 직접 전기를 공급하는 설비를 말한다. 이하 같다)
   아. 그 밖의 소방청장이 정하여 고시하는 건축물 또는 시설
2. 제1호 각목의 건축물 중 주유취급소의 직원 외의 자가 출입하는 나목·다목 및 마목의 용도에 제공하는 부분의 면적의 합은 1,000㎡를 초과할 수 없다.
3. **다음 각목의 1에 해당하는 주유취급소(이하 "옥내주유취급소"라 한다)**는 소방청장이 정하여 고시하는 용도로 사용하는 부분이 없는 건축물(옥내주유취급소에서 발생한 화재를 옥내주유취급소의 용도로 사용하는 부분 외의 부분에 자동적으로 유효하게 알릴 수 있는 자동화재탐지설비 등을 설치한 건축물에 한한다)에 설치할 수 있다.
   가. 건축물 안에 설치하는 주유취급소
   나. 캐노피·처마·차양·부연·발코니 및 루버(louver: 통풍이나 빛가림을 위해 폭이 좁은 판을 빗대는 창살)의 수평투영면적이 주유취급소의 공지면적(주유취급소의 부지면적에서 건축물 중 벽 및 바닥으로 구획된 부분의 수평투영면적을 뺀 면적을 말한다)의 3분의 1을 초과하는 주유취급소

VI. 건축물 등의 구조

1. 주유취급소에 설치하는 건축물 등은 다음 각목의 규정에 의한 위치 및 구조의 기준에 적합하여야 한다.
   가. 건축물, 창 및 출입구의 구조는 다음의 기준에 적합하게 할 것

1) 건축물의 벽·기둥·바닥·보 및 지붕을 내화구조 또는 불연재료로 할 것. 다만, Ⅴ제2호에 따른 면적의 합이 500㎡를 초과하는 경우에는 건축물의 벽을 내화구조로 하여야 한다.
2) 창 및 출입구(Ⅴ제1호 다목 및 라목의 용도에 사용하는 부분에 설치한 자동차 등의 출입구를 제외한다)에는 60분+방화문·60분방화문 ·30분방화문 또는 불연재료로 된 문을 설치할 것. 이 경우 Ⅴ제2호에 따른 면적의 합이 500㎡를 초과하는 주유취급소로서 하나의 구획실의 면적이 500㎡를 초과하거나 2층 이상의 층에 설치하는 경우에는 해당 구획실 또는 해당 층의 2면 이상의 벽에 각각 출입구를 설치하여야 한다.

나. **Ⅴ제1호 바목(*관계자의 주거시설)의 용도에 사용하는 부분은 개구부가 없는 내화구조의 바닥 또는 벽으로 당해 건축물의 다른 부분과 구획하고 주유를 위한 작업장 등 위험물취급장소에 면한 쪽의 벽에는 출입구를 설치하지 아니할 것**

다. 사무실 등의 창 및 출입구에 유리를 사용하는 경우에는 망입유리 또는 강화유리로 할 것. **이 경우 강화유리의 두께는 창에는 8㎜ 이상, 출입구에는 12㎜ 이상으로 하여야 한다.**

라. 건축물 중 사무실 그 밖의 화기를 사용하는 곳(Ⅴ제1호 다목 및 라목의 용도에 사용하는 부분을 제외한다)은 누설한 가연성의 증기가 그 내부에 유입되지 아니하도록 다음의 기준에 적합한 구조로 할 것
1) 출입구는 건축물의 안에서 밖으로 수시로 개방할 수 있는 자동폐쇄식의 것으로 할 것
2) **출입구 또는 사이통로의 문턱의 높이를 15㎝ 이상으로 할 것**
3) 높이 1m 이하의 부분에 있는 창 등은 밀폐시킬 것

마. 자동차 등의 점검·정비를 행하는 설비는 다음의 기준에 적합하게 할 것
1) **고정주유설비로부터 4m 이상, 도로경계선으로부터 2m 이상 떨어지게 할 것.** 다만, Ⅴ제1호 다목의 규정에 의한 작업장 중 바닥 및 벽으로 구획된 옥내의 작업장에 설치하는 경우에는 그러하지 아니하다.
2) 위험물을 취급하는 설비는 위험물의 누설·넘침 또는 비산을 방지할 수 있는 구조로 할 것

바. **자동차 등의 세정을 행하는 설비는 다음의 기준에 적합하게 할 것**
1) 증기세차기를 설치하는 경우에는 그 주위의 불연재료로 된 높이 1m 이상의 담을 설치하고 출입구가 고정주유설비에 면하지 아니하도록 할 것. 이 경우 담은 고정주유설비로부터 4m 이상 떨어지게 하여야 한다.
2) 증기세차기 외의 세차기를 설치하는 경우에는 고정주유설비로부터 4m이상, 도로경계선으로부터 2m 이상 떨어지게 할 것. 다만, Ⅴ제1호 라목의 규정에 의한 작업장 중 바닥 및 벽으로 구획된 옥내의 작업장에 설치하는 경우에는 그러하지 아니하다.

사. **주유원간이대기실은 다음의 기준에 적합할 것**
1) 불연재료로 할 것
2) **바퀴가 부착되지 아니한 고정식일 것**
3) 차량의 출입 및 주유작업에 장애를 주지 아니하는 위치에 설치할 것
4) **바닥면적이 2.5㎡ 이하일 것.** 다만, 주유공지 및 급유공지 외의 장소에 설치하는 것은 그러하지 아니하다.

아. 전기자동차용 충전설비는 다음의 기준에 적합할 것
1) 충전기기(충전케이블로 전기자동차에 전기를 직접 공급하는 기기를 말한다. 이하 같다)의 주위에 전기자동차 충전을 위한 전용 공지(주유공지 또는 급유공지 외의 장소를 말하며, 이하 "충전공지"라 한다)를 확보하고, 충전공지 주위를 페인트 등으로 표시하여 그 범위를 알아보기 쉽게 할 것
2) 전기자동차용 충전설비를 Ⅴ. 건축물 등의 제한 등의 제1호 각 목의 건축물 밖에 설치하는 경우 충전공지는 폭발위험장소(「산업표준화법」 제12조에 따른 한국산업표준에서 정한 폭발성 가스에 의한 폭발위험장소의 범위를 말한다. 이하 이 목에서 같다) 외의 장소에 둘 것
3) 전기자동차용 충전설비를 Ⅴ. 건축물 등의 제한 등의 제1호 각 목의 건축물 안에 설치하는 경우에는 다음의 기준에 적합할 것
    가) 해당 건축물의 1층에 설치할 것
    나) 해당 건축물에 가연성 증기가 남아 있을 우려가 없도록 별표 4 Ⅴ 제1호다목에 따른 환기설비 또는 별표 4 Ⅵ에 따른 배출설비를 설치할 것
4) 전기자동차용 충전설비의 전력공급설비[전기자동차에 전원을 공급하기 위한 전기설비로서 전력량계, 인입구(引入口) 배선, 분전반 및 배선용 차단기 등을 말한다]는 다음의 기준에 적합할 것
    가) 분전반은 방폭성능을 갖출 것. 다만, 분전반을 폭발위험장소 외의 장소에 설치하는 경우에는 방폭성능을 갖추지 않을 수 있다.
    나) 전력량계, 누전차단기 및 배선용 차단기는 분전반 내에 설치할 것
    다) 인입구 배선은 지하에 설치할 것
    라) 「전기사업법」에 따른 전기설비의 기술기준에 적합할 것
5) 충전기기와 인터페이스[충전기기에서 전기자동차에 전기를 공급하기 위하여 연결하는 커넥터(connector), 케이블 등을 말한다. 이하 같다]는 다음의 기준에 적합할 것
    가) 충전기기는 방폭성능을 갖출 것. 다만, 다음의 기준을 모두 갖춘 경우에는 방폭성능을 갖추지 않을 수 있다.
        (1) 충전기기의 전원공급을 긴급히 차단할 수 있는 장치를 사무소 내부 또는 충전기기 주변에 설치할 것
        (2) 충전기기를 폭발위험장소 외의 장소에 설치할 것
    나) 인터페이스의 구성 부품은 「전기용품 및 생활용품 안전관리법」에 따른 기준에 적합할 것
6) 충전작업에 필요한 주차장을 설치하는 경우에는 다음의 기준에 적합할 것
    가) 주유공지, 급유공지 및 충전공지 외의 장소로서 주유를 위한 자동차 등의 진입·출입에 지장을 주지 않는 장소에 설치할 것
    나) 주차장의 주위를 페인트 등으로 표시하여 그 범위를 알아보기 쉽게 할 것
    다) 지면에 직접 주차하는 구조로 할 것

Ⅶ. 담 또는 벽

1. 주유취급소의 주위에는 **자동차 등이 출입하는 쪽 외의 부분에 높이 2m 이상의 내화구조 또는 불연재료의 담 또는 벽을 설치**하되, 주유취급소의 인근에 연소의 우려가 있는 건축물이 있는 경우에는 소방청장이 정하여 고시하는 바에 따라 방화상 유효한 높이로 하여야 한다.
2. 제1호에도 불구하고 **다음 각 목의 기준에 모두 적합한 경우에는 담 또는 벽의 일부분에 방화상 유효한 구조의 유리를 부착할 수 있다.**
   - 가. 유리를 부착하는 위치는 주입구, 고정주유설비 및 고정급유설비로부터 **4m 이상 거리**를 둘 것
   - 나. 유리를 부착하는 방법은 다음의 기준에 모두 적합할 것
     1) 주유취급소 내의 **지반면으로부터 70㎝를 초과하는 부분에 한하여** 유리를 부착할 것
     2) 하나의 유리판의 가로의 길이는 **2m 이내**일 것
     3) 유리판의 테두리를 금속제의 구조물에 견고하게 고정하고 해당 구조물을 담 또는 벽에 견고하게 부착할 것
     4) 유리의 구조는 **접합유리**(두 장의 유리를 두께 0.76㎜ 이상의 폴리바이닐뷰티랄 필름으로 접합한 구조를 말한다)로 하되, 「유리구획 부분의 내화시험방법(KS F 2845)」에 따라 시험하여 **비차열 30분 이상의 방화성능**이 인정될 것
   - 다. 유리를 부착하는 범위는 전체의 담 또는 벽의 길이의 **10분의 2를 초과하지 아니할 것**

Ⅷ. 캐노피

주유취급소에 캐노피를 설치하는 경우에는 다음 각목의 기준에 의하여야 한다.
- 가. 배관이 캐노피 내부를 통과할 경우에는 1개 이상의 점검구를 설치할 것
- 나. 캐노피 외부의 점검이 곤란한 장소에 배관을 설치하는 경우에는 용접이음으로 할 것
- 다. 캐노피 외부의 배관이 일광열의 영향을 받을 우려가 있는 경우에는 단열재로 피복할 것

ⅩⅥ. 수소충전설비를 설치한 주유취급소의 특례

- 다. 충전설비는 다음의 기준에 적합하여야 한다.
  1) **위치는 주유공지 또는 급유공지 외의 장소로 하되,** 주유공지 또는 급유공지에서 압축수소를 충전하는 것이 불가능한 장소로 할 것
  2) 충전호스는 자동차등의 가스충전구와 정상적으로 접속하지 않는 경우에는 가스가 공급되지 않는 구조로 하고, **200㎏중 이하의 하중에 의하여 깨져 분리되거나 이탈되어야 하며,** 깨져 분리되거나 이탈된 부분으로부터 가스 누출을 방지할 수 있는 구조일 것 → *200㎏ 이하의 하중에 의하여 깨져 분리되거나 이탈되지 않아야 하며(×)
  3) **자동차등의 충돌을 방지하는 조치**를 마련할 것
  4) 자동차등의 충돌을 감지하여 운전을 자동으로 정지시키는 구조일 것

문 1 「위험물안전관리법 시행규칙」상 주유취급소의 위치·구조 및 설비의 기준에 관한 내용으로 옳지 <u>않은</u> 것은?

① 주유원 간이대기실은 바퀴가 부착되지 아니한 고정식으로 한다.
② 주유취급소에는 흑색 바탕에 황색 문자로 "주유 중 엔진정지"라는 표시를 한 게시판을 설치해야 한다.
③ 주유취급소의 고정주유설비 또는 고정급유설비의 펌프기기는 주유관 끝부분에서의 최대배출량이 제1석유류의 경우에는 분당 50L 이하인 것으로 한다.
④ 고정주유설비는 고정주유설비의 중심선을 기점으로 도로경계선까지 4m 이상, 부지경계선·담 및 건축물의 벽까지 2m(개구부가 없는 벽까지는 1m) 이상의 거리를 유지해야 한다.

정답 ②

문 2 위험물안전관리법령상 위험물제조소 등의 위치구조 및 설비의 기준 중 각종 턱 높이에 관한 기준으로 옳지 <u>않은</u> 것은?

① 제조소에서 옥외에 액체위험물을 취급하는 설비의 바닥 둘레에는 15cm 이상의 턱을 설치하여야 한다.
② 판매취급소의 배합실 출입구에는 15cm 이상의 문턱을 설치하여야 한다.
③ 주유취급소에 설치하는 건축물 중 사무실의 출입구 또는 사이통로에는 15cm 이상의 문턱을 설치하여야 한다.
④ 옥외저장탱크의 펌프실 바닥의 주위에는 20cm 이상의 턱을 만들어야 한다.

정답 ② 10cm

문 3 위험물안전관리법령상 주유취급소에 설치할 수 있는 건축물로 옳지 <u>않은</u> 것은?

① 주유취급소의 업무를 행하기 위한 사무소
② 자동차 등의 점검 및 간이정비를 위한 작업장
③ 주유취급소의 관계자가 거주하는 주거시설
④ 주유취급소에 출입하는 사람을 대상으로 한 점포·일반음식점 또는 전시장

정답 ④

문4 위험물안전관리법령상 주유취급소의 고정주유설비의 기준이다. 다음 ( )에 알맞은 것은?

> 펌프기기는 주유관 끝부분에서의 최대배출량이 제1석유류의 경우에는 분당 (ㄱ)리터 이하, 경유의 경우에는 분당 (ㄴ)리터 이하, 등유의 경우에는 분당 (ㄷ)이하인 것으로 할 것

① ㄱ : 30, ㄴ : 120, ㄷ : 50
② ㄱ : 50, ㄴ : 180, ㄷ : 80
③ ㄱ : 80, ㄴ : 100, ㄷ : 250
④ ㄱ : 100, ㄴ : 300, ㄷ : 120

정답 ②

문5 주유취급소의 고정주유설비 주위에 주유를 받으려는 자동차 등이 출입할 수 있도록 보유하여야 하는 주유공지의 너비와 길이 기준으로 옳은 것은?

① 너비 10m 이상, 길이 4m 이상
② 너비 10m 이상, 길이 6m 이상
③ 너비 15m 이상, 길이 4m 이상
④ 너비 15m 이상, 길이 6m 이상

정답 ④ 씹어 육고기!

문6 위험물안전관리법령상 주유취급소의 위치·구조 및 설비의 기준에서 이동저장탱크에 주입하기 위한 고정급유설비의 펌프기기가 분당 배출량이 200리터 이상인 경우, 주유설비에 관계된 모든 배관의 안지름(㎜) 기준은?

① 32㎜ 이상
② 40㎜ 이상
③ 50㎜ 이상
④ 65㎜ 이상

정답 ②

문7 위험물안전관리법령상 주유취급소에 캐노피를 설치하는 경우 주유취급소의 위치·구조 및 설비의 기준에 해당하지 않는 것은?

① 배관이 캐노피 내부를 통과할 경우에는 1개 이상의 점검구를 설치할 것
② 캐노피의 면적은 주유를 취급하는 곳의 바닥면적의 1/3 이하로 할 것
③ 캐노피 외부의 점검이 곤란한 장소에 배관을 설치하는 경우에는 용접이음으로 할 것
④ 캐노피 외부의 배관이 일광열의 영향을 받을 우려가 있는 경우에는 단열재로 피복할 것

정답 ②

문8 위험물안전관리법령상 주유취급소 내 건축물 등의 구조기준으로 옳지 않은 것은? (단, 단서조항은 적용하지 않는다)

① 건축물의 벽·기둥·바닥·보 및 지붕을 내화구조 또는 불연재료로 할 수 있다.
② 주거시설 용도로 사용하는 부분은 개구부가 없는 내화구조의 바닥 또는 벽으로 당해 건축물의 다른 부분과 구획하고 주유를 위한 작업장 등 위험물취급장소에 면한 쪽의 벽에는 출입구를 설치할 수 없다.
③ 사무실 등의 창 및 출입구에 유리를 사용하는 경우에는 망입유리 또는 강화유리로 하여야 한다.
④ 자동차 등의 점검·정비를 행하는 설비는 고정주유설비로부터 2m 이상, 도로경계선으로부터 1m 이상 떨어진 장소에 설치하여야 한다.

정답 ④

문9 위험물안전관리법령상 수소충전설비를 설치한 주유취급소의 특례에 관한 설명으로 옳지 않은 것은?

① 충전설비의 위치는 주유공지 또는 급유공지 내의 장소로 한다.
② 충전설비는 자동차 등의 충돌을 방지하는 조치를 마련하여야 한다.
③ 충전설비는 자동차 등의 충돌을 감지하여 운전을 자동으로 정지시키는 구조이어야 한다.
④ 충전설비의 호스는 자동차 등의 가스충전구와 정상적으로 접속하지 않는 경우에는 가스가 공급되지 않는 구조로 하여야 한다.

정답 ①

문10 위험물안전관리법령상 주유취급소의 담 또는 벽의 일부분에 방화상 유효한 구조의 유리를 부착할 때 설치기준으로 옳지 않은 것은?

① 하나의 유리판의 가로의 길이는 2m 이내일 것
② 주유취급소 내의 지반면으로부터 70㎝를 초과하는 부분에 한하여 유리를 부착할 것
③ 유리를 부착하는 범위는 전체의 담 또는 벽의 길이의 10분의 3을 초과하지 아니할 것
④ 유리를 부착하는 위치는 주입구, 고정주유설비 및 고정급유설비로부터 4m 이상 이격될 것

정답 ③

문11 위험물안전관리법령상 수소충전설비를 설치한 주유취급소의 충전설비 설치기준으로 옳지 않은 것은?

① 자동차 등의 충돌을 방지하는 조치를 마련할 것
② 충전호스는 200kg중 이하의 하중에 의하여 파단 또는 이탈되어야 할 것
③ 급유공지 또는 주유공지에 설치할 것
④ 충전호스는 자동차 등의 가스충전구와 정상적으로 접속하지 않는 경우에는 가스가 공급되지 않는 구조로 할 것

정답 ③

문12 위험물안전관리법령상 주유취급소의 위치·구조 및 설비의 기준에 관한 조문의 일부이다. ( )에 들어갈 숫자가 바르게 나열된 것은?

> 사무실 등의 창 및 출입구에 유리를 사용하는 경우에는 망입유리 또는 강화유리로 할 것. 이 경우 강화유리의 두께는 창에는 (ㄱ)mm 이상, 출입구에는 (ㄴ)mm 이상으로 하여야 한다.

① ㄱ : 5, ㄴ : 10
② ㄱ : 5, ㄴ : 12
③ ㄱ : 8, ㄴ : 10
④ ㄱ : 8, ㄴ : 12

정답 ④ 8창(팔짱을 끼고), 출입구에서 12가 붙어!

문13 위험물안전관리법령상 주유취급소 내에 설치하는 고정주유설비와 고정급유설비 사이에 유지하여야 하는 거리기준은?

① 1m 이상
② 2m 이상
③ 4m 이상
④ 5m 이상

정답 ③

문14 위험물안전관리법령상 주유취급소의 주유원간이대기실의 기준으로 적합하지 않은 것은?

① 불연재료로 할 것
② 바퀴가 부착되지 아니한 고정식일 것
③ 차량의 출입 및 주유작업에 장애를 주지 아니하는 위치에 설치할 것
④ 주유공지 및 급유공지 외의 장소에 설치하는 것은 바닥면적이 2.5㎡ 이하일 것

정답 ④

문15 주유취급소 담 또는 벽의 일부분에 유리를 부착하는 경우에 대한 기준으로 옳지 않은 것은?

① 유리를 부착하는 범위는 전체의 담 또는 벽의 길이의 10분의 1을 초과하지 아니할 것
② 하나의 유리판의 가로의 길이는 2m 이내일 것
③ 유리판의 테두리를 금속제의 구조물에 견고하게 고정할 것
④ 유리의 구조는 접합유리로 할 것

해설

> 2. 제1호에도 불구하고 **다음 각 목의 기준에 모두 적합한 경우에는 담 또는 벽의 일부분에 방화상 유효한 구조의 유리를 부착할 수 있다.**
>   가. 유리를 부착하는 위치는 주입구, 고정주유설비 및 고정급유설비로부터 **4m 이상** 거리를 둘 것
>   나. 유리를 부착하는 방법은 다음의 기준에 모두 적합할 것
>   1) 주유취급소 내의 **지반면으로부터 70㎝를 초과하는 부분에 한하여 유리를 부착할 것**
>   2) 하나의 유리판의 **가로의 길이는 2m 이내일 것**

3) 유리판의 테두리를 금속제의 구조물에 견고하게 고정하고 해당 구조물을 담 또는 벽에 견고하게 부착할 것
4) 유리의 구조는 **접합유리**(두 장의 유리를 두께 0.76㎜ 이상의 폴리바이닐뷰티랄 필름으로 접합한 구조를 말한다)**로 하되**, 「유리구획 부분의 내화시험방법(KS F 2845)」에 따라 시험하여 **비차열 30분 이상의 방화성능**이 인정될 것

다. **유리를 부착하는 범위는 전체의 담 또는 벽의 길이의 10분의 2를 초과하지 아니할 것**

정답 ①

■ 위험물안전관리법 시행규칙 [별표 14]
판매취급소의 위치·구조 및 설비의 기준(제38조관련)

Ⅰ. 판매취급소의 기준
  1. 저장 또는 취급하는 **위험물의 수량이 지정수량의 20배 이하인 판매취급소**(이하 "제1종 판매취급소"라 한다)의 위치·구조 및 설비의 기준은 다음 각목과 같다.
     가. <u>제1종 판매취급소는 건축물의 1층에 설치할 것</u>
     나. 제1종 판매취급소에는 별표 4 Ⅲ제1호의 기준에 따라 보기 쉬운 곳에 "위험물 판매취급소(제1종)"라는 표시를 한 표지와 같은 표 Ⅲ제2호의 기준에 따라 방화에 관하여 필요한 사항을 게시한 게시판 및 같은 표 Ⅲ 제3호의 기준을 준용하여 해당 판매취급소가 금연구역임을 알리는 표지를 설치해야 한다.
     다. <u>제1종 판매취급소의 용도로 사용되는 건축물의 부분은 내화구조 또는 불연재료로 하고, **판매취급소로 사용되는 부분과 다른 부분과의 격벽은 내화구조로 할 것**</u>
     라. <u>제1종 판매취급소의 용도로 사용하는 건축물의 부분은 보를 불연재료로 하고, 천장을 설치하는 경우에는 천장을 불연재료로 할 것</u>
     마. 제1종 판매취급소의 용도로 사용하는 부분에 상층이 있는 경우에 있어서는 그 상층의 바닥을 내화구조로 하고, 상층이 없는 경우에 있어서는 지붕을 내화구조 또는 불연재료로 할 것
     바. 제1종 판매취급소의 용도로 사용하는 부분의 창 및 출입구에는 60분+방화문·60분방화문 또는 30분방화문을 설치할 것
     사. 제1종 판매취급소의 용도로 사용하는 부분의 창 또는 출입구에 유리를 이용하는 경우에는 망입유리로 할 것
     아. 제1종 판매취급소의 용도로 사용하는 건축물에 설치하는 전기설비는 전기사업법에 의한 전기설비기술기준에 의할 것
     자. **위험물을 배합하는 실은 다음에 의할 것**
        1) **바닥면적은 6㎡ 이상 15㎡ 이하로 할 것** → *6(육)고기 15(일어)나서 배합해!
        2) 내화구조 또는 불연재료로 된 벽으로 구획할 것
        3) 바닥은 위험물이 침투하지 아니하는 구조로 하여 적당한 경사를 두고 집유설비를 할 것
        4) 출입구에는 수시로 열 수 있는 자동폐쇄식의 60분+방화문 또는 60분방화문을 설치할 것
        5) **출입구 문턱의 높이는 바닥면으로부터 0.1m 이상(*10㎝)으로 할 것**
        6) 내부에 체류한 가연성의 증기 또는 가연성의 미분을 지붕 위로 방출하는 설비를 할 것
  2. 저장 또는 취급하는 **위험물의 수량이 지정수량의 40배 이하인 판매취급소**(이하 "제2종 판매취급소"라 한다)의 위치·구조 및 설비의 기준은 제1호가목·나목 및 사목 내지 자목의 규정을 준용하는 외에 다음 각목의 기준에 의한다.
     가. 제2종 판매취급소의 용도로 사용하는 부분은 **벽·기둥·바닥 및 보를 내화구조로 하고, 천장이 있는 경우에는 이를 불연재료로 하며**, 판매취급소로 사용되는 부분과 다른 부분과의 격벽은 내화구조로 할 것
     나. 제2종 판매취급소의 용도로 사용하는 부분에 상층이 있는 경우에 있어서는 상층의 바닥을

<u>내화구조로 하는 동시에 상층으로의 연소를 방지하기 위한 조치를 강구하고, 상층이 없는 경우에는 **지붕을 내화구조**로 할 것</u>

다. 제2종 판매취급소의 용도로 사용하는 부분중 연소의 우려가 없는 부분에 한하여 창을 두되, 해당 창에는 60분+방화문·60분방화문 또는 30분방화문을 설치할 것

라. 제2종 판매취급소의 용도로 사용하는 부분의 출입구에는 60분+방화문·60분방화문 또는 30분방화문을 설치할 것. 다만, 해당 부분 중 연소의 우려가 있는 벽에 설치하는 출입구에는 수시로 열 수 있는 자동폐쇄식의 60분+방화문 또는 60분방화문을 설치해야 한다.

문1 위험물안전관리법령상 제1종 판매취급소의 위치·구조 및 설비의 기준에서 위험물을 배합하는 실에 관한 설명으로 옳은 것은?

① 바닥면적은 5㎡ 이상 15㎡ 이하로 할 것
② 내부에 체류한 가연성의 증기 또는 가연성의 미분을 지붕 위로 방출하는 설비를 할 것
③ 출입구 문턱의 높이는 바닥면으로부터 0.1㎝ 이상으로 할 것
④ 출입구에는 수시로 열 수 있는 자동폐쇄식의 30분 방화문을 설치할 것

정답 ②

문2 위험물안전관리법령상 판매취급소의 위치·구조 및 설비의 기준으로 옳지 <u>않은</u> 것은?

① 제1종 판매취급소는 건축물의 1층에 설치할 것
② 제1종 판매취급소의 위험물을 배합하는 실의 바닥면적은 5㎡ 이상 15㎡ 이하로 할 것
③ 제2종 판매취급소의 용도로 사용하는 부분의 벽·기둥·바닥 및 보를 내화구조로 할 것
④ 제2종 판매취급소의 용도로 사용하는 부분에 상층이 있는 경우에 있어서는 상층의 바닥을 내화구조로 하는 동시에 상층으로의 연소를 방지하기 위한 조치를 강구할 것

정답 ②

문3 위험물안전관리법령상 판매취급소의 위치·구조 및 설비의 기준으로 옳지 <u>않은</u> 것은?

① 제1종 판매취급소는 건축물의 1층에 설치할 것
② 제1종 판매취급소의 용도로 사용하는 부분의 창 및 출입구에는 60분+방화문, 60분 방화문 또는 30분 방화문을 설치할 것
③ 제2종 판매취급소의 용도로 사용하는 부분은 벽·기둥·바닥 및 보를 내화구조로 할 것
④ 제2종 판매취급소의 용도로 사용하는 부분에 천장이 있는 경우에는 이를 난연재료로 할 것

정답 ④

문4 위험물안전관리법령상 판매취급소의 위치·구조 및 설비의 기준상 제1종 판매취급소의 관한 설명으로 옳지 <u>않은</u> 것은?

① 제1종 판매취급소는 건축물의 1층에 설치할 것
② 제1종 판매취급소의 용도로 사용하는 부분의 창 및 출입구에는 60분 방화문+·60분 방화문 또는 30분 방화문을 설치할 것
③ 제1종 판매취급소로 사용되는 부분과 다른 부분과의 격벽은 내화구조로 할 것

④ 제1종 판매취급소의 용도로 사용하는 건축물의 부분은 보를 불연재료로 하고, 천장을 설치하는 경우에는 천장을 난연재료로 할 것

정답 ④

문5 위험물안전관리법령상 제1종 판매취급소의 위험물을 배합하는 실에 관한 기준으로 옳은 것은?

① 바닥면적은 6㎡ 이상 15㎡ 이하로 할 것
② 방화구조 또는 난연재료로 된 벽으로 구획할 것
③ 출입구 문턱의 높이는 바닥면으로부터 5cm 이상으로 할 것
④ 출입구에는 수시로 열 수 있는 자동폐쇄식의 30분 방화문을 설치할 것

해설

자. 위험물을 배합하는 실은 다음에 의할 것
  1) **바닥면적은 6㎡ 이상 15㎡ 이하로 할 것**
  2) 내화구조 또는 불연재료로 된 벽으로 구획할 것
  3) 바닥은 위험물이 침투하지 아니하는 구조로 하여 적당한 경사를 두고 집유설비를 할 것
  4) 출입구에는 수시로 열 수 있는 자동폐쇄식의 60분+방화문 또는 60분방화문을 설치할 것
  5) **출입구 문턱의 높이는 바닥면으로부터 0.1m 이상(*10cm)으로 할 것**
  6) 내부에 체류한 가연성의 증기 또는 가연성의 미분을 지붕 위로 방출하는 설비를 할 것

정답 ①

■ 위험물안전관리법 시행규칙 [별표 15]
이송취급소(*일종의 파이프라인 시설)의 위치·구조 및 설비의 기준(제39조 관련)

Ⅰ. 설치장소
  1. 이송취급소는 다음 각목의 장소 외의 장소에 설치하여야 한다. → *해저 가능
     가. 철도 및 도로의 터널 안
     나. 고속국도 및 자동차전용도로(「도로법」 제48조제1항에 따라 지정된 도로를 말한다)의 차도·갓길 및 중앙분리대
     다. 호수·저수지 등으로서 수리의 수원이 되는 곳 → *물을 공급받는 근원지
     라. 급경사지역으로서 붕괴의 위험이 있는 지역
  2. 제1호의 규정에 불구하고 다음 각목의 1에 해당하는 경우에는 제1호 각목의 장소에 이송취급소를 설치할 수 있다.
     가. 지형상황 등 부득이한 사유가 있고 안전에 필요한 조치를 하는 경우
     나. 제1호 나목 또는 다목의 장소에 **횡단하여 설치**하는 경우

  ○ 배관의 두께는 배관의 외경에 따라 다음 표에 정한 것 이상(*최소두께)으로 하여야 한다.

배관의 외경(단위 mm)	배관의 두께(단위 mm)
114.3 미만	4.5
114.3 이상 139.8 미만	4.9

Ⅳ. 기타 설비 등
  1. 누설확산방지조치
     배관을 시가지·하천·수로·터널·도로·철도 또는 투수성(透水性) 지반에 설치하는 경우에는 누설된 위험물의 확산을 방지할 수 있는 강철제의 관·철근콘크리트조의 방호구조물 등 견고하고 내구성이 있는 구조물의 안에 설치하여야 한다.
  2. 가연성증기의 체류방지조치
     배관을 설치하기 위하여 설치하는 터널(높이 1.5m 이상인 것에 한한다)에는 가연성 증기의 체류를 방지하는 조치를 하여야 한다.
  3. 부등침하 등의 우려가 있는 장소에 설치하는 배관
     부등침하 등 지반의 변동이 발생할 우려가 있는 장소에 배관을 설치하는 경우에는 배관이 손상을 받지 아니하도록 필요한 조치를 하여야 한다.
  4. 굴착(땅파기)에 의하여 주위가 노출된 배관의 보호
     굴착(땅파기)에 의하여 주위가 일시 노출되는 배관은 손상되지 아니하도록 적절한 보호조치를 하여야 한다.
  5. 비파괴시험
     가. 배관등의 용접부는 비파괴시험을 실시하여 합격할 것. 이 경우 이송기지내의 지상에 설치된 배관등은 전체 용접부의 20% 이상을 발췌하여 시험할 수 있다.

나. 가목의 규정에 의한 비파괴시험의 방법, 판정기준 등은 소방청장이 정하여 고시하는 바에 의할 것

6. **내압시험** → *이송할테니 125/4
   가. **배관등은 최대상용압력의 1.25배 이상의 압력으로 4시간 이상 수압을 가하여 누설 그 밖의 이상이 없을 것.** 다만, 수압시험을 실시한 배관등의 시험구간 상호간을 연결하는 부분 또는 수압시험을 위하여 배관등의 내부공기를 뽑아낸 후 폐쇄한 곳의 용접부는 제5호의 비파괴시험으로 갈음할 수 있다.
   나. 가목의 규정에 의한 내압시험의 방법, 판정기준 등은 소방청장이 정하여 고시하는 바에 의할 것

문1 「위험물안전관리법 시행규칙」상 이송취급소를 설치할 수 있는 경우로 옳은 것은? (단, 지형상황 등 부득이한 사유가 있고 안전에 필요한 조치를 하는 경우는 제외)

① 철도 및 도로의 터널 안에 설치하는 경우
② 급경사지역으로서 붕괴의 위험이 있는 지역에 설치하는 경우
③ 호수·저수지 등으로서 수리의 수원이 되는 곳을 횡단하여 설치하는 경우
④ 고속국도 및 자동차전용도로(도로법에 따라 지정된 도로)의 차도·갓길 및 중앙분리대에 설치하는 경우

정답 ③

문2 위험물안전관리법령상 이송취급소의 위치구조 및 설비기준에 따라 외경이 130㎜인 배관의 최소 두께(㎜)는?

① 4.6
② 4.7
③ 4.8
④ 4.9

정답 ④

문3 위험물안전관리법령상 이송취급소에 관한 기준 중 ( )에 들어갈 내용으로 옳은 것은?

> 내압시험 시 배관 등은 최대상용압력의 ( )배 이상의 압력으로 4시간 이상 수압을 가하여 누설 그 밖의 이상이 없을 것

① 1
② 1.1
③ 1.25
④ 1.5

정답 ③

문4 위험물안전관리법령상 이송취급소를 설치할 수 없는 장소는? (단, 지형상황 등 부득이한 경우 또는 횡단의 경우는 제외한다)

① 시가지 도로의 노면 아래
② 산림 또는 평야
③ 고속국도의 갓길
④ 지하 또는 해저

정답 ③

문5 위험물안전관리법령상 원칙적으로 이송취급소 설치장소에서 제외되는 곳이 <u>아닌</u> 것은?

① 해저
② 도로의 터널 안
③ 고속국도의 차도 및 갓길
④ 호수·저수지 등으로서 수리의 수원이 되는 곳

정답 ①

■ 위험물안전관리법 시행규칙 [별표 16]
일반취급소의 위치·구조 및 설비의 기준(제40조관련)

Ⅰ. 일반취급소의 기준
　1. 별표 4 Ⅰ부터 Ⅹ까지의 규정은 일반취급소의 위치·구조 및 설비의 기술기준에 대하여 준용한다.
　2. 제1호에도 불구하고 다음 각 목에 정하는 일반취급소에 대하여는 각각 Ⅱ부터 Ⅹ까지 및 Ⅹ의2부터 Ⅹ의4까지의 규정에서 정한 특례에 따를 수 있다.
　　가. 도장, 인쇄 또는 도포를 위하여 제2류 위험물 또는 제4류 위험물(특수인화물을 제외한다)을 취급하는 일반취급소로서 지정수량의 30배 미만의 것(위험물을 취급하는 설비를 건축물에 설치하는 것에 한하며, 이하 "분무도장작업등의 일반취급소"라 한다)
　　나. **세정을 위하여 위험물(인화점이 40℃ 이상인 제4류 위험물에 한한다)**을 취급하는 일반취급소로서 지정수량의 30배 미만의 것(위험물을 취급하는 설비를 건축물에 설치하는 것에 한하며, 이하 "세정작업의 일반취급소"라 한다)
　　다. **열처리작업 또는 방전가공을 위하여 위험물(인화점이 70℃ 이상인 제4류 위험물에 한한다)**을 취급하는 일반취급소로서 지정수량의 30배 미만의 것(위험물을 취급하는 설비를 건축물에 설치하는 것에 한하며, 이하 "열처리작업 등의 일반취급소"라 한다)
　　라. **보일러, 버너 그 밖의 이와 유사한 장치로 위험물(인화점이 38℃ 이상인 제4류 위험물에 한한다)을 소비하는 일반취급소로서 지정수량의 30배 미만의 것(위험물을 취급하는 설비를 건축물에 설치하는 것에 한하며, 이하 "보일러등으로 위험물을 소비하는 일반취급소"라 한다)**
　　마. 이동저장탱크에 액체위험물(알킬알루미늄등, 아세트알데하이드등 및 하이드록실아민등을 제외한다. 이하 이 호에서 같다)을 주입하는 일반취급소(액체위험물을 용기에 옮겨 담는 취급소를 포함하며, 이하 "충전하는 일반취급소"라 한다)
　　바. **고정급유설비에 의하여 위험물(인화점이 38℃ 이상인 제4류 위험물에 한한다)**을 용기에 옮겨 담거나 4,000ℓ 이하의 이동저장탱크(용량이 2,000ℓ를 넘는 탱크에 있어서는 그 내부를 2,000ℓ 이하마다 구획한 것에 한한다)에 주입하는 일반취급소로서 지정수량의 40배 미만인 것(이하 "옮겨 담는 일반취급소"라 한다)
　　사. **위험물을 이용한 유압장치 또는 윤활유 순환장치를 설치하는 일반취급소**(고인화점 위험물만을 100℃ 미만의 온도로 취급하는 것에 한한다)**로서 지정수량의 50배 미만의 것**(위험물을 취급하는 설비를 건축물에 설치하는 것에 한하며, 이하 "유압장치등을 설치하는 일반취급소"라 한다)
　　아. **절삭유의 위험물을 이용한 절삭장치, 연삭장치** 그 밖의 이와 유사한 장치를 설치하는 일반취급소(고인화점 위험물만을 100℃ 미만의 온도로 취급하는 것에 한한다)로서 지정수량의 30배 미만의 것(위험물을 취급하는 설비를 건축물에 설치하는 것에 한하며, 이하 "절삭장치등을 설치하는 일반취급소"라 한다)
　　자. 위험물 외의 물건을 가열하기 위하여 위험물(고인화점 위험물에 한한다)을 이용한 열매체유(열 전달에 이용하는 합성유) 순환장치를 설치하는 일반취급소로서 지정수량의 30배 미만의 것(위험물을 취급하는 설비를 건축물에 설치하는 것에 한하며, 이하 "열매체유 순환장치를 설치하는 일반취급소"라 한다)

차. 화학실험을 위하여 위험물을 취급하는 일반취급소로서 지정수량의 30배 미만의 것(위험물을 취급하는 설비를 건축물에 설치하는 것만 해당하며, 이하 "화학실험의 일반취급소"라 한다)
카. 「국가첨단전략산업 경쟁력 강화 및 보호에 관한 특별조치법」 제2조제1호에 따른 국가첨단전략기술 중 반도체 관련 제품의 제조를 위하여 위험물을 취급하는 일반취급소(위험물을 취급하는 설비를 건축물에 설치하는 것으로 한정하며, 이하 "반도체 제조공정의 일반취급소"라 한다)
타. 「국가첨단전략산업 경쟁력 강화 및 보호에 관한 특별조치법」 제2조제1호에 따른 국가첨단전략기술 중 이차전지 관련 제품의 제조를 위하여 위험물을 취급하는 일반취급소(위험물을 취급하는 설비를 건축물에 설치하는 것으로 한정하며, 이하 "이차전지 제조공정의 일반취급소"라 한다)

Ⅴ. 보일러등으로 위험물을 소비하는 일반취급소의 특례

1. Ⅰ 제2호 라목의 일반취급소 중 그 위치·구조 및 설비가 다음 각목에 정하는 기준에 적합한 것에 대하여는 Ⅰ 제1호의 규정에 의하여 준용되는 별표 4 Ⅰ·Ⅱ·Ⅳ·Ⅴ 및 Ⅵ의 규정은 적용하지 아니한다.
   가. Ⅱ 제3호 내지 제8호 및 Ⅳ 제1호 가목 및 나목의 규정에 의한 기준에 적합할 것
   나. 건축물 중 일반취급소의 용도로 제공하는 부분에는 지진시 및 정전시 등의 긴급시에 보일러, 버너 그 밖에 이와 유사한 장치(비상용전원과 관련되는 것을 제외한다)에 대한 위험물의 공급을 자동적으로 차단하는 장치를 설치할 것
   다. 위험물을 취급하는 탱크는 그 용량의 총계를 지정수량 미만으로 하고, 당해 탱크(용량이 지정수량의 5분의 1 미만의 것을 제외한다)의 주위에 별표 4 Ⅸ 제1호 나목1)의 규정을 준용하여 방유턱을 설치할 것
2. Ⅰ 제2호 라목의 일반취급소 중 지정수량의 10배 미만의 것으로서 그 위치·구조 및 설비가 다음 각목에 정하는 기준에 적합한 것에 대하여는 Ⅰ 제1호의 규정에 의하여 준용되는 별표 4 Ⅰ·Ⅱ·Ⅳ·Ⅴ 및 Ⅵ의 규정은 적용하지 아니한다.
   가. **위험물을 취급하는 설비(위험물을 이송하기 위한 배관을 제외한다)는 바닥에 고정하고, 해당 설비의 주위에 너비 3m 이상의 공지를 보유할 것.** 다만, 해당 설비로부터 3m 미만의 거리에 있는 건축물의 벽(수시로 열 수 있는 자동폐쇄식의 60분+방화문 또는 60분방화문이 달려 있는 출입구 외의 개구부가 없는 것으로 한정한다) 및 기둥이 내화구조인 경우에는 해당 설비에서 해당 벽 및 기둥까지의 공지를 보유하는 것으로 할 수 있다.
   나. **건축물 중 일반취급소의 용도로 사용하는 부분(가목의 공지를 포함한다. 이하 다목에서 같다)의 바닥은 위험물이 침투하지 아니하는 구조로 하고 적당한 경사를 두는 한편, 집유설비 및 당해 바닥의 주위에 배수구를 설치할 것**
   다. Ⅱ 제6호 내지 제8호, Ⅲ 제2호 가목, 제1호 나목 및 다목의 기준에 적합할 것

Ⅶ. 옮겨 담는 일반취급소의 특례

Ⅰ 제2호 바목의 일반취급소 중 그 위치·구조 및 설비가 다음 각호의 규정에 의한 기준에 적합한 것에 대하여는 Ⅰ 제1호의 규정에 의하여 준용되는 별표 4 Ⅰ·Ⅱ·Ⅳ·Ⅴ 내지 Ⅶ·Ⅷ(제5호를 제외한다) 및 Ⅸ의 규정은 적용하지 아니한다.

1. 일반취급소에는 고정급유설비 중 호스기기의 주위(현수식의 고정급유설비에 있어서는 호스기기의 아래)에 용기에 옮겨 담거나 탱크에 주입하는데 필요한 공지를 보유하여야 한다.
2. 제1호의 공지는 그 지반면을 주위의 지반면보다 높게 하고, 그 표면에 적당한 경사를 두며, 콘크리트등으로 포장하여야 한다.
3. 제1호의 공지에는 누설한 위험물 그 밖의 액체가 당해 공지 외의 부분에 유출하지 아니하도록 배수구 및 유분리장치를 설치하여야 한다.
4. **일반취급소에는 고정급유설비에 접속하는 용량 40,000ℓ 이하의 지하의 전용탱크(이하 "지하전용탱크"라 한다)를 지반면 하에 매설하는 경우 외에는 위험물을 취급하는 탱크를 설치하지 아니하여야 한다.**
5. 지하전용탱크의 위치·구조 및 설비는 별표 8 Ⅰ[제5호·제10호(게시판에 관한 부분에 한한다)·제11호·제14호를 제외한다]·별표 8 Ⅱ[별표 8 Ⅰ 제5호·제10호(게시판에 관한 부분에 한한다)·제11호·제14호를 제외한다] 또는 별표 8 Ⅲ[별표 8 Ⅰ 제5호·제10호(게시판에 관한 부분에 한한다)·제11호·제14호를 제외한다]의 규정에 의한 지하저장탱크의 위치·구조 및 설비의 기준을 준용하여야 한다.
6. 고정급유설비에 위험물을 주입하기 위한 배관은 당해 고정급유설비에 접속하는 지하전용탱크로부터의 배관만으로 하여야 한다.
7. 고정급유설비는 별표 13 Ⅳ(제4호를 제외한다)의 규정에 의한 주유취급소의 고정주유설비 또는 고정급유설비의 기준을 준용하여야 한다.
8. 고정급유설비는 도로경계선으로부터 다음 표에 정하는 거리 이상, 건축물의 벽으로부터 2m(일반취급소의 건축물의 벽에 개구부가 없는 경우에는 당해 벽으로부터 1m) 이상, 부지경계선으로부터 1m 이상의 간격을 유지하여야 한다. 다만, 호스기기와 분리하여 별표 13 Ⅸ의 기준에 적합하고 벽·기둥·바닥·보 및 지붕(상층이 있는 경우에는 상층의 바닥)이 내화구조인 펌프실에 설치하는 펌프기기 또는 액중펌프기기에 있어서는 그러하지 아니하다.
9. 현수식의 고정급유설비를 설치하는 일반취급소에는 당해 고정급유설비의 펌프기기를 정지하는 등에 의하여 지하전용탱크로부터의 위험물의 이송을 긴급히 중단할 수 있는 장치를 설치하여야 한다.
10. **일반취급소의 주위에는 높이 2m이상의 내화구조 또는 불연재료로 된 담 또는 벽을 설치하여야 한다.** 이 경우 당해 일반취급소에 인접하여 연소의 우려가 있는 건축물이 있을 때에는 담 또는 벽을 별표 13 Ⅶ. 담 또는 벽의 제1호의 규정에 준하여 방화상 안전한 높이로 하여야 한다.
11. 일반취급소의 출입구에는 60분+방화문·60분방화문 또는 30분방화문을 설치해야 한다.
12. 펌프실 그 밖에 위험물을 취급하는 실은 별표 13 Ⅸ의 규정에 의한 주유취급소의 펌프실 그 밖에 위험물을 취급하는 실의 기준을 준용하여야 한다.
13. 일반취급소에 지붕, 캐노피 그 밖에 위험물을 옮겨 담는데 필요한 건축물(이하 이 호 및 제14호에서 "지붕등"이라 한다)을 설치하는 경우에는 지붕등은 불연재료로 하여야 한다.
14. <u>지붕등의 수평투영면적은 일반취급소의 부지면적의 3분의 1 이하이어야 한다.</u>

문1
다음은 위험물안전관리법령상 옮겨 담는 일반취급소의 특례기준이다. ( )에 알맞은 숫자로 옳은 것은? (단, 당해 일반취급소에 인접하여 연소의 우려가 있는 건축물은 없다)

> 일반취급소의 주위에는 높이 ( )m 이상의 내화구조 또는 불연재료로 된 담 또는 벽을 설치하여야 한다.

① 1
② 2
③ 3
④ 4

정답 ②

문2
위험물안전관리법령상 보일러 등으로 위험물을 소비하는 일반취급소를 건축물의 다른 부분과 구획하지 않고 설비 단위로 설치하는데 필요한 특례요건이 아닌 것은? (단, 건축물의 옥상에 설치하는 경우는 제외한다)

① 위험물을 취급하는 설비의 주위에 원칙적으로 너비 3m 이상의 공지를 보유할 것
② 일반취급소에서 취급하는 위험물의 최대수량은 지정수량의 10배 미만일 것
③ 보일러, 버너 그 밖에 이와 유사한 장치로 인화점 70℃ 이상의 제4류 위험물을 소비하는 취급일 것
④ 일반취급소의 용도로 사용하는 부분의 바닥(설비의 주위에 있는 공지를 포함)에는 집유설비를 설치하고 바닥의 주위에 배수구를 설치할 것

정답 ③

문3
위험물안전관리법령상 일반취급소의 위치·구조 및 설비의 기준은 제조소의 위치·구조 및 설비의 기준을 준용하거나 위험물의 취급유형에 따라 따로 정한 특례기준을 적용할 수 있다. 이러한 특례의 대상이 되는 일반취급소 중 취급 위험물의 인화점 조건이 나머지 셋과 다른 하나는?

① 열처리작업 등의 일반취급소
② 절삭장치 등을 설치하는 일반취급소
③ 윤활유 순환장치를 설치하는 일반취급소
④ 유압장치를 설치하는 일반취급소

정답 ①

■ 위험물안전관리법 시행규칙 [별표 17]

소화설비, 경보설비 및 피난설비의 기준

소화난이도등급 I	소화난이도등급 II	소화난이도등급 III
1. 제조소, 일반취급소 1) 연면적 1,000㎡ 이상 2) 지정수량 100배 이상	1. 제조소, 일반취급소 1) 연면적 600㎡ 이상 2) 지정수량 10배 이상	1. 제조소, 일반취급소 1) 제48조의 위험물을 취급하는 것 2) 제48조의 위험물 외의 것을 취급하는 것으로서 등급 I, II에 해당하지 아니하는 것

1. 소화난이도등급 I 에 해당하는 제조소등

제조소 등의 구분	제조소등의 규모, 저장 또는 취급하는 위험물의 품명 및 최대수량 등
제조소 일반취급소	연면적 1,000㎡ 이상인 것
	지정수량의 100배 이상인 것(고인화점위험물만을 100℃ 미만의 온도에서 취급하는 것 및 제48조의 위험물을 취급하는 것은 제외)
	지반면으로부터 6m 이상의 높이에 위험물 취급설비가 있는 것(고인화점위험물만을 100℃ 미만의 온도에서 취급하는 것은 제외)
	일반취급소로 사용되는 부분 외의 부분을 갖는 건축물에 설치된 것(내화구조로 개구부 없이 구획 된 것, 고인화점위험물만을 100℃ 미만의 온도에서 취급하는 것 및 별표 16 X의2의 화학실험의 일반취급소는 제외)
주유취급소	별표 13 V제2호에 따른 면적의 합이 500㎡를 초과하는 것
옥내 저장소	지정수량의 150배 이상인 것(고인화점위험물만을 저장하는 것 및 제48조의 위험물을 저장하는 것은 제외)
	연면적 150㎡를 초과하는 것(150㎡ 이내마다 불연재료로 개구부없이 구획된 것 및 인화성고체 외의 제2류 위험물 또는 인화점 70℃ 이상의 제4류 위험물만을 저장하는 것은 제외)
	처마높이가 6m 이상인 단층건물의 것
	옥내저장소로 사용되는 부분 외의 부분이 있는 건축물에 설치된 것(내화구조로 개구부없이 구획된 것 및 인화성고체 외의 제2류 위험물 또는 인화점 70℃ 이상의 제4류 위험물만을 저장하는 것은 제외)

옥외 탱크 저장소	액표면적이 40㎡ 이상인 것(제6류 위험물을 저장하는 것 및 고인화점위험물만을 100℃ 미만의 온도에서 저장하는 것은 제외)	
	지반면으로부터 탱크 옆판의 상단까지 높이가 6m 이상인 것(제6류 위험물을 저장하는 것 및 고인화점위험물만을 100℃ 미만의 온도에서 저장하는 것은 제외)	
	지중탱크 또는 해상탱크로서 지정수량의 100배 이상인 것(제6류 위험물을 저장하는 것 및 고인화점위험물만을 100℃ 미만의 온도에서 저장하는 것은 제외)	
	고체위험물을 저장하는 것으로서 지정수량의 100배 이상인 것	
옥내 탱크 저장소	액표면적이 40㎡ 이상인 것(제6류 위험물을 저장하는 것 및 고인화점위험물만을 100℃ 미만의 온도에서 저장하는 것은 제외)	
	바닥면으로부터 탱크 옆판의 상단까지 높이가 6m 이상인 것(제6류 위험물을 저장하는 것 및 고인화점위험물만을 100℃ 미만의 온도에서 저장하는 것은 제외)	
	탱크전용실이 단층건물 외의 건축물에 있는 것으로서 인화점 38℃ 이상 70℃ 미만의 위험물을 지정수량의 5배 이상 저장하는 것(내화구조로 개구부없이 구획된 것은 제외한다)	
옥외 저장소	덩어리 상태의 황을 저장하는 것으로서 경계표시 내부의 면적(2 이상의 경계표시가 있는 경우에는 각 경계표시의 내부의 면적을 합한 면적)이 100㎡ 이상인 것	
	별표 11 Ⅲ의 위험물을 저장하는 것으로서 지정수량의 100배 이상인 것	
암반 탱크 저장소	액표면적이 40㎡ 이상인 것(제6류 위험물을 저장하는 것 및 고인화점위험물만을 100℃ 미만의 온도에서 저장하는 것은 제외)	
	고체위험물만을 저장하는 것으로서 지정수량의 100배 이상인 것	
이송 취급소	모든 대상	
옥외 탱크 저장소	액표면적이 40㎡ 이상인 것(제6류 위험물을 저장하는 것 및 고인화점위험물만을 100℃ 미만의 온도에서 저장하는 것은 제외)	
	지반면으로부터 탱크 옆판의 상단까지 높이가 6m 이상인 것(제6류 위험물을 저장하는 것 및 고인화점위험물만을 100℃ 미만의 온도에서 저장하는 것은 제외)	
	지중탱크 또는 해상탱크로서 지정수량의 100배 이상인 것(제6류 위험물을 저장하는 것 및 고인화점위험물만을 100℃ 미만의 온도에서 저장하는 것은 제외)	
	고체위험물을 저장하는 것으로서 지정수량의 100배 이상인 것	
옥내	액표면적이 40㎡ 이상인 것(제6류 위험물을 저장하는 것 및 고인화점위험물만을	

탱크 저장소	100℃ 미만의 온도에서 저장하는 것은 제외)
	바닥면으로부터 탱크 옆판의 상단까지 높이가 6m 이상인 것(제6류 위험물을 저장하는 것 및 고인화점위험물만을 100℃ 미만의 온도에서 저장하는 것은 제외)
	탱크전용실이 단층건물 외의 건축물에 있는 것으로서 인화점 38℃ 이상 70℃ 미만의 위험물을 지정수량의 5배 이상 저장하는 것(내화구조로 개구부 없이 구획된 것은 제외한다)

5. 소화설비의 설치기준
   가. 전기설비의 소화설비
      제조소등에 전기설비(전기배선, 조명기구 등은 제외한다)가 설치된 경우에는 당해 장소의 면적 100㎡마다 소형수동식소화기를 1개 이상 설치할 것
   나. 소요단위 및 능력단위
      1) 소요단위 : 소화설비의 설치대상이 되는 건축물 그 밖의 공작물의 규모 또는 위험물의 양의 기준단위
      2) 능력단위 : 1)의 소요단위에 대응하는 소화설비의 소화능력의 기준단위
   다. 소요단위의 계산방법
      건축물 그 밖의 공작물 또는 위험물의 소요단위의 계산방법은 다음의 기준에 의할 것
      1) 제조소 또는 취급소의 건축물은 외벽이 내화구조인 것은 연면적(제조소등의 용도로 사용되는 부분 외의 부분이 있는 건축물에 설치된 제조소등에 있어서는 당해 건축물중 제조소등에 사용되는 부분의 바닥면적의 합계를 말한다. 이하 같다) 100㎡를 1소요단위로 하며, 외벽이 내화구조가 아닌 것은 연면적 50㎡를 1소요단위로 할 것
      2) 저장소의 건축물은 외벽이 내화구조인 것은 연면적 150㎡를 1소요단위로 하고, 외벽이 내화구조가 아닌 것은 연면적 75㎡를 1소요단위로 할 것
      3) 제조소등의 옥외에 설치된 공작물은 외벽이 내화구조인 것으로 간주하고 공작물의 최대수평투영면적을 연면적으로 간주하여 1) 및 2)의 규정에 의하여 소요단위를 산정할 것
      4) 위험물은 지정수량의 10배를 1소요단위로 할 것

   마. 옥내소화전설비의 설치기준은 다음의 기준에 의할 것
      1) 옥내소화전은 제조소등의 건축물의 층마다 당해 층의 각 부분에서 하나의 호스접속구까지의 수평거리가 25m 이하가 되도록 설치할 것. 이 경우 옥내소화전은 각층의 출입구 부근에 1개 이상 설치하여야 한다.
      2) 수원의 수량은 옥내소화전이 가장 많이 설치된 층의 옥내소화전 설치개수(설치개수가 5개 이상인 경우는 5개)에 7.8㎥를 곱한 양 이상이 되도록 설치할 것
      3) 옥내소화전설비는 각층을 기준으로 하여 당해 층의 모든 옥내소화전(설치개수가 5개 이상인 경우는 5개의 옥내소화전)을 동시에 사용할 경우에 각 노즐끝부분의 방수압력이 350KPa 이상이고 방수량이 1분당 260ℓ 이상의 성능이 되도록 할 것

4) 옥내소화전설비에는 비상전원을 설치할 것

바. 옥외소화전설비의 설치기준은 다음의 기준에 의할 것
1) 옥외소화전은 방호대상물(당해 소화설비에 의하여 소화하여야 할 제조소등의 건축물, 그 밖의 공작물 및 위험물을 말한다. 이하 같다)의 각 부분(건축물의 경우에는 당해 건축물의 1층 및 2층의 부분에 한한다)에서 하나의 호스접속구까지의 수평거리가 40m 이하가 되도록 설치할 것. 이 경우 그 설치개수가 1개일 때는 2개로 하여야 한다.
2) **수원의 수량은 옥외소화전의 설치개수(설치개수가 4개 이상인 경우는 4개의 옥외소화전)에 13.5㎥를 곱한 양 이상이 되도록 설치할 것**
3) 옥외소화전설비는 모든 옥외소화전(설치개수가 4개 이상인 경우는 4개의 옥외소화전)을 동시에 사용할 경우에 각 노즐끝부분의 방수압력이 350kPa 이상이고, 방수량이 1분당 450ℓ 이상의 성능이 되도록 할 것
4) 옥외소화전설비에는 비상전원을 설치할 것

사. 스프링클러설비의 설치기준은 다음의 기준에 의할 것
1) 스프링클러헤드는 방호대상물의 천장 또는 건축물의 최상부 부근(천장이 설치되지 아니한 경우)에 설치하되, 방호대상물의 각 부분에서 하나의 스프링클러헤드까지의 수평거리가 1.7m(제4호 비고 제1호의 표에 정한 살수밀도의 기준을 충족하는 경우에는 2.6m) 이하가 되도록 설치할 것
2) 개방형 스프링클러헤드를 이용한 스프링클러설비의 방사구역(하나의 일제개방밸브에 의하여 동시에 방사되는 구역을 말한다. 이하 같다)은 150㎡이상(방호대상물의 바닥면적이 150㎡ 미만인 경우에는 당해 바닥면적)으로 할 것
3) 수원의 수량은 폐쇄형 스프링클러헤드를 사용하는 것은 30(헤드의 설치개수가 30 미만인 방호대상물인 경우에는 당해 설치개수), 개방형 스프링클러헤드를 사용하는 것은 스프링클러헤드가 가장 많이 설치된 방사구역의 스프링클러헤드 설치개수에 2.4㎥를 곱한 양 이상이 되도록 설치할 것
4) 스프링클러설비는 3)의 규정에 의한 개수의 스프링클러헤드를 동시에 사용할 경우에 각 끝부분의 방사압력이 100kPa(제4호 비고 제1호의 표에 정한 살수밀도의 기준을 충족하는 경우에는 50kPa) 이상이고, 방수량이 1분당 80ℓ (제4호 비고 제1호의 표에 정한 살수밀도의 기준을 충족하는 경우에는 56ℓ) 이상의 성능이 되도록 할 것
5) 스프링클러설비에는 비상전원을 설치할 것

아. 물분무소화설비의 설치기준은 다음의 기준에 의할 것
1) 분무헤드의 개수 및 배치는 다음 각목에 의할 것
  가) 분무헤드로부터 방사되는 물분무에 의하여 방호대상물의 모든 표면을 유효하게 소화할 수 있도록 설치할 것
  나) 방호대상물의 표면적(건축물에 있어서는 바닥면적. 이하 이 목에서 같다) 1㎡당 3)의

규정에 의한 양의 비율로 계산한 수량을 표준방사량(당해 소화설비의 헤드의 설계압력에 의한 방사량을 말한다. 이하 같다)으로 방사할 수 있도록 설치할 것

2) 물분무소화설비의 방사구역은 150㎡ 이상(방호대상물의 표면적이 150㎡ 미만인 경우에는 당해 표면적)으로 할 것

3) 수원의 수량은 분무헤드가 가장 많이 설치된 방사구역의 모든 분무헤드를 동시에 사용할 경우에 당해 방사구역의 표면적 1㎡당 1분당 20ℓ의 비율로 계산한 양으로 30분간 방사할 수 있는 양 이상이 되도록 설치할 것

4) 물분무소화설비는 3)의 규정에 의한 분무헤드를 동시에 사용할 경우에 각 끝부분의 방사압력이 350KPa 이상으로 표준방사량을 방사할 수 있는 성능이 되도록 할 것

5) 물분무소화설비에는 비상전원을 설치할 것

자. 포소화설비의 설치기준은 다음의 기준에 의할 것

1) 고정식 포소화설비의 포방출구 등은 방호대상물의 형상, 구조, 성질, 수량 또는 취급방법에 따라 표준방사량으로 당해 방호대상물의 화재를 유효하게 소화할 수 있도록 필요한 개수를 적당한 위치에 설치할 것

2) 이동식 포소화설비(포소화전 등 고정된 포수용액 공급장치로부터 호스를 통하여 포수용액을 공급받아 이동식 노즐에 의하여 방사하도록 된 소화설비를 말한다. 이하 같다)의 포소화전은 옥내에 설치하는 것은 마목1), 옥외에 설치하는 것은 바목1)의 규정을 준용할 것

3) 수원의 수량 및 포소화약제의 저장량은 방호대상물의 화재를 유효하게 소화할 수 있는 양 이상이 되도록 할 것

4) 포소화설비에는 비상전원을 설치할 것

차. **불활성가스소화설비의 설치기준**은 다음의 기준에 의할 것

1) 전역방출방식 불활성가스소화설비의 분사헤드는 불연재료의 벽·기둥·바닥·보 및 지붕(천장이 있는 경우에는 천장)으로 구획되고 개구부에 자동폐쇄장치(60분+방화문·60분방화문·30분방화문 또는 불연재료의 문으로 불활성가스소화약제가 방사되기 직전에 개구부를 자동적으로 폐쇄하는 장치를 말한다)가 설치되어 있는 부분(이하 "방호구역"이라 한다)에 해당 부분의 용적 및 방호대상물의 성질에 따라 표준방사량으로 방호대상물의 화재를 유효하게 소화할 수 있도록 필요한 개수를 적당한 위치에 설치할 것. 다만, 해당 부분에서 외부로 누설되는 양 이상의 불활성가스소화약제를 유효하게 추가하여 방출할 수 있는 설비가 있는 경우는 해당 개구부의 자동폐쇄장치를 설치하지 아니할 수 있다.

2) 국소방출방식 불활성가스소화설비의 분사헤드는 방호대상물의 형상, 구조, 성질, 수량 또는 취급방법에 따라 방호대상물에 이산화탄소소화약제를 직접 방사하여 표준방사량으로 방호대상물의 화재를 유효하게 소화할 수 있도록 필요한 개수를 적당한 위치에 설치할 것

3) 이동식 불활성가스소화설비(고정된 이산화탄소소화약제 공급장치로부터 호스를 통하여 이산화탄소소화약제를 공급받아 이동식 노즐에 의하여 방사하도록 된 소화설비를 말한다. 이하 같다)의 호스접속구는 모든 방호대상물에 대하여 당해 방호 대상물의 각 부분으로부터 하나

의 호스접속구까지의 수평거리가 15m 이하가 되도록 설치할 것
  4) 불활성가스소화약제용기에 저장하는 불활성가스소화약제의 양은 방호대상물의 화재를 유효하게 소화할 수 있는 양 이상이 되도록 할 것
  5) 전역방출방식 또는 국소방출방식의 불활성가스소화설비에는 비상전원을 설치할 것
카. 할로젠화합물소화설비의 설치기준은 차목의 불활성가스소화설비의 기준을 준용할 것
타. 분말소화설비의 설치기준은 차목의 불활성가스소화설비의 기준을 준용할 것
파. **대형수동식소화기의 설치기준은** 방호대상물의 각 부분으로부터 하나의 대형수동식소화기까지의 보행거리가 **30m 이하가 되도록 설치할 것**. 다만, 옥내소화전설비, 옥외소화전설비, 스프링클러설비 또는 물분무등소화설비와 함께 설치하는 경우에는 그러하지 아니하다.
하. **소형수동식소화기등의 설치기준은** 소형수동식소화기 또는 그 밖의 소화설비는 지하탱크저장소, 간이탱크저장소, 이동탱크저장소, 주유취급소 또는 판매취급소에서는 유효하게 소화할 수 있는 위치에 설치하여야 하며, 그 밖의 제조소등에서는 방호대상물의 각 부분으로부터 하나의 소형수동식소화기까지의 보행거리가 **20m 이하가 되도록 설치할 것**. 다만, 옥내소화전설비, 옥외소화전설비, 스프링클러설비, 물분무등소화설비 또는 **대형수동식소화기와 함께** 설치하는 경우에는 그러하지 아니하다.

II. 경보설비
1. 제조소등별로 설치해야 하는 경보설비의 종류

제조소등의 구분	제조소등의 규모, 저장 또는 취급하는 위험물의 종류 및 최대수량 등	경보설비
가. 제조소 및 일반취급소	· 연면적이 **500제곱미터** 이상인 것 · 옥내에서 **지정수량의 100배** 이상을 취급하는 것 (고인화점위험물만을 100℃ 미만의 온도에서 취급하는 것은 제외한다) · 일반취급소로 사용되는 부분 외의 부분이 있는 건축물에 설치된 일반취급소(일반취급소와 일반취급소 외의 부분이 내화구조의 바닥 또는 벽으로 개구부 없이 구획된 것은 제외한다)	자동화재 탐지설비
나. 옥내저장소	· **지정수량의 100배** 이상을 저장 또는 취급하는 것 (고인화점위험물만을 저장 또는 취급하는 것은 제외한다) · 저장창고의 연면적이 **150제곱미터**를 초과하는 것 [연면적 150제곱미터 이내마다 불연재료의 격벽으로 개구부 없이 완전히 구획된 저장창고와 제2류 위험물(인화성고체는 제외한다) 또는 제4류 위험물(인화점이 70℃ 미만인 것은 제외한다)만을 저장 또는 취급하는 저장창고는 그 연면적이	자동화재 탐지설비

		500제곱미터 이상인 것을 말한다] • **처마 높이가 6미터 이상인 단층 건물의 것** • 옥내저장소로 사용되는 부분 외의 부분이 있는 건축물에 설치된 옥내저장소[옥내저장소와 옥내저장소 외의 부분이 내화구조의 바닥 또는 벽으로 개구부 없이 구획된 것과 제2류(인화성고체는 제외한다) 또는 제4류의 위험물(인화점이 70℃ 미만인 것은 제외한다)만을 저장 또는 취급하는 것은 제외한다]	
다. 옥내탱크저장소	단층 건물 외의 건축물에 설치된 옥내탱크저장소로서 제41조제2항에 따른 소화난이도등급 I 에 해당하는 것	자동화재 탐지설비
라. 주유취급소	<u>옥내주유취급소</u>	자동화재 탐지설비
마. 옥외탱크저장소	특수인화물, 제1석유류 및 알코올류를 저장 또는 취급하는 탱크의 용량이 1,000만리터 이상인 것	• 자동화재 탐지설비 • 자동화재 속보설비
바. 가목부터 마목까지의 규정에 따른 자동화재탐지설비 설치 대상 제조소등에 해당하지 않는 제조소등(이송취급소는 제외한다)	지정수량의 10배 이상을 저장 또는 취급하는 것	자동화재 탐지설비, 비상경보 설비, 확성장치 또는 비상 방송설비 중 1종 이상

이송취급소는 별표 15의 기준에 따른다.
14. 경보설비
    이송취급소에는 다음 각목의 기준에 의하여 경보설비를 설치하여야 한다.
    가. 이송기지에는 비상벨장치 및 확성장치를 설치할 것
    나. 가연성증기를 발생하는 위험물을 취급하는 펌프실등에는 가연성증기 경보설비를 설치할 것

2. **자동화재탐지설비의 설치기준**
    가. <u>자동화재탐지설비의 경계구역(화재가 발생한 구역을 다른 구역과 구분하여 식별할 수 있는 최소단위의 구역을 말한다. 이하 이 호에서 같다)은 건축물 그 밖의 공작물의 2 이상의 층에</u>

걸치지 아니하도록 할 것. 다만, 하나의 경계구역의 면적이 500㎡ 이하이면서 당해 경계구역이 두개의 층에 걸치는 경우이거나 계단·경사로·승강기의 승강로 그 밖에 이와 유사한 장소에 연기감지기를 설치하는 경우에는 그러하지 아니하다. → *단서조항은 2 이상의 층에 걸칠 수 있다.
  나. '하나'의 경계구역의 면적은 **600㎡** 이하로 하고 그 한 변의 길이는 **50m**(광전식분리형 감지기를 설치할 경우에는 **100m**)이하로 할 것. 다만, 당해 건축물 그 밖의 공작물의 주요한 출입구에서 그 내부의 전체를 볼 수 있는 경우에 있어서는 그 면적을 1,000㎡ 이하로 할 수 있다. → *광전식은 연기감지, 차동식은 열감지이다.
  다. 자동화재탐지설비의 감지기(옥외탱크저장소에 설치하는 자동화재탐지설비의 감지기는 제외한다)는 지붕(상층이 있는 경우에는 상층의 바닥) 또는 벽의 옥내에 면한 부분(천장이 있는 경우에는 천장 또는 벽의 옥내에 면한 부분 및 천장의 뒷 부분)에 유효하게 화재의 발생을 감지할 수 있도록 설치할 것
  라. 옥외탱크저장소에 설치하는 자동화재탐지설비의 감지기 설치기준
    1) 불꽃감지기를 설치할 것. 다만, 불꽃을 감지하는 기능이 있는 지능형 폐쇄회로텔레비전(CCTV)을 설치한 경우 불꽃감지기를 설치한 것으로 본다.
    2) 옥외저장탱크 외측과 별표 6 Ⅱ에 따른 보유공지 내에서 발생하는 화재를 유효하게 감지할 수 있는 위치에 설치할 것
    3) 지지대를 설치하고 그 곳에 감지기를 설치하는 경우 지지대는 벼락에 영향을 받지 않도록 설치할 것
  마. 자동화재탐지설비에는 비상전원을 설치할 것
  바. **옥외탱크저장소가 다음의 어느 하나에 해당하는 경우에는 자동화재탐지설비를 설치하지 않을 수 있다.**
    1) 옥외탱크저장소의 방유제(**防油堤**)와 옥외저장탱크 사이의 지표면을 불연성 및 불침윤성(수분에 젖지 않는 성질)이 있는 철근콘크리트 구조 등으로 한 경우
    2) 「화학물질관리법 시행규칙」 별표 5 제6호의 화학물질안전원장이 정하는 고시에 따라 가스감지기를 설치한 경우
3. 옥외탱크저장소가 다음 각 목의 어느 하나에 해당하는 경우에는 자동화재속보설비를 설치하지 않을 수 있다.
  가. 제2호 바목1) 또는 2)에 해당하는 경우
  나. 법 제19조에 따른 자체소방대를 설치한 경우
  다. 안전관리자가 해당 사업소에 24시간 상주하는 경우

Ⅲ. 피난설비

1. 주유취급소 중 건축물의 **2층 이상의 부분**을 점포·휴게음식점 또는 전시장의 용도로 사용하는 것에 있어서는 당해 건축물의 2층 이상으로부터 주유취급소의 부지 밖으로 통하는 출입구와 당해 출입구로 통하는 통로·계단 및 출입구에 '**유도등**'을 설치하여야 한다.
2. 옥내주유취급소에 있어서는 당해 사무소 등의 출입구 및 피난구와 당해 피난구로 통하는 통로·계단 및 출입구에 '**유도등**'을 설치하여야 한다. → 피난사다리(×)
3. 유도등에는 비상전원을 설치하여야 한다.

4. 소화설비의 적응성

소화설비의 구분			대상물 구분									
			건축물·그 밖의 공작물	전기설비	제1류 위험물		제2류 위험물			제3류 위험물		제4류 위험물	제5류 위험물	제6류 위험물
					알칼리금속과산화물등	그 밖의 것	철분·금속분·마그네슘등	인화성고체	그밖의것(황화인·적린·황)	금수성물품	그 밖의 것			
옥내소화전 또는 옥외소화전설비			○			○		○	○		○		○	○
스프링클러설비			○			○		○	○		○	△	○	○
물분무등소화설비	물분무소화설비		○	○		○		○	○		○	○	○	○
	포소화설비		○			○		○	○		○	○	○	○
	불활성가스소화설비			○				○				○		
	할로젠화합물소화설비			○				○				○		
	분말소화설비	인산염류등	○	○		○		○	○			○		○
		탄산수소염류등		○	○		○	○		○		○		
		그 밖의 것			○		○			○				

4. 소화설비의 적응성

소화설비의 구분			대상물 구분									
			건축물·그 밖의 공작물	전기설비	제1류 위험물		제2류 위험물			제3류 위험물		제4류 위험물	제5류 위험물	제6류 위험물
					알칼리금속과산화물등	그 밖의 것	철분·금속분·마그네슘등	인화성고체	그밖의것(황화인·적린·황)	금수성물품	그 밖의 것			
대형·소형 수동식 소화기		봉상수소화기	O			O		O	O		O		O	O
		무상수소화기	O	O		O		O	O		O		O	O
		봉상강화액소화기	O			O		O	O		O		O	O
		무상강화액소화기	O	O		O		O	O		O	O	O	O
		포소화기	O			O		O	O		O	O	O	O
		이산화탄소소화기		O				O				O		△
		할로젠화합물소화기		O				O				O		
	분말 소화기	인산염류 소화기	O	O		O		O	O			O		O
		탄산수소염류 소화기		O	O		O	O		O		O		
		그 밖의 것			O		O			O				
기타		물통 또는 수조	O			O		O	O		O		O	O
		건조사			O	O	O	O	O	O	O	O	O	O
		팽창질석 또는 팽창진주암			O	O	O	O	O	O	O	O	O	O

제조소등의 구분	소화설비(소화난이도등급 I (*I~III 중 가장 소화가 곤란)에 설치하여야 하는 소화설비)
제조소 및 일반취급소	옥내소화전설비, 옥외소화전설비, 스프링클러설비 또는 물분무등소화설비(화재발생시 연기가 충만할 우려가 있는 장소에는 스프링클러설비 또는 이동식 외의 물분무등소화설비에 한한다)
주유취급소	<u>스프링클러설비(건축물에 한정</u>한다), 소형수동식소화기등(능력단위의 수치가 건축물 그 밖의 공작물 및 위험물의 소요단위의 수치에 이르도록 설치할 것)

제조소등의 구분	소화설비(소화난이도등급 II의 제조소등에 설치하여야 하는 소화설비)
제조소 옥내저장소 옥외저장소 주유취급소 판매취급소 일반취급소	방사능력범위 내에 당해 건축물, 그 밖의 공작물 및 위험물이 포함되도록 <u>대형수동식소화기</u>를 설치하고, 당해 위험물의 소요단위의 **1/5 이상**에 해당되는 능력단위의 <u>소형수동식소화기등</u>을 설치할 것
옥외탱크저장소 옥내탱크저장소	대형수동식소화기 및 소형수동식소화기등을 **각각 1개 이상** 설치할 것

문1 「위험물안전관리법 시행규칙」상 소화설비 설치기준에서 소요단위 계산 방법에 대한 설명으로 옳지 <u>않은</u> 것은?

① 위험물은 지정수량의 10배를 1소요단위로 한다.
② 제조소 또는 취급소의 건축물은 외벽이 내화구조가 아닌 것은 연면적 150㎡를 1소요단위로 한다.
③ 저장소의 건축물은 외벽이 내화구조가 아닌 것은 연면적 75㎡를 1소요단위로 한다.
④ 제조소 또는 취급소인 건축물은 외벽이 내화구조인 것은 연면적 100㎡를 1소요단위로 한다.

정답 ②

문2 위험물안전관리법령상 지정수량의 위험물 20배를 취급하고 있는 위험물 판매취급소의 연면적이 80㎡인 경우, 소화설비의 설치기준에 의한 위험물 및 건축물의 소요단위의 합으로 옳은 것은? (단, 취급소의 외벽은 내화구조이다.)

① 1
② 2
③ 3
④ 4

정답 ③ 위험물 소요단위는 2, 취급소의 소요단위는 1(*0.8이므로 정수로 1)

문3 위험물안전관리법령상 대상물과 적응성 있는 소화설비의 연결로 옳은 것은?

① 전기설비 - 물분무소화설비
② 제3류 위험물 - 불활성가스소화설비
③ 제4류 위험물 - 옥내소화전설비
④ 제5류 위험물 - 할로겐화합물소화설비

정답 ①

문4 위험물안전관리법령상 소화난이도등급Ⅱ의 제조소 등에 설치하여야 하는 소화설비에 관한 내용이다. 빈칸에 들어갈 내용으로 옳은 것은? (단, 예외 조항은 고려하지 않는다)

제조소 등의 구분	소화설비
제조소	방사능력 범위 내에 당해 건축물, 그 밖의 공작물 및 위험물이 포

옥내저장소 일반취급소	함되도록 (ㄱ)를 설치하고, 당해 위험물의 소요단위의 (ㄴ) 이상에 해당되는 능력단위의 소형수동식소화기 등을 설치할 것
옥외탱크저장소 옥내탱크저장소	대형수동식소화기 및 소형수동식소화기 등을 각각 (ㄷ)개 이상 설치할 것

① ㄱ : 옥내소화전설비, ㄴ : 1/2, ㄷ : 1
② ㄱ : 옥내소화전설비, ㄴ : 1/5, ㄷ : 2
③ ㄱ : 대형수동식소화기, ㄴ : 1/2, ㄷ : 2
④ ㄱ : 대형수동식소화기, ㄴ : 1/5, ㄷ : 1

 ④

문5 위험물안전관리법령상 소화설비의 설치기준에서 외벽이 내화구조가 아닌 연면적 450㎡인 저장소의 소요단위는?

① 3
② 5
③ 6
④ 9

정답 ③

문6 위험물안전관리법령상 위험물저장소의 건축물 외벽이 내화구조이고 연면적이 900㎡인 경우, 소화설비의 설치기준에 의한 소화설비 소요단위의 계산값은?

① 6
② 9
③ 12
④ 18

정답 ①

문7 위험물안전관리법령상 소화설비 기준 중 소화난이도등급 I의 제조소 및 일반취급소에 설치하여야 하는 소화설비로 옳은 것을 모두 고른 것은?

> ㄱ. 옥내소화전설비   ㄴ. 옥외소화전설비   ㄷ. 스프링클러설비

① ㄱ
② ㄱ, ㄴ
③ ㄴ, ㄷ
④ ㄱ, ㄴ, ㄷ

정답 ④

문8 위험물안전관리법령상 소화설비, 경보설비 및 피난설비의 기준에서 연면적 300㎡인 위험물제조소의 소요단위는? (단, 제조소의 건축물 외벽은 내화구조가 아니다)

① 3
② 4
③ 5
④ 6

정답 ④

문9 위험물안전관리법령상 소화설비, 경보설비 및 피난설비의 기준에서 소화난이도등급 I의 주유취급소 중 건축물에 한정하여 설치하는 소화설비는?

① 옥내소화전설비
② 옥외소화전설비
③ 스프링클러설비
④ 연결송수관설비

정답 ③

문10 위험물안전관리법령상 소화설비, 경보설비 및 피난설비의 기준에서 제조소 등에 전기설비가 설치된 경우 당해 장소의 면적이 400㎡ 일 때, 소형수동식소화기를 최소 몇 개 이상 설치해야 하는가? (단, 전기배선, 조명기구 등은 제외한다)

① 1
② 2
③ 3
④ 4

문11 위험물안전관리법령상 소화설비, 경보설비 및 피난설비의 기준에서 위험물제조소의 연면적이 2,000㎡ 또는 저장 및 취급하는 위험물이 지정수량의 150배 이상인 위험물제조소에 설치하여야 하는 소화설비로 옳은 것을 모두 고른 것은?

ㄱ. 옥내소화전설비	ㄴ. 옥외소화전설비
ㄷ. 상수도소화전설비	ㄹ. 물분무소화설비

① ㄱ, ㄴ, ㄷ
② ㄱ, ㄴ, ㄹ
③ ㄱ, ㄷ, ㄹ
④ ㄴ, ㄷ, ㄹ

문12 위험물안전관리법령상 연면적 500㎡ 이상인 제조소에 반드시 설치하여야 하는 경보설비는?

① 확성장치
② 비상경보설비
③ 비상방송설비
④ 자동화재탐지설비

문13 위험물안전관리법령상 소화설비, 경보설비 및 피난설비의 기준에 관한 조문의 일부이다. (   )에 들어갈 숫자는?

> 제조소 등에 전기설비(전기배선, 조명기구 등은 제외한다)가 설치된 경우에는 당해 장소의 면적 100㎡마다 소형수동식소화기를 (   )개 이상 설치할 것

① 1
② 2
③ 3
④ 4

정답 ①

문14 위험물안전관리법령상 옥내탱크저장소에 대한 소화난이도등급 I 의 기준에 해당하지 않는 것은?

① 액표면적이 40㎡ 이상인 것(제6류 위험물을 저장하는 것 및 고인화점 위험물만을 100℃ 미만의 온도에서 저장하는 것은 제외)
② 바닥면으로부터 탱크 옆판의 상단까지 높이가 6m 이상인 것(제6류 위험물을 저장하는 것 및 고인화점 위험물만을 100℃ 미만의 온도에서 저장하는 것은 제외)
③ 고체위험물을 저장하는 것으로서 지정수량의 100배 이상인 것
④ 탱크전용실이 단층건물 외의 건축물에 있는 것으로서 인화점 38℃ 이상 70℃ 미만의 위험물을 지정수량 5배 이상 저장하는 것(내화구조로 개구부 없이 구획된 것은 제외한다.

정답 ③

문15 위험물안전관리법령상 이산화탄소소화기가 적응성이 있는 위험물은?

① 제1류 위험물
② 제3류 위험물
③ 제4류 위험물
④ 제5류 위험물

정답 ③ *이전인사 : 이산화탄소/전(기설비)/인(화성고체)/4(류 위험물)

문 16. 위험물안전관리법령상 위험물제조소 등의 옥내소화전 설비의 설치기준으로 옳지 않은 것은?

① 수원의 수량은 옥내소화전이 가장 많이 설치된 층의 옥내소화전 설치개수(설치개수가 5개 이상인 경우는 5개)에 2.4㎥를 곱한 양 이상이 되도록 설치할 것
② 옥내소화전은 제조소 등의 건축물의 층마다 당해 층의 각 부분에서 하나의 호스 접속구까지의 수평거리가 25m 이하가 되도록 할 것
③ 옥내소화전설비는 각 층을 기준으로 하여 당해 층의 모든 옥내소화전(설치개수가 5개 이상인 경우는 5개의 옥내소화전)을 동시에 사용할 경우에 각 노즐선단의 방수압력이 350kPa 이상이고 방수량이 1분당 260L 이상의 성능이 되도록 할 것
④ 옥내소화전설비에는 비상전원을 설치할 것

해설

마. 옥내소화전설비의 설치기준은 다음의 기준에 의할 것
　1) 옥내소화전은 제조소등의 건축물의 층마다 당해 층의 각 부분에서 하나의 호스접속구까지의 수평거리가 25m 이하가 되도록 설치할 것. 이 경우 옥내소화전은 각층의 출입구 부근에 1개 이상 설치하여야 한다.
　2) 수원의 수량은 옥내소화전이 가장 많이 설치된 층의 옥내소화전 설치개수(설치개수가 5개 이상인 경우는 5개)에 7.8㎥를 곱한 양 이상이 되도록 설치할 것
　3) 옥내소화전설비는 각층을 기준으로 하여 당해 층의 모든 옥내소화전(설치개수가 5개 이상인 경우는 5개의 옥내소화전)을 동시에 사용할 경우에 각 노즐끝부분의 방수압력이 350kPa 이상이고 방수량이 1분당 260ℓ 이상의 성능이 되도록 할 것
　4) 옥내소화전설비에는 비상전원을 설치할 것

바. 옥외소화전설비의 설치기준은 다음의 기준에 의할 것
　1) 옥외소화전은 방호대상물(당해 소화설비에 의하여 소화하여야 할 제조소등의 건축물, 그 밖의 공작물 및 위험물을 말한다. 이하 같다)의 각 부분(건축물의 경우에는 당해 건축물의 1층 및 2층의 부분에 한한다)에서 하나의 호스접속구까지의 수평거리가 40m 이하가 되도록 설치할 것. 이 경우 그 설치개수가 1개일 때는 2개로 하여야 한다.
　2) 수원의 수량은 옥외소화전의 설치개수(설치개수가 4개 이상인 경우는 4개의 옥외소화전)에 13.5㎥를 곱한 양 이상이 되도록 설치할 것
　3) 옥외소화전설비는 모든 옥외소화전(설치개수가 4개 이상인 경우는 4개의 옥외소화전)을 동시에 사용할 경우에 각 노즐끝부분의 방수압력이 350kPa 이상이고, 방수량이 1분당 450ℓ 이상의 성능이 되도록 할 것
　4) 옥외소화전설비에는 비상전원을 설치할 것

정답 ①

문17 위험물안전관리법령상 제조소 등에 설치하여야 할 자동화재탐지설비의 설치기준 중 ( ) 안에 알맞은 내용은? (단, 광전식분리형 감지기 설치는 제외한다)

> 하나의 경계구역의 면적은 (ㄱ)㎡ 이하로 하고, 그 한 변의 길이는 (ㄴ)m 이하로 할 것. 다만, 당해 건축물 그 밖의 공작물의 주요한 출입구에서 그 내부의 전체를 볼 수 있는 경우에 있어서는 그 면적을 1,000㎡ 이하로 할 수 있다.

① ㄱ : 300, ㄴ : 20
② ㄱ : 400, ㄴ : 30
③ ㄱ : 500, ㄴ : 40
④ ㄱ : 600, ㄴ : 50

정답 ④

문18 위험물안전관리법령상 옥내주유취급소에 있어서 당해 사무소 등의 출입구 및 피난구와 당해 피난구로 통하는 통로계단 및 출입구에 설치해야 하는 피난설비는?

① 유도등
② 구조대
③ 피난사다리
④ 완강기

정답 ①

문19 위험물안전관리법령상 알칼리금속 과산화물에 적응성이 있는 소화설비는?

① 할로젠화합물 소화설비
② 탄산수소염류 분말소화설비
③ 물분무소화설비
④ 스프링클러설비

정답 ②

문20 위험물안전관리법령상 위험물 제조소 등에 자동화재탐지설비를 설치할 때 설치기준으로 옳지 않은 것은?

① 하나의 경계구역의 면적은 600㎡ 이하로 할 것
② 광전식 분리형 감지기를 설치한 경우 경계구역의 한 변의 길이는 50m 이하로 할 것
③ 감지기는 지붕 또는 벽의 옥내에 면하는 부분에 유효하게 화재의 발생을 감지할 수 있도록 설치할 것
④ 비상전원을 설치할 것

정답 ②

문21 위험물안전관리법령상 황화인, 적린, 황에 적응성이 없는 소화설비는?

① 옥외소화전설비
② 포소화설비
③ 불활성가스소화설비
④ 인산염류 등의 분말소화설비

정답 ③

문22 위험물안전관리법령상 소형수동식소화기의 설치기준에 따라 방호대상물의 각 부분으로부터 하나의 소형수동식소화기까지의 보행거리가 20m 이하가 되도록 설치하여야 하는 제조소 등에 해당하는 것은? (단, 옥내소화전설비, 옥외소화전설비, 스프링클러설비, 물분무등소화설비 또는 대형수동식소화기와 함께 설치하지 않은 경우이다)

① 지하탱크저장소
② 주유취급소
③ 판매취급소
④ 옥내저장소

해설

파. 대형수동식소화기의 설치기준은 방호대상물의 각 부분으로부터 하나의 대형수동식소화기까지의 보행거리가 30m 이하가 되도록 설치할 것. 다만, 옥내소화전설비, 옥외소화전설비, 스프링클러설비 또는 물분무등소화설비와 함께 설치하는 경우에는 그러하지 아니하다.
하. 소형수동식소화기등의 설치기준은 소형수동식소화기 또는 그 밖의 소화설비는 '지하탱크

저장소, 간이탱크저장소, 이동탱크저장소, 주유취급소 또는 판매취급소'에서는 유효하게 소화할 수 있는 위치에 설치하여야 하며, 그 밖의 제조소등에서는 방호대상물의 각 부분으로부터 하나의 소형수동식소화기까지의 보행거리가 20m 이하가 되도록 설치할 것. 다만, 옥내소화전설비, 옥외소화전설비, 스프링클러설비, 물분무등소화설비 또는 대형수동식소화기와 함께 설치하는 경우에는 그러하지 아니하다. → *유효하게 소화할 수 있는 위치: 지(하)/이/주/간/판매

정답 ④

문23 위험물안전관리법령상 경보설비의 설치대상에 해당하지 않는 것은?

① 지정수량의 5배를 저장 또는 취급하는 판매취급소
② 옥내주유취급소
③ 연면적 500㎡인 제조소
④ 처마높이가 6m인 단층건물의 옥내저장소

정답 ①

문24 위험물안전관리법령상 한 변의 길이는 10m, 다른 한 변의 길이는 50m인 옥내저장소에 자동화재탐지설비를 설치하는 경우 경계구역은 원칙적으로 최소 몇 개로 하여야 하는가? (단, 차동식스포트형감지기를 설치한다)

① 1
② 2
③ 3
④ 4

해설

2. 자동화재탐지설비의 설치기준
   가. 자동화재탐지설비의 경계구역(화재가 발생한 구역을 다른 구역과 구분하여 식별할 수 있는 최소단위의 구역을 말한다. 이하 이 호에서 같다)은 건축물 그 밖의 공작물의 2 이상의 층에 걸치지 아니하도록 할 것. 다만, 하나의 경계구역의 면적이 500㎡ 이하이면서 당해 경계구역이 두개의 층에 걸치는 경우이거나 계단·경사로·승강기의 승강로 그 밖에 이와 유사한 장소에 연기감지기를 설치하는 경우에는 그러하지 아니하다. → *단서조항은 2 이상의 층에 걸칠 수 있다.

나. '하나'의 경계구역의 면적은 600㎡ 이하로 하고 그 한 변의 길이는 50m(광전식분리형 감지기를 설치할 경우에는 100m)이하로 할 것. 다만, 당해 건축물 그 밖의 공작물의 주요한 출입구에서 그 내부의 전체를 볼 수 있는 경우에 있어서는 그 면적을 1,000㎡ 이하로 할 수 있다. → *광전식은 연기감지, 차동식은 열감지이다.

정답 ①

문25 위험물안전관리법령상 위험물 제조소 등의 자동화재탐지설비의 설치기준으로 옳지 않은 것은?

① 계단·경사로·승강기의 승강로 그 밖의 이와 유사한 장소에 연기감지기를 설치하는 경우에는 자동화재탐지설비의 경계구역이 2 이상의 층에 걸칠 수 있다.
② 하나의 경계구역의 면적은 600㎡(예외적인 경우에는 1,000㎡ 이하) 이하로 하고, 광전식 분리형 감지기를 설치하는 경우에는 한 변의 길이는 50m 이하로 하여야 한다.
③ 자동화재탐지설비의 감지기는 지붕 또는 벽의 옥내에 면한 부분에 유효하게 화재의 발생을 감지하도록 하여야 한다.
④ 자동화재탐지설비에는 비상전원을 설치하여야 한다.

정답 ②

문26 위험물안전관리법령상 제2류 위험물인 철분에 적응성이 있는 소화설비는?

① 옥외소화전설비
② 포소화설비
③ 이산화탄소소화설비
④ 탄산수소염류 분말소화설비

정답 ④

문27 위험물안전관리법령상에서 정한 소화설비, 경보설비 및 피난설비의 기준으로 옳지 않은 것은?

① 저장소의 건축물은 외벽이 내화구조인 것은 연면적 75㎡를 1소요단위로 한다.
② 소형수동식소화기의 설치기준에 따라 방호대상물의 각 부분으로부터 하나의 소형수동식소화기까지의 보행거리가 20m 이하가 되도록 설치하여야 하는 제조소 등에는 옥내저장소가 포함된다.
③ 옥내주유취급소와 연면적이 500㎡ 이상인 일반취급소에는 자동화재탐지설비를 설치하여야

한다.

④ 옥내 소화전은 제조소 등의 건축물의 층마다 해당 층의 각 부분에서 하나의 호스접속구까지의 수평거리가 25m 이하가 되도록 설치하여야 한다.

정답 ①

문28 위험물안전관리법령상 제6류 위험물을 저장·취급하는 소방대상물에 적응성이 없는 소화설비는?

① 탄산수소염류를 사용하는 분말소화설비
② 옥내소화전설비
③ 봉상강화액 소화기
④ 스프링클러설비

정답 ①

문29 다음은 위험물안전관리법령상 위험물 제조소 등의 옥내소화전설비의 설치기준에 관한 내용이다. ( )에 알맞은 수치는?

> 수원에 수량은 옥내소화전이 가장 많이 설치된 층의 옥내소화전 설치개수(설치개수가 5개 이상인 경우는 5개)에 ( )m³를 곱한 양 이상이 되도록 설치할 것

① 2.4
② 7.8
③ 35
④ 260

정답 ②

문30 위험물안전관리법령상 위험물 제조소 등에 설치하는 옥내소화전 또는 옥외소화전설비의 설치기준으로 옳지 않은 것은?

① 옥내소화전설비의 각 노즐 끝부분의 방수량 : 260L/min
② 옥내소화전은 제조소 등의 건축물의 층마다 당해 층의 각 부분에서 하나의 호스접속구까지의 수평거리 : 25m 이하
③ 옥외소화전설비의 각 노즐 끝부분의 방수량 : 450L/min
④ 옥외소화전은 방호대상물(당해 소화설비에 의해 소화하여야 할 제조소 등의 건축물, 그 밖

의 공작물 및 위험물)의 각 부분(건축물의 경우에는 당해 건축물의 1층 및 2층의 부분에 한한다)에서 하나의 호스접속구까지의 수평거리 : 35m 이하

해설

마. 옥내소화전설비의 설치기준은 다음의 기준에 의할 것
  1) 옥내소화전은 제조소등의 건축물의 층마다 당해 층의 각 부분에서 하나의 호스접속구까지의 수평거리가 25m 이하가 되도록 설치할 것. 이 경우 옥내소화전은 각층의 출입구 부근에 1개 이상 설치하여야 한다.
  2) 수원의 수량은 옥내소화전이 가장 많이 설치된 층의 옥내소화전 설치개수(설치개수가 5개 이상인 경우는 5개)에 7.8㎥를 곱한 양 이상이 되도록 설치할 것
  3) 옥내소화전설비는 각층을 기준으로 하여 당해 층의 모든 옥내소화전(설치개수가 5개 이상인 경우는 5개의 옥내소화전)을 동시에 사용할 경우에 각 노즐끝부분의 방수압력이 350KPa 이상이고 방수량이 1분당 260ℓ 이상의 성능이 되도록 할 것
  4) 옥내소화전설비에는 비상전원을 설치할 것

바. 옥외소화전설비의 설치기준은 다음의 기준에 의할 것
  1) 옥외소화전은 방호대상물(당해 소화설비에 의하여 소화하여야 할 제조소등의 건축물, 그 밖의 공작물 및 위험물을 말한다. 이하 같다)의 각 부분(건축물의 경우에는 당해 건축물의 1층 및 2층의 부분에 한한다)에서 하나의 호스접속구까지의 수평거리가 40m 이하가 되도록 설치할 것. 이 경우 그 설치개수가 1개일 때는 2개로 하여야 한다.
  2) 수원의 수량은 옥외소화전의 설치개수(설치개수가 4개 이상인 경우는 4개의 옥외소화전)에 13.5㎥를 곱한 양 이상이 되도록 설치할 것
  3) 옥외소화전설비는 모든 옥외소화전(설치개수가 4개 이상인 경우는 4개의 옥외소화전)을 동시에 사용할 경우에 각 노즐끝부분의 방수압력이 350KPa 이상이고, 방수량이 1분당 450ℓ 이상의 성능이 되도록 할 것
  4) 옥외소화전설비에는 비상전원을 설치할 것

정답 ④

문31 제조소 등의 건축물에서 옥내소화전이 가장 많이 설치된 층의 소화저의 개수가 3개일 경우 확보해야 할 수원의 양은 몇 ㎥ 이상이어야 하는가?

① 7.8
② 11.7
③ 15.6
④ 23.4

정답 ④

문32 스프링클러설비가 전체적으로 적응성이 있는 대상물은?

① 제1류 위험물
② 제2류 위험물
③ 제4류 위험물
④ 제5류 위험물

정답 ④

문33 위험물 제조소 등에 전기설비(전기배선, 조명기구 등은 제외한다)가 설치된 경우에 당해 장소의 면적이 500㎡라면 몇 개 이상의 소형수동식소화기를 설치하여야 하는가?

① 1
② 4
③ 5
④ 10

해설

> 5. 소화설비의 설치기준
> 가. 전기설비의 소화설비
>   제조소등에 전기설비(전기배선, 조명기구 등은 제외한다)가 설치된 경우에는 당해 장소의 면적 100㎡마다 소형수동식소화기를 1개 이상 설치할 것

정답 ③

문34 다음 ( )에 알맞은 숫자를 바르게 나열한 것은?

> 주유취급소 중 건축물의 (ㄱ)층 이상의 부분을 점포, 휴게음식점 또는 전시장의 용도로 사용하는 것에 있어서는 당해 건축물의 (ㄴ)층 이상으로부터 직접 주유취급소의 부지 밖으로 통하는 출입구와 당해 출입구로 통하는 통로, 계단 및 출입구에 유도등을 설치하여야 한다.

① ㄱ : 1, ㄴ : 1
② ㄱ : 1, ㄴ : 2
③ ㄱ : 2, ㄴ : 1
④ ㄱ : 2, ㄴ : 2

해설

Ⅲ. 피난설비
1. 주유취급소 중 건축물의 2층 이상의 부분을 점포·휴게음식점 또는 전시장의 용도로 사용하는 것에 있어서는 당해 건축물의 2층 이상으로부터 주유취급소의 부지 밖으로 통하는 출입구와 당해 출입구로 통하는 통로·계단 및 출입구에 '유도등'을 설치하여야 한다.

정답 ④

문35 위험물안전관리법령상 소화설비의 적응성에서 제6류 위험물을 저장 또는 취급하는 제조소 등에 설치할 수 있는 소화설비는?

① 인산염류분말소화기
② 탄산수소염류분말소화설비
③ 이산화탄소소화설비
④ 할로젠화합물소화설비

정답 ①

문36 소화난이도등급 Ⅰ의 제조소 중 옥내탱크저장소의 규모에 대한 설명으로 옳은 것은?

① 액체 위험물을 저장하는 위험물의 액표면적이 20㎡ 이상인 것
② 바닥면으로부터 탱크 옆판의 상단까지 높이가 6m 이상인 것(제6류 위험물을 저장하는 것 및 고인화점위험물만을 100℃ 미만의 온도에서 저장하는 것은 제외)
③ 액체 위험물만을 저장하는 단층 건축물 외의 건축물에 설치하는 것으로서 인화점이 40℃ 이상 70℃ 미만의 위험물은 지정수량의 40배 이상 저장 또는 취급하는 것(내화구조로 개구부 없이 구획된 것은 제외한다)
④ 고체위험물을 저장하는 것으로서 지정수량의 100배 이상인 것

정답 ②

문37 위험물안전관리법령상 옥내소화전 6개와 옥외소화전 1개를 설치하는 경우 각각에 필요한 최소 수원의 수량을 합한 값은? (단, 위험물 제조소는 단층 건축물이다)

① 7.8㎥
② 13.5㎥
③ 21.3㎥
④ 52.5㎥

정답 ④

문38 위험물안전관리법령상 소화난이도등급 Ⅰ에 해당하는 제조소 등이 아닌 것은?

① 옥내탱크저장소로 액표면적이 30㎡ 이상인 것(제6류 위험물을 저장하는 것 및 고인화점위험물만을 100℃ 미만의 온도에서 저장하는 것은 제외)
② 암반탱크저장소로 고체위험물만을 저장하는 것으로서 지정수량의 100배 이상인 것
③ 옥내저장소로 처마높이가 6m 이상인 단층건물의 것
④ 이송취급소

정답 ①

■ 위험물안전관리법 시행규칙 [별표 18]
제조소등에서의 위험물의 저장 및 취급에 관한 기준(제49조관련)

I. 저장·취급의 공통기준

1. 제조소등에서 법 제6조제1항의 규정에 의한 허가 및 법 제6조제2항의 규정에 의한 신고와 관련되는 품명 외의 위험물 또는 이러한 허가 및 신고와 관련되는 수량 또는 지정수량의 배수를 초과하는 위험물을 저장 또는 취급하지 아니하여야 한다(중요기준).
2. 삭제
3. 삭제
4. 삭제
5. 삭제
6. 삭제
7. 위험물을 저장 또는 취급하는 건축물 그 밖의 공작물 또는 설비는 당해 **'위험물의 성질에 따라'** 차광 또는 환기를 실시하여야 한다. → *위험물의 수량에 따라(×)
8. 위험물은 온도계, 습도계, 압력계 그 밖의 계기를 감시하여 당해 위험물의 성질에 맞는 적정한 온도, 습도 또는 압력을 유지하도록 저장 또는 취급하여야 한다.
9. 삭제
10. 위험물을 저장 또는 취급하는 경우에는 위험물의 변질, 이물의 혼입 등에 의하여 당해 위험물의 위험성이 증대되지 아니하도록 필요한 조치를 강구하여야 한다.
11. 위험물이 남아 있거나 남아 있을 우려가 있는 설비, 기계·기구, 용기 등을 수리하는 경우에는 안전한 장소에서 위험물을 완전하게 제거한 후에 실시하여야 한다.
12. 위험물을 용기에 수납하여 저장 또는 취급할 때에는 그 용기는 당해 위험물의 성질에 적응하고 파손·부식·균열 등이 없는 것으로 하여야 한다.
13. 삭제
14. 가연성의 액체·증기 또는 가스가 새거나 체류할 우려가 있는 장소 또는 가연성의 미분이 현저하게 부유할 우려가 있는 장소에서는 전선과 전기기구를 완전히 접속하고 불꽃을 발하는 기계·기구·공구·신발 등을 사용하지 아니하여야 한다.
15. 위험물을 보호액 중에 보존하는 경우에는 당해 위험물이 보호액으로부터 노출되지 아니하도록 하여야 한다.

II. 위험물의 유별 저장·취급의 공통기준(중요기준)

1. 제1류 위험물은 가연물과의 접촉·혼합이나 분해를 촉진하는 물품과의 접근 또는 과열·충격·마찰 등을 피하는 한편, **알카리금속의 과산화물** 및 이를 함유한 것에 있어서는 **'물'과의 접촉을 피하여야 한다.**
2. 제2류 위험물은 산화제와의 접촉·혼합이나 불티·불꽃·고온체와의 접근 또는 과열을 피하는 한편, **철분·금속분·마그네슘** 및 이를 함유한 것에 있어서는 **'물이나 산'과의 접촉을 피하고 인화성 고체**에 있어서는 함부로 증기를 발생시키지 아니하여야 한다.
3. 제3류 위험물 중 **자연발화성물질**에 있어서는 불티·불꽃 또는 고온체와의 접근·과열 또는 **'공기'와의 접촉을 피하고,** 금수성물질에 있어서는 물과의 접촉을 피하여야 한다.
4. 제4류 위험물은 불티·불꽃·고온체와의 접근 또는 과열을 피하고, **함부로 증기를 발생시키지 아니하여야 한다.**

5. 제5류 위험물은 불티·불꽃·고온체와의 접근이나 **과열·충격 또는 마찰**을 피하여야 한다.
6. 제6류 위험물은 가연물과의 접촉·혼합이나 **분해를 촉진하는 물품과의 접근 또는 과열을 피하여야 한다.**
7. 제1호 내지 제6호의 기준은 위험물을 저장 또는 취급함에 있어서 당해 각호의 기준에 의하지 아니하는 것이 통상인 경우는 당해 각호를 적용하지 아니한다. 이 경우 당해 저장 또는 취급에 대하여는 재해의 발생을 방지하기 위한 충분한 조치를 강구하여야 한다.

Ⅲ. 저장의 기준

1. 저장소에는 위험물 외의 물품을 저장하지 아니하여야 한다. 다만, 다음 각목의 1에 해당하는 경우에는 그러하지 아니하다(중요기준).

   가. 옥내저장소 또는 옥외저장소에서 다음의 규정에 의한 위험물과 위험물이 아닌 물품을 함께 저장하는 경우. 이 경우 위험물과 위험물이 아닌 물품은 각각 모아서 저장하고 상호간에는 1m 이상의 간격을 두어야 한다.

   1) 위험물(제2류 위험물 중 인화성고체와 제4류 위험물을 제외한다)과 영 별표 1에서 당해 위험물이 속하는 품명란에 정한 물품(동표 제1류의 품명란 제11호, 제2류의 품명란 제8호, 제3류의 품명란 제12호, 제5류의 품명란 제11호 및 제6류의 품명란 제5호의 규정에 의한 물품을 제외한다)을 주성분으로 함유한 것으로서 위험물에 해당하지 아니하는 물품

   2) 제2류 위험물 중 인화성고체와 위험물에 해당하지 아니하는 고체 또는 액체로서 인화점을 갖는 것 또는 합성 수지류(「소방기본법 시행령」 별표 2 비고 제8호의 합성수지류를 말한다)(이하 Ⅲ에서 "합성수지류등"이라 한다) 또는 이들 중 어느 하나 이상을 주성분으로 함유한 것으로서 위험물에 해당하지 아니하는 물품

   3) 제4류 위험물과 합성수지류등 또는 영 별표 1의 제4류의 품명란에 정한 물품을 주성분으로 함유한 것으로서 위험물에 해당하지 아니하는 물품

   4) 제4류 위험물 중 유기과산화물 또는 이를 함유한 것과 유기과산화물 또는 유기과산화물만을 함유한 것으로서 위험물에 해당하지 아니하는 물품

   5) 제48조의 규정에 의한 위험물과 위험물에 해당하지 아니하는 화약류(「총포·도검·화약류 등 단속법」에 의한 화약류에 해당하는 것을 말한다)

   6) 위험물과 위험물에 해당하지 아니하는 불연성의 물품(저장하는 위험물 및 위험물외의 물품과 위험한 반응을 일으키지 아니하는 것에 한한다)

   나. 옥외탱크저장소·옥내탱크저장소·지하탱크저장소 또는 이동탱크저장소(이하 이 목에서 "옥외탱크저장소등"이라 한다)에서 당해 옥외탱크저장소등의 구조 및 설비에 나쁜 영향을 주지 아니하면서 다음에서 정하는 위험물이 아닌 물품을 저장하는 경우

   1) 제4류 위험물을 저장 또는 취급하는 옥외탱크저장소등: 합성수지류등 또는 영 별표 1의 제4류의 품명란에 정한 물품을 주성분으로 함유한 것으로서 위험물에 해당하지 아니하는 물품 또는 위험물에 해당하지 아니하는 불연성 물품(저장 또는 취급하는 위험물 및 위험물외의 물품과 위험한 반응을 일으키지 아니하는 것에 한한다)

   2) 제6류 위험물을 저장 또는 취급하는 옥외탱크저장소등 : 영 별표 1의 제6류의 품명란에

정한 물품(동표 제6류의 품명란 제5호의 규정에 의한 물품을 제외한다)을 주성분으로 함유한 것으로서 위험물에 해당하지 아니하는 물품 또는 위험물에 해당하지 아니하는 불연성 물품(저장 또는 취급하는 위험물 및 위험물 외의 물품과 위험한 반응을 일으키지 아니하는 것에 한한다)

2. 영 별표 1의 유별을 달리하는 위험물은 동일한 저장소(내화구조의 격벽으로 완전히 구획된 실이 2 이상 있는 저장소에 있어서는 동일한 실. 이하 제3호에서 같다)에 저장하지 아니하여야 한다. 다만, 옥내저장소 또는 옥외저장소에 있어서 다음의 각목의 규정에 의한 위험물을 저장하는 경우로서 위험물을 유별로 정리하여 저장하는 한편, 서로 1m 이상의 간격을 두는 경우에는 그러하지 아니하다(중요기준). → *단서조항은 저장이 가능하다.
   가. 제1류 위험물(알칼리금속의 과산화물 또는 이를 함유한 것을 제외한다)과 제5류 위험물을 저장하는 경우
   나. 제1류 위험물과 제6류 위험물을 저장하는 경우
   다. 제1류 위험물과 제3류 위험물 중 자연발화성물질(황린 또는 이를 함유한 것에 한한다)을 저장하는 경우
   라. 제2류 위험물 중 인화성고체와 제4류 위험물을 저장하는 경우
   마. 제3류 위험물 중 알킬알루미늄등과 제4류 위험물(알킬알루미늄 또는 알킬리튬을 함유한 것에 한한다)을 저장하는 경우
   바. 제4류 위험물 중 유기과산화물 또는 이를 함유하는 것과 제5류 위험물 중 유기과산화물 또는 이를 함유한 것을 저장하는 경우

3. 제3류 위험물 중 '황린 그 밖에 물속에 저장하는 물품'과 금수성물질은 동일한 저장소에서 저장하지 아니하여야 한다(중요기준).

4. 옥내저장소에 있어서 위험물은 Ⅴ의 규정에 의한 바에 따라 용기에 수납하여 저장하여야 한다. 다만, 덩어리 상태의 황과 제48조의 규정에 의한 위험물에 있어서는 그러하지 아니하다.

5. 옥내저장소에서 동일 품명의 위험물이더라도 자연발화할 우려가 있는 위험물 또는 재해가 현저하게 증대할 우려가 있는 위험물을 다량 저장하는 경우에는 지정수량의 10배 이하마다 구분하여 상호간 0.3m 이상의 간격을 두어 저장하여야 한다. 다만, 제48조의 규정에 의한 위험물 또는 기계에 의하여 하역하는 구조로 된 용기에 수납한 위험물에 있어서는 그러하지 아니하다(중요기준).

6. 옥내저장소에서 위험물을 저장하는 경우에는 다음 각목의 규정에 의한 높이를 초과하여 용기를 겹쳐 쌓지 아니하여야 한다.
   가. 기계에 의하여 하역하는 구조로 된 용기만을 겹쳐 쌓는 경우에 있어서는 6m
   나. 제4류 위험물 중 제3석유류, 제4석유류 및 동식물유류를 수납하는 용기만을 겹쳐 쌓는 경우에 있어서는 4m
   다. 그 밖의 경우에 있어서는 3m

7. 옥내저장소에서는 용기에 수납하여 저장하는 위험물의 온도가 55℃를 넘지 아니하도록 필요한 조치를 강구하여야 한다(중요기준).

8. 삭제

9. 옥외저장탱크·옥내저장탱크 또는 지하저장탱크의 주된 밸브(액체의 위험물을 이송하기 위한 배관에 설치된 밸브중 탱크의 바로 옆에 있는 것을 말한다) 및 주입구의 밸브 또는 뚜껑은 위험물을

넣거나 빼낼 때 외에는 폐쇄하여야 한다.
10. 옥외저장탱크의 주위에 방유제가 있는 경우에는 그 배수구를 평상시 폐쇄하여 두고, 당해 방유제의 내부에 유류 또는 물이 괴었을 때에는 지체 없이 이를 배출하여야 한다.
11. 이동저장탱크에는 당해 탱크에 저장 또는 취급하는 위험물의 위험성을 알리는 표지를 부착하고 잘 보일 수 있도록 관리하여야 한다.
12. 이동저장탱크 및 그 안전장치와 그 밖의 부속배관은 균열, 결합불량, 극단적인 변형, 주입호스의 손상 등에 의한 위험물의 누설이 일어나지 아니하도록 하고, 당해 탱크의 배출밸브는 사용 시 외에는 완전하게 폐쇄하여야 한다.
13. 피견인자동차에 고정된 이동저장탱크에 위험물을 저장할 때에는 당해 피견인자동차에 견인자동차를 결합한 상태로 두어야 한다. 다만, 다음 각목의 기준에 따라 피견인자동차를 철도·궤도상의 차량(이하 이 호에서 "차량"이라 한다)에 싣거나 차량으로부터 내리는 경우에는 그러하지 아니하다.
    가. 피견인자동차를 싣는 작업은 화재예방상 안전한 장소에서 실시하고, 화재가 발생하였을 경우에 그 피해의 확대를 방지할 수 있도록 필요한 조치를 강구할 것
    나. 피견인자동차를 실을 때에는 이동저장탱크에 변형 또는 손상을 주지 아니하도록 필요한 조치를 강구할 것
    다. 피견인자동차를 차량에 싣는 것은 견인자동차를 분리한 즉시 실시하고, 피견인자동차를 차량으로부터 내렸을 때에는 즉시 당해 피견인자동차를 견인자동차에 결합할 것
14. **컨테이너식 이동탱크저장소 외의 이동탱크저장소에 있어서는 위험물을 저장한 상태로 이동저장탱크를 옮겨 싣지 아니하여야 한다**(중요기준).
15. 이동탱크저장소에는 당해 이동탱크저장소의 완공검사합격확인증 및 정기점검기록을 비치하여야 한다.
16. **알킬알루미늄등을 저장 또는 취급하는 이동탱크저장소에는 긴급시의 연락처, 응급조치에 관하여 필요한 사항을 기재한 서류, 방호복, 고무장갑, 밸브 등을 죄는 결합공구 및 휴대용 확성기를 비치하여야 한다.**
17. 옥외저장소(제20호의 규정에 의한 경우를 제외한다)에 있어서 위험물은 V에 정하는 바에 따라 용기에 수납하여 저장하여야 한다.
18. 옥외저장소에서 위험물을 저장하는 경우에 있어서는 제6호 각목의 규정에 의한 높이를 초과하여 용기를 겹쳐 쌓지 아니하여야 한다.
19. **옥외저장소에서 위험물을 수납한 용기를 선반에 저장하는 경우에는 6m를 초과하여 저장하지 아니하여야 한다.**
20. 황을 용기에 수납하지 아니하고 저장하는 옥외저장소에서는 황을 경계표시의 높이 이하로 저장하고, 황이 넘치거나 비산하는 것을 방지할 수 있도록 경계표시 내부의 전체를 난연성 또는 불연성의 천막 등으로 덮고 당해 천막 등을 경계표시에 고정하여야 한다.
21. 알킬알루미늄등, 아세트알데하이드등 및 다이에틸에터등(다이에틸에터 또는 이를 함유한 것을 말한다. 이하 같다)의 저장기준은 제1호 내지 제20호의 규정에 의하는 외에 다음 각목과 같다(중요기준).
    가. 옥외저장탱크 또는 옥내저장탱크 중 압력탱크(최대상용압력이 대기압을 초과하는 탱크를 말한다. 이하 이 호에서 같다)에 있어서는 알킬알루미늄등의 취출에 의하여 당해 탱크내의 압력이 상용압력 이하로 저하하지 아니하도록, 압력탱크 외의 탱크에 있어서는 알킬알루미늄

등의 취출이나 온도의 저하에 의한 공기의 혼입을 방지할 수 있도록 불활성의 기체를 봉입할 것

나. 옥외저장탱크·옥내저장탱크 또는 이동저장탱크에 새롭게 알킬알루미늄등을 주입하는 때에는 미리 당해 탱크안의 공기를 불활성기체와 치환하여 둘 것

다. **이동저장탱크에 알킬알루미늄등을 '저장하는 경우'에는 20㎪ 이하의 압력으로 불활성의 기체를 봉입하여 둘 것**

라. 옥외저장탱크·옥내저장탱크 또는 지하저장탱크 중 압력탱크에 있어서는 아세트알데하이드등의 취출에 의하여 당해 탱크내의 압력이 상용압력 이하로 저하하지 아니하도록, 압력탱크 외의 탱크에 있어서는 아세트알데하이드등의 취출이나 온도의 저하에 의한 공기의 혼입을 방지할 수 있도록 불활성 기체를 봉입할 것

마. 옥외저장탱크·옥내저장탱크·지하저장탱크 또는 이동저장탱크에 새롭게 아세트알데하이드등을 주입하는 때에는 미리 당해 탱크안의 공기를 불활성 기체와 치환하여 둘 것

바. 이동저장탱크에 아세트알데하이드등을 저장하는 경우에는 항상 불활성의 기체를 봉입하여 둘 것

사. **옥외저장탱크·옥내저장탱크 또는 지하저장탱크 중 압력탱크 외의 탱크에 저장하는 다이에틸에터등 또는 아세트알데하이드등의 온도는 산화프로필렌과 이를 함유한 것 또는 다이에틸에터등에 있어서는 30℃ 이하로, 아세트알데하이드 또는 이를 함유한 것에 있어서는 15℃ 이하로 각각 유지할 것**

아. 옥외저장탱크·옥내저장탱크 또는 지하저장탱크 중 **압력탱크에 저장하는 아세트알데하이드등 또는 다이에틸에터등의 온도는 40℃ 이하로 유지할 것**

자. 보냉장치가 있는 이동저장탱크에 저장하는 아세트알데하이드등 또는 다이에틸에터등의 온도는 당해 위험물의 비점 이하로 유지할 것

차. 보냉장치가 없는 이동저장탱크에 저장하는 아세트알데하이드등 또는 다이에틸에터등의 온도는 40℃ 이하로 유지할 것

Ⅳ. 취급의 기준

1. 위험물의 취급 중 제조에 관한 기준은 다음 각목과 같다(중요기준).

    가. 증류공정에 있어서는 위험물을 취급하는 설비의 내부압력의 변동 등에 의하여 액체 또는 증기가 새지 아니하도록 할 것

    나. 추출공정에 있어서는 추출관의 내부압력이 비정상으로 상승하지 아니하도록 할 것

    다. 건조공정에 있어서는 위험물의 온도가 부분적으로 상승하지 아니하는 방법으로 가열 또는 건조할 것

    라. 분쇄공정에 있어서는 위험물의 분말이 현저하게 부유하고 있거나 위험물의 분말이 현저하게 기계·기구 등에 부착하고 있는 상태로 그 기계·기구를 취급하지 아니할 것

2. 위험물의 취급 중 용기에 옮겨 담는데 대한 기준은 다음 각목과 같다.

    가. 위험물을 용기에 옮겨 담는 경우에는 Ⅴ에 정하는 바에 따라 수납할 것

    나. 삭제

3. **위험물의 취급 중 소비에 관한 기준은 다음 각목과 같다**(중요기준).

가. **분사도장작업은 방화상 유효한 격벽 등으로 구획된 안전한 장소에서 실시할 것**
나. 담금질 또는 열처리작업은 위험물이 위험한 온도에 이르지 아니하도록 하여 실시할 것
다. 삭제
라. 버너를 사용하는 경우에는 버너의 역화를 방지하고 위험물이 넘치지 아니하도록 할 것
4. 삭제
5. 주유취급소·판매취급소·이송취급소 또는 이동탱크저장소에서의 위험물의 취급기준은 다음 각목과 같다.
    가. 주유취급소(항공기주유취급소·선박주유취급소 및 철도주유취급소를 제외한다)에서의 취급기준
        1) 자동차 등에 주유할 때에는 고정주유설비를 사용하여 직접 주유할 것(중요기준)
        2) 자동차 등에 인화점 40℃ 미만의 위험물을 주유할 때에는 자동차 등의 원동기를 정지시킬 것. 다만, 연료탱크에 위험물을 주유하는 동안 방출되는 가연성 증기를 회수하는 설비가 부착된 고정주유설비에 의하여 주유하는 경우에는 그러하지 아니하다.
        3) 이동저장탱크에 급유할 때에는 고정급유설비를 사용하여 직접 급유할 것
        4) 삭제
        5) 삭제
        6) **고정주유설비 또는 고정급유설비에 접속하는 탱크에 위험물을 주입할 때에는 당해 탱크에 접속된 고정주유설비 또는 고정급유설비의 사용을 중지하고, 자동차 등을 당해 탱크의 주입구에 접근시키지 아니할 것**
        7) 고정주유설비 또는 고정급유설비에는 해당 설비에 접속한 전용탱크 또는 간이탱크의 배관 외의 것을 통하여서는 위험물을 공급하지 아니할 것
        8) 자동차 등에 주유할 때에는 고정주유설비 또는 고정주유설비에 접속된 탱크의 주입구로부터 4m 이내의 부분(별표 13 Ⅴ 제1호다목 및 라목의 용도에 제공하는 부분 중 바닥 및 벽에서 구획된 것의 내부를 제외한다)에, 이동저장탱크로부터 전용탱크에 위험물을 주입할 때에는 전용탱크의 주입구로부터 3m 이내의 부분 및 전용탱크 통기관의 끝부분으로부터 수평거리 1.5m 이내의 부분에 있어서는 다른 자동차 등의 주차를 금지하고 자동차 등의 점검·정비 또는 세정을 하지 아니할 것
        9) 삭제
        10) 삭제
        11) <u>주유원간이대기실 내에서는 화기를 사용하지 아니할 것</u>
        12) 전기자동차 충전설비를 사용하는 때에는 다음의 기준을 준수할 것
            가) 충전기기와 전기자동차를 연결할 때에는 연장코드를 사용하지 아니할 것
            나) 전기자동차의 전지·인터페이스 등이 충전기기의 규격에 적합한지 확인한 후 충전을 시작할 것
            다) 충전 중에는 자동차 등을 작동시키지 아니할 것
    나. 항공기주유취급소에서의 취급기준은 가목[1) 및 7)은 제외한다]의 규정을 준용하는 외에 다음의 기준에 의할 것

1) 항공기에 주유하는 때에는 고정주유설비, 주유배관의 끝부분에 접속한 호스기기, 주유호스차 또는 주유탱크차를 사용하여 직접 주유할 것(중요기준)
2) 삭제
3) 고정주유설비에는 당해 주유설비에 접속한 전용탱크 또는 위험물을 저장 또는 취급하는 탱크의 배관외의 것을 통하여서는 위험물을 주입하지 아니할 것
4) 주유호스차 또는 주유탱크차에 의하여 주유하는 때에는 주유호스의 끝부분을 항공기의 연료탱크의 급유구에 긴밀히 결합할 것. 다만, 주유탱크차에서 주유호스 끝부분에 수동개폐장치를 설치한 주유노즐에 의하여 주유하는 때에는 그러하지 아니하다.
5) 주유호스차 또는 주유탱크차에서 주유하는 때에는 주유호스차의 호스기기 또는 주유탱크차의 주유설비를 항공기와 전기적으로 접속할 것

다. 철도주유취급소에서의 취급기준은 가목[1) 및 7)은 제외한다]의 규정 및 나목3)의 규정을 준용하는 외에 다음의 기준에 의할 것
1) 철도 또는 궤도에 의하여 운행하는 차량에 주유하는 때에는 고정주유설비 또는 주유배관의 끝부분에 접속한 호스기기를 사용하여 직접 주유할 것(중요기준)
2) <u>철도 또는 궤도에 의하여 운행하는 차량에 주유하는 때에는 콘크리트 등으로 포장된 부분에서 주유할 것</u>

라. 선박주유취급소에서의 취급기준은 가목[1) 및 7)은 제외한다]의 규정 및 나목3)의 규정을 준용하는 외에 다음의 기준에 의할 것
1) 선박에 주유하는 때에는 고정주유설비 또는 주유배관의 끝부분에 접속한 호스기기를 사용하여 직접 주유할 것(중요기준)
2) 선박에 주유하는 때에는 선박이 이동하지 아니하도록 계류시킬 것
3) <u>수상구조물에 설치하는 고정주유설비를 이용하여 주유작업을 할 때에는 5m 이내에 다른 선박의 정박 또는 계류(*밧줄 등으로 선박 고정)를 금지할 것</u>
4) 수상구조물에 설치하는 고정주유설비의 주위에 설치하는 집유설비 내에 고인 빗물 또는 위험물은 넘치지 않도록 수시로 수거하고, 수거물은 유분리장치를 이용하거나 폐기물 처리 방법에 따라 처리할 것
5) 수상구조물에 설치하는 고정주유설비를 이용한 주유작업은 위험물을 공급하는 배관·펌프 및 그 부속 설비의 안전을 확인한 후에 시작할 것(중요기준)
6) 수상구조물에 설치하는 고정주유설비를 이용한 주유작업이 종료된 후에는 별표 13 ⅩⅣ 제3호마목에 따른 차단밸브를 모두 잠글 것(중요기준)
7) <u>수상구조물에 설치하는 고정주유설비를 이용한 주유작업은 총 톤수가 300미만인 선박에 대해서만 실시할 것</u>(중요기준)

마. 고객이 직접 주유하는 주유취급소에서의 기준
1) 셀프용고정주유설비 및 셀프용고정급유설비 외의 고정주유설비 또는 고정급유설비를 사용하여 고객에 의한 주유 또는 용기에 옮겨 담는 작업을 행하지 아니할 것(중요기준)
2) 삭제

3) 감시대에서 고객이 주유하거나 용기에 옮겨 담는 작업을 직시하는 등 적절한 감시를 할 것
4) 고객에 의한 주유 또는 용기에 옮겨 담는 작업을 개시할 때에는 안전상 지장이 없음을 확인 한 후 제어장치에 의하여 호스기기에 대한 위험물의 공급을 개시할 것
5) 고객에 의한 주유 또는 용기에 옮겨 담는 작업을 종료한 때에는 제어장치에 의하여 호스기기에 대한 위험물의 공급을 정지할 것
6) 비상시 그 밖에 안전상 지장이 발생한 경우에는 제어장치에 의하여 호스기기에 위험물의 공급을 일제히 정지하고, 주유취급소 내의 모든 고정주유설비 및 고정급유설비에 의한 위험물 취급을 중단할 것
7) 감시대의 방송설비를 이용하여 고객에 의한 주유 또는 용기에 옮겨 담는 작업에 대한 필요한 지시를 할 것
8) 감시대에서 근무하는 감시원은 안전관리자 또는 위험물안전관리에 관한 전문지식이 있는 자일 것

바. 판매취급소에서의 취급기준
  1) 판매취급소에서는 도료류, 제1류 위험물 중 염소산염류 및 염소산염류만을 함유한 것, 황 또는 인화점이 38℃ 이상인 제4류 위험물을 배합실에서 배합하는 경우 외에는 위험물을 배합하거나 옮겨 담는 작업을 하지 아니할 것
  2) 위험물은 별표 19 Ⅰ의 규정에 의한 운반용기에 수납한 채로 판매할 것
  3) 판매취급소에서 위험물을 판매할 때에는 위험물이 넘치거나 비산하는 계량기(액용되를 포함한다)를 사용하지 아니할 것

사. 이송취급소에서의 취급기준
  1) 위험물의 이송은 위험물을 이송하기 위한 배관·펌프 및 그에 부속한 설비(위험물을 운반하는 선박으로부터 육상으로 위험물의 이송취급을 하는 이송취급소에 있어서는 위험물을 이송하기 위한 배관 및 그에 부속된 설비를 말한다. 이하 나목에서 같다)의 안전을 확인한 후에 개시할 것(중요기준)
  2) 위험물을 이송하기 위한 배관·펌프 및 이에 부속한 설비의 안전을 확인하기 위한 순찰을 행하고, 위험물을 이송하는 중에는 이송하는 위험물의 압력 및 유량을 항상 감시할 것(중요기준)
  3) 이송취급소를 설치한 지역의 지진을 감지하거나 지진의 정보를 얻은 경우에는 소방청장이 정하여 고시하는 바에 따라 재해의 발생 또는 확대를 방지하기 위한 조치를 강구할 것

아. 이동탱크저장소(컨테이너식 이동탱크저장소를 제외한다)에서의 취급기준. 이 경우 이동저장탱크로부터 이동저장탱크로의 위험물 주입은 허용되지 않는다.
  1) 이동저장탱크로부터 위험물을 저장 또는 취급하는 탱크에 액체의 위험물을 주입할 경우에는 그 탱크의 주입구에 이동저장탱크의 주입호스를 견고하게 결합할 것. 다만, 주입호스의 끝부분에 수동개폐장치를 한 주입노즐(수동개폐장치를 개방상태로 고정하는 장치를 한 것을 제외한다)을 사용하여 지정수량 미만의 양의 위험물을 저장 또는 취급하는 탱크에 인화점이 40℃ 이상인 위험물을 주입하는 경우에는 그러하지 아니하다.

2) 이동저장탱크로부터 액체위험물을 용기에 옮겨 담지 아니할 것. 다만, 주입호스의 끝부분에 수동개폐장치를 한 주입노즐(수동개폐장치를 개방상태로 고정하는 장치를 한 것을 제외한다)을 사용하여 별표 19 Ⅰ 의 기준에 적합한 운반용기에 인화점 40℃ 이상의 제4류 위험물을 옮겨 담는 경우에는 그러하지 아니하다.

3) 이동저장탱크로부터 위험물을 저장 또는 취급하는 탱크에 인화점이 40℃ 미만인 위험물을 주입할 때에는 이동탱크저장소의 원동기를 정지시킬 것

4) 이동저장탱크로부터 직접 위험물을 자동차(「자동차관리법」 제2조제1호에 따른 자동차와 「건설기계관리법」 제2조제1항제1호에 따른 건설기계 중 덤프트럭 및 콘크리트믹서트럭을 말한다)의 연료탱크에 주입하지 말 것. 다만, 다음의 어느 하나에 해당하는 경우에는 그렇지 않다.

　가) 「건설산업기본법」 제2조제4호에 따른 건설공사를 하는 장소에서 별표 10 Ⅳ제3호에 따른 주입설비를 부착한 이동탱크저장소로부터 해당 건설공사와 관련된 자동차(「건설기계관리법」 제2조제1항제1호에 따른 건설기계 중 덤프트럭과 콘크리트믹서트럭으로 한정한다)의 연료탱크에 인화점
40℃ 이상의 위험물을 주입하는 경우

　나) 「재난 및 안전관리 기본법」 제3조제1호에 따른 재난이 발생한 장소에서 별표 10 Ⅳ 제3호에 따른 주입설비를 부착한 이동탱크저장소로부터 다음의 어느 하나에 해당하는 자동차의 연료탱크에 인화점 40℃ 이상의 위험물을 주입하는 경우. 이 경우 주유장소는 「소방기본법」 제2조제6호에 따른 소방대장(이하 "소방대장"이라 한다) 또는 「재난 및 안전관리 기본법」 제3조제8호에 따른 긴급구조지원기관(이하 "긴급구조지원기관"이라 한다)의 장이 지정하는 안전한 장소로 해야 하고, 해당 이동탱크저장소는 주유장소에 정차 중인 자동차 1대에 대해서 주유를 완료한 후가 아니면 다른 자동차에 주유하지 않아야 한다.

　　(1) 「소방장비관리법」 제8조에 따른 소방자동차
　　(2) 긴급구조지원기관 소속의 자동차
　　(3) 그 밖에 재난에 긴급히 대응할 필요가 있는 경우로서 소방대장 및 긴급구조지원기관의 장이 지정하는 자동차

5) 휘발유·벤젠 그 밖에 정전기에 의한 재해발생의 우려가 있는 액체의 위험물을 이동저장탱크에 주입하거나 이동저장탱크로부터 배출하는 때에는 도선으로 이동저장탱크와 접지전극 등과의 사이를 긴밀히 연결하여 당해 이동저장탱크를 접지할 것

6) 휘발유·벤젠·그 밖에 정전기에 의한 재해발생의 우려가 있는 액체의 위험물을 이동저장탱크의 상부로 주입하는 때에는 주입관을 사용하되, 당해 주입관의 끝부분을 이동저장탱크의 밑바닥에 밀착할 것

7) 휘발유를 저장하던 이동저장탱크에 등유나 경유를 주입할 때 또는 등유나 경유를 저장하던 이동저장탱크에 휘발유를 주입할 때에는 다음의 기준에 따라 정전기등에 의한 재해를 방지하기 위한 조치를 할 것

　가) 이동저장탱크의 상부로부터 위험물을 주입할 때에는 위험물의 액표면이 주입관의 끝부

분을 넘는 높이가 될 때까지 그 주입관내의 유속을 초당 1m 이하로 할 것
나) 이동저장탱크의 밑부분으로부터 위험물을 주입할 때에는 위험물의 액표면이 주입관의 정상부분을 넘는 높이가 될 때까지 그 주입배관내의 유속을 초당 1m 이하로 할 것
다) 그 밖의 방법에 의한 위험물의 주입은 이동저장탱크에 가연성증기가 잔류하지 아니하도록 조치하고 안전한 상태로 있음을 확인한 후에 할 것

8) 이동탱크저장소는 별표 10 Ⅰ의 규정에 의한 상치장소에 주차할 것. 다만, 원거리 운행 등으로 상치장소에 주차할 수 없는 경우에는 다음의 장소에도 주차할 수 있다.
   가) 다른 이동탱크저장소의 상치장소
   나) 「화물자동차 운수사업법」에 의한 일반화물자동차운송사업을 위한 차고로서 별표 10 Ⅰ의 규정에 적합한 장소
   다) 「물류시설의 개발 및 운영에 관한 법률」에 따른 물류터미널의 주차장으로서 별표 10 Ⅰ의 규정에 적합한 장소
   라) 「주차장법」에 의한 주차장중 노외의 옥외주차장으로서 별표 10 Ⅰ의 규정에 적합한 장소
   마) 제조소등이 설치된 사업장 내의 안전한 장소
   바) 도로(갓길 및 노상주차장을 포함한다) 외의 장소로서 화기취급장소 또는 건축물로부터 10m 이상 거리를 둔 장소
   사) 벽·기둥·바닥·보·서까래 및 지붕이 내화구조로 된 건축물의 1층으로서 개구부가 없는 내하구조의 격벽 등으로 당해 건축물의 다른 용도의 부분과 구획된 장소
       아) 소방본부장 또는 소방서장으로부터 승인을 받은 장소

9) 이동저장탱크를 8)의 규정에 의한 상치장소 등에 주차시킬 때에는 완전히 빈 상태로 할 것. 다만, 당해 장소가 별표 6 Ⅰ·Ⅱ 및 Ⅸ의 규정에 적합한 경우에는 그러하지 아니하다.

10) 이동저장탱크로부터 직접 위험물을 선박의 연료탱크에 주입하는 경우에는 다음의 기준에 따를 것
    가) 선박이 이동하지 아니하도록 계류(繫留)시킬 것
    나) 이동탱크저장소가 움직이지 않도록 조치를 강구할 것
    다) 이동탱크저장소의 주입호스의 끝부분을 선박의 연료탱크의 급유구에 긴밀히 결합할 것. 다만, 주입호스 끝부분에 수동개폐장치를 설치한 주유노즐로 주입하는 때에는 그러하지 아니하다.
    라) 이동탱크저장소의 주입설비를 접지할 것. 다만, 인화점 40℃ 이상의 위험물을 주입하는 경우에는 그러하지 아니하다.

자. 컨테이너식 이동탱크저장소에서의 위험물취급은 아목[1)을 제외한다]의 규정을 준용하는 외에 다음의 기준에 의할 것
   1) 이동저장탱크에서 위험물을 저장 또는 취급하는 탱크에 액체위험물을 주입하는 때에는 주입구에 주입호스를 긴밀히 연결할 것. 다만, 주입호스의 끝부분에 수동개폐장치를 설비한 주입노즐(수동개폐장치를 개방상태로 고정하는 장치를 한 것을 제외한다)에 의하여 지정수

량 미만의 탱크에 인화점이 40℃ 이상인 제4류 위험물을 주입하는 때에는 그러하지 아니하다.

2) 이동저장탱크를 체결금속구, 변형금속구 또는 샤시프레임에 긴밀히 결합한 구조의 유(U)볼트를 이용하여 차량에 긴밀히 연결할 것

6. 알킬알루미늄등 및 아세트알데하이드등의 취급기준은 제1호 내지 제5호에 정하는 것 외에 당해 위험물의 성질에 따라 다음 각목에 정하는 바에 의한다(중요기준).

가. 알킬알루미늄등의 제조소 또는 일반취급소에 있어서 알킬알루미늄등을 취급하는 설비에는 불활성의 기체를 봉입할 것

나. **알킬알루미늄**등의 이동탱크저장소에 있어서 **이동저장탱크로부터 알킬알루미늄등을 꺼낼 때에는 동시에 200㎪ 이하의 압력으로 불활성의 기체를 봉입**할 것

다. 아세트알데하이드등의 제조소 또는 일반취급소에 있어서 아세트알데하이드등을 취급하는 설비에는 연소성 혼합기체의 생성에 의한 폭발의 위험이 생겼을 경우에 불활성의 기체 또는 수증기[아세트알데하이드등을 취급하는 탱크(옥외에 있는 탱크 또는 옥내에 있는 탱크로서 그 용량이 지정수량의 5분의 1 미만의 것을 제외한다)에 있어서는 불활성의 기체]를 봉입할 것

라. 아세트알데하이드등의 이동탱크저장소에 있어서 이동저장탱크로부터 **아세트알데하이드등을 꺼낼 때에는 동시에 100㎪ 이하의 압력으로 불활성의 기체를 봉입할 것**

문1 위험물안전관리법령상 위험물의 저장 및 취급기준에 관한 설명으로 옳지 <u>않은</u> 것은?

① 수상구조물에 설치하는 고정주유설비를 이용하여 주유작업을 할 때에는 6m 이내에 다른 선박의 정박 또는 계류를 금지한다.
② 철도 또는 궤도에 의하여 운행하는 차량에 주유하는 때에는 콘크리트 등으로 포장된 부분에서 주유한다.
③ 이동저장탱크에 알킬알루미늄 등을 저장하는 경우에는 20kPa 이하의 압력으로 불활성의 기체를 봉입하여 둔다.
④ 옥내저장소에서는 용기에 수납하여 저장하는 위험물의 온도가 55℃를 넘지 아니하도록 필요한 조치를 강구하여야 한다.

정답 ①

문2 위험물안전관리법령상 유별을 달리하는 위험물 상호간 1m 이상의 간격을 두더라도 동일한 옥내저장소에 저장할 수 <u>없는</u> 것은?

① 제1류 위험물과 제6류 위험물
② 제2류 위험물 중 인화성고체와 제4류 위험물
③ 제4류 위험물과 제5류 위험물(유기과산화물은 제외)
④ 제1류 위험물(알칼리금속의 과산화물은 제외)과 제5류 위험물

해설

2. 영 별표 1의 <u>유별을 달리하는 위험물은 동일한 저장소</u>(내화구조의 격벽으로 완전히 구획된 실이 2 이상 있는 저장소에 있어서는 <u>동일한 실</u>. 이하 제3호에서 같다)에 <u>저장하지 아니하여야 한다</u>. 다만, 옥내저장소 또는 옥외저장소에 있어서 다음의 각목의 규정에 의한 위험물을 저장하는 경우로서 위험물을 유별로 정리하여 저장하는 한편, 서로 1m 이상의 간격을 두는 경우에는 그러하지 아니하다(중요기준). → *단서조항은 저장이 가능하다.

  가. <u>제1류 위험물(알칼리금속의 과산화물 또는 이를 함유한 것을 제외한다)과 제5류 위험물을 저장하는 경우</u>
  나. <u>제1류 위험물과 제6류 위험물을 저장하는 경우</u>
  다. <u>제1류 위험물과 제3류 위험물 중 자연발화성물질(황린 또는 이를 함유한 것에 한한다)을 저장하는 경우</u>
  라. <u>제2류 위험물 중 인화성고체와 제4류 위험물을 저장하는 경우</u>
  마. 제3류 위험물 중 알킬알루미늄등과 제4류 위험물(알킬알루미늄 또는 알킬리튬을 함유한 것에 한한다)을 저장하는 경우

바. 제4류 위험물 중 유기과산화물 또는 이를 함유하는 것과 제5류 위험물 중 유기과산화물 또는 이를 함유한 것을 저장하는 경우
3. 제3류 위험물 중 황린 그 밖에 물속

정답 ③

문3
위험물안전관리법령상 위험물의 저장 및 취급기준에서 알킬알루미늄을 저장 또는 취급하는 이동탱크저장소에 비치하지 않아도 되는 것은?

① 응급조치에 관하여 필요한 사항을 기재한 서류
② 염기성중화제
③ 고무장갑
④ 휴대용확성기

정답 ②

문4
위험물안전관리법령상 위험물의 저장 및 취급기준에서 옥내저장소에 위험물을 수납한 용기를 겹쳐 쌓는 경우 높이의 상한에 관한 설명 중 틀린 것은?

① 기계에 의하여 하역하는 구조로 된 용기만을 겹쳐 쌓는 경우는 6미터
② 제3석유류를 수납한 용기만을 겹쳐 쌓는 경우는 4미터
③ 제2석유류를 수납한 용기만을 겹쳐 쌓는 경우는 4미터
④ 제1석유류를 수납한 용기만을 겹쳐 쌓는 경우는 3미터

[해설]

6. 옥내저장소에서 위험물을 저장하는 경우에는 다음 각목의 규정에 의한 높이를 초과하여 용기를 겹쳐 쌓지 아니하여야 한다.
   가. 기계에 의하여 하역하는 구조로 된 용기만을 겹쳐 쌓는 경우에 있어서는 6m
   나. 제4류 위험물 중 제3석유류, 제4석유류 및 동식물유류를 수납하는 용기만을 겹쳐 쌓는 경우에 있어서는 4m → *34동(또)4m
   다. 그 밖의 경우에 있어서는 3m

정답 ③

문5 위험물안전관리법령상 옥내저장소에서 위험물을 저장하는 경우에는 규정에 의한 높이를 초과하여 용기를 겹쳐 쌓지 아니하여야 한다. 다음 중 제한 높이가 가장 낮은 경우는?

① 제4류 위험물 중 제3석유류를 수납하는 용기만을 겹쳐 쌓는 경우
② 제6류 위험물을 수납하는 용기만을 겹쳐 쌓는 경우
③ 제4류 위험물 중 제4석유류를 수납하는 용기만을 겹쳐 쌓는 경우
④ 기계에 의하여 하역하는 구조로 된 용기만을 겹쳐 쌓는 경우

정답 ②

문6 위험물안전관리법령상 위험물의 유별 저장·취급의 공통기준 중 다음 ( ) 안에 알맞은 것은?

> ( ) 위험물은 산화제와의 접촉·혼합이나 불티·불꽃·고온체와의 접근 또는 과열을 피하는 한편, 철분·금속분·마그네슘 및 이를 함유한 것에 있어서는 물이나 산과의 접촉을 피하고 인화성 고체에 있어서는 함부로 증기를 발생시키지 아니하여야 한다.

① 제1류
② 제2류
③ 제3류
④ 제4류

정답 ②

문7 위험물안전관리법령상 제조소 등에서의 위험물 저장의 기준에 관한 설명으로 옳지 않은 것은?

① 제3류 위험물 중 황린과 금수성 물질은 동일한 저장소에서 저장하여도 된다.
② 옥내저장소에서 재해가 현저하게 증대할 우려가 있는 위험물을 다량 저장하는 경우에는 지정수량의 10배 이하마다 구분하여 상호간 0.3m 이상의 간격을 두어 저장하여야 한다.
③ 옥내저장소에서는 용기에 수납하여 저장하는 위험물의 온도가 55℃를 넘지 아니하도록 필요한 조치를 강구하여야 한다.
④ 컨테이너식 이동탱크저장소 외의 이동탱크저장소에 있어서는 위험물을 저장한 상태로 이동저장탱크를 옮겨 싣지 아니하여야 한다.

정답 ①

문8 위험물안전관리법령상에서 정한 제2류 위험물의 저장·취급기준에 해당되지 <u>않는</u> 것은?

① 산화제와의 접촉·혼합을 피한다.
② 철분·금속분·마그네슘 및 이를 함유한 것에 있어서는 물이나 산과의 접촉을 피한다.
③ 인화성 고체에 있어서는 함부로 증기를 발생시키지 아니하여야 한다.
④ 고온체와의 접근·과열 또는 공기와의 접촉을 피한다.

해설

> Ⅱ. 위험물의 유별 저장·취급의 공통기준(중요기준)
> 1. 제1류 위험물은 가연물과의 접촉·혼합이나 분해를 촉진하는 물품과의 접근 또는 과열·충격·마찰 등을 피하는 한편, **알카리금속의 과산화물** 및 이를 함유한 것에 있어서는 **'물'과의 접촉을 피하여야 한다.**
> 2. 제2류 위험물은 산화제와의 접촉·혼합이나 불티·불꽃·고온체와의 접근 또는 과열을 피하는 한편, **철분·금속분·마그네슘** 및 이를 함유한 것에 있어서는 '**물이나 산**(acid : 산과 접촉할 때 수소 가스를 발생시키고, 이는 발열 반응을 동반하며 급격한 연소나 폭발의 위험을 초래하기 때문)'**과의 접촉을 피하고 인화성 고체에 있어서는 함부로 증기를 발생시키지 아니하여야 한다.**
> 3. 제3류 위험물 중 **자연발화성물질**에 있어서는 불티·불꽃 또는 고온체와의 접근·과열 또는 '**공기**'와의 접촉을 피하고, 금수성물질에 있어서는 물과의 접촉을 피하여야 한다.
> 4. 제4류 위험물은 불티·불꽃·고온체와의 접근 또는 과열을 피하고, **함부로 증기를 발생시키지 아니하여야 한다.**
> 5. 제5류 위험물은 불티·불꽃·고온체와의 접근이나 **과열·충격 또는 마찰**을 피하여야 한다.
> 6. 제6류 위험물은 가연물과의 접촉·혼합이나 **분해를 촉진하는 물품과의 접근 또는 과열**을 피하여야 한다.

정답 ④

문9 다음 중 위험물안전관리법령상 압력탱크가 아닌 저장탱크에 위험물을 저장할 때 유지하여야 하는 온도의 기준이 가장 낮은 경우는?

① 다이에틸에터를 옥외저장탱크에 저장하는 경우
② 산화프로필렌을 옥내저장탱크에 저장하는 경우
③ 산화프로필렌을 지하저장탱크에 저장하는 경우
④ 아세트알데히드를 지하저장탱크에 저장하는 경우

 ④

문 10 위험물안전관리법령상 위험물의 저장·취급에 관한 공통기준에서 정한 내용으로 옳지 않은 것은?

① 제조소 등에 있어서는 허가를 받았거나 신고한 수량 초과 또는 품명 외의 위험물을 저장·취급하지 말 것
② 위험물을 보호액 중에 보존하는 경우에는 당해 위험물이 보호액으로부터 노출되지 아니하도록 하여야 할 것
③ 위험물을 저장·취급하는 건축물은 위험물의 수량에 따라 차광 또는 환기를 할 것
④ 위험물을 용기에 수납하는 경우에는 용기의 파손, 부식, 틈이 생기지 않도록 할 것

정답 ③

문 11 위험물안전관리법령상 아세트알데히드 이동탱크저장소의 경우 이동저장탱크로부터 아세트알데히드를 꺼낼 때는 동시에 얼마 이하의 압력으로 불활성 기체를 봉입하여야 하는가?

① 20kPa   ② 24kPa   ③ 100kPa   ④ 200kPa

해설

> 나. 알킬알루미늄등의 이동탱크저장소에 있어서 이동저장탱크로부터 알킬알루미늄등을 꺼낼 때에는 동시에 200㎪ 이하의 압력으로 불활성의 기체를 봉입할 것
> 라. 아세트알데히드등의 이동탱크저장소에 있어서 이동저장탱크로부터 아세트알데히드등을 꺼낼 때에는 동시에 100㎪ 이하의 압력으로 불활성의 기체를 봉입할 것

정답 ③

문 12 주유취급소에서 위험물을 취급할 때의 기준으로 옳지 않은 것은?

① 자동차 등에 주유할 때에는 고정주유설비를 사용하여 직접 주유할 것
② 고정급유설비에 접속하는 탱크에 위험물을 주입할 때에는 해당 탱크에 접속된 고정급유설비의 사용이 중지되지 않도록 주의할 것
③ 고정주유설비 또는 고정급유설비에는 해당 주유설비에 접속한 전용탱크 또는 간이탱크의 배관 외의 것을 통하여 위험물을 공급하지 아니할 것
④ 주유원 간이대기실 내에서는 화기를 사용하지 아니할 것

정답 ②

문13
위험물안전관리법령상 위험물의 취급 중 소비에 관한 기준에서 방화상 유효한 격벽 등으로 구획된 안전한 장소에서 실시하여야 하는 것은?

① 분사도장작업
② 담금질작업
③ 열처리작업
④ 버너를 사용하는 작업

해설

> 3. 위험물의 취급 중 소비에 관한 기준은 다음 각목과 같다(중요기준).
> 가. <u>분사도장작업은 방화상 유효한 격벽 등으로 구획된 안전한 장소에서 실시할 것</u>
> 나. 담금질 또는 열처리작업은 위험물이 위험한 온도에 이르지 아니하도록 하여 실시할 것
> 다. 삭제
> 라. 버너를 사용하는 경우에는 버너의 역화를 방지하고 위험물이 넘치지 아니하도록 할 것

정답 ①

■ 위험물안전관리법 시행규칙 [별표 19]

위험물의 운반에 관한 기준(제50조관련)

Ⅰ. 운반용기
1. **운반용기의 재질은 강판·알루미늄판·양철판·유리·금속판·종이·플라스틱·섬유판·고무류·합성섬유· 삼·짚 또는 나무로 한다.** → *도자기(×)
2. 운반용기는 견고하여 쉽게 파손될 우려가 없고, 그 입구로부터 수납된 위험물이 샐 우려가 없도록 하여야 한다.
3. 운반용기의 구조 및 최대용적은 다음 각호의 규정에 의한 용기의 구분에 따라 당해 각목에 정하는 바에 의한다.
   가. 나목의 규정에 의한 용기 외의 용기

   고체의 위험물을 수납하는 것에 있어서는 부표 1 제1호, 액체의 위험물을 수납하는 것에 있어서는 부표 1 제2호에 정하는 기준에 적합할 것. 다만, 운반의 안전상 이러한 기준에 적합한 운반용기와 동등 이상이라고 인정하여 소방청장이 정하여 고시하는 것에 있어서는 그러하지 아니하다.

   나. 기계에 의하여 하역하는 구조로 된 용기

   고체의 위험물을 수납하는 것에 있어서는 별표 20 제1호, 액체의 위험물을 수납하는 것에 있어서는 별표 20 제2호에 정하는 기준 및 1) 내지 6)에 정하는 기준에 적합할 것. 다만, 운반의 안전상 이러한 기준에 적합한 운반용기와 동등 이상이라고 인정하여 소방청장이 정하여 고시하는 것과 UN의 위험물 운송에 관한 권고(RTDG, Recommendations on the Transport of Dangerous Goods)에서 정한 기준에 적합한 것으로 인정된 용기에 있어서는 그러하지 아니하다.

   1) 운반용기는 부식 등의 열화에 대하여 적절히 보호될 것
   2) 운반용기는 수납하는 위험물의 내압 및 취급시와 운반시의 하중에 의하여 당해 용기에 생기는 응력에 대하여 안전할 것
   3) 운반용기의 부속설비에는 수납하는 위험물이 당해 부속설비로부터 누설되지 아니하도록 하는 조치가 강구되어 있을 것
   4) 용기본체가 틀로 둘러싸인 운반용기는 다음의 요건에 적합할 것
      가) 용기본체는 항상 틀내에 보호되어 있을 것
      나) 용기본체는 틀과의 접촉에 의하여 손상을 입을 우려가 없을 것
      다) 운반용기는 용기본체 또는 틀의 신축 등에 의하여 손상이 생기지 아니할 것
   5) 하부에 배출구가 있는 운반용기는 다음의 요건에 적합할 것
      가) 배출구에는 개폐위치에 고정할 수 있는 밸브가 설치되어 있을 것
      나) 배출을 위한 배관 및 밸브에는 외부로부터의 충격에 의한 손상을 방지하기 위한 조치가 강구되어 있을 것

다) 폐지판 등에 의하여 배출구를 이중으로 밀폐할 수 있는 구조일 것. 다만, 고체의 위험물을 수납하는 운반용기에 있어서는 그러하지 아니하다.

6) 1) 내지 5)에 규정하는 것 외의 운반용기의 구조에 관하여 필요한 사항은 소방청장이 정하여 고시한다.

4. 제3호의 규정에 불구하고 승용차량(승용으로 제공하는 차실내에 화물용으로 제공하는 부분이 있는 구조의 것을 포함한다)으로 인화점이 40℃ 미만인 위험물중 소방청장이 정하여 고시하는 것을 운반하는 경우의 운반용기의 구조 및 최대용적의 기준은 소방청장이 정하여 고시한다.

5. 제3호의 규정에 불구하고 운반의 안전상 제한이 필요하다고 인정되는 경우에는 위험물의 종류, 운반용기의 구조 및 최대용적의 기준을 소방청장이 정하여 고시할 수 있다.

6. 제3호 내지 제5호의 운반용기는 다음 각목의 규정에 의한 용기의 구분에 따라 당해 각목에 정하는 성능이 있어야 한다.

가. 나목의 규정에 의한 용기 외의 용기

소방청장이 정하여 고시하는 낙하시험, 기밀시험, 내압시험 및 겹쳐쌓기시험에서 소방청장이 정하여 고시하는 기준에 적합할 것. 다만, 수납하는 위험물의 품명, 수량, 성질과 상태 등에 따라 소방청장이 정하여 고시하는 용기에 있어서는 그러하지 아니하다.

나. 기계에 의하여 하역하는 구조로 된 용기

소방청장이 정하여 고시하는 낙하시험, 기밀시험, 내압시험, 겹쳐쌓기시험, 아랫부분 인상시험, 윗부분 인상시험, 파열전파시험, 넘어뜨리기시험 및 일으키기시험에서 소방청장이 정하여 고시하는 기준에 적합할 것. 다만, 수납하는 위험물의 품명, 수량, 성질과 상태 등에 따라 소방청장이 정하여 고시하는 용기에 있어서는 그러하지 아니하다.

Ⅱ. 적재방법

1. 위험물은 Ⅰ의 규정에 의한 운반용기에 다음 각목의 기준에 따라 수납하여 적재하여야 한다. 다만, 덩어리 상태의 황을 운반하기 위하여 적재하는 경우 또는 위험물을 동일구내에 있는 제조소등의 상호간에 운반하기 위하여 적재하는 경우에는 그러하지 아니하다(중요기준).

가. 위험물이 온도변화 등에 의하여 누설되지 아니하도록 운반용기를 밀봉하여 수납할 것. 다만, 온도변화 등에 의한 위험물로부터의 가스의 발생으로 운반용기안의 압력이 상승할 우려가 있는 경우(발생한 가스가 독성 또는 인화성을 갖는 등 위험성이 있는 경우를 제외한다)에는 가스의 배출구(위험물의 누설 및 다른 물질의 침투를 방지하는 구조로 된 것에 한한다)를 설치한 운반용기에 수납할 수 있다.

나. 수납하는 위험물과 위험한 반응을 일으키지 아니하는 등 당해 위험물의 성질에 적합한 재질의 운반용기에 수납할 것

다. <u>고체위험물은 운반용기 내용적의 95% 이하의 수납율로 수납할 것</u> → *온도 없다.

라. <u>액체위험물은 운반용기 내용적의 98% 이하의 수납율로 수납하되, 55도의 온도에서 누설되지 아니하도록 충분한 공간용적을 유지하도록 할 것</u>

마. 하나의 외장용기에는 다른 종류의 위험물을 수납하지 아니할 것

바. 제3류 위험물은 다음의 기준에 따라 운반용기에 수납할 것

1) 자연발화성물질에 있어서는 불활성 기체를 봉입하여 밀봉하는 등 공기와 접하지 아니하도

록 힐 것
    2) 자연발화성물질외의 물품에 있어서는 파라핀·경유·등유 등의 보호액으로 채워 밀봉하거나 불활성 기체를 봉입하여 밀봉하는 등 수분과 접하지 아니하도록 할 것
    3) 라목의 규정에 불구하고 **자연발화성물질 중 알킬알루미늄등은 운반용기의 내용적의 90% 이하의 수납율로 수납하되, 50℃의 온도에서 5% 이상의 공간용적을 유지하도록 할 것**
2. **기계에 의하여 하역하는 구조로 된 운반용기에 대한 수납은 제1호(다목을 제외**한다)의 규정을 준용하는 외에 **다음 각목의 기준에 따라야 한다(중요기준).**
    가. 다음의 규정에 의한 요건에 적합한 운반용기에 수납할 것
        1) 부식, 손상 등 이상이 없을 것
        2) 금속제의 운반용기, 경질플라스틱제의 운반용기 또는 플라스틱내용기 부착의 운반용기에 있어서는 다음에 정하는 시험 및 점검에서 누설 등 이상이 없을 것
            가) 2년 6개월 이내에 실시한 기밀시험(액체의 위험물 또는 10㎪ 이상의 압력을 가하여 수납 또는 배출하는 고체의 위험물을 수납하는 운반용기에 한한다)
            나) 2년 6개월 이내에 실시한 **운반용기의 외부의 점검·부속설비의 기능점검 및 5년 이내의 사이에 실시한 운반용기의 내부의 점검**
    나. 복수의 폐쇄장치가 연속하여 설치되어 있는 운반용기에 위험물을 수납하는 경우에는 용기본체에 가까운 폐쇄장치를 먼저 폐쇄할 것
    다. 휘발유, 벤젠 그 밖의 정전기에 의한 재해가 발생할 우려가 있는 액체의 위험물을 운반용기에 수납 또는 배출할 때에는 당해 재해의 발생을 방지하기 위한 조치를 강구할 것
    라. 온도변화 등에 의하여 액상이 되는 고체의 위험물은 액상으로 되었을 때 당해 위험물이 새지 아니하는 운반용기에 수납할 것
    마. 액체위험물을 수납하는 경우에는 **55℃의 온도에서의 증기압이 130㎪ 이하**가 되도록 수납할 것 → *55도의 2배 아니고 65도 2배 압력이네~
    바. **경질플라스틱제의 운반용기 또는 플라스틱내용기 부착의 운반용기**에 액체위험물을 수납하는 경우에는 당해 운반용기는 제조된 때로부터 5년 이내의 것으로 할 것
    사. 가목 내지 바목에 규정하는 것 외에 운반용기에의 수납에 관하여 필요한 사항은 소방청장이 정하여 고시한다.
3. 위험물은 당해 위험물이 용기 밖으로 쏟아지거나 위험물을 수납한 운반용기가 전도·낙하 또는 파손되지 아니하도록 적재하여야 한다(중요기준).
4. 운반용기는 수납구를 위로 향하게 하여 적재하여야 한다(중요기준).
5. **적재하는 위험물의 성질에 따라 일광의 직사 또는 빗물의 침투를 방지하기 위하여 유효하게 피복하는 등 다음 각목에 정하는 기준에 따른 조치를 하여야 한다(중요기준).**
    가. **제1류 위험물, 제3류 위험물 중 자연발화성물질, 제4류 위험물 중 특수인화물, 제5류 위험물 또는 제6류 위험물은 차광성이 있는 피복**으로 가릴 것 → 2류(×)
    나. 제1류 위험물 중 알칼리금속의 과산화물 또는 이를 함유한 것, **제2류 위험물 중 철분·금속분·마그네슘 또는 이들 중 어느 하나 이상을 함유한 것** 또는 제3류 위험물 중 금수성물질은 **방수성이 있는 피복**으로 덮을 것

다. 제5류 위험물 중 55℃ 이하의 온도에서 분해될 우려가 있는 것은 보냉 컨테이너에 수납하는 등 적정한 온도관리를 할 것

라. 액체위험물 또는 위험등급Ⅱ의 고체위험물을 기계에 의하여 하역하는 구조로 된 운반용기에 수납하여 적재하는 경우에는 당해 용기에 대한 충격등을 방지하기 위한 조치를 강구할 것. 다만, 위험등급Ⅱ의 고체위험물을 플렉서블(flexible)의 운반용기, 파이버판제의 운반용기 및 목제의 운반용기 외의 운반용기에 수납하여 적재하는 경우에는 그러하지 아니하다.

6. 위험물은 다음 각목의 규정에 의한 바에 따라 종류를 달리하는 그 밖의 위험물 또는 재해를 발생시킬 우려가 있는 물품과 함께 적재하지 아니하여야 한다(중요기준).

   가. 부표 2의 규정에서 혼재가 금지되고 있는 위험물

   나. 「고압가스 안전관리법」에 의한 고압가스(소방청장이 정하여 고시하는 것을 제외한다)

7. 위험물을 수납한 운반용기를 겹쳐 쌓는 경우에는 그 높이를 3m 이하로 하고, 용기의 상부에 걸리는 하중은 당해 용기 위에 당해 용기와 동종의 용기를 겹쳐 쌓아 3m의 높이로 하였을 때에 걸리는 하중 이하로 하여야 한다(중요기준).

8. 위험물은 그 운반용기의 외부에 다음 각목에 정하는 바에 따라 위험물의 품명, 수량 등을 표시하여 적재하여야 한다. 다만, UN의 위험물 운송에 관한 권고(RTDG, Recommendations on the Transport of Dangerous Goods)에서 정한 기준 또는 소방청장이 정하여 고시하는 기준에 적합한 표시를 한 경우에는 그러하지 아니하다.

   가. 위험물의 품명·위험등급·화학명 및 수용성("수용성" 표시는 제4류 위험물로서 수용성인 것에 한한다)

   나. 위험물의 수량

   다. 수납하는 위험물에 따라 다음의 규정에 의한 주의사항

   1) 제1류 위험물 중 알칼리금속의 과산화물 또는 이를 함유한 것에 있어서는 "화기·충격주의", "물기엄금" 및 "가연물접촉주의", 그 밖의 것에 있어서는 "화기·충격주의" 및 "가연물접촉주의" → *1/물/가/충격

   2) 제2류 위험물 중 철분·금속분·마그네슘 또는 이들 중 어느 하나 이상을 함유한 것에 있어서는 "화기주의" 및 "물기엄금", 인화성고체에 있어서는 "화기엄금", 그 밖의 것에 있어서는 "화기주의"

   3) 제3류 위험물 중 자연발화성물질에 있어서는 "화기엄금" 및 "공기접촉엄금", 금수성물질에 있어서는 "물기엄금"

   4) 제4류 위험물에 있어서는 "화기엄금"

   5) 제5류 위험물에 있어서는 "화기엄금" 및 "충격주의"

   6) 제6류 위험물에 있어서는 "가연물접촉주의" → *화기(×)

9. 제8호의 규정에 불구하고 제1류·제2류 또는 제4류 위험물(위험등급Ⅰ의 위험물을 제외한다)의 운반용기로서 최대용적이 1ℓ 이하인 운반용기의 품명 및 주의사항은 위험물의 통칭명 및 당해 주의사항과 동일한 의미가 있는 다른 표시로 대신할 수 있다.

10. 제8호 및 제9호의 규정에 불구하고 제4류 위험물에 해당하는 화장품(에어졸을 제외한다)의 운반용기 중 최대용적이 150㎖ 이하인 것에 대하여는 제8호 가목 및 다목의 규정에 의한 표시를 하

지 아니할 수 있고, 최대용적이 150㎖ 초과 300㎖ 이하의 것에 대하여는 제8호 가목의 규정에 의한 표시를 하지 아니할 수 있으며, 동호 다목의 규정에 의한 주의사항을 당해 주의사항과 동일한 의미가 있는 다른 표시로 대신할 수 있다.

11. 제8호 및 제9호의 규정에 불구하고 제4류 위험물에 해당하는 에어졸의 운반용기로서 최대용적이 300㎖ 이하의 것에 대하여는 제8호 가목의 규정에 의한 표시를 하지 아니할 수 있으며, 동호 다목의 규정에 의한 주의사항을 당해 주의사항과 동일한 의미가 있는 다른 표시로 대신할 수 있다.

12. 제8호 및 제9호의 규정에 불구하고 제4류 위험물 중 동식물유류의 운반용기로서 최대용적이 3ℓ 이하인 것에 대하여는 제8호 가목 및 다목의 표시에 대하여 각각 위험물의 통칭명 및 동호의 규정에 의한 표시와 동일한 의미가 있는 다른 표시로 대신할 수 있다.

13. 기계에 의하여 하역하는 구조로 된 운반용기의 외부에 행하는 표시는 제8호 각목의 규정에 의하는 외에 다음 각목의 사항을 포함하여야 한다. 다만, UN의 위험물 운송에 관한 권고(RTDG, Recommendations on the Transport of Dangerous Goods)에서 정한 기준 또는 소방청장이 정하여 고시하는 기준에 적합한 표시를 한 경우에는 그러하지 아니하다.

    가. 운반용기의 제조년월 및 제조자의 명칭
    나. 겹쳐쌓기시험하중
    다. 운반용기의 종류에 따라 다음의 규정에 의한 중량
        1) 플렉서블 외의 운반용기 : 최대총중량(최대수용중량의 위험물을 수납하였을 경우의 운반용기의 전중량을 말한다)
        2) 플렉서블 운반용기 : 최대수용중량
    라. 가목 내지 다목에 규정하는 것 외에 운반용기의 외부에 행하는 표시에 관하여 필요한 사항으로서 소방청장이 정하여 고시하는 것

Ⅲ. 운반방법

1. <u>위험물 또는 위험물을 수납한 운반용기가 현저하게 마찰 또는 동요를 일으키지 아니하도록 운반하여야 한다(중요기준).</u>
2. 지정수량 이상의 위험물을 차량으로 운반하는 경우에는 해당 차량에 소방청장이 정하여 고시하는 바에 따라 운반하는 위험물의 위험성을 알리는 표지를 설치하여야 한다.
3. 지정수량 이상의 위험물을 차량으로 운반하는 경우에 있어서 다른 차량에 바꾸어 싣거나 휴식·고장 등으로 차량을 일시 정차시킬 때에는 안전한 장소를 택하고 운반하는 위험물의 안전확보에 주의하여야 한다.
4. **지정수량 이상의 위험물을 차량으로 운반하는 경우**에는 당해 위험물에 적응성이 있는 **소형수동식 소화기**를 당해 위험물의 소요단위에 상응하는 능력단위 이상 갖추어야 한다.
5. <u>위험물의 운반도중 위험물이 현저하게 새는 등 재난발생의 우려가 있는 경우에는 응급조치를 강구하는 동시에 가까운 소방관서 그 밖의 관계기관에 통보하여야 한다.</u>
6. 제1호 내지 제5호의 적용에 있어서 품명 또는 지정수량을 달리하는 2 이상의 위험물을 운반하는 경우에 있어서 운반하는 각각의 위험물의 수량을 당해 위험물의 지정수량으로 나누어 얻은 수의 합이 1 이상인 때에는 지정수량 이상의 위험물을 운반하는 것으로 본다.

Ⅳ. 법 제20조제1항의 규정에 의한 중요기준 및 세부기준은 다음 각호의 구분에 의한다.
   1. 중요기준 : Ⅰ 내지 Ⅲ의 운반기준 중 "중요기준"이라 표기한 것

2. 세부기준 : 중요기준 외의 것

V. 위험물의 위험등급

별표 18 V, 이 표 Ⅰ 및 Ⅱ에 있어서 **위험물의 위험등급은 위험등급Ⅰ·위험등급Ⅱ 및 위험등급Ⅲ 으로 구분**하며, 각 위험등급에 해당하는 위험물은 다음 각 호와 같다.

1. **위험등급Ⅰ의 위험물**
   - 가. **제1류 위험물 중 아염소산염류, 염소산염류, 과염소산염류, 무기과산화물** 그 밖에 지정수량이 **50kg인 위험물**
   - 나. **제3류 위험물 중 칼륨, 나트륨, 알킬알루미늄, 알킬리튬, 황린** 그 밖에 지정수량이 10kg(*칼륨, 나트륨, 알킬~) 또는 20kg(*황린)인 위험물
   - 다. **제4류 위험물 중 특수인화물**
   - 라. **제5류 위험물 중 지정수량이 10kg인 위험물**
   - 마. **제6류 위험물**

2. **위험등급Ⅱ의 위험물**
   - 가. 제1류 위험물 중 브로민산염류, 질산염류, 아이오딘산염류, 그 밖에 지정수량이 300kg인 위험물 → 브/아/질300
   - 나. **제2류 위험물 중 황화인, 적린, 황,** 그 밖에 지정수량이 100kg인 위험물
   - 다. **제3류 위험물 중 알칼리금속(칼륨 및 나트륨을 제외한다) 및 알칼리토금속, 유기금속화합물** (알킬알루미늄 및 알킬리튬을 제외한다) 그 밖에 지정수량이 50kg인 위험물
   - 라. 제4류 위험물 중 제1석유류 및 알코올류
   - 마. 제5류 위험물 중 제1호 라목에 정하는 위험물 외의 것(*2종 100kg은 위험등급Ⅱ)

3. **위험등급Ⅲ의 위험물** : 제1호 및 제2호에 정하지 아니한 위험물

위험물 지정수량 및 위험등급

유별(성질)	품명		지정수량	위험등급
제1류 (산화성고체)	아염소산염류 염소산염류 과염소산염류 무기과산화물		50(kg)	I
	브로민산염류 아이오딘산염류 질산염류		300(kg)	II
	과망가니즈산염류, 다이크로뮴산염류		1,000(kg)	III
제2류 (가연성고체)	황화인, 적린, 황		100(kg)	II
	철분, 금속분, 마그네슘		500(kg)	III
	인화성고체		1,000(kg)	
제3류 (자연발화성물질 및 금수성물질)	나트륨, 칼륨, 알킬알루미늄, 알킬리튬		10(kg)	I
	황린		20(kg)	
	알칼리금속 및 알칼리토금속(K, Na 제외)		50(kg)	II
	유기금속화합물(알킬알루미늄 및 알킬리튬 제외)			
	금속의 수소화물 금속의 인화물 칼슘 또는 알루미늄의 탄화물		300(kg)	III
제4류 (인화성액체)	특수인화물		50리터	I
	제1석유류	비수용성	200리터	II
		수용성	400리터	
	알코올류		400리터	
	제2석유류	비수용성	1,000리터	III
		수용성	2,000리터	
	제3석유류	비수용성	2,000리터	

		수용성	4,000리터	
	제4석유류		6,000리터	
	동식물유류		10,000리터	
제5류 (자기반응성물질)	유기과산화물, 질산에스터류, 나이트로화합물, 나이트로소화합물, 아조화합물, 다이아조화합물, 하이드라진 유도체, 하이드록실아민, 하이드록실아민염류		제1종 : 10(kg) 제2종 : 100(kg)	제1종은 Ⅰ 제2종은 Ⅱ
제6류 (산화성액체)	과염소산, 과산화수고, 질산		300kg	Ⅰ

* 암기법
1. 위험물의 종류를 먼저 암기한다. → 산/가/자/인/기/산
2. 품명을 암기한다. → 무염//황화인·적린·황·철분·마그네슘·인고//나·카·킬·황린·칼슘//특수·1·알·234·동식물//유질나(니)아조아이아조하이드~//과질산
3. 지정수량을 암기한다. →50·300//100·500//10·20//524·4,천이천,이천사천,육천,만//1종102종100//300
4. 위험등급을 암기한다. 위험등급Ⅰ이 가장 위험한 것이다. 지정수량이 작은 것이 위험한 것이다. 위험등급Ⅰ에는 제2류 위험물이 없고 제6류 위험물은 모두 해당된다.

문1 위험물안전관리법령상 위험물의 운반용기 외부에 표시하는 주의사항으로 옳은 것은?

① 제1류 위험물 중 알칼리금속의 과산화물 또는 이를 함유한 것: "화기·충격주의", "물기엄금" 및 "가연물접촉주의"
② 제2류 위험물 중 철분·금속분·마그네슘 또는 이들 중 어느 하나 이상을 함유한 것: "화기주의" 및 "충격주의"
③ 제3류 위험물 중 자연발화성물질: "화기주의" 및 "공기접촉엄금"
④ 제5류 위험물: "화기엄금", "충격주의" 및 "물기엄금"

해설

> 다. 수납하는 위험물에 따라 다음의 규정에 의한 주의사항
>   1) 제1류 위험물 중 알칼리금속의 과산화물 또는 이를 함유한 것에 있어서는 "화기·충격주의", "물기엄금" 및 "가연물접촉주의", 그 밖의 것에 있어서는 "화기·충격주의" 및 "가연물접촉주의"
>   2) 제2류 위험물 중 철분·금속분·마그네슘 또는 이들중 어느 하나 이상을 함유한 것에 있어서는 "화기주의" 및 "물기엄금", 인화성고체에 있어서는 "화기엄금", 그 밖의 것에 있어서는 "화기주의"
>   3) 제3류 위험물 중 자연발화성물질에 있어서는 "화기엄금" 및 "공기접촉엄금", 금수성물질에 있어서는 "물기엄금"
>   4) 제4류 위험물에 있어서는 "화기엄금"
>   5) 제5류 위험물에 있어서는 "화기엄금" 및 "충격주의"
>   6) 제6류 위험물에 있어서는 "가연물접촉주의"

정답 ①

문2 위험물안전관리법령상 용기에 수납하는 위험물에 따라 운반용기 외부에 표시하여야 할 주의사항으로 옳지 <u>않은</u> 것은?

① 자연발화성물질 – 화기엄금 및 공기접촉엄금
② 인화성액체 – 화기엄금
③ 자기반응성물질 – 화기엄금 및 충격주의
④ 산화성액체 – 화기·충격주의 및 가연물접촉주의

정답 ④

문3 위험물안전관리법령상 위험물의 지정수량과 위험등급에 관한 내용이다. 다음 ( )에 알맞은 것은?

품명	지정수량(kg)	위험등급
질산염류	300	(ㄱ)
마그네슘	(ㄴ)	III
알킬리튬	(ㄷ)	I

① ㄱ : I, ㄴ : 100, ㄷ : 50
② ㄱ : II, ㄴ : 300, ㄷ : 20
③ ㄱ : II, ㄴ : 500, ㄷ : 10
④ ㄱ : III, ㄴ : 1,000, ㄷ : 20

정답 ③

문4 위험물안전관리법령상 위험물을 운반용기에 수납하는 기준이다. ( )에 들어갈 내용으로 옳은 것은?

> 자연발화성물질 중 알킬알루미늄 등은 운반용기의 내용적의 (ㄱ)% 이하의 수납율로 수납하되, 50℃의 온도에서 (ㄴ)% 이상의 공간용적을 유지하도록 할 것

① ㄱ : 80, ㄴ : 10
② ㄱ : 85, ㄴ : 10
③ ㄱ : 90, ㄴ : 5
④ ㄱ : 95, ㄴ : 5

정답 ③

문5 위험물안전관리법령상 기계에 의하여 하역하는 구조로 된 운반용기에 대한 수납기준으로 옳은 것은?

① 금속제의 운반용기는 3년 6개월 이내에 실시한 운반용기의 외부의 점검 및 7년 이내의 사이에 실시한 운반용기의 내부의 점검에서 누설 등 이상이 없을 것
② 경질플라스틱제의 운반용기에 액체위험물을 수납하는 경우에는 당해 운반용기는 제조된 때로부터 7년 이내의 것으로 할 것

③ 플라스틱내용기 부착의 운반용기에 있어서는 3년 6개월 이내에 실시한 기밀시험에서 누설 등 이상이 없을 것
④ 금속제의 운반용기에 액체위험물을 수납하는 경우에는 55℃의 온도에서 증기압이 130kPa 이하가 되도록 수납할 것

정답 ④

문6 위험물안전관리법령상 제1류 위험물 중 알칼리금속의 과산화물 운반용기 외부에 표시해야 할 주의사항으로 옳지 않은 것은?

① 물기엄금
② 가연물접촉주의
③ 화기·충격주의
④ 공기접촉엄금

정답 ④

문7 위험물안전관리법령상 위험물의 운반기준에 대한 설명으로 옳지 않은 것은?

① 위험물을 수납한 운반용기가 현저하게 마찰 또는 동요를 일으키지 아니하도록 운반하여야 한다.
② 지정수량 이상의 위험물을 차량으로 운반할 때에는 한 변의 길이가 0.3m 이상, 다른 한 변은 0.6m 이상인 직사각형 표지판을 설치하여야 한다.
③ 위험물의 운반도중 재난발생의 우려가 있는 경우에는 응급조치를 강구하는 동시에 가까운 소방관서 그 밖의 관계기관에 통보하여야 한다.
④ 지정수량 이하의 위험물을 차량으로 운반하는 경우 적응성이 있는 소형수동식소화기를 위험물의 소요단위에 상응하는 능력단위 이상으로 비치하여야 한다.

정답 ④

문8 위험물안전관리법령에 따른 기계에 의하여 하역으로 구조로 된 운반용기에 대한 수납기준에 의하면 액체위험물을 수납하는 경우에는 55℃의 온도에서 증기압이 kPa 이하가 되도록 수합하여야 하는가?

① 100   ② 101.3   ③ 130   ④ 150

정답 ③

문9 위험물안전관리법령에서 정한 위험물을 수납하는 경우의 운반용기에 관한 기준으로 옳은 것은?

① 고체위험물은 운반용기 내용적의 98% 이하의 수납율로 수납하되, 55도의 온도에서 누설되지 아니하도록 충분한 공간용적을 유지하도록 할 것
② 액체위험물은 운반용기 내용적의 95% 이하의 수납율로 수납할 것
③ 자연발화성물질 중 알킬알루미늄 등은 운반용기의 내용적의 90% 이하의 수납율로 수납하되, 50℃의 온도에서 5% 이상의 공간용적을 유지하도록 할 것
④ 액체위험물의 내용적은 25도의 온도를 기준으로 한다.

[해설]

> 다. <u>고체위험물은 운반용기 내용적의 95% 이하의 수납율로 수납할 것</u> → *온도 없다.
> 라. <u>액체위험물은 운반용기 내용적의 98% 이하의 수납율로 수납하되, 55도의 온도에서 누설되지 아니하도록 충분한 공간용적을 유지하도록 할 것</u>
> 마. 하나의 외장용기에는 다른 종류의 위험물을 수납하지 아니할 것
> 바. 제3류 위험물은 다음의 기준에 따라 운반용기에 수납할 것
>   1) 자연발화성물질에 있어서는 불활성 기체를 봉입하여 밀봉하는 등 공기와 접하지 아니하도록 할 것
>   2) 자연발화성물질외의 물품에 있어서는 파라핀·경유·등유 등의 보호액으로 채워 밀봉하거나 불활성 기체를 봉입하여 밀봉하는 등 수분과 접하지 아니하도록 할 것
>   3) 라목의 규정에 불구하고 <u>자연발화성물질 중 알킬알루미늄등은 운반용기의 내용적의 90% 이하의 수납율로 수납하되, 50℃의 온도에서 5% 이상의 공간용적을 유지하도록 할 것</u>

[정답] ③

문10 제3류 위험물의 종류에 따라 위험물을 수납한 용기에 부착하는 주의사항의 내용에 해당하지 않는 것은?

① 충격주의
② 화기엄금
③ 공기접촉엄금
④ 물기엄금

[정답] ①

문11 위험물안전관리법령상 운반 시 직사를 막기 위해 차광성이 있는 피복으로 덮어야 하는 위험물이 아닌 것은?

① 제1류 위험물
② 제4류 위험물 중 제1석유류
③ 제5류 위험물
④ 제6류 위험물

정답 ②

■ **위험물안전관리법 시행규칙 [별표 21]**

위험물 운송책임자의 감독 또는 지원의 방법과 위험물의 운송 시에
준수하여야 하는 사항(제52조 제2항 관련)

1. 운송책임자의 감독 또는 지원의 방법은 다음 각목의 1과 같다.
   가. 운송책임자가 이동탱크저장소에 동승하여 운송 중인 위험물의 안전확보에 관하여 운전자에게 필요한 감독 또는 지원을 하는 방법. 다만, 운전자가 운송책임자의 자격이 있는 경우에는 운송책임자의 자격이 없는 자가 동승할 수 있다.
   나. 운송의 감독 또는 지원을 위하여 마련한 별도의 사무실에 운송책임자가 대기하면서 다음의 사항을 이행하는 방법
      1) 운송경로를 미리 파악하고 관할소방관서 또는 관련업체(비상대응에 관한 협력을 얻을 수 있는 업체를 말한다)에 대한 연락체계를 갖추는 것
      2) 이동탱크저장소의 운전자에 대하여 수시로 안전확보 상황을 확인하는 것
      3) 비상시의 응급처치에 관하여 조언을 하는 것
      4) 그 밖에 위험물의 운송중 안전확보에 관하여 필요한 정보를 제공하고 감독 또는 지원하는 것
2. 이동탱크저장소에 의한 위험물의 운송시에 준수하여야 하는 기준은 다음 각목과 같다.
   가. 위험물운송자는 운송의 개시 전에 이동저장탱크의 배출밸브 등의 밸브와 폐쇄장치, 맨홀 및 주입구의 뚜껑, 소화기 등의 점검을 충분히 실시할 것
   나. **위험물운송자는 장거리(고속국도 → *'일명 고속도로'에 있어서는 340km 이상, 그 밖의 도로에 있어서는 200km 이상을 말한다)에 걸치는 운송을 하는 때에는 2명 이상의 운전자로 할 것.** 다만, 다음의 1에 해당하는 경우에는 그러하지 아니하다.
      1) 제1호가목의 규정에 의하여 운송책임자를 동승시킨 경우
      2) **운송하는 위험물이 제2류 위험물·제3류 위험물(칼슘 또는 알루미늄의 탄화물과 이것만을 함유한 것에 한한다)또는 제4류 위험물(특수인화물을 제외한다)인 경우**
      3) 운송도중에 2시간 이내마다 20분 이상씩 휴식하는 경우
   다. 위험물운송자는 이동탱크저장소를 휴식·고장 등으로 일시 정차시킬 때에는 안전한 장소를 택하고 당해 이동탱크저장소의 안전을 위한 감시를 할 수 있는 위치에 있는 등 운송하는 위험물의 안전확보에 주의할 것
   라. 위험물운송자는 이동저장탱크로부터 위험물이 현저하게 새는 등 재해발생의 우려가 있는 경우에는 재난을 방지하기 위한 응급조치를 강구하는 동시에 소방관서 그 밖의 관계기관에 통보할 것
   마. **위험물(제4류 위험물에 있어서는 특수인화물 및 제1석유류에 한한다)을 운송하게 하는 자는 별지 제48호서식의 위험물안전카드를 위험물운송자로 하여금 휴대하게 할 것**
   바. 위험물운송자는 위험물안전카드를 휴대하고 당해 카드에 기재된 내용에 따를 것. 다만, 재난 그 밖의 불가피한 이유가 있는 경우에는 당해 기재된 내용에 따르지 아니할 수 있다.

문1 「위험물안전관리법」 및 동법 시행령과 시행규칙상 위험물의 운반 및 운송에 관한 내용으로 옳지 <u>않은</u> 것은?

① 위험물(제4류 위험물에 있어서는 특수인화물, 제1석유류 및 알코올류에 한한다)을 운송하게 하는 자는 별지 제48호 서식의 위험물안전카드를 위험물운송자로 하여금 휴대하게 해야 한다.
② 알킬알루미늄, 알킬리튬 운송에 있어서는 운송책임자(위험물 운송의 감독 또는 지원을 하는 자를 말한다)의 감독 또는 지원을 받아 이를 운송하여야 한다.
③ 기계에 의하여 하역하는 구조로 된 대형의 운반용기로서 행정안전부령이 정하는 것을 제작하거나 수입한 자 등은 행정안전부령이 정하는 바에 따라 당해 용기를 사용하거나 유통시키기 전에 시·도지사가 실시하는 운반용기에 대한 검사를 받아야 한다.
④ 중요기준이란 화재 등 위해의 예방과 응급조치에 있어서 큰 영향을 미치거나 그 기준을 위반하는 경우 직접적으로 화재를 일으킬 가능성이 큰 기준으로서 행정안전부령이 정하는 기준이다.

정답 ①

문2 위험물을 장거리 운송 시에는 2명 이상의 운전자가 필요하다. 이 경우 장거리에 해당하는 것은?

① 자동차 전용도로 : 80km 이상
② 지방도 : 100km 이상
③ 일반국도 : 150km 이상
④ 고속국도 : 340km 이상

정답 ④

문3 이동탱크저장소에 의한 위험물 장거리 운송 시 다음 중 위험물운송자를 2명 이상의 운전자로 하여야 하는 경우는?

① 운송책임자를 동승한 경우
② 운송위험물이 제4류 위험물 중 제1석유류인 경우
③ 운송위험물이 질산인 경우
④ 운송 중 2시간 이내마다 20분 이상씩 휴식하는 경우

해설

2. 이동탱크저장소에 의한 위험물의 운송시에 준수하여야 하는 기준은 다음 각목과 같다.

가. 위험물운송자는 운송의 개시 전에 이동저장탱크의 배출밸브 등의 밸브와 폐쇄장치, 맨홀 및 주입구의 뚜껑, 소화기 등의 점검을 충분히 실시할 것

나. **위험물운송자는 장거리**(고속국도 → *'일명 고속도로'**에 있어서는 340㎞ 이상, 그 밖의 도로에 있어서는 200㎞ 이상을 말한다)에 걸치는 운송을 하는 때에는 2명 이상의 운전자로 할 것**. 다만, 다음의 1에 해당하는 경우에는 그러하지 아니하다. → *2명 이상 운전자 제외

   1) 제1호가목의 규정에 의하여 운송책임자를 동승시킨 경우
   2) <u>운송하는 위험물이 제2류 위험물·제3류 위험물(칼슘 또는 알루미늄의 탄화물과 이것만을 함유한 것에 한한다)또는 제4류 위험물(특수인화물을 제외한다)인 경우</u>
   3) <u>운송도중에 2시간 이내마다 20분 이상씩 휴식하는 경우</u>

정답 ③

■ 위험물안전관리법 시행규칙 [별표 22]

안전관리대행기관의 지정기준(제57조 제1항 관련)

기술인력 → *총 4인 이상	1. 위험물기능장 또는 위험물산업기사 1인 이상 2. 위험물산업기사 또는 위험물기능사 2인 이상 3. 기계분야 및 전기분야의 소방설비기사 1인 이상
시설	전용사무실을 갖출 것 → *면적기준은 없다.
장비	1. 절연저항계(절연저항측정기) 2. 접지저항측정기(최소눈금 0.1Ω 이하) 3. 가스농도측정기(탄화수소계 가스의 농도측정이 가능할 것) 4. 정전기 전위측정기 5. 토크렌치(Torque Wrench: 볼트와 너트를 규정된 회전력에 맞춰 조이는 데 사용하는 도구) 6. 진동시험기 7. 삭제 〈2016. 8. 2.〉 8. 표면온도계(-10℃ ~ 300℃) 9. 두께측정기(1.5㎜ ~ 99.9㎜) 10. 삭제 〈2016. 8. 2.〉 11. 안전용구(안전모, 안전화, 손전등, 안전로프 등) 12. 소화설비점검기구(소화전밸브압력계, 방수압력측정계, 포콜렉터, 헤드렌치, 포콘테이너)

비고 : 기술인력 란의 각호에 정한 2이상의 기술인력을 동일인이 겸할 수 없다.

■ 위험물안전관리법 시행규칙 [별표 23]

화학소방자동차에 갖추어야 하는 소화능력 및 설비의 기준
(제75조제1항 관련)

화학소방자동차의 구분	소화능력 및 설비의 기준
포수용액 방사차	**포수용액의 방사능력이 매분 2,000ℓ 이상일 것**
	소화약액탱크 및 소화약액혼합장치를 비치할 것
	10만ℓ 이상의 포수용액을 방사할 수 있는 양의 소화약제를 비치할 것
분말 방사차	**분말의 방사능력이 매초 35kg 이상일 것**
	분말탱크 및 가압용가스설비를 비치할 것
	1,400kg 이상의 분말을 비치할 것
할로젠화합물 방사차	**할로젠화합물의 방사능력이 매초 40kg 이상일 것**
	할로젠화합물탱크 및 가압용가스설비를 비치할 것
	1,000kg 이상의 할로젠화합물을 비치할 것
이산화탄소 방사차	**이산화탄소의 방사능력이 매초 40kg 이상일 것**
	이산화탄소저장용기를 비치할 것
	3,000kg 이상의 이산화탄소를 비치할 것
제독차	**가성소다 및 규조토를 각각 50kg 이상 비치할 것**

문 위험물안전관리법령상 화학소방자동차에 갖추어야 하는 소화능력 및 설비의 기준으로 옳지 않은 것은?

① 포수용액의 방사능력이 매분 2,000리터 이상인 포수용액 방사차
② 분말의 방사능력이 매초 35kg 이상인 분말 방사차
③ 할로젠화합물의 방사능력이 매초 40kg 이상인 할로젠화합물 방사차
④ 가성소오다 및 규조토를 각각 100kg 이상 비치한 제독차

정답 ④

■ 위험물안전관리법 시행규칙 [별표 24]

안전교육의 과정·기간과 그 밖의 교육의 실시에 관한 사항 등
(제78조제2항관련)

1. 교육과정·교육대상자·교육시간·교육시기 및 교육기관

교육과정	교육대상자	교육시간	교육시기	교육기관
강습교육	안전관리자가 되려는 사람	24시간	최초 선임되기 전	안전원
	위험물운반자가 되려는 사람	**8시간**	최초 종사하기 전	안전원
	위험물운송자가 되려는 사람	**16시간**	최초 종사하기 전	안전원
실무교육	안전관리자	8시간	가. 제조소등의 안전관리자로 선임된 날부터 6개월 이내 나. 가목에 따른 교육을 받은 후 2년마다 1회	안전원
	위험물운반자	4시간	가. 위험물운반자로 종사한 날부터 6개월 이내 나. 가목에 따른 교육을 받은 후 **3년마다** 1회	안전원
	위험물운송자	8시간	가. 이동탱크저장소의 위험물운송자로 종사한 날부터 6개월 이내 나. 가목에 따른 교육을 받은 후 **3년마다** 1회	안전원
	탱크시험자의 기술인력	8시간	가. 탱크시험자의 기술인력으로 등록한 날부터 6개월 이내 나. 가목에 따른 교육을 받은 후 2년마다 1회	**기술원**

비고

1. 안전관리자, 위험물운반자 및 위험물운송자 강습교육의 공통과목에 대하여 어느 하나의 강습교육 과정에서 교육을 받은 경우에는 나머지 강습교육 과정에서도 교육을 받은 것으로 본다.
2. 안전관리자, 위험물운반자 및 위험물운송자 실무교육의 공통과목에 대하여 어느 하나의 실무교육 과정에서 교육을 받은 경우에는 나머지 실무교육 과정에서도 교육을 받은 것으로 본다.
3. 안전관리자 및 위험물운송자의 실무교육 시간 중 일부(4시간 이내)를 사이버교육의 방법으로 실시

할 수 있다. 다만, 교육대상자가 사이버교육의 방법으로 수강하는 것에 동의하는 경우에 한정한다.

2. 교육계획의 공고 등
   가. 안전원의 원장은 강습교육을 하고자 하는 때에는 매년 1월 5일까지 일시, 장소, 그 밖에 강습의 실시에 관한 사항을 공고할 것
   나. **기술원 또는 안전원은 실무교육을 하고자 하는 때에는 교육실시 10일 전까지 교육대상자에게 그 내용을 통보할 것**
3. 교육신청
   가. 강습교육을 받고자 하는 자는 안전원이 지정하는 교육일정 전에 교육수강을 신청할 것
   나. 실무교육 대상자는 교육일정 전까지 교육수강을 신청할 것
4. 교육일시 통보
   기술원 또는 안전원은 제3호에 따라 교육신청이 있는 때에는 교육실시 전까지 교육대상자에게 교육장소와 교육일시를 통보하여야 한다.
5. 기타
   기술원 또는 안전원은 교육대상자별 교육의 과목·시간·실습 및 평가, 강사의 자격, 교육의 신청, 교육수료증의 교부·재교부, 교육수료증의 기재사항, 교육수료자명부의 작성·보관 등 교육의 실시에 관하여 필요한 세부사항을 정하여 소방청장의 승인을 받아야 한다. 이 경우 안전관리자, 위험물운반자 및 위험물운송자 강습교육의 과목에는 각 강습교육별로 다음 표에 정한 사항을 포함하여야 한다.

교육과정	교육내용	
안전관리자 강습교육	• 제4류 위험물의 품명별 일반성질, 화재예방 및 소화의 방법	• 연소 및 소화에 관한 기초이론 • 모든 위험물의 유별 공통성질과 화재예방 및 소화의 방법 • 위험물안전관리법령 및 위험물의 안전관리에 관계된 법령
위험물운반자 강습교육	• 위험물운반에 관한 안전기준	
위험물운송자 강습교육	• 이동탱크저장소의 구조 및 설비작동법 • 위험물운송에 관한 안전기준	

문1 「위험물안전관리법」 및 동법 시행규칙상 안전교육에 관한 내용으로 옳지 <u>않은</u> 것은?

① 안전관리자의 실무교육 시간은 8시간이다.
② 안전관리자가 되려는 사람의 강습교육 시간은 12시간이다.
③ 안전관리자 및 위험물운송자의 실무교육 시간 중 일부(4시간 이내)를 사이버교육의 방법으로 실시할 수 있다.
④ 소방본부장은 매년 10월말까지 관할구역 안의 실무교육 대상자 현황을 한국소방안전원에 통보하고 관할구역 안에서 한국소방안전원이 실시하는 안전교육에 관하여 지도·감독하여야 한다.

정답 ②

문2 위험물안전관리법령상 안전교육의 교육대상자와 교육시기의 연결이 옳지 <u>않은</u> 것은?

① 안전관리자 실무교육 : 선임된 날부터 6개월 이내 첫 교육 후 3년마다 1회
② 위험물운송자 실무교육 : 선임된 날부터 6개월 이내 첫 교육 후 3년마다 1회
③ 탱크시험자의 기술인력 실무교육 : 기술인력으로 등록된 날부터 6개월 이내 첫 교육 후 2년마다 1회
④ 위험물운송자가 되려는 사람 강습교육 : 최초 종사하기 전

정답 ①

문3 위험물안전관리자에 대한 설명으로 옳지 <u>않은</u> 것은?

① 암반탱크저장소에는 위험물안전관리자를 선임하여야 한다.
② 위험물안전관리자가 일시적으로 직무를 수행할 수 없는 경우 대리자를 지정하여 그 직무를 대행하게 하여야 한다.
③ 위험물안전관리자와 위험물운송자는 신임 또는 종사한 날부터 6개월 이내 실무교육을 받고 이후 3년마다 1회 실무교육을 받아야 한다.
④ 다수의 제조소 등을 동일인이 설치한 경우에는 일정한 요건에 따라 1인의 안전관리자를 중복하여 선임할 수 있다.

정답 ③

위험물안전관리법 시행규칙 [별표 25]

수수료 및 교육비(제79조 제1항 관련)

구분		수수료
옥내 저장소	지정수량의 **10배** 이하인 것	**2만원**
	지정수량의 10배 초과 50배 이하인 것	2만5천원
	지정수량의 50배 초과 **100배** 이하인 것	**4만원**
	지정수량의 100배 초과 **200배** 이하인 것	**5만원**
	지정수량의 200배를 초과하는 것	6만5천원

문 위험물안전관리법령상 옥내저장소 설치허가 수수료의 연결로 옳은 것은?

① 지정수량의 10배 이하인 것 — 1만원
② 지저수량의 50배 초과 100배 이하인 것 — 4만원
③ 지정수량의 100배 초과 200배 이하인 것 — 6만원
④ 지정수량의 200배 초과하는 것 — 9만원

정답 ②

02 다중이용업소의 안전관리에 관한 특별법

○ 다중이용업소의 안전관리에 관한 특별법(약칭 : 다중이용업소법)

제1장 총칙

제1조(목적) 이 법은 화재 등 재난이나 그 밖의 위급한 상황으로부터 국민의 생명·신체 및 재산을 보호하기 위하여 다중이용업소의 안전시설등의 설치·유지 및 안전관리와 화재위험평가, 다중이용업주의 화재배상책임보험에 필요한 사항을 정함으로써 공공의 안전과 복리 증진에 이바지함을 목적으로 한다.

★ **제2조(정의)** ① 이 법에서 사용하는 용어의 뜻은 다음과 같다.
1. "다중이용업"이란 불특정 다수인이 이용하는 영업 중 화재 등 재난 발생 시 생명·신체·재산상의 피해가 발생할 우려가 높은 것으로서 대통령령으로 정하는 영업을 말한다.
2. "안전시설등"이란 소방시설, 비상구, 영업장 내부 피난통로, **그 밖의 안전시설로서 대통령령**으로 정하는 것을 말한다.
3. "실내장식물"이란 건축물 내부의 **천장 또는 벽에 설치**하는 것으로서 **대통령령**으로 정하는 것을 말한다.
4. "화재위험평가"란 다중이용업의 영업소(이하 "다중이용업소"라 한다)가 밀집한 지역 또는 건축물에 대하여 화재 발생 가능성과 화재로 인한 불특정 다수인의 생명·신체·재산상의 피해 및 주변에 미치는 영향을 예측·분석하고 이에 대한 대책을 마련하는 것을 말한다.
5. "밀폐구조의 영업장"이란 **지상층에 있는** 다중이용업소의 영업장 중 채광·환기·통풍 및 피난 등이 **용이하지 못한 구조로 되어 '있으면서'** 대통령령으로 정하는 기준에 해당하는 영업장을 말한다.
6. "영업장의 내부구획"이란 다중이용업소의 영업장 내부를 이용객들이 사용할 수 있도록 **벽 또는 칸막이 등을 사용하여 구획된 실(室)**을 만드는 것을 말한다.

> **영 제2조의2(안전시설등)** 법 제2조제1항제2호에서 "대통령령으로 정하는 것"이란 **별표 1**의 시설을 말한다.
>
> **영 제3조(실내장식물)** 법 제2조제1항제3호에서 "대통령령으로 정하는 것"이란 건축물 내부의 천장이나 벽에 붙이는(설치하는) 것으로서 다음 각 호의 어느 하나에 해당하는 것을 말한다. **다만, 가구류**(옷장, 찬장, 식탁, 식탁용 의자, 사무용 책상, 사무용 의자 및 계산대, 그 밖에 이와 비슷한 것을 말한다)**와 너비 10센티미터 이하인 반자돌림대 등과「건축법」제52조에 따른 내부마감재료는 제외**한다.
> 1. 종이류(두께 2밀리미터 이상인 것을 말한다)·합성수지류 또는 섬유류를 주원료로 한 물품
> 2. 합판이나 목재
> 3. 공간을 구획하기 위하여 설치하는 간이 칸막이(접이식 등 이동 가능한 벽체나 천장 또는 반자가 실내에 접하는 부분까지 구획하지 아니하는 벽체를 말한다)
> 4. 흡음(吸音)이나 방음(防音)을 위하여 설치하는 흡음재(흡음용 커튼을 포함한다) 또는 방음재(방음용 커튼을 포함한다)

영 제3조의2(밀폐구조의 영업장) 법 제2조제1항제5호에서 "대통령령으로 정하는 기준"이란 「소방시설 설치 및 관리에 관한 법률 시행령」 제2조제1호 각 목에 따른 요건을 모두 갖춘 **개구부의 면적의 합계가 영업장으로 사용하는 바닥면적의 30분의 1 이하가 되는 것을 말한다.**

② 이 법에서 사용하는 용어의 뜻은 제1항에서 규정하는 것을 제외하고는 「소방기본법」, 「소방시설공사업법」, 「화재의 예방 및 안전관리에 관한 법률」, 「소방시설 설치 및 관리에 관한 법률」 및 「건축법」에서 정하는 바에 따른다.

문1 「다중이용업소의 안전관리에 관한 특별법」 및 동법 시행령상 정의에 대한 내용으로 옳은 것은?

① "안전시설 등"은 소방시설, 비상구, 영업장 내부 피난통로, 그 밖의 안전시설로서 누전차단기, 창문 등을 포함한다.
② "실내장식물"은 건축물 내부의 천장 또는 벽에 설치하는 것으로서 가구류와 너비 10센티미터 이하인 반자돌림대를 포함한다.
③ "밀폐구조의 영업장"이란 지상층에 있는 다중이용업소의 영업장 중 채광·환기·통풍 및 피난 등이 용이하지 못한 구조로 되어 있거나, 요건을 갖춘 개구부의 면적의 합계가 영업장으로 사용하는 바닥면적의 30분의 1 이하가 되는 것을 말한다.
④ "영업장의 내부구획"이란 다중이용업소의 영업장 내부를 이용객들이 사용할 수 있도록 벽(칸막이 제외)을 사용하여 구획된 실(室)을 만드는 것을 말한다.

정답 ①

문2 다중이용업소의 안전관리에 관한 특별법령상 '밀폐구조의 영업장'에 대한 용어의 정의이다. ( )에 들어갈 내용으로 옳게 나열한 것은?

(ㄱ)에 있는 다중이용업소의 영업장 중 채광·환기·통풍 및 (ㄴ) 등이 용이하지 못한 구조로 되어 있으면서 대통령령으로 정하는 기준에 해당하는 영업장을 말한다.

① ㄱ : 지하층, ㄴ : 피난
② ㄱ : 지하층, ㄴ : 소화활동
③ ㄱ : 지상층, ㄴ : 피난
④ ㄱ : 지상층, ㄴ : 소화활동

정답 ③

> **문 3** 다중이용업소의 안전관리에 관한 특별법령상 용어의 설명으로 옳지 않은 것은?
>
> ① "안전시설 등"이란 소방시설, 비상구, 영업장 내부 피난통로 그 밖의 안전시설을 말한다.
> ② "영업장의 내부구획"이란 다중이용업소의 영업장 내부를 이용객들이 사용할 수 있도록 벽 또는 칸막이 등을 사용하여 구획된 실을 만드는 것을 말한다.
> ③ "실내장식물"이란 건축물 내부의 천장 또는 벽·바닥 등에 설치하는 것으로 옷장, 찬장 등 가구류가 포함된다.
> ④ "다중이용업"이란 불특정 다수인이 이용하는 영업 중 화재 등 재난 발생 시 생명·신체·재산상의 피해가 발생할 우려가 높은 것으로서 대통령령으로 정하는 영업을 말한다.
>
> 정답 ③

제3조(국가 등의 책무) ① 국가와 지방자치단체는 국민의 생명·신체 및 재산을 보호하기 위하여 불특정 다수인이 이용하는 다중이용업소의 안전시설등의 설치·유지 및 안전관리에 필요한 시책을 마련하여야 한다.

② 다중이용업을 운영하는 자(이하 "다중이용업주"라 한다)는 국가와 지방자치단체가 실시하는 다중이용업소의 안전관리 등에 관한 시책에 협조하여야 하며, 다중이용업소를 이용하는 사람들을 화재 등 재난이나 그 밖의 위급한 상황으로부터 보호하기 위하여 노력하여야 한다.

제4조(다른 법률과의 관계) ① 다중이용업소의 화재 등 재난에 대한 안전관리에 관하여는 다른 법률에 우선하여 이 법을 적용한다.

② 「화재로 인한 재해보상과 보험가입에 관한 법률」에 따른 특수건물의 다중이용업주에 대하여는 제13조의2부터 제13조의6까지를 적용하지 아니한다.

③ 다중이용업주의 화재배상책임에 관하여 이 법에서 규정한 것 외에는 「민법」에 따른다.

제2장 다중이용업소의 안전관리기본계획 등

제5조(안전관리기본계획의 수립·시행 등) ① **소방청장**은 다중이용업소의 화재 등 재난이나 그 밖의 위급한 상황으로 인한 인적·물적 피해의 감소, 안전기준의 개발, 자율적인 안전관리능력의 **향상**, 화재배상책임보험제도의 정착 등을 위하여 **5년마다** 다중이용업소의 안전관리기본계획(이하 "기본계획"이라 한다)을 수립·시행하여야 한다. → *목적

② 기본계획에는 다음 각 호의 사항이 포함되어야 한다.

1. 다중이용업소의 안전관리에 관한 기본 방향
2. 다중이용업소의 **자율적인 안전관리 촉진**에 관한 사항
3. 다중이용업소의 화재안전에 관한 정보체계의 구축 및 관리
4. 다중이용업소의 안전 관련 법령 정비 등 제도 개선에 관한 사항
5. 다중이용업소의 적정한 유지·관리에 필요한 교육과 기술 연구·개발
5의2. 다중이용업소의 화재배상책임보험에 관한 기본 방향

5의3. 다중이용업소의 화재배상책임보험 가입관리전산망(이하 "책임보험전산망"이라 한다)의 구축·운영
5의4. 다중이용업소의 화재배상책임보험제도의 정비 및 개선에 관한 사항
6. 다중이용업소의 화재위험평가의 연구·개발에 관한 사항
7. 그 밖에 다중이용업소의 안전관리에 관하여 **대통령령**으로 정하는 사항

> **제6조(안전관리기본계획 등에 관한 사항)** 법 제5조 제2항 제7호에 따른 "대통령령이 정하는 사항"이란 다음 각 호의 사항을 말한다.
> 1. 안전관리 중·장기 기본계획에 관한 사항
>   가. 다중이용업소의 안전관리체제
>   나. **안전관리실태평가 및 개선계획**
> 2. 시·도 안전관리기본계획에 관한 사항

③ 소방청장은 기본계획에 따라 매년 연도별 안전관리계획(이하 "연도별계획"이라 한다)을 수립·시행하여야 한다.

④ 소방청장은 제1항 및 제3항에 따라 수립된 기본계획 및 연도별계획을 **관계 중앙행정기관의 장과 특별시장·광역시장·특별자치시장·도지사 또는 특별자치도지사**(이하 "시·도지사"라 한다)에게 통보하여야 한다.

⑤ 소방청장은 기본계획 및 연도별계획을 수립하기 위하여 필요하면 관계 중앙행정기관의 장 및 시·도지사에게 관련된 자료의 제출을 요구할 수 있다. 이 경우 자료 제출을 요구받은 관계 중앙행정기관의 장 또는 시·도지사는 특별한 사유가 없으면 요구에 따라야 한다.

> **제4조(안전관리기본계획의 수립절차 등)** ① 소방청장은 법 제5조제1항에 따라 다중이용업소의 안전관리기본계획(이하 "기본계획"이라 한다)을 **관계 중앙행정기관의 장과 협의를 거쳐 5년마다 수립해야 한다.**
> ② 소방청장은 관계 중앙행정기관의 장과 협의를 거쳐 '기본계획 수립지침'을 작성하고 이를 **관계 중앙행정기관의 장에게 통보**해야 한다.
> ③ 소방청장은 '기본계획을 수립'하면 '국무총리에게 보고'하고 관계 중앙행정기관의 장과 특별시장·광역시장·특별자치시장·도지사 또는 특별자치도지사(이하 "시·도지사"라 한다)에게 통보한 후 이를 공고해야 한다.
>
> **제5조(안전관리기본계획 수립지침)** 제4조 제2항에 따른 **기본계획 수립지침**에는 다음 각 호의 내용을 포함시켜야 한다.
> 1. 화재 등 재난 발생 경감대책
>   가. 화재피해 원인조사 및 분석
>   나. 안전관리정보의 전달·관리체계 구축
>   다. 화재 등 재난 발생에 대비한 교육·훈련과 예방에 관한 홍보
> 2. 화재 등 재난 발생을 줄이기 위한 중·장기 대책
>   가. 다중이용업소 안전시설 등의 관리 및 유지계획

나. 소관법령 및 관련기준의 정비

제7조(연도별 안전관리계획의 통보 등) ① 소방청장은 법 제5조제3항에 따라 매년 연도별 안전관리계획(이하 "**연도별 계획**"이라 한다)을 **전년도 12월 31일까지 수립**해야 한다.
② 소방청장은 제1항에 따라 연도별 계획을 수립하면 지체 없이 관계 중앙행정기관의 장과 시·도지사 및 소방본부장에게 통보해야 한다.

문1 「다중이용업소의 안전관리에 관한 특별법」상 소방청장이 5년마다 수립·시행하여야 하는 다중이용업소의 안전관리기본계획의 목적으로 옳지 않은 것은?

① 안전기준의 개발
② 화재배상책임보험제도의 정착
③ 위급한 상황으로 인한 인적·물적 피해의 감소
④ 다중이용업소 밀집 지역의 소방시설 설치, 유지·관리와 개선

정답 ④

문2 「다중이용업소의 안전관리에 관한 특별법」상 다중이용업소 안전관리기본계획의 수립 및 시행에 대한 설명으로 옳지 않은 것은?

① 기본계획에는 다중이용업소의 화재위험평가의 연구·개발에 관한 사항이 포함되어야 한다.
② 소방청장은 관계 중앙행정기관의 장과 협의를 거쳐 기본계획 수립지침을 작성하고 이를 특별시장·광역시장·특별자치시장·도지사 또는 특별자치도지사에게 통보해야 한다.
③ 소방청장은 기본계획을 수립하면 국무총리에게 보고하고 관계 중앙행정기관의 장과 특별시장·광역시장·특별자치시장·도지사 또는 특별자치도지사에게 통보한 후 이를 공고해야 한다.
④ 소방청장은 기본계획에 따라 매년 연도별 안전관리계획을 수립·시행하여야 한다.

정답 ②

문3 「다중이용업소의 안전관리에 관한 특별법」상 소방청장은 5년마다 다중이용업소의 안전관리기본계획을 수립·시행하도록 규정하고 있다. 이 안전관리기본계획 내용에 포함되지 않는 것은?

① 다중이용업소의 자율적인 안전관리 촉진
② 다중이용업소의 화재위험평가의 실시 및 평가
③ 다중이용업소의 화재배상책임보험 제도의 정비 및 개선

④ 다중이용업소의 적정한 유지·관리에 필요한 교육과 기술 연구·개발

정답 ②

문4 다중이용업소의 안전관리에 관한 특별법령상 안전관리기본계획(이하 '기본계획'이라 함)에 관한 설명으로 옳지 <u>않은</u> 것은?

① 소방청장은 기본계획을 관계 중앙행정기관의 장과 협의를 거쳐 5년마다 수립해야 한다.
② 기본계획 수립지침에는 화재 등 재난 발생 경감대책이 포함되어야 한다.
③ 소방청장은 기본계획을 수립하면 행정안전부장관에게 보고하여야 한다.
④ 소방청장은 매년 연도별 안전관리계획을 전년도 12월 31일까지 수립하여야 한다.

정답 ③

문5 다중이용업소의 안전관리에 관한 특별법령상 안전관리기본계획에 대한 내용으로 옳지 <u>않은</u> 것은?

① 안전관리기본계획에는 다중이용업소의 화재배상책임보험 가입관리전산망의 구축·운영이 포함되어야 한다.
② 소방청장은 매년 연도별 안전관리계획을 전년도 10월 31일까지 수립해야 한다.
③ 소방청장은 안전관리기본계획을 수립하면 국무총리에게 보고하고 관계 중앙행정기관의 장과 시·도지사에게 통보한 후 이를 공고해야 한다.
④ 소방청장은 안전관리기본계획을 수립한 경우에는 이를 관보에 공고한다.

정답 ②

문6 다중이용업소의 안전관리에 관한 특별법령상 소방청장이 작성하는 다중이용업소의 안전관리기본계획 수립지침에 포함시켜야 하는 내용 중 화재 등 재난 발생을 줄이기 위한 중·장기 대책으로 명시된 사항은?

① 화재피해 원인조사 및 분석
② 안전관리정보의 전달·관리체계 구축
③ 다중이용업소 안전시설 등의 관리 및 유지계획
④ 화재 등 재난 발생에 대비한 교육·훈련과 예방에 관한 홍보

정답 ③

문7 다중이용업소의 안전관리에 관한 특별법령상 다중이용업소의 안전관리기본계획에 포함되어야 할 사항으로 옳지 <u>않은</u> 것은?

① 다중이용업소의 자율적인 안전관리 촉진에 관한 사항
② 다중이용업소의 화재안전에 관한 정보체계의 구축 및 관리
③ 다중이용업소의 적정한 유지·관리에 필요한 교육과 기술연구·개발
④ 다중이용업주의 종업원에 대한 자체지도 계획

정답 ④

문8 다중이용업소의 안전관리에 관한 특별법령상 다중이용업소의 안전관리기본계획(이하 "기본계획"이라 한다)의 수립·시행에 관한 설명으로 옳지 <u>않은</u> 것은?

① 기본계획에는 다중이용업소의 안전관리에 관한 기본방향이 포함되어야 한다.
② 소방청장은 수립된 기본계획을 시·도지사에게 통보하여야 한다.
③ 시·도지사는 기본계획에 따라 연도별 계획을 수립·시행하여야 한다.
④ 소방청장은 5년마다 다중이용업소의 기본계획을 수립·시행하여야 한다.

정답 ③

문9 다중이용업소의 안전관리에 관한 특별법령상 다중이용업소의 안전관리기본계획 등에 관한 설명으로 옳은 것은?

① 소방청장은 5년마다 다중이용업소의 안전관리기본계획을 수립·시행하여야 한다.
② 소방본부장은 기본계획에 따라 매년 연도별 안전관리계획을 수립·시행하여야 한다.
③ 소방서장은 기본계획 및 연도별 계획에 따라 매년 안전관리집행계획을 수립한다.
④ 국무총리는 기본계획을 수립하면 대통령에게 보고하고 관계 중앙행정기관의 장과 시·도지사에게 통보한 후 이를 공고하여야 한다.

정답 ①

제6조(집행계획의 수립·시행 등) ① **소방본부장**은 기본계획 및 연도별계획에 따라 관할 지역 다중이용업소의 안전관리를 위하여 매년 안전관리집행계획(이하 "집행계획"이라 한다)을 수립하여 소방청장에게 제출하여야 한다. → *소방청장(×)

② 소방본부장은 집행계획을 수립하기 위하여 필요하면 해당 **시장·군수·구청장(자치구의 구청장을 말한다. 이하 같다)에게 관련된 자료의 제출을 요구**할 수 있다. 이 경우 자료 제출을 요구받은 해당 시

장·군수·구청장은 특별한 사유가 없으면 요구에 따라야 한다.
③ 집행계획의 수립 시기, 대상, 내용 등에 관하여 필요한 사항은 대통령령으로 정한다.

제3장 허가관청의 통보 등

제7조(관련 행정기관의 통보사항) ① 다른 법률에 따라 다중이용업의 허가·인가·등록·신고수리(이하 "허가등"이라 한다)를 하는 행정기관(이하 "허가관청"이라 한다)은 허가등을 한 날부터 **14일 이내**에 행정안전부령으로 정하는 바에 따라 다중이용업소의 소재지를 관할하는 **소방본부장 또는 소방서장**에게 다음 각 호의 사항을 통보하여야 한다.
  1. 다중이용업주의 **성명 및 주소** → *연락처(×)
  2. 다중이용업소의 **상호 및 주소**
  3. 다중이용업의 **업종**(*종류) 및 **영업장 면적**

> **시행규칙 제4조(관련 행정기관의 허가등의 통보)** ①「다중이용업소의 안전관리에 관한 특별법」(이하 "법"이라 한다) 제7조제1항에 따른 다중이용업의 허가·인가·등록·신고수리(이하 "허가등"이라 한다)를 하는 행정기관(이하 "허가관청"이라 한다)은 허가등을 한 날부터 **14일 이내**에 다음 각 호의 사항을 별지 제1호서식의 다중이용업 허가등 사항(변경사항)통보서에 따라 **관할 소방본부장 또는 소방서장에게 통보**하여야 한다.
>   1. 영업주의 성명·주소
>   2. 다중이용업소의 상호·소재지
>   3. 다중이용업의 종류·영업장 면적
>   **4. 허가 등 일자**

② 허가관청은 다중이용업주가 다음 각 호의 어느 하나에 해당하는 행위를 하였을 때에는 **그 신고를 수리(受理)한 날부터 30일 이내**에 소방본부장 또는 소방서장에게 통보하여야 한다.
  1. 휴업·폐업 또는 휴업 후 영업의 재개(再開)
  2. 영업 내용의 변경
  3. 다중이용업주(*성명)의 변경 또는 다중이용업주 주소의 변경
  4. 다중이용업소 상호 또는 주소의 변경
③ 소방청장, 소방본부장 또는 소방서장은 다중이용업주의 휴업·폐업 또는 사업자등록말소 사실을 확인하기 위하여 필요한 경우에는 사업자등록번호를 기재하여 관할 세무관서의 장에게 다음 각 호의 사항에 대한 과세정보 제공을 요청할 수 있다. 이 경우 요청을 받은 세무관서의 장은 정당한 사유가 없으면 그 요청에 따라야 한다.
  1. 대표자 성명 및 주민등록번호, 사업장 소재지
  2. 휴업·폐업한 사업자의 성명 및 주민등록번호, 휴업일·폐업일

문1 「다중이용업소의 안전관리에 관한 특별법 시행규칙」상 다중이용업의 허가관청이 허가 등을 한 날부터 14일 이내에 관한 소방본부장 또는 소방서장에게 통보하여야 하는 사항에 해당하지 않는 것은?

① 다중이용업주의 주소
② 다중이용업주의 연락처
③ 다중이용업소 상호
④ 다중이용업의 영업장 면적

정답 ②

문2 다중이용업소의 안전관리에 관한 특별법령상 다른 법률에 따라 다중이용업의 허가·인가·등록·신고수리를 하는 행정기관이 허가 등을 한 날부터 14일 이내에 관할 소방본부장 또는 소방서장에게 통보하여야 하는 사항을 모두 고른 것은?

ㄱ. 다중이용업의 종류·영업장 면적
ㄴ. 허가 등 일자
ㄷ. 화재배상책임보험 가입 여부

① ㄱ, ㄴ
② ㄱ, ㄷ
③ ㄴ, ㄷ
④ ㄱ, ㄴ, ㄷ

정답 ①

제7조의2(허가관청의 확인사항) 허가관청은 다른 법률에 따라 다중이용업주의 변경신고 또는 다중이용업주의 지위승계 신고를 수리하기 전에 다중이용업을 하려는 자가 다음 각 호의 사항을 이행하였는지를 확인하여야 한다.
1. 제8조에 따른 소방안전교육 이수
2. 제13조의2에 따른 화재배상책임보험 가입

제8조(소방안전교육) ① 다중이용업주와 그 종업원 및 다중이용업을 하려는 자는 소방청장, 소방본부장 또는 소방서장이 실시하는 소방안전교육을 받아야 한다. 다만, 다중이용업주나 종업원이 그 해당연도에 다음 각 호의 어느 하나에 해당하는 교육을 받은 경우에는 그러하지 아니하다.
1. 「화재의 예방 및 안전관리에 관한 법률」 제34조에 따른 소방안전관리자 강습 또는 실무교육
2. 「위험물안전관리법」 제28조에 따른 위험물안전관리자 교육

② 다중이용업주는 소방안전교육 대상자인 종업원이 소방안전교육을 받도록 하여야 한다.
③ 소방청장, 소방본부장 또는 소방서장은 제1항에 따라 소방안전교육을 받은 사람에게는 교육 이수를 증명하는 서류를 발급하여야 한다.
④ 제1항에 따른 소방안전교육의 대상자, 횟수, 시기, 교육시간, 그 밖에 교육에 필요한 사항은 행정안전부령으로 정한다.

★**제9조(다중이용업소의 안전관리기준 등)** ① 다중이용업주 및 다중이용업을 하려는 자는 영업장에 대통령령으로 정하는 안전시설등을 행정안전부령으로 정하는 기준에 따라 설치·유지하여야 한다. 이 경우 다음 각 호의 어느 하나에 해당하는 영업장 중 대통령령으로 정하는 영업장에는 소방시설 중 '간이스프링클러설비'를 행정안전부령으로 정하는 기준에 따라 설치하여야 한다.
1. **숙박을 제공하는 형태의 다중이용업소의 영업장**
2. **밀폐구조의 영업장**

② 소방본부장이나 소방서장은 안전시설등이 행정안전부령으로 정하는 기준에 맞게 설치 또는 유지되어 있지 아니한 경우에는 그 다중이용업주에게 안전시설등의 보완 등 필요한 조치를 명하거나 허가관청에 관계 법령에 따른 영업정지 처분 또는 허가등의 취소를 요청할 수 있다.

③ 다중이용업을 하려는 자(다중이용업을 하고 있는 자를 포함한다)**는 다음 각 호의 어느 하나에 해당하는 경우에는 안전시설등을 설치하기 전에 미리 소방본부장이나 소방서장에게 행정안전부령으로 정하는 '안전시설등의 설계도서를 첨부'**하여 행정안전부령으로 정하는 바에 따라 **신고**하여야 한다.
1. 안전시설등을 설치하려는 경우
2. **영업장 내부구조를 변경**하려는 경우로서 다음 각 목의 어느 하나에 해당하는 경우
   가. 영업장 면적의 증가
   나. 영업장의 구획된 실의 증가
   다. 내부통로 구조의 변경
3. **안전시설등의 공사를 마친 경우**

④ 소방본부장이나 소방서장은 제3항제1호 및 제2호에 따라 신고를 받았을 때에는 설계도서가 행정안전부령으로 정하는 기준에 맞는지를 확인하고, 그에 맞도록 지도하여야 한다.

⑤ 소방본부장이나 소방서장은 제3항제3호에 따라 공사완료의 신고를 받았을 때에는 안전시설등이 행정안전부령으로 정하는 기준에 맞게 설치되었다고 인정하는 경우에는 행정안전부령으로 정하는 바에 따라 안전시설등 완비증명서를 발급하여야 하며, 그 기준에 맞지 아니한 경우에는 시정될 때까지 안전시설등 완비증명서를 발급하여서는 아니 된다.

⑥ 법률 제9330호 다중이용업소의 안전관리에 관한 특별법 일부개정법률 부칙 제3항에 따라 대통령령으로 정하는 숙박을 제공하는 형태의 다중이용업소의 영업장으로서 2009년 7월 8일 전에 영업을 개시한 후 영업장의 내부구조·실내장식물·안전시설등 또는 영업주를 변경한 사실이 없는 영업장을 운영하는 다중이용업주가 제1항 후단에 따라 해당 영업장에 간이스프링클러설비를 설치하는 경우 국가와 지방자치단체는 필요한 비용의 일부를 대통령령으로 정하는 바에 따라 지원할 수 있다.

문1 「다중이용업소의 안전관리에 관한 특별법」상 다중이용업을 하려는 자(다중이용업을 하고 있는 자를 포함)가 안전시설 등을 설치하기 전에 소방본부장이나 소방서장에게 안전시설 등의 설계도서를 첨부하여 행정안전부령으로 정하는 바에 따라 신고해야 하는 경우로 옳지 않은 것은?

① 안전시설 등을 설치하려는 경우
② 안전시설 등의 공사를 마친 경우
③ 영업장 안의 실내장식물을 교체하려는 경우
④ 영업장 면적의 증가로 영업장 내부구조를 변경하려는 경우

정답 ③

문2 다중이용업소의 안전관리에 관한 특별법령상 안전시설 등의 설치유지에 관한 설명이다. ( )에 들어갈 내용으로 옳은 것은?

> 숙박을 제공하는 형태의 다중이용업소의 영업장 또는 밀폐구조의 영업장 중 대통령령으로 정하는 영업장에는 소방시설 중 ( )을/를 행정안전부령으로 정하는 기준에 따라 설치하여야 한다.

① 간이스프링클러
② 비상조명등
③ 자동화재탐지설비
④ 가스누설경보기

정답 ①

제9조의2(다중이용업소의 비상구 추락방지) 다중이용업주 및 다중이용업을 하려는 자는 제9조제1항에 따라 설치·유지하는 안전시설등 중 행정안전부령으로 정하는 비상구에 추락위험을 알리는 표지 등 추락 등의 방지를 위한 장치를 행정안전부령으로 정하는 기준에 따라 갖추어야 한다.

제10조(다중이용업의 실내장식물) ① 다중이용업소에 설치하거나 교체하는 **실내장식물**(반자돌림대 등의 너비가 10센티미터 이하인 것은 제외한다)은 '**불연재료(不燃材料)** 또는 준불연재료로 설치'하여야 한다.

② 제1항에도 불구하고 합판 또는 목재로 실내장식물을 설치하는 경우로서 그 면적이 영업장 천장과 벽을 합한 면적의 10분의 3(스프링클러설비 또는 간이스프링클러설비가 설치된 경우에는 10분의 5) 이하인 부분은 「소방시설 설치 및 관리에 관한 법률」 제20조제3항에 따른 방염성능기준 이상의 것으로 설치할 수 있다.

③ 소방본부장이나 소방서장은 다중이용업소의 실내장식물이 제1항 및 제2항에 따른 실내장식물의 기준

에 맞지 아니하는 경우에는 그 다중이용업주에게 해당 부분의 실내장식물을 교체하거나 제거하게 하는 등 필요한 조치를 명하거나 허가관청에 관계 법령에 따른 영업정지 처분 또는 허가등의 취소를 요청할 수 있다.

제10조의2(영업장의 내부구획) ① 다중이용업소의 영업장 내부를 구획하고자 할 때에는 **불연재료로 구획하여야 한다.** 이 경우 다음 각 호의 어느 하나에 해당하는 다중이용업소의 영업장은 천장(반자속)까지 구획하여야 한다.
  1. 단란주점 및 유흥주점 영업
  2. 노래연습장업
② 제1항에 따른 영업장의 내부구획 기준은 행정안전부령으로 정한다.
③ 소방본부장이나 소방서장은 영업장의 내부구획이 제1항 및 제2항에 따른 기준에 맞지 아니하는 경우에는 그 다중이용업주에게 보완 등 필요한 조치를 명하거나 허가관청에 관계 법령에 따른 영업정지 처분 또는 허가등의 취소를 요청할 수 있다.

문1 「다중이용업소의 안전관리에 관한 특별법」 및 동법 시행규칙상 영업장의 내부구획에 관한 내용으로 옳지 <u>않은</u> 것은?

① 단란주점 및 유흥주점 영업, 노래연습장업은 법에서 정한 재료로 영업장 내부를 구획하고자 할 때에는 천장(반자속)까지 구획하여야 한다.
② 다중이용업소의 영업장 내부를 구획하고자 할 때에는 불연재료 또는 준불연재료로 구획하여야 한다.
③ 다중이용업소의 영업장 내부를 구획함에 있어 배관 및 전선관 등이 영업장 또는 천장(반자속)의 내부구획된 부분을 관통하여 틈이 생긴 때에는 행정안전부령에서 정하고 있는 재료를 사용하여 그 틈을 메워야 한다.
④ 소방본부장이나 소방서장은 영업장의 내부구획이 기준에 맞지 아니하는 경우에는 그 다중이용업주에게 보완 등 필요한 조치를 명하거나 허가관청에 관계 법령에 따른 영업정지 처분 또는 허가 등의 취소를 요청할 수 있다.

정답 ②

문2 다중이용업소의 안전관리에 관한 특별법령상 영업장 내부를 구획하고자 할 때 천장(반자속)까지 불연재료로 구획해야 하는 업종에 해당하는 것은?

① 산후조리업
② 게임제공업
③ 단란주점 영업
④ 고시원업

정답 ③

제11조(피난시설, 방화구획 및 방화시설의 유지·관리) 다중이용업주는 해당 영업장에 설치된 「건축법」 제49조에 따른 피난시설, 방화구획과 같은 법 제50조부터 제53조까지의 규정에 따른 방화벽, 내부 마감재료 등(이하 "방화시설"이라 한다)을 「소방시설 설치 및 관리에 관한 법률」 제16조제1항에 따라 유지하고 관리하여야 한다.

제12조(피난안내도의 비치 또는 피난안내 영상물의 상영) ① 다중이용업주는 화재 등 재난이나 그 밖의 위급한 상황의 발생 시 이용객들이 안전하게 피난할 수 있도록 피난계단·피난통로, 피난설비 등이 표시되어 있는 피난안내도를 갖추어 두거나 피난안내에 관한 영상물을 상영하여야 한다.

② 제1항에 따라 피난안내도를 갖추어 두거나 피난안내에 관한 영상물을 상영하여야 하는 대상, 피난안내도를 갖추어 두어야 하는 위치, 피난안내에 관한 영상물의 상영시간, 피난안내도 및 피난안내에 관한 영상물에 포함되어야 할 내용과 그 밖에 필요한 사항은 행정안전부령으로 정한다.

★제13조(다중이용업주의 안전시설등에 대한 정기점검 등) ① 다중이용업주는 다중이용업소의 안전관리를 위하여 정기적으로 안전시설등을 점검하고 그 점검결과서를 작성하여 1년간 보관하여야 한다. 이 경우 다중이용업소에 설치된 안전시설등이 건축물의 다른 시설·장비와 연계되어 작동되는 경우에는 해당 건축물의 관계인(「소방기본법」 제2조제3호에 따른 관계인을 말한다. 이하 같다) 및 소방안전관리자는 다중이용업주의 안전점검에 협조하여야 한다.

② 다중이용업주는 제1항에 따른 정기점검을 행정안전부령으로 정하는 바에 따라 「소방시설 설치 및 관리에 관한 법률」 제29조에 따른 **소방시설관리업자에게 위탁할 수 있다**.

③ 제1항에 따른 안전점검의 대상, 점검자의 자격, 점검주기, 점검방법, 그 밖에 필요한 사항은 **행정안전부령**으로 정한다.

> 제13조(다중이용업소 안전시설등 세부점검표) 법 제13조제1항 및 제2항에 따라 안전시설등을 점검하는 경우에는 별지 제10호서식의 안전시설등 세부점검표를 사용하여 점검한다.
>
> 제14조(안전점검의 대상, 점검자의 자격 등) 법 제13조제3항에 따른 안전점검의 대상, 점검자의 자격, 점검주기, 점검방법은 다음 각 호와 같다.
>   1. 안전점검 대상 : 다중이용업소의 영업장에 설치된 영 제9조의 안전시설등
>   2. 안전점검자의 자격 : 다음 각 목의 어느 하나에 해당하는 자
>   가. **해당 영업장의 다중이용업주** 또는 다중이용업소가 위치한 특정소방대상물의 **소방안전관리자(소방안전관리자가 선임된 경우에 한한다)**
>   나. 해당 업소의 종업원 중 다음의 어느 하나에 해당하는 사람
>   1) 「화재의 예방 및 안전관리에 관한 법률 시행령」 별표 6 제2호마목 또는 같은 표 제3호자목에 따라 소방안전관리자 자격을 취득한 사람
>   2) 「소방시설 설치 및 관리에 관한 법률」 제25조에 따른 소방시설관리사 자격을 취득한 사람
>   3) 「국가기술자격법」에 따라 소방기술사·소방설비기사 또는 소방설비산업기사 자격을 취득한 사람
>   다. 「소방시설 설치 및 관리에 관한 법률」 제29조에 따른 소방시설관리업자
>   3. 점검주기 : 매 분기별 1회 이상 점검. 다만, 「소방시설 설치 및 관리에 관한 법률」 제22조제

1항에 따라 자체점검을 실시한 경우에는 자체점검을 실시한 그 분기에는 점검을 실시하지 아니할 수 있다.
4. 점검방법 : 안전시설등의 작동 및 유지·관리 상태를 점검한다.

문1
「다중이용업소의 안전관리에 관한 특별법」 및 동법 시행규칙상 다중이용업주가 다중이용업소의 안전관리를 위하여 정기적으로 실시하는 안전시설 등의 점검주기와 점검결과서의 보관기간으로 옳은 것은?

① 점검주기 : 매 월 1회 이상, 보관기간: 1년
② 점검주기 : 매 분기별 1회 이상, 보관기간: 1년
③ 점검주기 : 매 월 1회 이상, 보관기간: 3년
④ 점검주기 : 매 분기별 1회 이상, 보관기간: 3년

정답 ②

문2
다중이용업소의 안전관리에 관한 특별법령상 안전시설 등에 대한 정기점검 등에 관한 조문의 일부이다. ( ) 안에 들어갈 내용으로 옳은 것은? (단, 다른 조건은 고려하지 않음)

- 다중이용업주는 다중이용업소의 안전관리를 위하여 정기적으로 안전시설 등을 점검하고 그 점검결과서를 작성하여 (ㄱ)년간 보관하여야 한다.
- 점검주기 : 매 (ㄴ)별 (ㄷ)회 이상 점검

① ㄱ : 1, ㄴ : 분기, ㄷ : 1
② ㄱ : 1, ㄴ : 반기, ㄷ : 2
③ ㄱ : 2, ㄴ : 분기, ㄷ : 1
④ ㄱ : 2, ㄴ : 반기, ㄷ : 2

정답 ①

문3
다중이용업소의 안전관리에 관한 특별법령상 다중이용업주의 안전시설 등에 대한 정기점검에 관한 설명으로 옳은 것은?

① 다중이용업주는 다중이용업소의 안전관리를 위하여 정기적으로 안전시설 등을 점검하고 그 점검결과서를 1년간 보관하여야 한다.

②「소방시설 설치 및 관리에 관한 법률」에 따라 자체점검을 한 경우 이외에는 매년 1회 이상 점검해야 한다.
③ 다중이용업주는 정기점검을 직접 수행할 수 없다.
④ 다중이용업소의 종업원인 경우에는 국가기술자격법에 따라 소방기술사의 자격을 보유하였더라도 안전점검자의 자격은 없다.

정답 ①

제3장의2 다중이용업주의 화재배상책임보험의 의무가입 등

제13조의2(화재배상책임보험 가입 의무) ① 다중이용업주 및 다중이용업을 하려는 자는 다중이용업소의 화재(폭발을 포함한다. 이하 같다)로 인하여 다른 사람이 사망·부상하거나 재산상의 손해를 입은 때에는 과실이 없는 경우에도 피해자(피해자가 사망한 경우에는 손해배상을 받을 권리를 가진 자를 말한다)에게 대통령령으로 정하는 금액을 지급할 책임을 지는 책임보험(이하 "화재배상책임보험"이라 한다)에 가입하여야 한다.
② 「보험업법」 제2조제1호에 따른 다른 종류의 보험상품에 제1항에서 정한 화재배상책임보험의 내용이 포함되는 경우에는 이 법에 따른 화재배상책임보험으로 본다.
③ 보험회사는 제1항에 따른 화재배상책임보험 계약을 체결하는 경우 해당 다중이용업소의 안전시설등의 설치·유지 및 안전관리에 관한 사항을 고려하여 보험료율을 차등 적용할 수 있다.
④ 제3항에 따라 보험회사가 보험료율을 차등 적용하는 경우에는 다중이용업소의 업종 및 면적 등 대통령령으로 정하는 사항을 고려하여야 한다.

제13조의3(화재배상책임보험 가입 촉진 및 관리) ① 다중이용업주는 다음 각 호의 어느 하나에 해당하는 경우에는 '화재배상책임보험에 가입한 후' 그 증명서(보험증권을 포함한다)를 소방본부장 또는 소방서장에게 제출하여야 한다.
  1. 제7조 제2항 제3호 중 다중이용업주(*성명)를 변경한 경우
  2. 제9조 제3항 각 호에 따른 신고를 할 경우
② 화재배상책임보험에 가입한 다중이용업주는 행정안전부령으로 정하는 바에 따라 화재배상책임보험에 가입한 영업소임을 표시하는 표지를 부착할 수 있다.
③ 보험회사는 화재배상책임보험의 계약을 체결하고 있는 다중이용업주에게 그 계약 종료일의 75일 전부터 30일 전까지의 기간 및 30일 전부터 10일 전까지의 기간에 각각 그 계약이 끝난다는 사실을 알려야 한다. 다만, 다음 각 호의 어느 하나에 해당하는 경우에는 그러하지 아니하다.
  1. 보험기간이 1개월 이내인 계약의 경우
  2. 다중이용업주가 자기와 다시 계약을 체결한 경우
  3. 다중이용업주가 다른 보험회사와 새로운 계약을 체결한 사실을 안 경우
④ 보험회사는 화재배상책임보험에 가입하여야 할 자가 다음 각 호의 어느 하나에 해당하면 그 사실을 **행정안전부령으로 정하는 기간 내에** 소방청장, 소방본부장 또는 소방서장에게 알려야 한다.

1. 화재배상책임보험 계약을 체결한 경우
2. 화재배상책임보험 계약을 체결한 후 계약 기간이 끝나기 전에 그 계약을 해지한 경우
3. 화재배상책임보험 계약을 체결한 자가 그 계약 기간이 끝난 후 자기와 다시 계약을 체결하지 아니한 경우

시행규칙 제14조의3(화재배상책임보험 계약 체결 사실 등의 통지 시기 등) ① 보험회사는 법 제13조의3제4항에 따라 화재배상책임보험 계약 체결 사실 등을 다음 각 호의 구분에 따른 시기에 소방청장, 소방본부장 또는 소방서장에게 알려야 한다.
1. 법 제13조의3제4항제1호에 해당하는 경우 : **계약 체결 사실을 보험회사의 전산시스템에 입력한 날부터 5일 이내.** 다만, 계약의 효력발생일부터 30일을 초과하여서는 아니 된다.
2. 법 제13조의3제4항제2호에 해당하는 경우 : 계약 해지 사실을 보험회사의 전산시스템에 입력한 날부터 5일 이내. 다만, 계약의 효력소멸일부터 30일을 초과하여서는 아니 된다.
3. 법 제13조의3제4항제3호에 해당하는 경우에는 다음 각 목의 시기
   가. 매월 1일부터 10일까지의 기간 내에 계약이 끝난 경우 : 같은 달 20일까지
   나. 매월 11일부터 20일까지의 기간 내에 계약이 끝난 경우 : 같은 달 말일까지
   다. 매월 21일부터 말일까지의 기간 내에 계약이 끝난 경우 : 그 다음 달 10일까지

⑤ 소방본부장 또는 소방서장은 다중이용업주가 화재배상책임보험에 가입하지 아니하였을 때에는 '허가관청에' 다중이용업주에 대한 인가·허가의 취소, 영업의 정지 등 필요한 조치를 취할 것을 요청할 수 있다.
⑥ 소방청장, 소방본부장 또는 소방서장은 다중이용업주의 화재배상책임보험 가입을 관리하기 위하여 필요한 경우에는 사업자등록번호를 기재하여 관할 세무관서의 장에게 과세정보 제공을 요청할 수 있고, 해당 과세정보에 관하여는 제7조제3항을 준용한다.

문1 다중이용업소의 안전관리에 관한 특별법령상 화재배상책임보험의 가입 촉진 및 관리에 관한 설명으로 옳지 않은 것은?

① 다중이용업주는 다중이용업주를 변경한 경우 화재배상책임보험에 가입한 후 그 증명서를 소방서장에게 제출하여야 한다.
② 화재배상책임보험에 가입한 다중이용업주는 화재배상책임보험에 가입한 영업소임을 표시하는 표지를 부착할 수 있다.
③ 보험회사는 화재배상책임보험에 가입하여야 할 자와 계약을 체결한 경우 소방서장에게 알려야 한다.
④ 소방서장은 다중이용업주가 화재배상책임보험에 가입하지 아니한 경우 허가취소를 하거나 영업정지를 할 수 있다.

정답 ④

> **문2** 다중이용업소의 안전관리에 관한 특별법령상 다중이용업주의 화재배상책임보험의 의무가입 등에 관한 설명으로 옳은 것은?
>
> ① 보험회사는 화재배상책임보험 외에 다른 보험의 가입을 다중이용업주에게 강요할 수 있다.
> ② 보험회사는 화재배상책임보험의 보험금 청구를 받은 때에는 지체 없이 지급할 보험금을 결정하고 보험금 결정 후 30일 이내에 피해자에에 보험금을 지급하여야 한다.
> ③ 다중이용업주가 화재배상책임보험 청약 당시 보험회사가 요청한 화재 발생 위험에 관한 중요한 사항을 거짓으로 알린 경우 보험회사는 그 계약의 체결을 거부할 수 있다.
> ④ 소방서장은 다중이용업주가 화재배상책임보험에 가입하지 아니하였을 때에는 다중이용업주에 대한 인가·허가의 취소를 하여야 한다.
>
> 정답 ③

제13조의4(보험금의 지급) 보험회사는 화재배상책임보험의 보험금 청구를 받은 때에는 지체 없이 **지급할 보험금을 결정하고 '보험금 결정 후' 14일** 이내에 피해자에게 보험금을 지급하여야 한다. → *청구를 받은 날부터 14일(×)

제13조의5(화재배상책임보험 계약의 체결의무 및 가입강요 금지) ① 보험회사는 다중이용업주가 화재배상책임보험에 가입할 때에는 계약의 체결을 거부할 수 없다. 다만, **대통령령으로 정하는 경우**에는 그러하지 아니하다.

> **영 제9조의5(화재배상책임보험 계약의 체결 거부)** 법 제13조의5제1항 단서에서 "대통령령으로 정하는 경우"란 다중이용업주가 화재배상책임보험 청약 당시 보험회사가 요청한 안전시설등의 유지·관리에 관한 사항 등 화재 발생 위험에 관한 중요한 사항을 알리지 아니하거나 거짓으로 알린 경우를 말한다.

② 다중이용업소에서 화재가 발생할 개연성이 높은 경우 등 행정안전부령으로 정하는 사유가 있으면 다수의 보험회사가 공동으로 화재배상책임보험 계약을 체결할 수 있다. 이 경우 보험회사는 다중이용업주에게 공동계약체결의 절차 및 보험료에 대한 안내를 하여야 한다.
③ 보험회사는 화재배상책임보험 외에 다른 보험의 가입을 다중이용업주에게 강요할 수 없다.

★**제13조의6(화재배상책임보험 계약의 해제·해지)** 보험회사는 다음 각 호의 어느 하나에 해당하는 경우 외에는 다중이용업주와의 화재배상책임보험 계약을 해제하거나 해지하여서는 아니 된다.
 1. 제7조제2항제3호에 따라 다중이용업주가 변경된 경우. 다만, 변경된 다중이용업주가 화재배상책임보험 계약을 승계한 경우는 제외한다.
 2. 다중이용업주가 화재배상책임보험에 이중으로 가입되어 그 중 하나의 계약을 해제 또는 해지하려는 경우

3. 그 밖에 **행정안전부령**으로 정하는 경우

제14조의5(화재배상책임보험 계약의 해제·해지 가능 사유) 법 제13조의6제3호에서 "행정안전부령으로 정하는 경우"란 다음 각 호의 어느 하나에 해당하는 경우를 말한다.
1. 폐업한 경우
2. 영 제2조에 따른 다중이용업에 해당하지 않게 된 경우
3. 천재지변, 사고 등의 사유로 다중이용업주가 다중이용업을 더 이상 운영할 수 없게 된 사실을 증명한 경우
4. 「상법」 제650조제1항·제2항, 제651조, 제652조제1항 또는 제654조에 따른 계약 해지 사유가 발생한 경우

문1
「다중이용업소의 안전관리에 관한 특별법 시행규칙」상 보험회사가 다중이용업소의 화재배상책임보험에 대한 계약을 해제 또는 해지를 할 수 있는 사항으로 옳지 <u>않은</u> 것은?

① 다중이용업에 해당하지 않게 된 경우
② 다중이용업주의 변경으로 변경된 다중이용업주가 화재배상책임보험 계약을 승계한 경우
③ 다중이용업주가 화재배상책임보험에 이중으로 가입되어 그 중 하나의 계약을 해제 또는 해지하려는 경우
④ 천재지변, 사고 등의 사유로 다중이용업주가 다중이용업을 더 이상 운영할 수 없게 된 사실을 증명한 경우

정답 ②

문2
다중이용업소의 안전관리에 관한 특별법령상 보험회사가 화재배상책임보험의 보험금 청구를 받은 경우, 지급할 보험금을 결정한 후 피해자에게 며칠 이내에 보험금을 지급하여야 하는가?

① 7일
② 10일
③ 14일
④ 30일

정답 ③

문3 다중이용업소의 안전관리에 관한 특별법령상 다중이용업주의 화재배상책임보험가입 등에 관한 설명으로 옳지 <u>않은</u> 것은?

① 다중이용업주는 다중이용업주의 성명을 변경한 경우에는 화재배상보험에 가입한 후 그 증명서를 소방본부장 또는 소방서장에게 제출하여야 한다.
② 보험회사는 화재배상책임보험의 보험금 청구를 받은 때에는 청구 받은 날로부터 14일 이내에 피해자에게 보험금을 지급하여야 한다.
③ 다중이용업주가 화재배상책임보험 청약 당시 보험회사가 요청한 안전시설 등의 유지·관리에 관한 사항 등을 거짓으로 알리는 경우 보험회사는 계약을 거절할 수 있다.
④ 소방서장은 다중이용업주가 화재배상책임보험에 가입하지 아니하였을 때에는 허가 관청에 다중이용업주에 대한 영업의 정지 등 필요한 조치를 취할 것을 요청할 수 있다.

정답 ②

문4 「다중이용업소의 안전관리에 관한 특별법」에서는 다중이용업소의 소방안전관리를 위해 다중이용업주에게 「화재의 예방 및 안전관리에 관한 법률」상의 소방안전관리 업무를 수행할 것을 규정하고 있다. 여기에 해당하지 <u>않는</u> 것은?

① 화기(火氣) 취급의 감독
② 소방시설이나 그 밖의 소방 관련 시설의 유지·관리
③ 「화재의 예방 및 안전관리에 관한 법률」제37조에 따른 소방훈련 및 교육
④ 「소방시설 설치 및 관리에 관한 법률」제16조에 따른 피난시설, 방화구획 및 방화시설의 유지·관리

정답 ③

제4장 다중이용업소 안전관리를 위한 기반조성
제14조(다중이용업소의 소방안전관리) 다중이용업주는 「화재의 예방 및 안전관리에 관한 법률」 제24조 제5항 제3호·제4호·제6호 및 제9호에 따른 소방안전관리업무를 수행하여야 한다.

> **제24조(특정소방대상물의 소방안전관리)**
> ⑤ 특정소방대상물(소방안전관리대상물은 제외한다)의 관계인과 소방안전관리대상물의 소방안전관리자는 다음 각 호의 업무를 수행한다. 다만, 제1호·제2호·제5호 및 제7호의 업무는 소방안전관리대상물의 경우에만 해당한다.
> 1. 제36조에 따른 피난계획에 관한 사항과 대통령령으로 정하는 사항이 포함된 소방계획서의 작성 및 시행
> 2. 자위소방대(自衛消防隊) 및 초기대응체계의 구성, 운영 및 교육

3. 「소방시설 설치 및 관리에 관한 법률」 제16조에 따른 <u>피난시설, 방화구획 및 방화시설의 관리</u>
4. 소방시설이나 그 밖의 소방 관련 시설의 관리
5. 제37조에 따른 소방훈련 및 교육
6. **화기(火氣) 취급의 감독**
7. 행정안전부령으로 정하는 바에 따른 소방안전관리에 관한 업무수행에 관한 기록·유지(제3호·제4호 및 제6호의 업무를 말한다)
8. 화재발생 시 초기대응
9. 그 밖에 소방안전관리에 필요한 업무

제14조의2(다중이용업주의 안전사고 보고의무) ① 다중이용업주는 다중이용업소의 화재, 영업장 시설의 하자 또는 결함 등으로 인하여 다음 각 호의 어느 하나에 해당하는 사고가 발생했거나 발생한 사실을 알게 된 경우 소방본부장 또는 소방서장에게 그 사실을 즉시 보고하여야 한다.
1. 사람이 사망한 사고
2. 사람이 부상당하거나 중독된 사고
3. 화재 또는 폭발 사고
4. 그 밖에 대통령령으로 정하는 사고

② 제1항에 따른 보고의 방법 및 절차 등 필요한 사항은 대통령령으로 정한다.

제9조의6(다중이용업주의 안전사고 보고대상 등) ① 법 제14조의2제1항제4호에서 "대통령령으로 정하는 사고"란 법 제9조제1항에 따라 설치·유지하는 안전시설등 중 행정안전부령으로 정하는 **비상구에서 사람이 추락한 사고**를 말한다.
② 다중이용업주가 법 제14조의2제1항에 따라 안전사고 발생 사실을 보고하는 경우에는 사고 개요 및 피해 상황을 전화·팩스 또는 정보통신망 등으로 보고하는 방법으로 한다.

★**제15조(다중이용업소에 대한 화재위험평가 등)** ① 소방청장, 소방본부장 또는 소방서장은 다음 각 호의 어느 하나에 해당하는 지역 또는 건축물에 대하여 화재를 예방하고 화재로 인한 생명·신체·재산상의 피해를 방지하기 위하여 필요하다고 인정하는 경우에는 화재위험평가를 할 수 있다. → *(이리오공/오일영)2·50/5·10/1천
1. 2천제곱미터 지역 안에 다중이용업소가 50개 이상 밀집하여 있는 경우
2. 5층 이상인 건축물로서 다중이용업소가 10개 이상 있는 경우
3. <u>하나의 건축물에 다중이용업소로 사용하는 영업장 바닥면적의 합계가 1천제곱미터 이상인 경우</u>

② 소방청장, 소방본부장 또는 소방서장은 화재위험평가 결과 다중이용업소에 부여된 등급(이하 "화재안전등급"이라 한다)이 <u>대통령령으로 정하는 기준 미만인 경우</u>에는 해당 다중이용업주 또는 관계인에게 「화재의 예방 및 안전관리에 관한 법률」 제14조에 따른 <u>조치를 명할 수 있다.</u>

제11조(화재안전등급) ① 법 제15조 제2항에서 "대통령령으로 정하는 기준 미만인 경우"란 별표 4의 <u>디(D) 등급 또는 이(E) 등급인 경우를 말한다.</u>

② 제1항에 따른 화재안전등급의 산정기준·방법 등은 소방청장이 정하여 고시한다.

★**제13조(안전시설등의 설치 일부 면제 등)** 법 제15조제4항 및 제5항에서 "대통령령으로 정하는 기준 이상인 다중이용업소"란 각각 별표 4의 에이(A) 등급인 다중이용업소를 말한다.

③ 소방청장, 소방본부장 또는 소방서장은 제2항에 따른 명령으로 인하여 손실을 입은 자가 있으면 대통령령으로 정하는 바에 따라 이를 보상하여야 한다. 다만, 법령을 위반하여 건축되거나 설비된 다중이용업소에 대하여는 그러하지 아니하다.

④ 소방청장, 소방본부장 또는 소방서장은 화재안전등급이 대통령령으로 정하는 기준 이상인 다중이용업소에 대해서는 안전시설등의 일부를 설치하지 아니하게 할 수 있다.

⑤ 소방청장, 소방본부장 또는 소방서장은 화재안전등급이 대통령령으로 정하는 기준 이상인 다중이용업소에 대해서는 행정안전부령으로 정하는 기간 동안 제8조에 따른 소방안전교육 및 「화재의 예방 및 안전관리에 관한 법률」 제7조에 따른 화재안전조사를 면제할 수 있다.

제15조의2(소방안전교육 등의 면제기간) 법 제15조제5항에서 "행정안전부령으로 정하는 기간 동안"이란 소방청장, 소방본부장 또는 소방서장으로부터 화재위험평가 결과가 에이(A) 등급에 해당한다고 통보받은 날부터 2년이 되는 날까지를 말한다.

⑥ 소방청장, 소방본부장 또는 소방서장은 화재위험평가를 제16조제1항에 따른 화재위험평가 대행자로 하여금 대행하게 할 수 있다.

제16조(화재위험평가 대행자의 등록 등) ① 제15조제6항에 따라 화재위험평가를 대행하려는 자는 대통령령으로 정하는 기술인력, 시설 및 장비를 갖추고 행정안전부령으로 정하는 바에 따라 소방청장에게 화재위험평가 대행자(이하 "평가대행자"라 한다)로 등록하여야 한다. 등록 사항 중 대통령령으로 정하는 중요 사항을 변경할 때에도 또한 같다.

제15조(평가대행자의 등록사항 변경신청) ① 법 제16조제1항 후단에서 "대통령령으로 정하는 중요사항"이라 함은 다음 각 호의 사항을 말한다.
  1. 대표자
  2. 사무소의 소재지
  3. 평가대행자의 명칭이나 상호
  4. 기술인력의 보유현황
② 평가대행자는 제1항 각 호의 어느 하나에 해당하는 변경사유가 발생하면 변경사유가 발생한 날부터 30일 이내에 행정안전부령으로 정하는 서류를 첨부하여 행정안전부령으로 정하는 바에 따라 소방청장에게 변경등록을 해야 한다.

② 다음 각 호의 어느 하나에 해당하는 자는 평가대행자로 등록할 수 없다.
  1. 피성년후견인
  2. 삭제

3. 심신상실자, 알코올 중독자 등 대통령령으로 정하는 정신적 제약이 있는 사
4. 제17조제1항에 따라 등록이 취소(이 항 제1호에 해당하여 등록이 취소된 경우는 제외한다)된 후 2년이 지나지 아니한 자
5. 이 법, 「소방기본법」, 「소방시설공사업법」, 「화재의 예방 및 안전관리에 관한 법률」, 「소방시설 설치 및 관리에 관한 법률」, 「위험물 안전관리법」을 위반하여 징역 이상의 실형을 선고받고 그 형의 집행이 끝나거나 집행을 받지 아니하기로 확정된 후 2년이 지나지 아니한 사람
6. 임원 중 제1호부터 제5호까지의 어느 하나에 해당하는 사람이 있는 법인

③ 평가대행자는 다음 각 호의 사항을 준수하여야 한다.
   1. 평가서를 거짓으로 작성하지 아니할 것
   2. 다른 평가서의 내용을 복제(複製)하지 아니할 것
   3. 평가서를 행정안전부령으로 정하는 기간 동안 보존할 것 (*화재위험평가서 2년)
   4. 등록증이나 명의를 다른 사람에게 대여하거나 도급받은 화재위험평가 업무를 하도급하지 아니할 것
④ 평가대행자는 업무를 휴업하거나 폐업하려면 소방청장에게 신고하여야 한다.
⑤ 제4항에 따른 휴업 또는 폐업 신고에 필요한 사항은 행정안전부령으로 정한다.

문1 다중이용업소의 안전관리에 관한 특별법령상 다중이용업소에 대한 화재위험평가 등에 관한 내용으로 옳은 것은?

① 소방청장, 소방본부장 또는 소방서장은 화재안전등급이 에이(A) 등급인 다중이용업소에 대해서는 화재위험평가 결과를 통보받은 날부터 3년이 되는 날까지 소방안전교육 및 화재안전조사를 면할 수 있다.
② 소방청장, 소방본부장 또는 소방서장은 화재위험평가 결과 화재안전등급의 평가점수가 50점인 경우 해당 다중이용업주 또는 관계인에게 조치를 명할 수 있다.
③ 화재위험평가를 대행하려는 자가 소방기술사 자격을 취득한 사람 1명, 소방설비기사(기계)와 소방설비산업기사(전기) 두 종류의 자격을 가진 사람 1명을 보유하였다면 화재위험평가 대행자의 등록요건 중 기술인력을 갖춘 것이다.
④ 평가대행자 사무소의 소재지 및 상호의 변경사유가 발생하면 변경사유가 발생한 날부터 30일 이내에 행정안전부령으로 정하는 서류를 첨부하여 행정안전부령으로 정하는 바에 따라 소방청장에게 변경등록을 해야 한다.

 ④

문2 다중이용업소의 안전관리에 관한 특별법령상 화재위험평가 대행자의 등록사항 변경 신청을 해야 하는 중요사항으로 옳지 않은 것은?

① 대표자
② 사무소의 소재지
③ 기술인력 보유현황
④ 장비 보유현황

정답 ④

문3 다중이용업소의 안전관리에 관한 특별법령상 화재위험평가대행자가 등록사항을 변경할 때 소방청장에게 등록하여야 하는 중요사항이 아닌 것은?

① 사무소의 소재지
② 등록번호
③ 평가대행자의 명칭이나 상호
④ 기술인력의 보유 현황

정답 ②

문4 다중이용업소의 안전관리에 관한 특별법령상 화재위험평가 등에 관한 설명으로 옳지 않은 것은?

① 5층 이상인 건축물로서 다중이용업소가 10개 이상인 경우 화재위험평가를 할 수 있다.
② 화재안전등급의 산정기준, 방법 등은 소방청장이 정하여 고시한다.
③ 소방서장은 화재안전등급이 C등급인 경우 조치를 명할 수 있다.
④ 화재위험평가 대행자가 화재위험평가서를 허위로 작성한 경우 1차 행정처분기준은 업무정지 6월이다.

정답 ③

문5 다중이용업소의 안전관리에 관한 특별법령상 소방청장, 소방본부장 또는 소방서장이 다중이용업소에 대한 화재위험평가를 실시하는 대상이 아닌 것은?

① 2,000㎡ 지역 안에 다중이용업소가 50개 이상 밀집하여 있는 경우
② 5층 이상인 건축물로서 다중이용업소가 10개 이상 있는 경우

③ 하나의 건축물에 다중이용업소로 사용하는 영업장 바닥면적의 합계가 1,000㎡ 이상인 경우
④ 1,000㎡ 지역 안에 다중이용업소가 10개 이상 밀집하여 있는 경우

정답 ④

문6 다중이용업소의 안전관리에 관한 특별법령상 소방청장, 소방본부장 또는 소방서장이 화재를 예방하고 화재로 인한 생명·신체·재산상의 피해를 방지하기 위하여 필요하다고 인정하는 경우 화재위험평가를 할 수 있는 지역 또는 건축물은?

① 3천 제곱미터 지역 안에 다중이용업소가 40개가 밀집하여 있는 경우
② 10층인 건축물로서 다중이용업소가 5개가 있는 경우
③ 하나의 건축물에 다중이용업소로 사용하는 영업장 바닥면적의 합계가 1천 제곱미터인 경우
④ 4층인 건축물로서 다중이용업소로 사용하는 영업장 바닥면적의 합계가 5백 제곱미터인 경우

정답 ③

제17조(평가대행자의 등록취소 등) ① 소방청장은 평가대행자가 다음 각 호의 어느 하나에 해당하는 경우에는 그 등록을 취소하거나 6개월 이내의 기간을 정하여 업무의 정지를 명할 수 있다. **다만, 제1호부터 제4호까지의 어느 하나에 해당하는 경우에는 그 등록을 취소하여야 한다.** → *단서조항은 필수 취소 사유

1. 제16조(*등록결격사유) 제2항 각 호의 어느 하나에 해당하는 경우. 다만, 제16조제2항 제6호에 해당하는 경우 6개월 이내에 그 임원을 바꾸어 임명한 경우는 제외한다.
2. 거짓이나 그 밖의 부정한 방법으로 등록한 경우
3. 최근 1년 이내에 2회의 업무정지처분을 받고 다시 업무정지처분 사유에 해당하는 행위를 한 경우
4. 다른 사람에게 등록증이나 명의를 대여한 경우
5. 제16조제1항 전단에 따른 등록기준에 미치지 못하게 된 경우
6. 제16조제3항제2호를 위반하여 다른 평가서의 내용을 복제한 경우
7. 제16조제3항제3호를 위반하여 평가서를 행정안전부령으로 정하는 기간 동안(*2년) 보존하지 아니한 경우
8. 제16조제3항제4호를 위반하여 도급받은 화재위험평가 업무를 하도급한 경우
9. 평가서를 거짓으로 작성하거나 고의 또는 중대한 과실로 평가서를 부실하게 작성한 경우
10. 등록 후 2년 이내에 화재위험평가 대행 업무를 시작하지 아니하거나 계속하여 2년 이상 화재위험평가 대행 실적이 없는 경우

② 제1항에 따라 등록취소 또는 업무정지 처분을 받은 자는 그 처분을 받은 날부터 화재위험평가 대행

업무를 수행할 수 없다.
③ 제1항에 따른 행정처분의 기준과 그 밖에 필요한 사항은 행정안전부령으로 정한다.

문1 「다중이용업소의 안전관리에 관한 특별법」상 화재위험평가대행자의 등록을 반드시 취소하여야 하는 경우로 옳은 것은?

① 평가서를 거짓으로 작성하거나 고의 또는 중대한 과실로 평가서를 부실하게 작성한 경우
② 최근 1년 이내에 2회의 업무정지처분을 받고 다시 업무정지처분 사유에 해당하는 행위를 한 경우
③ 등록 후 2년 이내에 화재위험평가 대행 업무를 시작하지 아니하거나 계속하여 2년 이상 화재위험평가 대행 실적이 없는 경우
④ 평가대행자가 화재위험평가결과보고서를 소방청장·소방본부장 또는 소방서장 등에게 제출한 날부터 2년간 보존하지 아니한 경우

정답 ②

문2 「다중이용업소의 안전관리에 관한 특별법 시행규칙」상 화재위험 대행자의 행정처분 기준에 따라 1차 위반 시 등록을 취소하여야 하는 위반사항으로 옳은 것은?

① 도급받은 화재위험평가 업무를 하도급한 경우
② 등록요건의 기술 능력에 속하는 기술 인력이 부족한 경우
③ 화재위험평가서를 허위로 작성하거나 고의 또는 중대한 과실로 평가서를 부실하게 작성한 경우
④ 최근 1년 이내에 2회의 업무정지처분을 받고 다시 업무정지처분 사유에 해당하는 행위를 한 경우

정답 ④

문3 다중이용업소의 안전관리에 관한 특별법령상 화재위험평가대행자의 등록을 반드시 취소해야 하는 사유에 해당하지 않는 것은?

① 평가서를 거짓으로 작성하거나 고의 또는 중대한 과실로 평가서를 부실하게 작성한 경우
② 다른 사람에게 등록증이나 명의를 대여한 경우
③ 거짓이나 그 밖의 부정한 방법으로 등록한 경우
④ 최근 1년 이내에 2회의 업무정지처분을 받고 다시 업무정지처분 사유에 해당하는 행위를 한 경우

정답 ①

제17조의2(청문) <u>소방청장은 제17조제1항에 따라 평가대행자의 등록을 취소하거나 업무를 정지하려면 청문을 하여야 한다.</u>

제18조(평가서의 작성방법 및 평가대행 비용의 산정기준) 소방청장은 평가서의 작성방법 및 화재위험평가의 대행에 필요한 비용의 산정기준을 정하여 고시하여야 한다.

제19조(안전관리에 관한 전산시스템의 구축·운영) ① <u>소방청장은 허가등 또는 그 변경 사항과 관련 통계 등 업무 수행에 필요한 행정정보를 다중이용업소의 안전관리에 관한 정책 수립, 연구·조사 등에 활용하기 위하여 전산시스템을 구축·운영하여야 한다.</u>

② 소방청장은 화재배상책임보험에 가입하지 아니한 다중이용업주를 효율적으로 관리하기 위하여 제1항에 따라 구축·운영하는 전산시스템과 보험회사 및 보험 관련 단체가 관리·운영하는 전산시스템을 연계하여 책임보험전산망을 구축·운영할 수 있다.

③ 소방청장은 제1항에 따른 전산시스템 및 제2항에 따른 책임보험전산망의 구축·운영을 위하여 허가관청, 보험회사 및 보험 관련 단체에 필요한 자료 또는 정보의 제공을 요청할 수 있다. 이 경우 관련 자료나 정보의 제공을 요청받은 자는 특별한 사유가 없으면 요청에 따라야 한다.

④ 소방청장은 허가관청이 제1항에 따른 전산시스템을 다중이용업소의 안전관리에 관한 업무에 활용할 수 있도록 하여야 한다. 다만, 제2항에 따른 책임보험전산망에 대하여는 그러하지 아니하다.

제20조(법령위반업소의 공개) ① 소방청장, 소방본부장 또는 소방서장은 다중이용업주가 제9조제2항 및 제15조제2항에 따른 조치 명령을 2회 이상 받고도 이행하지 아니하였을 때에는 그 조치 내용(그 위반사항에 대하여 수사기관에 고발된 경우에는 그 고발된 사실을 포함한다)을 <u>인터넷 등에 공개할 수 있다.</u>

② 제1항에 따라 위반업소를 공개하는 경우 그 내용·기간 및 방법 등에 필요한 사항은 대통령령으로 정한다.

제18조(조치명령 미이행업소의 공개사항 등) ① 법 제20조제1항에 따라 소방청장·소방본부장 또는 소방서장이 조치명령 미이행업소를 공개하려면 공개내용과 공개방법 등을 그 업소의 관계인(영업주와 소속 종업원을 말한다)에게 미리 알려야 한다.

② 법 제20조제1항에 따라 조치명령 미이행업소를 공개할 때에는 다음 각 호의 사항을 포함해야 하며, 공개기간은 <u>그 업소가 조치명령을 이행하지 아니한 때부터 조치명령을 이행할 때까지로</u> 한다.
 1. 미이행업소명 → **미이행업소 대표자 성명(×)**
 2. 미이행업소의 주소
 3. 소방청장·소방본부장 또는 소방서장이 조치한 내용
 4. 미이행의 횟수

③ 소방청장·소방본부장 또는 소방서장은 제2항에 따른 사항을 다음 각 호의 2개 이상의 매체에 공개한다.
 1. 관보 또는 시·도의 공보
 2. 소방청, 시·도 소방본부 또는 소방서의 인터넷 홈페이지
 3. 중앙일간지 신문 또는 해당 지역 일간지 신문
 4. 유선방송

5. 반상회보(班常會報)
6. 시·군·구청 소식지(시·군·구청에서 지역 주민들에게 무료로 배포하는 소식지를 말한다)

④ 소방청장, 소방본부장 또는 소방서장은 제3항제2호에 따라 소방청, 소방본부 또는 소방서의 인터넷 홈페이지에 공개한 경우로서 **다중이용업주가 사후에 법 제9조제2항 또는 법 제15조제2항에 따른 조치명령을 이행한 경우에는 이를 확인한 날부터 2일 이내에 공개내용을 해당 인터넷 홈페이지에서 삭제해야 한다.**

제20조의2(화재안전조사 결과 공개) ① 소방청장, 소방본부장 또는 소방서장은 다중이용업소를 「화재의 예방 및 안전관리에 관한 법률」 제7조에 따라 화재안전조사를 실시한 경우 <u>다음 각 호의 사항을 인터넷 등에 공개할 수 있다.</u>
1. 다중이용업소의 상호 및 주소
2. 안전시설등 설치 및 유지·관리 현황
3. 피난시설, 방화구획 및 방화시설 설치 및 유지·관리 현황
4. **그 밖에 대통령령으로 정하는 사항**

제18조의2(화재안전조사 결과 공개사항 등) ① 법 제20조의2제1항제4호에서 "대통령령으로 정하는 사항"이란 다음 각 호의 사항을 말한다.
1. 법 제8조에 따른 소방안전교육 이수 현황
2. 법 제13조제1항에 따른 안전시설등에 대한 정기점검 결과
3. 법 제13조의2에 따른 화재배상책임보험 가입 현황

② <u>법 제20조의2제1항에 따른 화재안전조사 결과의 공개는 해당 조사를 실시한 날부터 30일 이내에 소방청, 시·도 소방본부 또는 소방서의 인터넷 홈페이지에 60일 이내의 기간 동안 게시하는 방법으로 한다.</u>
③ 제2항에 따른 화재안전조사 결과의 공개가 제3자의 법익을 침해할 우려가 있는 경우에는 제3자와 관련된 사실을 공개해서는 안 된다.

② 제1항에 따라 화재안전조사 결과를 공개하는 경우 그 내용·기간 및 방법 등에 필요한 사항은 대통령령으로 정한다.

문1 다중이용업소의 안전관리에 관한 특별법령상 법령위반업소의 공개에 관한 규정으로 옳은 것은?

① 소방청장, 소방본부장 또는 소방서장은 다중이용업주가 조치명령을 2회 이상 받고도 이행하지 아니하였을 때에는 그 조치내용(그 위반사항에 대하여 수사기관에 고발된 경우에는 그 고발된 사실을 포함한다)을 인터넷 등에 공개해야 한다.
② 소방청, 소방본부 또는 소방서의 인터넷 홈페이지에 공개한 경우로서 다중이용업주가 사후에 조치명령을 이행한 경우에는 이를 확인한 날부터 7일 이내에 공개내용을 해당

인터넷 홈페이지에서 삭제해야 한다.
③ 소방청장, 소방본부장 또는 소방서장은 조치명령 미이행업소를 공개할 때에는 관보 또는 시·도의 공보 등 시행령에서 정하고 있는 2개 이상의 매체에 공개한다.
④ 조치명령 미이행업소의 공개기간은 그 업소가 조치명령을 이행하지 아니한 때로부터 60일 이내로 한다.

정답 ③

문2 다중이용업소의 안전관리에 관한 특별법령상 조치명령 미이행업소를 공개할 때 포함해야 할 사항이 아닌 것은?

① 미이행업소의 주소
② 미이행의 횟수
③ 미이행업소 대표자 성명
④ 소방서장이 조치한 내용

정답 ③

제21조(안전관리우수업소표지 등) ① 소방본부장이나 소방서장은 다중이용업소의 안전관리업무 이행 실태가 우수하여 대통령령으로 정하는 요건을 갖추었다고 인정할 때에는 그 사실을 해당 다중이용업주에게 통보하고 이를 공표할 수 있다.
② 제1항에 따라 통보받은 다중이용업주는 그 사실을 나타내는 표지(이하 "안전관리우수업소표지"라 한다)를 영업소의 명칭과 함께 영업소의 출입구에 부착할 수 있다.
③ 소방본부장이나 소방서장은 제1항에 해당하는 다중이용업소에 대하여는 행정안전부령으로 정하는 기간 동안(*2년) 제8조에 따른 **소방안전교육** 및 「화재의 예방 및 안전관리에 관한 법률」 제7조에 따른 **'화재안전조사를 면제'할 수 있다.** → 화재위험평가(×)
④ 안전관리우수업소표지에 필요한 사항은 행정안전부령으로 정한다.

제5장 보칙

제21조의2(압류의 금지) 이 법에 따른 화재배상책임보험의 보험금 청구권 중 다른 사람의 사망 또는 부상으로 인하여 발생한 청구권은 이를 압류할 수 없다.

제22조(권한의 위탁 등) ① 소방청장, 소방본부장 또는 소방서장은 제8조제1항에 따른 다중이용업주 및 그 종업원에 대한 소방안전교육 업무, 제19조제2항의 책임보험전산망의 구축·운영에 관한 업무를 대통령령으로 정하는 바에 따라 관련 법인 또는 단체에 위탁할 수 있다.
② 제1항에 따라 위탁받은 업무에 종사하는 법인 또는 단체의 임원 및 직원은 「형법」 제129조부터 제132조까지의 규정을 적용할 때에는 공무원으로 본다.
③ 제1항에 따라 위탁받은 법인 또는 단체의 장은 행정안전부령으로 정하는 바에 따라 위탁받은 업무의 수행에 드는 경비를 교육 대상자로부터 징수할 수 있다.

④ 제1항에 따라 소방안전교육을 위탁받은 자가 갖추어야 할 시설기준, 교수요원의 자격 등에 필요한 사항은 행정안전부령으로 정한다.

⑤ 제1항에 따라 업무를 위탁받은 자는 그 직무상 알게 된 정보를 누설하거나 다른 사람에게 제공하는 등 부당한 목적을 위하여 사용하여서는 아니 된다.

제22조의2(벌칙 적용 시의 공무원 의제) 제15조제6항에 따라 화재위험평가업무를 대행하는 사람은 「형법」 제129조부터 제132조까지의 규정을 적용할 때에는 공무원으로 본다.

제6장 벌칙

제23조(벌칙) 다음 각 호의 어느 하나에 해당하는 자는 1년 이하의 징역 또는 1천만원 이하의 벌금에 처한다.
1. 제16조제1항을 위반하여 평가대행자로 등록하지 아니하고 화재위험평가 업무를 대행한 자
2. 제22조제5항을 위반하여 다른 사람에게 정보를 제공하거나 부당한 목적으로 이용한 자

제24조(양벌규정) 법인의 대표자나 법인 또는 개인의 대리인, 사용인, 그 밖의 종업원이 그 법인 또는 개인의 업무에 관하여 제23조의 위반행위를 하면 그 행위자를 벌하는 외에 그 법인 또는 개인에게도 해당 조문의 벌금형을 과(科)한다. 다만, 법인 또는 개인이 그 위반행위를 방지하기 위하여 해당 업무에 관하여 상당한 주의와 감독을 게을리하지 아니한 경우에는 그러하지 아니하다.

제25조(과태료) ① 다음 각 호의 어느 하나에 해당하는 자에게는 **300만원 이하의 과태료를 부과한다.**
1. 제8조제1항 및 제2항을 위반하여 소방안전교육을 받지 아니하거나 종업원이 소방안전교육을 받도록 하지 아니한 다중이용업주
2. 제9조제1항을 위반하여 안전시설등을 기준에 따라 설치·유지하지 아니한 자
2의2. 제9조제3항을 위반하여 설치신고를 하지 아니하고 안전시설등을 설치하거나 영업장 내부구조를 변경한 자 또는 안전시설등의 공사를 마친 후 신고를 하지 아니한 자
2의3. 제9조의2를 위반하여 비상구에 추락 등의 방지를 위한 장치를 기준에 따라 갖추지 아니한 자
3. 제10조제1항 및 제2항을 위반하여 실내장식물을 기준에 따라 설치·유지하지 아니한 자
3의2. 제10조의2제1항 및 제2항을 위반하여 영업장의 내부구획을 기준에 따라 설치·유지하지 아니한 자
4. 제11조를 위반하여 피난시설, 방화구획 또는 방화시설에 대하여 폐쇄·훼손·변경 등의 행위를 한 자
5. 제12조제1항을 위반하여 피난안내도를 갖추어 두지 아니하거나 피난안내에 관한 영상물을 상영하지 아니한 자
6. 제13조제1항 전단을 위반하여 다음 각 목의 어느 하나에 해당하는 자
   가. 안전시설등을 점검(제13조제2항에 따라 위탁하여 실시하는 경우를 포함한다)하지 아니한 자
   나. 정기점검결과서를 작성하지 아니하거나 거짓으로 작성한 자
   다. 정기점검결과서를 보관하지 아니한 자
6의2. 제13조의2제1항을 위반하여 **화재배상책임보험에 가입하지 아니한 다중이용업주**
6의3. 제13조의3제3항 또는 제4항을 위반하여 통지를 하지 아니한 보험회사
6의4. 제13조의5제1항을 위반하여 다중이용업주와의 화재배상책임보험 계약 체결을 거부하거나 제13조의6을 위반하여 임의로 계약을 해제 또는 해지한 보험회사
7. 제14조를 위반하여 소방안전관리업무를 하지 아니한 자

8. 제14조의2제1항을 위반하여 보고 또는 즉시보고를 하지 아니하거나 거짓으로 한 자

② 제1항에 따른 **과태료는 대통령령으로 정하는 바에 따라 소방청장, 소방본부장 또는 소방서장이 부과·징수한다.**

문1 다중이용업소의 안전관리에 관한 특별법령상 화재배상책임보험의 가입과 관련하여 과태료 부과 대상에 해당하지 <u>않는</u> 것은?

① 화재배상책임보험에 가입하지 않은 다중이용업주
② 정당한 사유 없이 계약 체결을 거부한 보험회사
③ 화재배상책임보험 외의 보험 가입을 권유한 보험회사
④ 임의로 계약을 해제 또는 해지한 보험회사

정답 ③

제26조(이행강제금) ① 소방청장, 소방본부장 또는 소방서장은 제9조제2항, 제10조제3항, 제10조의2제3항 또는 제15조제2항에 따라 '조치 명령'을 받은 후 그 정한 기간 이내에 그 명령을 이행하지 아니하는 자에게는 **1천만원 이하의 이행강제금을 부과한다.**

> **제9조(다중이용업소의 안전관리기준 등)** → *안전시설/안전등급/내부구획/실내장식 조치명령
> ② 소방본부장이나 소방서장은 안전시설등이 행정안전부령으로 정하는 기준에 맞게 설치 또는 유지되어 있지 아니한 경우에는 그 다중이용업주에게 **안전시설등의 보완 등 필요한 조치를 명하거나** 허가관청에 관계 법령에 따른 영업정지 처분 또는 허가등의 취소를 요청할 수 있다.
>
> **제10조(다중이용업의 실내장식물)**
> ③ 소방본부장이나 소방서장은 다중이용업소의 실내장식물이 제1항 및 제2항에 따른 **실내장식물의 기준에 맞지 아니하는 경우에는 그 다중이용업주에게 해당 부분의 실내장식물을 교체하거나 제거하게 하는 등 필요한 조치를 명하거나** 허가관청에 관계 법령에 따른 영업정지 처분 또는 허가등의 취소를 요청할 수 있다.
>
> **제10조의2(영업장의 내부구획)** ① 다중이용업소의 영업장 내부를 구획하고자 할 때에는 불연재료로 구획하여야 한다. 이 경우 다음 각 호의 어느 하나에 해당하는 다중이용업소의 영업장은 천장(반자속)까지 구획하여야 한다.
>   1. 단란주점 및 유흥주점 영업
>   2. 노래연습장업
> ② 제1항에 따른 영업장의 내부구획 기준은 행정안전부령으로 정한다.
> ③ 소방본부장이나 소방서장은 **영업장의 내부구획이 제1항 및 제2항에 따른 기준에 맞지 아니하는 경우에는 그 다중이용업주에게 보완 등 필요한 조치를 명하거나** 허가관청에 관계 법령에 따른 영업정지 처분 또는 허가등의 취소를 요청할 수 있다.
>
> **제15조(다중이용업소에 대한 화재위험평가 등)** ① 소방청장, 소방본부장 또는 소방서장은 다음 각 호의 어느 하나에 해당하는 지역 또는 건축물에 대하여 화재를 예방하고 화재로 인한 생명·신체·

재산상의 피해를 방지하기 위하여 필요하다고 인정하는 경우에는 화재위험평가를 할 수 있다.
　　1. 2천제곱미터 지역 안에 다중이용업소가 50개 이상 밀집하여 있는 경우
　　2. 5층 이상인 건축물로서 다중이용업소가 10개 이상 있는 경우
　　3. 하나의 건축물에 다중이용업소로 사용하는 영업장 바닥면적의 합계가 1천제곱미터 이상인 경우
　② 소방청장, 소방본부장 또는 소방서장은 화재위험평가 결과 다중이용업소에 부여된 등급(이하 "화재안전등급"이라 한다)이 대통령령으로 정하는 기준 미만인 경우에는 해당 다중이용업주 또는 관계인에게 「화재의 예방 및 안전관리에 관한 법률」 제14조에 따른 조치를 명할 수 있다.

② 소방청장, 소방본부장 또는 소방서장은 제1항에 따른 이행강제금을 부과하기 전에 제1항에 따른 이행강제금을 부과·징수한다는 것을 미리 문서로 알려 주어야 한다. → *전화(×)
③ 소방청장, 소방본부장 또는 소방서장은 제1항에 따라 이행강제금을 부과할 때에는 이행강제금의 금액, 이행강제금의 부과 사유, 납부기한, 수납기관, 이의 제기 방법 및 이의 제기 기관 등을 적은 문서로 하여야 한다.
④ 소방청장, 소방본부장 또는 소방서장은 최초의 조치 명령을 한 날을 기준으로 **매년 2회의 범위에서 그 조치 명령이 이행될 때까지 반복하여** 제1항에 따른 이행강제금을 부과·징수할 수 있다.
⑤ 소방청장, 소방본부장 또는 소방서장은 조치 명령을 받은 자가 명령을 이행하면 새로운 이행강제금의 부과를 즉시 중지하되, **이미 부과된 이행강제금은 징수하여야 한다.**
⑥ 소방청장, 소방본부장 또는 소방서장은 제1항에 따라 이행강제금 부과처분을 받은 자가 이행강제금을 기한까지 납부하지 아니하면 국세 체납처분의 예 또는 「지방행정제재·부과금의 징수 등에 관한 법률」에 따라 징수한다.
⑦ 제1항에 따라 이행강제금을 부과하는 위반행위의 종류와 위반 정도에 따른 금액과 이의 제기 절차, 그 밖에 필요한 사항은 대통령령으로 정한다.

문1 다중이용업주가 위반행위 등에 대한 조치명령을 이행하지 아니하는 경우 소방청장, 소방본부장, 소방서장이 부과하는 이행강제금에 대한 설명으로 옳지 않은 것은?

① 이행강제금을 부과하기 전에 이행강제금을 부과·징수한다는 것을 미리 문서나 전화로 알려주어야 한다.
② 최초의 조치명령을 한 날을 기준으로 매년 2회의 범위에서 그 조치명령이 이행될 때까지 반복하여 이행강제금을 부과·징수할 수 있다.
③ 조치명령을 받은 자가 명령을 이행하면 새로운 이행강제금의 부과를 즉시 중지하되, 이미 부과된 이행강제금은 징수하여야 한다.
④ 안전시설 등의 부완 등 필요한 조치의 명령을 받은 후 그 정한 기간 이내에 그 명령을 이행하지 아니하는 자에게는 1천만 원 이하의 이행강제금을 부과한다.

정답 ①

문2 다중이용업소의 안전관리에 관한 특별법령상 1천만 원의 이행강제금을 부과하는 경우를 모두 고른 것은? (단, 가중 또는 감경 사유는 고려하지 않음)

> ㄱ. 실내장식물에 대한 교체 또는 제거 등 필요한 조치명령을 위반한 경우
> ㄴ. 영업장의 내부구획에 대한 보완 등 필요한 조치명령을 위반한 경우
> ㄷ. 다중이용업소의 사용금지 또는 제한명령을 위반한 경우

① ㄱ, ㄴ
② ㄱ, ㄷ
③ ㄴ, ㄷ
④ ㄱ, ㄴ, ㄷ

정답 ①

문3 다중이용업소의 안전관리에 관한 특별법령상 다중이용업소에 대한 화재위험평가 대상에 관한 조문의 일부이다. ( ) 안에 들어갈 내용으로 옳은 것은?

> • (ㄱ)제곱미터 지역 안에 다중이용업소가 50개 이상 밀집하여 있는 경우
> • 5층 이상인 건축물로서 다중이용업소가 (ㄴ)개 이상 있는 경우
> • 하나의 건축물에 다중이용업소로 사용하는 영업장 바닥면적의 합계가 (ㄷ)제곱미터 이상인 경우

① ㄱ : 1천, ㄴ : 10, ㄷ : 2천
② ㄱ : 1천, ㄴ : 40, ㄷ : 2천
③ ㄱ : 2천, ㄴ : 10, ㄷ : 1천
④ ㄱ : 2천, ㄴ : 40, ㄷ : 1천

정답 ③

문4 다중이용업소의 안전관리에 관한 특별법령상 이행강제금의 부과권자가 아닌 것은?

① 소방청장
② 소방본부장
③ 소방서장
④ 시장·군수·구청장

정답 ④

문5 다중이용업소의 안전관리에 관한 특별법령상 이행강제금에 대한 설명으로 옳지 <u>않은</u> 것은?

① 이행강제금의 1회 부과 한도는 1천만 원 이하이다.
② 조치 명령을 받은 자가 조치 명령을 이행하면, 이미 부과된 이행강제금도 징수할 수 없다.
③ 이행강제금을 부과하기 전에 이행강제금을 부과·징수한다는 것을 미리 문서로 알려주어야 한다.
④ 최초의 조치 명령을 한 날을 기준으로 매년 2회의 범위에서 그 조치 명령이 이행될 때까지 반복하여 이행강제금을 부과·징수할 수 있다.

정답 ②

○ 다중이용업소의 안전관리에 관한 특별법 시행령

제1조(목적) 이 영은 「다중이용업소의 안전관리에 관한 특별법」에서 위임된 사항과 그 시행에 필요한 사항을 규정함을 목적으로 한다.

★제2조(다중이용업) 「다중이용업소의 안전관리에 관한 특별법」(이하 "법"이라 한다) 제2조제1항제1호에서 "대통령령으로 정하는 영업"이란 다음 각 호의 영업을 말한다. <u>다만, 영업을 옥외 시설 또는 옥외 장소에서 하는 경우 그 영업은 제외한다.</u>

1. 「식품위생법 시행령」 제21조제8호에 따른 식품접객업 중 다음 각 목의 어느 하나에 해당하는 것
   가. 휴게음식점영업·제과점영업 또는 일반음식점영업으로서 영업장으로 사용하는 **바닥면적**(「건축법 시행령」 제119조제1항제3호에 따라 산정한 면적을 말한다. 이하 같다)의 합계가 100제곱미터(영업장이 지하층에 설치된 경우에는 그 영업장의 바닥면적 합계가 66제곱미터) 이상인 것. 다만, 영업장(내부계단으로 연결된 복층구조의 영업장을 제외한다)이 다음의 어느 하나에 해당하는 층에 설치되고 그 영업장의 주된 출입구가 건축물 외부의 지면과 직접 연결되는 곳에서 하는 영업을 제외한다.
      1) 지상 1층
      2) 지상(*지상이란 통상 건물의 1층을 의미)과 직접 접하는 층 → *2층의 의미
   나. **단란주점영업과 유흥주점영업**
1의2. 「식품위생법 시행령」 제21조제9호에 따른 **공유주방 운영업** 중 휴게음식점영업·제과점영업 또는 일반음식점영업에 사용되는 공유주방을 운영하는 영업으로서 영업장 바닥면적의 합계가 **100제곱미터(영업장이 지하층에 설치된 경우에는 그 바닥면적 합계가 66제곱미터) 이상인 것**. 다만, 영업장(내부계단으로 연결된 복층구조의 영업장은 제외한다)이 다음 각 목의 어느 하나에 해당하는 층에 설치되고 그 영업장의 주된 출입구가 건축물 외부의 지면과 직접 연결되는 곳에서 하는 영업은 제외한다.
   가. 지상 1층
   나. 지상과 직접 접하는 층
2. 「영화 및 비디오물의 진흥에 관한 법률」 제2조제10호, 같은 조 제16호가목·나목 및 라목에 따른 영화상영관·**비디오물감상실업**·비디오물소극장업 및 복합영상물제공업
3. 「학원의 설립·운영 및 과외교습에 관한 법률」 제2조제1호에 따른 학원(이하 "학원"이라 한다)으로서 다음 각 목의 어느 하나에 해당하는 것
   가. 「소방시설 설치 및 관리에 관한 법률 시행령」 별표 7에 따라 산정된 수용인원(이하 "수용인원"이라 한다)이 300명 이상인 것
   나. **수용인원 100명 이상 300명 미만으로서 다음의 어느 하나에 해당하는 것.** 다만, 학원으로 사용하는 부분과 다른 용도로 사용하는 부분(학원의 운영권자를 달리하는 학원과 학원을 포함한다)이 「건축법 시행령」 제46조에 따른 방화구획으로 나누어진 경우는 제외한다.
      (1) 하나의 건축물에 학원과 기숙사가 함께 있는 학원
      (2) 하나의 건축물에 **학원이 둘 이상 있는 경우로서 학원의 수용인원이 300명 이상인 학원**
      (3) 하나의 건축물에 제1호, 제2호, 제4호부터 제7호까지, 제7호의2부터 제7호의5까지 및 제8호의 다중이용업 중 어느 하나 이상의 다중이용업과 학원이 함께 있는 경우

4. **목욕장업**으로서 다음 각 목에 해당하는 것
   가. 하나의 영업장에서 「공중위생관리법」 제2조제1항제3호가목에 따른 목욕장업 중 맥반석·황토·옥 등을 직접 또는 간접 가열하여 발생하는 열기나 원적외선 등을 이용하여 땀을 배출하게 할 수 있는 시설 및 설비를 갖춘 것으로서 수용인원(물로 목욕을 할 수 있는 시설부분의 수용인원은 제외한다)이 **100명 이상인 것**
   나. 「공중위생관리법」 제2조제1항제3호나목의 시설 및 설비를 갖춘 목욕장업
5. 「게임산업진흥에 관한 법률」 제2조 제6호·제6호의2·제7호 및 제8호의 게임제공업·인터넷컴퓨터게임시설제공업 및 **복합유통게임제공업. 다만, 게임제공업 및 인터넷컴퓨터게임시설제공업**의 경우에는 영업장(내부계단으로 연결된 복층구조의 영업장은 제외한다)이 **다음 각 목의 어느 하나에 해당하는 층에 설치**되고 그 영업장의 주된 출입구가 건축물 외부의 지면과 직접 연결된 구조에 해당하는 경우는 **제외**한다.
   가. **지상 1층**
   나. **지상과 직접 접하는 층**
6. 「음악산업진흥에 관한 법률」 제2조제13호에 따른 **노래연습장업**
7. 「모자보건법」 제2조제10호에 따른 **산후조리업**
7의2. **고시원업**[구획된 실(室) 안에 학습자가 공부할 수 있는 시설을 갖추고 숙박 또는 숙식을 제공하는 형태의 영업]
7의3. 「사격 및 사격장 안전관리에 관한 법률 시행령」 제2조제1항 및 별표 1에 따른 **권총사격장(실내사격장에 한정**하며, 같은 조 제1항에 따른 종합사격장에 설치된 경우를 포함한다)
7의4. 「체육시설의 설치·이용에 관한 법률」 제10조제1항제2호에 따른 **가상체험 체육시설업(실내에 1개 이상의 별도의 구획된 실을 만들어 골프 종목의 운동이 가능한 시설을 경영하는 영업으로 한정한다)**
7의5. 「의료법」 제82조제4항에 따른 **안마시술소**
8. 법 제15조제2항에 따른 화재안전등급(이하 "화재안전등급"이라 한다)이 제11조제1항에 해당하거나 화재발생시 인명피해가 발생할 우려가 높은 불특정다수인이 출입하는 영업으로서 행정안전부령으로 정하는 영업. 이 경우 소방청장은 관계 중앙행정기관의 장과 미리 협의하여야 한다.

문1 「다중이용업소의 안전관리에 관한 특별법 시행령」상 다중이용업의 영업으로 옳은 것은? (단, 영업장의 주된 출입구가 건축물 외부의 지면과 직접 연결된 곳은 없음)

① 지상 2층에 설치된 수용 인원 100명인 인터넷컴퓨터게임시설제공업
② 지하층에 설치된 영업장으로 사용하는 바닥면적의 합계가 50제곱미터인 제과점영업
③ 하나의 건축물에 두 곳의 학원이 설치된 경우로서 학원의 총 수용 인원이 200명인 학원
④ 지상 2층에 설치된 공유주방을 운영하는 영업으로서 영업장 바닥면적의 합계가 90제곱미터인 휴게음식점영업

정답 ①

문2 「다중이용업소의 안전관리에 관한 특별법 시행령」상 다중이용업소에 해당하지 <u>않는</u> 것은?

① 하나의 건축물에 학원과 기숙사가 함께 있는 수용인원 90명인 학원
② 맥반석·황토·옥 등을 직접 또는 간접 가열하여 발생되는 열기 또는 원적외선 등을 이용하여 땀을 낼 수 있는 시설 및 설비 등의 서비스를 제공하는 수용인원 100명인 목욕장업
③ 가상체험 체육시설업(다만, 실내에 1개 이상의 별도의 구획된 실을 만들어 골프 종목의 운동이 가능한 시설을 경영하는 영업으로 한정)
④ 복합유통게임제공업

정답 ①

문3 다중이용업소의 안전관리에 관한 특별법령상 다중이용업에 해당하지 않는 것은?

① 비디오감상실업
② 노래연습장업
③ 산후조리업
④ 노인의료복지업

정답 ④

문4 다중이용업소의 안전관리에 관한 특별법령상 다중이용업이 아닌 것은?

① 하나의 건축물에 두 곳의 학원이 설치된 경우로서 학원의 총 수용 인원이 400명인 학원
② 지상 3층에 설치된 영업장으로 사용하는 바닥면적의 합계가 66제곱미터인 일반음식점영업
③ 구획된 실(室) 안에 학습자가 공부할 수 있는 시설을 갖추고 숙박 또는 숙식을 제공하는 고시원업
④ 노래연습장업

정답 ②

문5 다중이용업소의 안전관리에 관한 특별법령상 다중이용업소에 해당되지 <u>않는</u> 것은?

① 바닥면적의 합계가 50㎡인 지상 1층의 일반음식점
② 바닥면적의 합계가 100㎡인 지상 2층의 제과점영업
③ 지상 1층에 설치된 노래연습장업
④ 산후조리업

정답 ①

제2조의2(안전시설등) 법 제2조제1항제2호에서 "대통령령으로 정하는 것"이란 **별표 1**의 시설을 말한다.

제3조(실내장식물) 법 제2조제1항제3호에서 "대통령령으로 정하는 것"이란 건축물 내부의 천장이나 벽에 붙이는(설치하는) 것으로서 다음 각 호의 어느 하나에 해당하는 것을 말한다. 다만, 가구류(옷장, 찬장, 식탁, 식탁용 의자, 사무용 책상, 사무용 의자 및 계산대, 그 밖에 이와 비슷한 것을 말한다)와 **너비 10센티미터 이하인 반자돌림대** 등과 「건축법」 제52조에 따른 내부마감재료는 제외한다.

1. 종이류(**두께 2밀리미터 이상**인 것을 말한다)·합성수지류 또는 섬유류를 주원료로 한 물품
2. 합판이나 목재
3. 공간을 구획하기 위하여 설치하는 간이 칸막이(접이식 등 이동 가능한 벽체나 천장 또는 반자가 실내에 접하는 부분까지 구획하지 아니하는 벽체를 말한다)
4. 흡음(吸音)이나 방음(防音)을 위하여 설치하는 흡음재(흡음용 커튼을 포함한다) 또는 방음재(방음용 커튼을 포함한다)

제3조의2(밀폐구조의 영업장) 법 제2조제1항제5호에서 "대통령령으로 정하는 기준"이란 「소방시설 설치 및 관리에 관한 법률 시행령」 제2조제1호 각 목에 따른 요건을 모두 갖춘 **개구부의 면적의 합계가 영업장으로 사용하는 바닥면적의 30분의 1 이하가 되는 것을 말한다.**

문 「다중이용업소의 안전관리에 관한 특별법 시행령」상 다중이용업소의 영업장 중 "밀폐구조의 영업장"에 대하여 대통령령으로 정하는 기준에 대한 설명이다. ( ) 안에 들어갈 내용으로 옳은 것은?

> 대통령령으로 정하는 기준이란 「소방시설 설치 및 관리에 관한 법률 시행령」제2조에 따른 요건을 모두 갖춘 개구부의 면적의 합계가 영업장으로 사용하는 (   )가 되는 것을 말한다.

① 연면적의 15% 이하
② 연면적의 15% 이하
③ 바닥면적의 15분의 1 이하
④ 바닥면적의 30분의 1 이하

정답 ④

제4조(안전관리기본계획의 수립절차 등) ① 소방청장은 법 제5조제1항에 따라 다중이용업소의 안전관리기본계획(이하 "기본계획"이라 한다)을 관계 중앙행정기관의 장과 협의를 거쳐 **5년마다 수립**해야 한다.

② **소방청장**은 관계 중앙행정기관의 장과 협의를 거쳐 기본계획 수립지침을 작성하고 이를 관계 중앙행정기관의 장에게 통보해야 한다.

③ 소방청장은 기본계획을 수립하면 **국무총리에게 보고**하고 관계 중앙행정기관의 장과 특별시장·광역시장·특별자치시장·도지사 또는 특별자치도지사(이하 "시·도지사"라 한다)에게 통보한 후 이를 공고해야 한다.

제5조(안전관리기본계획 수립지침) 제4조 제2항에 따른 **기본계획 수립지침**에는 다음 각 호의 내용을 포함시켜야 한다.

1. 화재 등 재난 발생 경감대책
   가. 화재피해 원인조사 및 분석
   나. 안전관리정보의 전달·관리체계 구축
   다. 화재 등 재난 발생에 대비한 교육·훈련과 예방에 관한 홍보
2. 화재 등 재난 발생을 줄이기 위한 중·장기 대책
   가. 다중이용업소 안전시설 등의 **관리 및 유지계획**
   나. **소관법령 및 관련기준의 정비**

제6조(안전관리기본계획 등에 관한 사항) 법 제5조제2항제7호에 따른 "대통령령이 정하는 사항"이란 다음 각 호의 사항을 말한다.

1. 안전관리 중·장기 기본계획에 관한 사항
   가. 다중이용업소의 안전관리체제
   나. 안전관리실태평가 및 개선계획
2. 시·도 안전관리기본계획에 관한 사항

제7조(연도별 안전관리계획의 통보 등) ① 소방청장은 법 제5조제3항에 따라 매년 연도별 안전관리계획(이하 "**연도별 계획**"이라 한다)을 **전년도 12월 31일까지 수립**해야 한다.

② 소방청장은 제1항에 따라 연도별 계획을 수립하면 지체 없이 관계 중앙행정기관의 장과 시·도지사 및 소방본부장에게 통보해야 한다.

★**제8조(집행계획의 내용 등)** ① **소방본부장**은 제4조제3항에 따라 공고된 기본계획과 제7조제2항에 따라 통보된 연도별 계획에 따라 안전관리집행계획(이하 "집행계획"이라 한다)을 수립해야 하며, **수립된 집행계획과 전년도 추진실적을 매년 1월 31일까지 소방청장에게 제출**해야 한다.

② 소방본부장은 법 제6조제1항에 따라 관할지역의 다중이용업소에 대한 **집행계획을 수립할 때**에는 다음 각 호의 사항을 포함시켜야 한다.

1. 다중이용업소 밀집 지역의 소방시설 설치, 유지·관리와 개선계획
2. 다중이용업주와 종업원에 대한 소방안전교육·훈련계획
3. 다중이용업주와 종업원에 대한 자체지도 계획
4. 법 제15조제1항 각 호의 어느 하나에 해당하는 다중이용업소의 화재위험평가의 실시 및 평가
5. 제4호에 따른 평가결과에 따른 조치계획(화재위험지역이나 건축물에 대한 안전관리와 시설정비 등

에 관한 사항을 포함한다)
③ 법 제6조제3항에 따른 **집행계획의 수립시기는 해당 연도 전년 12월 31일까지**로 하며, 그 수립대상은 제2조의 다중이용업으로 한다.

문1 다중이용업소의 안전관리에 관한 특별법령상 소방본부장이 관할 지역 다중이용업소의 안전관리를 위하여 수립하는 안전관리집행계획에 포함되는 사항이 아닌 것은?

① 다중이용업소 밀집 지역의 소방시설 설치, 유지·관리와 개선계획
② 다중이용업소의 화재안전에 관한 정보체계의 구축
③ 다중이용업주와 종업원에 대한 소방안전교육·훈련계획
④ 다중이용업주와 종업원에 대한 자체지도 계획

정답 ②

문2 다중이용업소의 안전관리에 관한 특별법령상 다중이용업소의 안전관리기본계획 등에 관한 설명으로 옳지 않은 것은?

① 소방청장은 다중이용업소의 안전관리기본계획을 5년마다 수립·시행하여야 한다.
② 소방청장은 기본계획에 따라 매년 연도별 안전관리계획을 수립·시행하여야 한다.
③ 다중이용업소의 안전관리를 위하여 시·도지사는 매년 안전관리집행계획을 수립하여, 수립된 집행계획과 전년도 추진실적을 매년 1월 31일까지 소방청장에게 제출하여야 한다.
④ 다중이용업소의 안전관리집행계획은 해당 연도 전년 12월 31일까지 수립하여야 한다.

정답 ③

제9조(안전시설등) 법 제9조제1항에 따라 다중이용업소의 영업장에 설치·유지해야 하는 안전시설등 및 간이스프링클러설비를 설치해야 하는 영업장은 별표 1의2와 같다.

제9조의2(간이스프링클러설비 설치의 지원) ① 법 제9조제6항에 따른 간이스프링클러설비 설치 비용을 지원받으려는 다중이용업주는 해당 다중이용업소의 소재지를 관할하는 소방서장에게 비용 지원을 신청해야 한다.
② 제1항에 따라 신청을 받은 소방서장은 소방본부장에게 신청 내용의 검토를 요청하고, 검토 요청을 받은 소방본부장은 해당 다중이용업소의 영업장이 지원 대상에 해당하는지 등을 검토하여 그 결과를 소방서장에게 통보해야 한다.
③ 제1항 및 제2항에서 규정한 사항 외에 간이스프링클러설비 설치 비용의 지원 기준·방법 및 절차 등에 관하여 필요한 사항은 소방청장이 정하여 고시한다.

제9조의3(화재배상책임보험의 보험금액) ① 법 제13조의2제1항에 따라 다중이용업주 및 다중이용업을 하려는 자가 가입하여야 하는 화재배상책임보험은 다음 각 호의 기준을 충족하는 것이어야 한다.

1. **사망의 경우** : 피해자 1명당 1억5천만 원의 범위에서 피해자에게 발생한 손해액을 지급할 것. 다만, 그 손해액이 2천만원 미만인 경우에는 2천만원으로 한다.
2. **부상의 경우** : 피해자 1명당 별표 2에서 정하는 금액의 범위에서 피해자에게 발생한 손해액을 지급할 것
3. 부상에 대한 치료를 마친 후 더 이상의 치료효과를 기대할 수 없고 그 증상이 고정된 상태에서 그 부상이 원인이 되어 신체의 장애(이하 "후유장애"라 한다)가 생긴 경우 : 피해자 1명당 별표 3에서 정하는 금액의 범위에서 피해자에게 발생한 손해액을 지급할 것
4. **재산상 손해의 경우** : 사고 1건당 10억 원의 범위에서 피해자에게 발생한 손해액을 지급할 것

② 제1항에 따른 화재배상책임보험은 하나의 사고로 제1항제1호부터 제3호까지 중 둘 이상에 해당하게 된 경우 다음 각 호의 기준을 충족하는 것이어야 한다.
1. 부상당한 사람이 치료 중 그 부상이 원인이 되어 사망한 경우 : 피해자 1명당 제1항제1호에 따른 금액과 제1항제2호에 따른 금액을 더한 금액을 지급할 것
2. 부상당한 사람에게 후유장애가 생긴 경우 : 피해자 1명당 제1항제2호에 따른 금액과 제1항제3호에 따른 금액을 더한 금액을 지급할 것
3. 제1항제3호에 따른 금액을 지급한 후 그 부상이 원인이 되어 사망한 경우 : 피해자 1명당 제1항제1호에 따른 금액에서 제1항제3호에 따른 금액 중 사망한 날 이후에 해당하는 손해액을 뺀 금액을 지급할 것

제9조의4(화재배상책임보험의 보험요율 차등 적용 등) ① 법 제13조의2제4항에서 "다중이용업소의 업종 및 면적 등 대통령령으로 정하는 사항"이란 다음 각 호의 사항을 말한다.
1. 해당 다중이용업소가 속한 업종의 화재발생빈도
2. 해당 다중이용업소의 영업장 면적
3. 법 제15조제1항에 따른 화재위험평가 결과
4. 법 제20조제1항에 따라 공개된 법령위반업소에 해당하는지 여부
5. 법 제21조제1항에 따라 공표된 안전관리우수업소에 해당하는지 여부

② 소방청장은 법 제13조의2제3항에 따라 보험회사가 보험요율을 차등 적용하는 데 활용할 수 있도록 다음 각 호의 자료를 매년 1월 31일까지 「보험업법」 제176조에 따른 보험요율 산출기관에 제공해야 한다.
1. 법 제15조제1항에 따른 화재위험평가 결과
2. 법 제20조제1항에 따른 법령위반업소 현황
3. **법 제21조제1항에 따른 안전관리우수업소 현황**

제9조의5(화재배상책임보험 계약의 체결 거부) 법 제13조의5제1항 단서에서 "대통령령으로 정하는 경우"란 다중이용업주가 화재배상책임보험 청약 당시 보험회사가 요청한 안전시설등의 유지·관리에 관한 사항 등 화재 발생 위험에 관한 중요한 사항을 알리지 아니하거나 거짓으로 알린 경우를 말한다.

제9조의6(다중이용업주의 안전사고 보고대상 등) ① 법 제14조의2제1항제4호에서 "대통령령으로 정하는 사고"란 법 제9조제1항에 따라 설치·유지하는 안전시설등 중 행정안전부령으로 정하는 **비상구에서 사람이 추락한 사고**를 말한다.

② 다중이용업주가 법 제14조의2제1항에 따라 안전사고 발생 사실을 보고하는 경우에는 사고 개요 및 피해 상황을 전화·팩스 또는 정보통신망 등으로 보고하는 방법으로 한다.

제10조(화재위험평가의 대상기준) 법 제15조제1항제1호에 따른 화재위험평가대상은 도로로 둘러싸인 일단(一團)의 지역의 중심지점을 기준으로 한다.

제11조(화재안전등급) ① 법 제15조제2항에서 "대통령령으로 정하는 기준 미만인 경우"란 별표 4의 디(D) 등급 또는 이(E) 등급인 경우를 말한다.
② 제1항에 따른 화재안전등급의 산정기준·방법 등은 소방청장이 정하여 고시한다.

제12조(손실보상) ① 법 제15조제3항에 따라 소방청장·소방본부장 또는 소방서장이 손실을 보상하는 경우에는 법 제15조제2항에 따른 명령으로 인하여 생긴 손실을 시가로 보상해야 한다.
② 제1항에 따른 손실보상에 관하여는 소방청장·소방본부장 또는 소방서장과 손실을 입은 자가 협의해야 한다.
③ 제2항에 따른 보상금액에 관한 협의가 성립되지 아니한 경우에는 소방청장·소방본부장 또는 소방서장은 그 보상금액을 지급하여야 한다. 다만, 보상금액의 수령을 거부하거나 수령할 자가 불분명한 경우에는 그 보상금액을 공탁하고 이 사실을 통지하여야 한다.
④ 제3항에 따른 **보상금의 지급 또는 공탁의 통지에 불복하는 자는 지급 또는 공탁의 통지를 받은 날부터 30일 이내에 행정안전부령으로 정하는 바에 따라 「공익사업을 위한 토지 등의 취득 및 보상에 관한 법률」 제49조에 따른 중앙토지수용위원회에 재결(裁決)을 신청할 수 있다.**
⑤ 제1항에 따른 손실보상의 범위, 협의절차, 방법 등에 관하여 필요한 사항은 「공익사업을 위한 토지 등의 취득 및 보상에 관한 법률」이 정하는 바에 따른다.

> **문** 「다중이용업소의 안전관리에 관한 특별법 시행령」상 기준 미만의 화재안전등급에 대한 조치명령으로 손실을 입은 자에 대한 손실보상 내용으로 옳지 <u>않은</u> 것은?
>
> ① 손실보상에 관하여는 소방청장·소방본부장 또는 소방서장과 손실을 입은 자가 협의해야 한다.
> ② 소방청장·소방본부장 또는 소방서장은 보상금액에 관한 협의가 성립되지 않아 보상금액의 수령을 거부한 경우에는 그 보상금액을 공탁하고 이 사실을 통지하여야 한다.
> ③ 보상금의 지급 또는 공탁의 통지에 불복하는 자는 지급 또는 공탁의 통지를 받은 날부터 30일 이내에 지방토지수용위원회에게 재결(裁決)을 신청할 수 있다.
> ④ 손실보상의 범위, 협의절차, 방법 등에 관하여 필요한 사항은 「공익사업을 위한 토지 등의 취득 및 보상에 관한 법률」이 정하는 바에 따른다.
>
> 정답 ③

★**제13조(안전시설등의 설치 일부 면제 등)** 법 제15조제4항 및 제5항에서 "대통령령으로 정하는 기준 이상인 다중이용업소"란 각각 별표 4의 에이(A) 등급인 다중이용업소를 말한다.

제14조(화재위험평가 대행자의 등록요건) 법 제15조제6항에 따라 화재위험평가를 대행하려는 자는 법 제

16조제1항에 따라 별표 5에서 정하는 기술인력·시설 및 장비를 갖추고 화재위험평가 대행사(이하 "평가대행자"라 한다)로 등록해야 한다.

제15조(평가대행자의 등록사항 변경신청) ① 법 제16조제1항 후단에서 "대통령령으로 정하는 중요 사항"이라 함은 다음 각 호의 사항을 말한다.

1. 대표자
2. 사무소의 소재지
3. 평가대행자의 명칭이나 상호
4. 기술인력의 보유현황

② 평가대행자는 제1항 각 호의 어느 하나에 해당하는 변경사유가 발생하면 변경사유가 발생한 날부터 **30일 이내에** 행정안전부령으로 정하는 서류를 첨부하여 행정안전부령으로 정하는 바에 따라 **소방청장에게 변경등록을 해야 한다.**

제15조의2(평가대행자의 결격사유) 법 제16조제2항제3호에서 "심신상실자, 알코올 중독자 등 대통령령으로 정하는 정신적 제약이 있는 자"란 다음 각 호의 사람을 말한다.

1. 심신상실자
2. 알코올·마약·대마 또는 향정신성의약품 관련 장애로 평가대행자의 업무를 정상적으로 수행할 수 없다고 해당 분야의 전문의가 인정하는 사람
3. 「치매관리법」 제2조제1호에 따른 치매, 조현병·조현정동장애·양극성 정동장애(조울병)·재발성 우울장애 등의 정신질환이나 정신 발육지연, 뇌전증으로 평가대행자의 업무를 정상적으로 수행할 수 없다고 해당 분야의 전문의가 인정하는 사람

제16조(평가대행자의 등록 등의 공고) 소방청장은 다음 각 호의 어느 하나에 해당하는 경우에는 이를 소방청 인터넷 홈페이지 등에 공고해야 한다.

1. 평가대행자로 등록한 경우
2. 법 제16조제4항에 따른 업무의 폐지신고를 받은 경우
3. 법 제17조제1항에 따라 등록을 취소한 경우

제17조(조치명령 미이행업소 공개사항의 제한) 법 제20조제1항에 따른 조치명령 미이행업소의 공개가 제3자의 법익을 침해하는 경우에는 제3자와 관련된 사실을 공개하여서는 아니 된다.

제18조(조치명령 미이행업소의 공개사항 등) ① 법 제20조제1항에 따라 소방청장·소방본부장 또는 소방서장이 조치명령 미이행업소를 공개하려면 공개내용과 공개방법 등을 그 업소의 관계인(영업주와 소속 종업원을 말한다)에게 미리 알려야 한다.

② 법 제20조제1항에 따라 조치명령 미이행업소를 공개할 때에는 다음 각 호의 사항을 포함해야 하며, **공개기간은 그 업소가 조치명령을 이행하지 아니한 때부터 조치명령을 이행할 때까지로 한다.**

1. 미이행업소명
2. 미이행업소의 주소
3. 소방청장·소방본부장 또는 소방서장이 조치한 내용
4. 미이행의 횟수

③ 소방청장·소방본부장 또는 소방서장은 제2항에 따른 사항을 다음 각 호의 2개 이상의 매체에 공개한다.

1. 관보 또는 시·도의 공보
2. 소방청, 시·도 소방본부 또는 소방서의 인터넷 홈페이지
3. 중앙일간지 신문 또는 해당 지역 일간지 신문
4. 유선방송
5. 반상회보(班常會報)
6. 시·군·구청 소식지(시·군·구청에서 지역 주민들에게 무료로 배포하는 소식지를 말한다)

④ 소방청장, 소방본부장 또는 소방서장은 제3항제2호에 따라 소방청, 소방본부 또는 소방서의 인터넷 홈페이지에 공개한 경우로서 **다중이용업주가 사후에 법 제9조제2항 또는 법 제15조제2항에 따른 조치명령을 이행한 경우에는 이를 확인한 날부터 2일 이내에 공개내용을 해당 인터넷 홈페이지에서 삭제해야 한다.**

제18조의2(화재안전조사 결과 공개사항 등) ① 법 제20조의2제1항제4호에서 "대통령령으로 정하는 사항"이란 다음 각 호의 사항을 말한다.
1. 법 제8조에 따른 소방안전교육 이수 현황
2. 법 제13조제1항에 따른 안전시설등에 대한 정기점검 결과
3. 법 제13조의2에 따른 화재배상책임보험 가입 현황

② 법 제20조의2제1항에 따른 화재안전조사 결과의 공개는 해당 조사를 실시한 날부터 30일 이내에 소방청, 시·도 소방본부 또는 소방서의 인터넷 홈페이지에 60일 이내의 기간 동안 게시하는 방법으로 한다.

③ 제2항에 따른 화재안전조사 결과의 공개가 제3자의 법익을 침해할 우려가 있는 경우에는 제3자와 관련된 사실을 공개해서는 안 된다.

제19조(안전관리우수업소) 법 제21조제1항에 따른 안전관리우수업소(이하 "안전관리우수업소"라 한다)의 요건은 다음 각 호와 같다.
1. 공표일 기준으로 최근 3년 동안 「소방시설 설치 및 관리에 관한 법률」 제16조제1항 각 호의 위반행위가 없을 것
2. 공표일 기준으로 최근 3년 동안 소방·건축·전기 및 가스 관련 법령 위반 사실이 없을 것
3. 공표일 기준으로 최근 3년 동안 화재 발생 사실이 없을 것
4. 자체계획을 수립하여 종업원의 소방교육 또는 소방훈련을 정기적으로 실시하고 공표일 기준으로 최근 3년 동안 그 기록을 보관하고 있을 것

제20조(안전관리우수업소의 공표절차 등) ① 소방본부장이나 소방서장은 법 제21조제1항에 따라 안전관리우수업소를 인정하여 공표하려면 제19조 각 호의 내용을 제18조제3항제1호부터 제3호까지의 규정에서 정한 매체에 안전관리우수업소 인정 예정공고를 해야 한다.

② 제1항의 공고에 따른 안전관리우수업소 인정 예정공고의 내용에 이의가 있는 사람은 안전관리우수업소 인정 예정공고일부터 20일 이내에 소방본부장이나 소방서장에게 전자우편이나 서면으로 이의신청을 할 수 있다.

③ 소방본부장이나 소방서장은 제2항에 따른 이의신청이 있으면 이에 대하여 조사·검토한 후, 그 결과를 이의신청을 한 당사자와 해당 다중이용업주에게 알려야 한다.

④ 소방본부장이나 소방서장은 법 제21조제1항에 따라 안전관리우수업소를 인정하여 공표하려는 경우에는 공표일부터 2년의 범위에서 안전관리우수업소표지 사용기간을 정하여 공표해야 한다.

제21조(안전관리우수업소의 표지 등) ① 소방본부장이나 소방서장은 안전관리우수업소에 대하여 **안전관리우수업소 표지를 내준 날부터 2년마다 정기적으로 심사**를 하여 위반사항이 없는 경우에는 안전관리우수업소표지를 갱신하여 내줘야 한다.

② 제1항에 따른 정기심사와 안전관리우수업소표지 갱신절차에 관하여 필요한 사항은 행정안전부령으로 정한다.

제22조(다중이용업주의 신청에 의한 안전관리우수업소 공표 등) ① 다중이용업주는 그 영업장이 제19조의 안전관리우수업소 요건에 해당되면 소방본부장이나 소방서장에게 안전관리우수업소로 인정해 줄 것을 신청할 수 있다.

② 소방본부장이나 소방서장은 제1항에 따라 신청을 받은 다중이용업소를 안전관리우수업소로 인정하려면 제20조 및 제21조에 따라 해당 업소에 그 사실을 통보하고 공표해야 한다.

③ 제1항에 따른 안전관리우수업소의 공표 신청절차 등에 관하여 필요한 사항은 행정안전부령으로 정한다.

문1 다중이용업소의 안전관리에 관한 특별법령상 안전관리우수업소에 관한 설명으로 옳지 <u>않은</u> 것은?

① 소방본부장이나 소방서장은 안전관리우수업소에 대하여 안전관리우수업소 표지를 발급한 날부터 3년마다 정기적으로 심사를 하여 위반사항이 없는 경우에는 안전관리우수업소표지를 갱신해 주어야 한다.
② 안전관리우수업소로 공표된 업소는 보험요율 차등 적용의 고려 대상이다.
③ 안전관리우수업소 표지는 2종(금색, 은색) 중 1종을 선택할 수 있다.
④ 안전관리우수업소의 요건으로는 공표일 기준으로 최근 3년 동안 화재발생 사실이 없어야 한다.

정답 ①

문2 다중이용업소의 안전관리에 관한 특별법령상 안전관리우수업소에 대한 내용으로 옳은 것은?

① 안전관리우수업소 표지의 규격은 가로 450㎜×세로 300㎜이다.
② 안전관리우수업소 인정 예정공고의 내용에 이의가 있는 사람은 인정 예정공고일부터 30일 이내에 소방본부장이나 소방서장에게 전자우편이나 서면으로 이의신청을 할 수 있다.
③ 안전관리우수업소의 요건은 공표일 기준으로 최근 2년 동안 소방·건축·전기 및 가스 관련 법령 위반사실이 없어야 한다.

④ 소방본부장이나 소방서장은 안전관리우수업소에 대하여 소방안전교육 및 화재위험평가를 면제할 수 있다.

정답 ①

제23조(과태료 부과기준) 법 제25조제1항에 따른 과태료의 부과기준은 별표 6과 같다.
제24조(이행강제금의 부과·징수) ① 법 제26조제7항에 따른 이행강제금의 부과기준은 별표 7과 같다.
② 이행강제금의 부과·징수절차는 행정안전부령으로 정한다.

■ 다중이용업소의 안전관리에 관한 특별법 시행령 [별표 1]

<u>안전시설등</u>(제2조의2 관련)

1. 소방시설 → *소/비/영/그 밖에(소/경/피난설비)
   가. <u>소화설비</u> → *옥내소화전(×)
      1) 소화기 또는 자동확산소화기
      2) <u>간이스프링클러설비</u>(캐비닛형 간이스프링클러설비를 포함한다)
   나. <u>경보설비</u>
      1) 비상벨설비 또는 자동화재탐지설비
      2) 가스누설경보기
   다. <u>피난설비</u>
      1) 피난기구(→ *신체활동을 돕는 설비)
         가) 미끄럼대
         나) 피난사다리
         다) 구조대
         라) 완강기
         마) 다수인 피난장비
         바) 승강식 피난기
      2) 피난유도선
      3) 유도등, 유도표지 또는 비상조명등
      4) <u>휴대용비상조명등</u>
2. 비상구
3. 영업장 내부 피난통로
4. <u>그 밖의 안전시설</u> → *그 밖에 차/창
   가. 영상음향차단장치
   나. 누전<u>차</u>단기
   다. <u>창</u>문

문1 「다중이용업소의 안전관리에 관한 특별법 시행령」상 다중이용업소에 설치하는 안전시설 등에 해당하지 않는 것은?

① 창문
② 다수인 피난장비
③ 영업장 내부 피난통로
④ 단독경보형감지기

정답 ④

문2 다중이용업소의 안전관리에 관한 특별법령상 안전시설 등에서 소방시설 중 피난설비에 해당하는 것은?

① 휴대용비상조명등
② 창문
③ 영업장 내부 피난통로
④ 비상구

정답 ①

문3 다중이용업소의 안전관리에 관한 특별법령상 안전시설 등의 구분(소방시설, 비상구, 영업장 내부피난통로, 그 밖의 안전시설) 중 '그 밖의 안전시설'에 해당하지 않는 것은?

① 휴대용비상조명등
② 영상음향차단장치
③ 누전차단기
④ 창문

정답 ①

문4 다중이용업소의 안전관리에 관한 특별법령상 다중이용업소에 설치·유지하여야 하는 피난설비에서 피난기구가 아닌 것은?

① 피난사다리
② 구조대
③ 완강기
④ 피난유도선

정답 ④

문5 다중이용업소의 안전관리에 관한 특별법령상 안전시설 등에 해당하지 않는 것은?

① 옥내소화전설비
② 구조대
③ 영업장 내부 피난통로
④ 창문

정답 ①

■ 다중이용업소의 안전관리에 관한 특별법 시행령 [별표 1의2]
다중이용업소에 설치·유지하여야 하는 안전시설등(제9조 관련)

1. 소방시설
   가. 소화설비
      1) 소화기 또는 자동확산소화기
      2) 간이스프링클러설비(캐비닛형 간이스프링클러설비를 포함한다). 다만, 다음의 영업장에만 설치한다. → *지하/밀폐/권/고/후/숙박(지상 1층은 제외)
         가) **지하층**에 설치된 영업장
         나) 법 제9조제1항제1호에 따른 숙박을 제공하는 형태의 다중이용업소의 영업장 중 다음에 해당하는 영업장. 다만, 지상 1층에 있거나 지상과 직접 맞닿아 있는 층(영업장의 주된 출입구가 건축물 외부의 지면과 직접 연결된 경우를 포함한다)에 설치된 영업장은 제외한다.
            (1) 제2조제7호에 따른 **산후조리업**의 영업장
            (2) 제2조제7호의2에 따른 **고시원업**(이하 이 표에서 "고시원업"이라 한다)의 영업장
         다) 법 제9조제1항제2호에 따른 **밀폐구조의** 영업장
         라) 제2조제7호의3에 따른 **권총사격장의** 영업장
   나. 경보설비
      1) 비상벨설비 또는 자동화재탐지설비. 다만, 노래반주기 등 영상음향장치를 사용하는 영업장에는 **자동화재탐지설비를 설치하여야 한다.** → *노래반주기 등 영업장에는 비상벨설비(×)
      2) 가스누설경보기. 다만, 가스시설을 사용하는 주방이나 난방시설이 있는 영업장에만 설치한다.
   다. 피난설비
      1) 피난기구
         가) 미끄럼대
         나) 피난사다리
         다) 구조대(*자루 형태)
         라) 완강기(*여러 명이 반복 사용) → *간이완강기(×)
         마) 다수인 피난장비
         바) 승강식 피난기(*사용자의 몸무게에 의하여 자동 하강하고 내려서면 스스로 상승하여 연속적으로 사용할 수 있는 무동력 승강식피난기)
      2) **피난유도선**. 다만, 영업장 내부 피난통로 또는 복도가 있는 영업장에만 설치한다.
      3) 유도등, 유도표지 또는 비상조명등
      4) 휴대용 비상조명등

2. 비상구. 다만, 다음 각 목의 어느 하나에 해당하는 영업장에는 비상구를 설치하지 않을 수 있다.
   가. 주된 출입구 외에 해당 영업장 내부에서 **피난층 또는 지상으로 통하는 직통계단**이 주된 출입구 중심선으로부터 수평거리로 영업장의 긴 변 길이의 2분의 1 이상 떨어진 위치에 별도로 설치된 경우

나. 피난층에 설치된 영업장[영업장으로 사용하는 바닥면적이 33제곱미터 이하인 경우로서 영업장 내부에 구획된 실(室)이 없고, 영업장 전체가 개방된 구조의 영업장을 말한다]으로서 그 영업장의 각 부분으로부터 출입구까지의 수평거리가 10미터 이하인 경우

3. 영업장 내부 피난통로. 다만, 구획된 실(室)이 있는 영업장에만 설치한다.

4. 삭제

5. 그 밖의 안전시설

가. **영상음향차단장치.** 다만, 노래반주기 등 영상음향장치를 사용하는 영업장에만 설치한다.

나. **누전차단기**

다. **창문.** 다만, 고시원업의 영업장에만 설치한다.

비고

1. "피난유도선(避難誘導線)"이란 햇빛이나 전등불로 축광(蓄光)하여 빛을 내거나 전류에 의하여 빛을 내는 유도체로서 화재 발생 시 등 어두운 상태에서 피난을 유도할 수 있는 시설을 말한다.
2. "비상구"란 주된 출입구와 주된 출입구 외에 화재 발생 시 등 비상시 영업장의 내부로부터 지상·옥상 또는 그 밖의 안전한 곳으로 피난할 수 있도록 「건축법 시행령」에 따른 직통계단·피난계단·옥외피난계단 또는 발코니에 연결된 출입구를 말한다.
3. "구획된 실(室)"이란 영업장 내부에 이용객 등이 사용할 수 있는 공간을 벽이나 칸막이 등으로 구획한 공간을 말한다. 다만, 영업장 내부를 벽이나 칸막이 등으로 구획한 공간이 없는 경우에는 영업장 내부 전체 공간을 하나의 구획된 실(室)로 본다.
4. "영상음향차단장치"란 영상 모니터에 화상(畵像) 및 음반 재생장치가 설치되어 있어 영화, 음악 등을 감상할 수 있는 시설이나 화상 재생장치 또는 음반 재생장치 중 한 가지 기능만 있는 시설을 차단하는 장치를 말한다.

문1 「다중이용업소의 안전관리에 관한 특별법 시행령」상 간이스프링클러를 설치하여야 하는 다중이용업소의 영업장으로 옳지 <u>않은</u> 것은?

① 지하층에 설치된 수면방업의 영업장
② 지상 3층에 설치된 밀폐구조의 영업장
③ 지상 2층에 있는 실내 권총사격장의 영업장
④ 지상 1층에 있는 숙박을 제공하는 고시원업의 영업장

정답 ④

문2 「다중이용업소의 안전관리에 관한 특별법 시행령」상 소방시설 중 간이스프링클러를 설치해야 하는 영업장으로 옳지 <u>않은</u> 것은?

① 지상 1층에 설치된 밀폐구조의 영업장
② 지상 1층에 설치된 실내권총사격장의 영업장
③ 지상 1층에 설치된 산후조리원의 영업장
④ 지하층에 설치된 영업장

정답 ③

문3 다중이용업소의 안전관리에 관한 특별법령상 다중이용업소에 설치·유지해야 하는 안전시설 등에 있어서 피난설비의 설치 기준으로 옳지 <u>않은</u> 것은?

① 다중이용업소 비상구에 설치하는 피난기구의 종류에는 미끄럼대, 피난사다리, 구조대, 완강기, 간이완강기, 다수인 피난장비, 승강식 피난기가 있다.
② 유도등, 유도표지 또는 비상조명등 중 하나 이상은 영업장의 구획된 실마다 설치해야 한다.
③ 피난유도선은 영업장 내부 피난통로 또는 복도가 있는 영업장에만 설치한다.
④ 휴대용 비상조명등은 영업장 안의 구획된 실마다 화재안전기준에 따라 설치해야 한다.

정답 ①

문4 다중이용업소의 안전관리에 관한 특별법령상 피난설비 중 비상구 설치 예외에 관한 조문의 일부이다. ( ) 안에 들어갈 내용으로 옳은 것은?

- 주된 출입구 외에 해당 영업장 내부에서 피난층 또는 지상으로 통하는 직통계단이 주된 출입구 중심선으로부터 수평거리로 영업장의 긴 변 길이의 (ㄱ) 이상 떨어진 위치에 별도로 설치된 경우

○ 피난층에 설치된 영업장[영업장으로 사용하는 바닥면적이 (ㄴ)제곱미터 이하인 경우로서 영업장 내부에 구획된 실이 없고, 영업장 전체가 개방된 구조의 영업장을 말한다]으로서 그 영업장의 각 부분으로부터 출입구까지의 수평거리가 (ㄷ)미터 이하인 경우

① ㄱ : 2분의 1, ㄴ : 33, ㄷ : 10
② ㄱ : 2분의 1, ㄴ : 66, ㄷ : 20
③ ㄱ : 3분의 2, ㄴ : 33, ㄷ : 10
④ ㄱ : 3분의 2, ㄴ : 66, ㄷ : 20

[해설]

2. 비상구. 다만, 다음 각 목의 어느 하나에 해당하는 영업장에는 비상구를 설치하지 않을 수 있다.
    가. 주된 출입구 외에 해당 영업장 내부에서 피난층 또는 지상으로 통하는 직통계단이 주된 출입구 중심선으로부터 수평거리로 영업장의 긴 변 길이의 2분의 1 이상 떨어진 위치에 별도로 설치된 경우
    나. 피난층에 설치된 영업장[영업장으로 사용하는 바닥면적이 33제곱미터 이하인 경우로서 영업장 내부에 구획된 실(室)이 없고, 영업장 전체가 개방된 구조의 영업장을 말한다]으로서 그 영업장의 각 부분으로부터 출입구까지의 수평거리가 10미터 이하인 경우

정답 ①

문5 다중이용업소의 안전관리에 관한 특별법령상 다중이용업소의 영업장에 설치·유지하여야 하는 안전시설 등에 관한 설명으로 옳지 않은 것은?

① 밀폐구조의 영업장에는 간이스프링클러 설비를 설치하여야 한다.
② 노래반주기 등 영상음향장치를 사용하는 영업장에는 자동화재탐지설비를 설치하여야 한다.
③ 구획된 실이 있는 노래연습장의 영업장에는 영업장 내부 피난통로를 설치하여야 한다.
④ 피난유도선은 모든 다중이용업소의 영업장에 설치하여야 한다.

정답 ④

문6 다중이용업소의 안전관리에 관한 특별법령상 다중이용업소의 영업장에 설치·유지하여야 하는 안전시설 등에 관한 설명으로 옳지 않은 것은?

① 지하층에 설치된 영업장에는 간이스프링클러설비를 설치하여야 한다.
② 노래반주기 등 영상음향장치를 사용하는 영업장에는 비상벨설비를 설치하여야 한다.
③ 가스시설을 사용하는 주방이나 난방시설이 있는 영업장에는 가스누설경보기를 설치하여야 한다.
④ 단란주점영업과 유흥주점영업의 영업장에는 피난유도선을 설치하여야 한다.

정답 ②

■ 다중이용업소의 안전관리에 관한 특별법 시행령 [별표 2]

부상 등급별 화재배상책임보험 보험금액의 한도(제9조의3제1항제2호 관련)

부상 등급	한도 금액	부상 내용
1급	3천만원	1. 엉덩관절의 골절 또는 골절성 탈구 2. 척추체 분쇄성 골절 3. 척추체 골절 또는 탈구로 인한 각종 신경증상으로 수술을 시행한 부상 4. 외상성 머리뼈안(두개강)의 출혈로 머리뼈 절개술을 시행한 부상 5. 머리뼈의 함몰골절로 신경학적 증상이 심한 부상 또는 경막밑 수종, 수활액 낭종, 거미막밑 출혈 등으로 머리뼈 절개술을 시행한 부상 6. 고도의 뇌타박상(소량의 출혈이 뇌 전체에 퍼져 있는 손상을 포함한다)으로 생명이 위독한 부상(48시간 이상 혼수상태가 지속되는 경우만 해당한다) 7. 넓적다리뼈 몸통의 분쇄성 골절 8. 정강뼈 아래 3분의 1 이상의 분쇄성 골절 9. 화상·좌창(겉으로는 상처가 없으나 속의 피하 조직이나 장기가 손상된 부상을 말한다. 이하 같다)·괴사상처 등으로 연부조직의 손상이 심한 부상(몸 표면의 9퍼센트 이상의 부상을 말한다) 10. 사지와 몸통의 연부조직에 손상이 심하여 유경식피술을 시행한 부상 11. 위팔뼈 목 부위 골절과 몸통 분쇄골절이 중복된 경우 또는 위팔뼈 삼각골절 12. 그 밖에 1급에 해당한다고 인정되는 부상
2급	1,500만원	1. 위팔뼈 분쇄성 골절 2. 척추체의 압박골절이 있으나 각종 신경증상이 없는 부상 또는 목뼈 탈구[불완전탈구(아탈구)를 포함한다], 골절 등으로 목뼈고정기(할로베스트) 등 고정술을 시행한 부상 3. 머리뼈 골절로 신경학적 증상이 현저한 부상(48시간 미만의 혼수상태 또는 반혼수상태가 지속되는 경우를 말한다) 4. 내부장기 파열과 골반뼈 골절이 동반된 부상 또는 골반뼈 골절과 요도 파열이 동반된 부상 5. 무릎관절 탈구 6. 발목관절 부위 골절과 골절성 탈구가 동반된 부상 7. 자뼈 몸통 골절과 노뼈머리 탈구가 동반된 부상 8. 엉치엉덩관절 탈구 9. 무릎관절 앞·뒤 십자인대 및 내측부 인대 파열과 내외측 반달모양 물렁뼈가 전부 파열된 부상 10. 그 밖에 2급에 해당한다고 인정되는 부상
3급	1,200만원	1. 위팔뼈목 골절 2. 위팔뼈 관절융기(위팔뼈의 둥근부분으로 팔꿈치관절에 닿는 부분을 말한다)

골절과 팔꿈치관절 탈구가 동반된 부상
3. 노뼈와 자뼈의 몸통 골절이 동반된 부상
4. 손목 손배뼈(손목 관절에서 엄지쪽에 위치하는 손목뼈의 하나를 말한다) 골절
5. 노뼈 신경손상을 동반한 위팔뼈 몸통 골절
6. 넓적다리뼈 몸통 골절(소아의 경우에는 수술을 시행한 경우만 해당하며, 그 외의 사람의 경우에는 수술의 시행 여부를 불문한다)
7. 무릎뼈(슬개골을 말한다. 이하 같다) 분쇄 골절과 탈구로 인하여 무릎뼈 완전 제거 수술을 시행한 부상
8. 정강뼈 관절융기 골절로 인하여 관절면이 손상되는 부상[정강뼈 융기사이결절 골절로 개방정복(피부와 근육 절개 후 골절된 뼈를 바로잡는 시술을 말한다. 이하 같다)을 시행한 경우를 포함한다]
9. 발목뼈·자뼈 간 관절 탈구와 골절이 동반된 부상 또는 발목발허리관절(Lisfranc joint : 발등뼈와 발목을 이어주는 관절을 말한다. 이하 같다)의 골절 및 탈구
10. 앞·뒤 십자인대 또는 내외측 반달모양 물렁뼈 파열과 정강뼈 융기사이결절 골절 등이 복합된 속무릎장애(슬내장)
11. 복부 내장 파열로 수술이 불가피한 부상 또는 복강 내 출혈로 수술한 부상
12. 뇌손상으로 뇌신경 마비를 동반한 부상
13. 중증도의 뇌타박상(소량의 출혈이 뇌 전체에 퍼져 있는 손상을 포함한다)으로 신경학적 증상이 심한 부상(48시간 미만의 혼수상태 또는 반혼수상태가 지속되는 경우를 말한다)
14. 개방성 공막(각막을 제외한 안구의 대부분을 싸고 있는 흰색의 막을 말한다. 이하 같다) 찢김상처로 양쪽 안구가 파열되어 두 눈 적출술을 시행한 부상
15. 목뼈고리(목뼈의 추골 뒷부분인 추궁을 말한다)의 선모양 골절
16. 항문 파열로 인공항문 조성술 또는 요도 파열로 요도성형술을 시행한 부상
17. 넓적다리뼈 관절융기 분쇄 골절로 인하여 관절면이 손상되는 부상
18. 그 밖에 3급에 해당한다고 인정되는 부상

4급	1천만원	1. 넓적다리뼈 관절융기(먼쪽부위, 위관절융기 및 융기사이오목을 포함한다) 골절 2. 정강뼈 몸통 골절, 관절면 침범이 없는 정강뼈 관절융기 골절 3. 목말뼈목 골절 4. 슬개 인대 파열 5. 어깨 관절부위의 돌림근띠(회전근개라고도 하며, 어깨관절을 감싸면서, 어깨관절을 돌리는 네 근육을 말한다) 골절 6. 위팔뼈 가쪽위관절융기 전위 골절 7. 팔꿈치관절부위 골절과 탈구가 동반된 부상 8. 화상, 좌창, 괴사상처 등으로 연부조직의 손상이 몸 표면의 약 4.5퍼센트 이상인 부상 9. 안구 파열로 적출술이 불가피한 부상 또는 개방성 공막 찢김상처로 안구 적출술, 각막 이식술을 시행한 부상

| | | 10. 넓적다리 네 갈래근, 넓적다리 두 갈래근 파열로 개방정복을 시행한 부상
11. 무릎관절의 안쪽·바깥쪽 인대, 앞·뒤 십자인대, 안쪽·바깥쪽 반달모양 물렁뼈 완전 파열(부분 파열로 수술을 시행한 경우를 포함한다)
12. 개방정복을 시행한 소아의 정강뼈·종아리뼈 아래 3분의 1 이상의 분쇄성 골절
13. 그 밖에 4급에 해당한다고 인정되는 부상 |
|---|---|---|
| 5급 | 900만원 | 1. 골반뼈의 중복 골절(말게뉴 골절 등을 포함한다)
2. 발목관절부위의 안쪽·바깥쪽 복사 골절이 동반된 부상
3. 발뒤꿈치뼈 골절
4. 위팔뼈 몸통 골절
5. 노뼈 먼쪽부위[콜리스골절(팔목 바로 위 노뼈가 부러져 손바닥이 등쪽이나 바깥쪽으로 돌아간 상태를 말한다), 스미스골절(콜리스 골절의 반대로서 팔목 바로 위 노뼈가 부러져 뼛조각이 손바닥쪽으로 어긋난 상태를 말한다), 수근관절면, 노뼈 먼쪽뼈끝골절을 포함한다] 골절
6. 자뼈 몸쪽부위 골절
7. 다발성 갈비뼈 골절로 혈액가슴증(혈흉), 공기가슴증(기흉)이 동반된 부상 또는 단순 갈비뼈 골절과 혈액가슴증, 공기가슴증이 동반되어 흉관 삽관술을 시행한 부상
8. 발등 근육힘줄 파열상처
9. 손바닥 근육힘줄 파열상처[위팔의 깊게 찢긴 상처(심부 열창)로 삼각근, 이두근 근육힘줄 파열을 포함한다]
10. 아킬레스힘줄 파열
11. 소아의 위팔뼈 몸통 골절(분쇄 골절을 포함한다)로 수술한 부상
12. 결막, 공막, 망막 등의 자체 파열로 봉합술을 시행한 부상
13. 목말뼈 골절(목은 제외한다)
14. 개방정복을 시행하지 않은 소아의 정강뼈·종아리뼈 아래의 3분의 1 이상의 분쇄 골절
15. 개방정복을 시행한 소아의 정강뼈 분쇄 골절
16. 23개 이상의 치아에 보철이 필요한 부상
17. 그 밖에 5급에 해당된다고 인정되는 부상 |
| 6급 | 700만원 | 1. 소아의 다리 장관골(긴 뼈) 골절(분쇄 골절 또는 성장판 손상을 포함한다)
2. 넓적다리뼈 큰돌기 (뼈)조각 골절
3. 넓적다리뼈 작은돌기 (뼈)조각 골절
4. 다발성 발바닥(발허리뼈를 말한다. 이하 같다) 골절
5. 두덩뼈·궁둥뼈·엉덩뼈·엉치뼈의 단일 골절 또는 꼬리뼈 골절로 수술한 부상
6. 두덩뼈 위·아래가지 골절 또는 양쪽 두덩뼈 골절
7. 단순 손목뼈 골절
8. 노뼈 몸통 골절(먼쪽부위 골절은 제외한다)
9. 자뼈 몸통 골절(몸쪽부위 골절은 제외한다)
10. 자뼈 팔꿈치머리부위 골절 |

		11. 다발성 손바닥뼈(손허리뼈를 말한다. 이하 같다) 골절 12. 머리뼈 골절로 신경학적 증상이 경미한 부상 13. 외상성 경막밑 수종, 수활액 낭종, 거미막밑 출혈 등으로 수술하지 않은 부상[천공술(원형절제술)을 시행한 경우를 포함한다] 14. 갈비뼈 골절이 없이 혈액가슴증 또는 공기가슴증이 동반되어 흉관 삽관술을 시행한 부상 15. 위팔뼈 큰결절 찢김골절로 수술을 시행한 부상 16. 넓적다리뼈 또는 넓적다리뼈 관절융기 찢김골절 17. 19개 이상 22개 이하의 치아에 보철이 필요한 부상 18. 그 밖에 6급에 해당한다고 인정되는 부상
7급	500만원	1. 소아의 상지 장관골(팔의 긴 뼈) 골절 2. 발목관절 안쪽 복사뼈 또는 바깥쪽 복사뼈 골절 3. 위팔뼈 위관절융기 굽힘골절 4. 엉덩관절 탈구 5. 어깨 관절 탈구 6. 봉우리빗장 관절 탈구, 관절주머니 또는 봉우리빗장 인대 파열 7. 발목관절 탈구 8. 엉치엉덩관절 분리 또는 두덩뼈 결합부 분리 9. 다발성 얼굴머리뼈(안면두개골) 골절 또는 신경손상과 동반된 얼굴머리뼈 골절 10. 16개 이상 18개 이하의 치아에 보철이 필요한 부상 11. 그 밖에 7급에 해당한다고 인정되는 부상
8급	300만원	1. 위팔뼈 결절부위 폄골절 또는 위팔뼈 큰결절 찢김골절로 수술하지 않은 부상 2. 빗장뼈 골절 3. 팔꿈치관절 탈구 4. 어깨뼈(어깨뼈가시 또는 어깨뼈몸통, 가슴우리 탈구, 어깨뼈목, 봉우리돌기 및 부리돌기를 포함한다) 골절 5. 봉우리빗장인대 또는 오구쇄골 인대 완전 파열 6. 팔꿈치관절 속 위팔뼈 작은머리 골절 7. 종아리뼈 골절, 종아리뼈 몸쪽부위 골절(신경손상 또는 관절면 손상을 포함한다) 8. 발가락뼈의 골절과 탈구가 동반된 부상 9. 다발성 갈비뼈 골절 10. 뇌타박상(소량의 출혈이 뇌 전체에 퍼져 있는 손상을 포함한다)으로 신경학적 증상이 경미한 부상 11. 얼굴 찢김상처(열창), 두개부 타박 등에 의한 뇌손상이 없는 뇌신경손상 12. 위턱뼈, 아래턱뼈, 치조골(이틀), 얼굴머리뼈 골절 13. 안구 적출술 없이 시신경의 손상으로 실명된 부상 14. 족부 인대 파열(부분 파열은 제외한다) 15. 13개 이상 15개 이하의 치아에 보철이 필요한 부상 16. 그 밖에 8급에 해당한다고 인정되는 부상

| 9급 | 240만원 | 1. 척추골의 가시돌기(극돌기), 가로돌기(횡돌기) 골절 또는 하관절 돌기 골절(다발성 골절을 포함한다)
2. 노뼈머리 골절
3. 손목관절 내 반달뼈(월상골) 앞쪽 탈구 등 손목뼈 탈구
4. 손가락뼈의 골절과 탈구가 동반된 부상
5. 손바닥뼈 골절
6. 손목 골절(손배뼈는 제외한다)
7. 발목뼈 골절(목말뼈·발꿈치뼈는 제외한다)
8. 발바닥뼈 골절
9. 발목관절부위 삠, 정강뼈·종아리뼈 분리, 족부 인대 또는 아킬레스힘줄의 부분 파열
10. 갈비뼈, 복장뼈(가슴 한복판에 세로로 있는 짝이 없는 세 부분으로 된 뼈를 말한다. 이하 같다), 갈비연골(늑연골) 골절 또는 단순 갈비뼈 골절과 혈액가슴증, 공기가슴증이 동반되어 수술을 시행하지 않은 경우
11. 척추체간 관절부 삠으로서 그 부근의 연부조직(인대, 근육 등을 포함한다) 손상이 동반된 부상
12. 척수 손상으로 마비증상이 없고 수술을 시행하지 않은 경우
13. 손목관절 탈구(노뼈, 손목뼈 관절 탈구, 수근간 관절 탈구 및 먼쪽 노자관절 탈구를 포함한다)
14. 꼬리뼈 골절로 수술하지 않은 부상
15. 무릎관절 인대의 부분 파열로 수술을 시행하지 않은 경우
16. 11개 이상 12개 이하의 치아에 보철이 필요한 부상
17. 그 밖에 9급에 해당한다고 인정되는 부상 |
|---|---|---|
| 10급 | 200만원 | 1. 외상성 무릎관절 안 혈종(활액막염을 포함한다)
2. 손바닥뼈 지골 간 관절 탈구
3. 손목뼈, 손바닥뼈 간 관절 탈구
4. 팔의 각 관절부위(어깨관절, 팔꿈치관절, 손목관절) 삠
5. 자뼈·노뼈 붓돌기 골절, 제불완전골절(코뼈 골절, 손가락뼈 골절 및 발가락뼈 골절은 제외한다)
6. 손가락 폄근힘줄 파열
7. 9개 이상 10개 이하의 치아에 보철이 필요한 부상
8. 그 밖에 10급에 해당한다고 인정되는 부상 |
| 11급 | 160만원 | 1. 발가락뼈 관절 탈구 및 삠
2. 손가락 골절·탈구 및 삠
3. 코뼈 골절
4. 손가락뼈 골절
5. 발가락뼈 골절
6. 뇌진탕
7. 고막 파열 |

		8. 6개 이상 8개 이하의 치아에 보철이 필요한 부상
		9. 그 밖에 11급에 해당한다고 인정되는 부상
12급	120만원	1. 8일 이상 14일 이하의 입원이 필요한 부상 2. 15일 이상 26일 이하의 통원 치료가 필요한 부상 3. 4개 이상 5개 이하의 치아에 보철이 필요한 부상
13급	80만원	1. 4일 이상 7일 이하의 입원이 필요한 부상 2. 8일 이상 14일 이하의 통원 치료가 필요한 부상 3. 2개 이상 3개 이하의 치아에 보철이 필요한 부상
14급	80만원	1. 3일 이하의 입원이 필요한 부상 2. 7일 이하의 통원 치료가 필요한 부상 3. 1개 이하의 치아에 보철이 필요한 부상

비고

1. 2급부터 11급까지의 부상 내용 중 개방성 골절은 해당 등급보다 한 등급 높은 금액으로 배상한다.
2. 2급부터 11급까지의 부상 내용 중 단순성 선모양 골절로 인한 골편의 전위가 없는 골절은 해당 등급보다 한 등급 낮은 금액으로 배상한다.
3. 2급부터 11급까지의 부상 내용 중 두 가지 이상의 부상이 중복된 경우에는 가장 높은 등급에 해당하는 부상으로부터 하위 3등급(예: 부상 내용이 주로 2급에 해당하는 경우에는 5급까지) 사이의 부상이 중복된 경우에만 가장 높은 부상 내용의 등급보다 한 등급 높은 금액으로 배상한다.
4. 일반 외상과 치아 보철이 필요한 부상이 중복된 경우에는 1급의 금액을 초과하지 않는 범위에서 부상 등급별 해당 금액의 합산액을 배상한다.

문1 다중이용업소의 안전관리에 관한 특별법령상 다중이용업주는 화재배상책임보험에 가입할 의무가 있다. 이 화재배상책임보험에서 부상등급과 보험금액의 한도가 바르게 연결되지 <u>않은</u> 것은?

① 1급 - 3,000만 원
② 2급 - 1,500만 원
③ 3급 - 1,200만 원
④ 4급 - 900만 원

 ④

문2 다중이용업소의 안전관리에 관한 특별법령상 다중이용업소의 화재배상책임보험에 관한 설명으로 옳지 <u>않은</u> 것은?

① 사망의 경우 피해자 1명당 1억 5천만 원의 범위에서 피해자에게 발생한 손해액을 지급한다.
② 척추체 분쇄성 골절 부상의 경우 1천 5백만 원의 범위에서 피해자에게 발생한 손해액을 지급한다.
③ 안전시설 등을 설치하려는 경우 다중이용업주는 화재배상책임보험에 가입한 후 그 증명서를 소방본부장 또는 소방서장에게 제출하여야 한다.
④ 보험회사는 화재배상책임보험에 가입하여야 할 자와 계약을 체결한 경우 그 사실을 보험회사의 전산시스템에 입력한 날부터 5일 이내에 소방서장에게 알려야 한다.

 ②

■ 다중이용업소의 안전관리에 관한 특별법 시행령 [별표 4]

화재안전등급(제11조제1항 및 제13조 관련)

등급	평가점수
A	80 이상
B	60 이상 79 이하
C	40 이상 59 이하
D	20 이상 39 이하
E	20 미만

비고

"평가점수"란 다중이용업소에 대하여 화재예방, 화재감지·경보, 피난, 소화설비, 건축방재 등의 항목별로 소방청장이 정하여 고시하는 기준을 갖추었는지에 대하여 평가한 점수를 말한다.

■ 다중이용업소의 안전관리에 관한 특별법 시행령 [별표 5]
평가대행자 갖추어야 할 기술인력·시설·장비 기준
(제14조 관련)

1. 기술인력 기준 : 다음 **각 목**의 기술인력을 보유할 것 → *총 3명 이상이어야 함
   가. **소방기술사 자격을 취득한 사람 1명 이상**
   나. 다음 1) 또는 2)의 어느 하나에 해당하는 **사람 2명 이상**
      1) **소방기술사**, 소방설비기사 또는 소방설비산업기사 자격을 가진 사람
      2) 「소방시설공사업법」 제28조제1항에 따라 소방기술과 관련된 자격·학력 및 경력을 인정받은 사람으로서 같은 조 제2항에 따른 자격수첩을 발급받은 사람

2. 시설 및 장비 기준 : 다음 각 목의 시설 및 장비를 갖출 것
   가. 화재 모의시험이 가능한 컴퓨터 1대 이상
   나. 화재 모의시험을 위한 프로그램

비고
1. **두 종류 이상의 자격을 가진 기술인력은 그 중 한 종류의 자격**을 가진 기술인력으로 본다.
2. 평가대행자가 화재위험평가 대행업무와 「소방시설공사업법」 및 같은 법 시행령에 따른 전문 소방시설설계업 또는 전문 소방공사감리업을 함께 하는 경우에는 전문 소방시설설계업 또는 전문 소방공사감리업 보유 기술인력으로 등록된 소방기술사는 제1호가목에 따라 갖추어야 하는 소방기술사로 볼 수 있다.

■ 다중이용업소의 안전관리에 관한 **특별법 시행령** [별표 6]

과태료의 부과기준(제23조 관련)

1. 일반기준

    가. **위반행위의 횟수에 따른 과태료의 가중된 부과기준은 최근 1년간 같은 위반행위로 과태료 부과처분을 받은 경우에 적용한다.** 이 경우 기간의 계산은 위반행위에 대하여 '과태료 부과처분을 받은 날과 그 처분 후 다시 같은 위반행위를 하여 적발된 날'을 기준으로 한다.

    나. 가목에 따라 가중된 부과처분을 하는 경우 가중처분의 적용 차수는 그 위반행위 전 부과처분 차수(가목에 따른 기간 내에 과태료 부과처분이 둘 이상 있었던 경우에는 높은 차수를 말한다)의 다음 차수로 한다. 다만, 적발된 날부터 소급하여 3년이 되는 날 전에 한 부과처분은 가중처분의 차수 산정 대상에서 제외한다.

    다. 과태료 부과권자는 위반행위자가 다음의 어느 하나에 해당하는 경우에는 제2호에 따른 과태료 금액의 2분의 1의 범위에서 그 금액을 감경하여 부과할 수 있다. 다만, 과태료를 체납하고 있는 위반행위자의 경우에는 그러하지 아니하다.

    1) 위반행위자가 「질서위반행위규제법 시행령」 제2조의2제1항 각 호의 어느 하나에 해당하는 경우
    2) 위반행위자가 처음 위반행위를 한 경우로서, 3년 이상 해당 업종을 모범적으로 영위한 사실이 인정되는 경우
    3) 위반행위자가 화재 등 재난으로 재산에 현저한 손실이 발생하거나 사업여건의 악화로 사업이 중대한 위기에 처하는 등의 사정이 있는 경우
    4) 위반행위가 고의나 중대한 과실이 아닌 사소한 부주의나 오류로 인한 것으로 인정되는 경우
    5) 위반행위자가 같은 위반행위로 다른 법률에 따라 과태료·벌금·영업정지 등의 제재를 받은 경우
    6) 위반행위자자 위법행위로 인한 결과를 시정하거나 해소한 경우
    7) 그 밖에 위반행위의 정도, 위반행위의 동기와 그 결과 등을 고려하여 감경할 필요가 있다고 인정되는 경우

2. 개별기준

위반행위	근거 법조문	과태료 금액(단위 : 만원)		
		1회	2회	3회 이상
가. 다중이용업주가 법 제8조제1항 및 제2항을 위반하여 소방안전교육을 받지 않거나 종업원이 소방안전교육을 받도록 하지 않은 경우	법 제25조 제1항 제1호	100	200	300
나. 법 제9조제1항을 위반하여 안전시설등을 기준에 따라 설치·유지하지 않은 경우	법 제25조 제1항 제2호			
1) 안전시설등의 작동·기능에 지장을 주지 않는 경미한 사항을 2회 이상 위반한 경우			100	

	2) 안전시설등을 다음에 해당하는 고장상태 등으로 방치한 경우 　가) 소화펌프를 고장상태로 방치한 경우 　나) 수신반(受信盤)의 전원을 차단한 상태로 방치한 경우 　다) 동력(감시)제어반을 고장상태로 방치하거나 전원을 차단한 경우 　라) 소방시설용 비상전원을 차단한 경우 　마) 소화배관의 밸브를 잠금상태로 두어 소방시설이 작동할 때 소화수가 나오지 않거나 소화약제(消火藥劑)가 방출되지 않는 상태로 방치한 경우			200	
	3) 안전시설등을 설치하지 않은 경우			300	
	4) 비상구를 폐쇄·훼손·변경하는 등의 행위를 한 경우		100	200	300
	5) 영업장 내부 피난통로에 피난에 지장을 주는 물건 등을 쌓아 놓은 경우		100	200	300
다. 법 제9조제3항을 위반한 경우		법 제25조 제1항 제2호의2			
	1) 안전시설등 설치신고를 하지 않고 안전시설등을 설치한 경우			100	
	2) 안전시설등 설치신고를 하지 않고 영업장 내부구조를 변경한 경우			100	
	3) 안전시설등의 공사를 마친 후 신고를 하지 않은 경우		100	200	300
라. 법 제9조의2를 위반하여 비상구에 추락 등의 방지를 위한 장치를 기준에 따라 갖추지 않은 경우		법 제25조 제1항 제2호의3		300	
마. 법 제10조제1항 및 제2항을 위반하여 실내장식물을 기준에 따라 설치·유지하지 않은 경우		법 제25조 제1항제3호		300	
바. 법 제10조의2제1항 및 제2항을 위반하여 영업장의 내부구획 기준에 따라 내부구획을 설치·유지하지 않은 경우		법 제25조 제1항 제3호의2	100	200	300

위반행위	근거 법조문	1차	2차	3차
사. 법 제11조를 위반하여 피난시설, 방화구획 또는 방화시설을 폐쇄·훼손·변경하는 등의 행위를 한 경우	법 제25조 제1항 제4호	100	200	300
아. 법 제12조제1항을 위반하여 피난안내도를 갖추어 두지 않거나 피난안내에 관한 영상물을 상영하지 않은 경우	법 제25조 제1항 제5호	100	200	300
자. 법 제13조제1항 전단을 위반하여 다음의 어느 하나에 해당하는 경우 1) 안전시설등을 점검(법 제13조제2항에 따라 위탁하여 실시하는 경우를 포함한다)하지 않은 경우 2) 정기점검결과서를 작성하지 않거나 거짓으로 작성한 경우 3) 정기점검결과서를 보관하지 않은 경우	법 제25조 제1항 제6호	100	200	300
차. 다중이용업주가 법 제13조의2제1항을 위반하여 화재배상책임보험에 가입하지 않은 경우	법 제25조 제1항 제6호의2			
1) 가입하지 않은 기간이 10일 이하인 경우		100		
2) 가입하지 않은 기간이 10일 초과 30일 이하인 경우		100만원에 11일째부터 계산하여 1일마다 1만원을 더한 금액		
3) 가입하지 않은 기간이 30일 초과 60일 이하인 경우		120만원에 31일째부터 계산하여 1일마다 2만원을 더한 금액		
4) 가입하지 않은 기간이 60일 초과인 경우		180만원에 61일째부터 계산하여 1일마다 3만원을 더한 금액. 다만, 과태료의 총액은 300만원을 넘지 못한다.		
카. 보험회사가 법 제13조의3제3항 또는 제4항을 위반하여 통지를 하지 않은 경우	법 제25조 제1항 제6호의3		300	
타. 보험회사가 법 제13조의5제1항을 위반하여 다중이용업주와의 화재배상책임보험 계약 체결을 거부한 경우	법 제25조 제1항 제6호의4		300	
파. 보험회사가 법 제13조의6을 위반하여 임의로 계약을 해제 또는 해지한 경우	법 제25조 제1항 제6호의4		300	

하. 법 제14조에 따른 소방안전관리 업무를 하지 않은 경우	법 제25조 제1항 제7호	100	200	300
거. 법 제14조의2제1항을 위반하여 보고 또는 즉시 보고를 하지 않거나 거짓으로 한 경우	법 제25조 제1항 제8호		200	

문1 다중이용업소의 안전관리에 관한 법령상 과태료 개별기준에서 부과금액이 다른 것은?

① 안전시설 등 설치신고를 하지 않고 영업장 내부구조를 변경한 경우
② 안전시설 등 설치신고를 하지 않고 안전시설 등을 설치한 경우
③ 실내장식물을 기준에 따라 설치·유지하지 않은 경우
④ 안전시설 등의 작동·기능에 지장을 주지 않는 경미한 사항을 2회 이상 위반한 경우

정답 ③

문2 다중이용업소의 안전관리에 관한 법령상 과태료의 부과기준 중 개별기준에 대한 설명으로 옳지 않은 것은?

구분	위반행위	횟수	과태료 금액
①	실내장식물을 기준에 따라 설치·유지하지 않은 경우	1회	100만원
②	소화펌프를 고장상태로 방치한 경우	1회	200만원
③	다중이용업주가 소방안전교육을 받지 않은 경우	2회	200만원
④	다중이용업주가 소방안전관리업무를 하지 않은 경우	1회	100만원

정답 ①

문3 다중이용업소의 위반행위 횟수에 따른 과태료의 가중된 부과기준에 대한 설명으로 옳지 않은 것은?

① 위반행위의 횟수에 따른 과태료의 가중된 부과기준은 최근 1년간 같은 위반행위로 과태료 부과처분을 받은 경우에 적용한다.
② 이 경우 기간의 계산은 위반행위에 대하여 적발된 날과 그 후 다시 같은 위반행위를 하여 적발된 날을 기준으로 한다.
③ 가중된 부과처분을 하는 경우 가중처분의 적용 차수는 그 위반행위 전 부과처분 차수의 다음 차수로 한다.
④ 적발된 날부터 소급하여 3년이 되는 날 전에 한 부과처분은 가중처분의 차수 산정 대상에서 제외한다.

정답 ②

■ 다중이용업소의 안전관리에 관한 특별법 시행령 [별표 7]

이행강제금 부과기준(제24조제1항 관련)

1. 일반기준

    이행강제금 부과권자는 위반행위의 동기와 그 결과를 고려하여 제2호의 이행강제금 부과기준액의 2분의 1까지 경감하여 부과할 수 있다.

2. 개별기준

(단위 : 만원)

위반행위	근거 법조문	이행강제금 금액
가. 법 제9조제2항에 따른 **안전시설등**에 대하여 보완 등 필요한 조치명령을 위반한 경우	법 제26조제1항	
1) 안전시설등의 작동·기능에 지장을 주지 않는 경미한 사항인 경우		200
2) 안전시설등을 고장상태로 방치한 경우		600
3) 안전시설등을 설치하지 않은 경우		1,000
나. 법 제10조제3항에 따른 **실내장식물**에 대한 교체 또는 제거 등 필요한 조치명령을 위반한 경우	법 제26조제1항	1,000
다. 법 제10조의2제3항에 따른 **영업장의 내부구획**에 대한 보완 등 필요한 조치명령을 위반한 경우	법 제26조제1항	1,000
라. 법 제15조제2항에 따른 **화재안전조사 조치명령**을 위반한 경우	법 제26조제1항	
1) **다중이용업소의 공사의 정지 또는 중지 명령**을 위반한 경우		200
2) **다중이용업소의 사용금지 또는 제한 명령**을 위반한 경우		600
3) **다중이용업소의 개수**(*낡은 부분을 고쳐 성능 향상 공사)·**이전 또는 제거명령**을 위반한 경우		1,000

문1 「다중이용업소의 안전관리에 관한 특별법」상 조치명령을 이행하지 아니한 다중이용업주에게 이행강제금을 부과하는 경우로 옳지 않은 것은?

① 영업장의 내부구획이 기준에 맞지 아니한 경우
② 안전시설 등이 기준에 맞게 설치 또는 유지되어 있지 아니한 경우
③ 다중이용업소의 실내장식물이 실내장식물의 기준에 맞지 아니한 경우
④ 화재위험평가 결과 다중이용업소에 부여된 화재안전등급이 대통령령으로 정한 기준 이상인 경우

정답 ④

문2 다중이용업소의 안전관리에 관한 특별법령상 이행강제금을 부과하는 경우는?

① 다중이용업소의 사용금지 또는 제한 명령을 위반한 경우
② 소방안전교육을 받지 않거나 종업원이 소방안전교육을 받도록 하지 않은 경우
③ 정기점검결과서를 보관하지 않은 경우
④ 화재배상책임보험에 가입하지 않은 경우

정답 ①

○ 다중이용업소의 안전관리에 관한 특별법 시행규칙

제1조(목적) 이 규칙은 「다중이용업소의 안전관리에 관한 특별법」 및 같은 법 시행령에서 위임된 사항과 그 시행에 필요한 사항을 규정함을 목적으로 한다.

제2조(다중이용업) 「다중이용업소의 안전관리에 관한 특별법 시행령」(이하 "영"이라 한다) **제2조제8호**에서 **"행정안전부령으로 정하는 영업"**이란 다음 각 호의 어느 하나에 해당하는 영업을 말한다.

> 8. 법 제15조제2항에 따른 화재안전등급(이하 "화재안전등급"이라 한다)이 제11조제1항에 해당하거나 <u>화재발생시 인명피해가 발생할 우려가 높은 '불특정다수인이 출입하는 영업'으로서 행정안전부령으로 정하는 영업</u>. 이 경우 소방청장은 관계 중앙행정기관의 장과 미리 협의하여야 한다.

1. 전화방업·화상대화방업 : 구획된 실(室) 안에 전화기·텔레비전·모니터 또는 카메라 등 상대방과 대화할 수 있는 시설을 갖춘 형태의 영업
2. 수면방업 : 구획된 실(室) 안에 침대·간이침대 그 밖에 휴식을 취할 수 있는 시설을 갖춘 형태의 영업
3. 콜라텍업 : 손님이 춤을 추는 시설 등을 갖춘 형태의 영업으로서 주류판매가 허용되지 아니하는 영업
4. 방탈출카페업 : 제한된 시간 내에 방을 탈출하는 놀이 형태의 영업
5. 키즈카페업 : 다음 각 목의 영업
    가. 「관광진흥법 시행령」 제2조제1항제5호다목에 따른 기타유원시설업으로서 실내공간에서 어린이(「어린이안전관리에 관한 법률」 제3조제1호에 따른 어린이를 말한다. 이하 같다)에게 놀이를 제공하는 영업
    나. 실내에 「어린이놀이시설 안전관리법」 제2조제2호 및 같은 법 시행령 별표 2 제13호에 해당하는 어린이놀이시설을 갖춘 영업
    다. 「식품위생법 시행령」 제21조제8호가목에 따른 휴게음식점영업으로서 실내공간에서 어린이에게 놀이를 제공하고 부수적으로 음식류를 판매·제공하는 영업
6. 만화카페업 : 만화책 등 다수의 도서를 갖춘 다음 각 목의 영업. 다만, <u>도서를 대여·판매만 하는 영업인 경우와 영업장으로 사용하는 바닥면적의 합계가 50제곱미터 미만인 경우는 제외한다.</u>
    가. 「식품위생법 시행령」 제21조제8호가목에 따른 휴게음식점영업
    나. 도서의 열람, 휴식공간 등을 제공할 목적으로 실내에 다수의 구획된 실(室)을 만들거나 입체 형태의 구조물을 설치한 영업

> **문** 「다중이용업소의 안전관리에 관한 특별법 시행규칙」상 화재발생시 인명피해가 발생할 우려가 높은 불특정다수인이 출입하는 영업에 해당하지 <u>않는</u> 것은?
>
> ① 방탈출카페업
> ② 키즈카페업

③ 콜라텍업
④ 고시원업

정답 ④

제3조(안전관리기본계획의 공고) 소방청장은 영 제4조제3항에 따라 안전관리기본계획을 수립한 경우에는 이를 관보에 공고한다.

제4조(관련 행정기관의 허가등의 통보) ① 「다중이용업소의 안전관리에 관한 특별법」(이하 "법"이라 한다) 제7조제1항에 따른 다중이용업의 허가·인가·등록·신고수리(이하 "허가등"이라 한다)를 하는 행정기관(이하 "허가관청"이라 한다)은 허가등을 한 날부터 14일 이내에 다음 각 호의 사항을 별지 제1호서식의 다중이용업 허가등 사항(변경사항)통보서에 따라 관할 소방본부장 또는 소방서장에게 통보하여야 한다.
1. 영업주의 성명·주소
2. 다중이용업소의 상호·소재지
3. 다중이용업의 종류·영업장 면적
4. 허가등 일자

② 허가관청은 법 제7조제2항제1호에 따른 휴·폐업과 휴업 후 영업재개신고를 수리한 때에는 별지 제1호서식의 다중이용업 허가등 사항(변경사항)통보서에 따라 30일 이내에 소방본부장 또는 소방서장에게 통보하여야 한다.

③ 허가관청은 법 제7조제2항제2호부터 제4호까지의 규정에 따른 변경사항의 신고를 수리한 때에는 수리한 날부터 30일 이내에 별지 제1호서식의 다중이용업 허가등 사항(변경사항)통보서에 따라 그 변경내용을 관할 소방본부장 또는 소방서장에게 통보하여야 한다.

④ 소방본부장 또는 소방서장은 허가관청으로부터 제1항부터 제3항까지에 따른 통보를 받은 경우에는 별지 제2호서식의 다중이용업 허가등 사항 처리 접수대장에 그 사실을 기록하여 관리하여야 한다.

⑤ 허가관청은 제1항부터 제3항까지에 따른 통보를 할 때에는 법 제19조제1항에 따른 전산시스템을 이용하여 통보할 수 있다.

문 다중이용업소의 안전관리에 관한 특별법령상 관련 행정기관의 통보사항에 관한 내용으로 ( )에 들어갈 말을 바르게 나열한 것은?

> 허가관청은 다중이용업주가 휴업 후 영업을 재개하였을 때에는 그 신고를 수리한 날부터 (ㄱ) 이내에 (ㄴ)에게 통보하여야 한다.

① ㄱ : 14일, ㄴ : 시·도지사
② ㄱ : 30일, ㄴ : 시·도지사

③ ㄱ : 14일, ㄴ : 소방본부장 또는 소방서장
④ ㄱ : 30일, ㄴ : 소방본부장 또는 소방서장

정답 ④

제5조(소방안전교육의 대상자 등) ① 법 제8조제1항에 따라 소방청장·소방본부장 또는 소방서장이 실시하는 소방안전교육(이하 "소방안전교육"이라 한다)을 받아야 하는 대상자(이하 "교육대상자"라 한다)는 다음 각 호와 같다.
1. 다중이용업을 운영하는 자(이하 "다중이용업주"라 한다)
2. 다중이용업주 외에 해당 영업장(다중이용업주가 둘 이상의 영업장을 운영하는 경우에는 각각의 영업장을 말한다)을 관리하는 종업원 1명 이상 또는 「국민연금법」 제8조제1항에 따라 국민연금 가입의무대상자인 종업원 1명 이상
3. 다중이용업을 하려는 자

② 제1항제1호에도 불구하고 다중이용업주가 직접 소방안전교육을 받기 곤란한 경우로서 소방청장이 정하는 경우에는 영업장의 종업원 중 소방청장이 정하는 자로 하여금 다중이용업주를 대신하여 소방안전교육을 받게 할 수 있다.

③ **교육대상자는 다음 각 호의 구분에 따른 시기에 소방안전교육을 받아야 한다.** 다만, 교육대상자가 국외에 체류하고 있거나, 질병·부상 등으로 입원해 있는 등 정해진 기간 안에 소방안전교육을 받을 수 없는 사유가 있는 때에는 소방청장이 정하는 바에 따라 **3개월의 범위에서** 소방안전교육을 연기할 수 있다.
1. 신규 교육
    가. 다중이용업을 하려는 자 : 다중이용업을 시작하기 전. 다만, 다음의 경우에는 1) 또는 2)에서 정한 시기에 소방안전교육을 받아야 한다.
        1) 다른 법률에 따라 다중이용업주의 변경신고 또는 다중이용업주의 지위승계 신고를 하는 경우 : 허가관청이 해당 신고를 수리하기 전까지
        2) 법 제9조제3항에 따라 안전시설등의 설치신고 또는 영업장 내부구조 변경신고를 한 경우 : 법 제9조제3항제3호에 따른 완공신고를 하기 전까지
    나. 교육대상 종업원 : 다중이용업에 종사하기 전
2. **수시 교육** : 법 제8조제1항 및 제2항, 법 제9조제1항·제10조·제11조·제12조제1항·제13조제1항 또는 법 제14조를 **위반한 다중이용업주와 교육대상 종업원은 위반행위가 적발된 날부터 3개월 이내.** 다만, 법 제9조제1항의 위반행위의 경우에는 과태료 부과대상이 되는 위반행위인 경우에만 해당한다.
3. **보수 교육**: 제1호의 신규 교육 또는 직전의 보수 교육을 받은 날이 속하는 달의 마지막 날부터 **2년 이내에 1회 이상**

④ 소방청장·소방본부장 또는 소방서장은 소방안전교육을 실시하려는 때에는 교육 일시 및 장소 등 소방안전교육에 필요한 사항을 교육일 30일 전까지 소방청·소방본부 또는 소방서의 홈페이지에 게재해

야 한다. 이 경우 다음 각 호에서 정하는 시기에 교육대상자에게 알려야 한다.
1. 신규 교육 대상자 중 법 제9조제3항에 따라 안전시설등의 설치신고 또는 영업장 내부구조 변경신고를 하는 자 : 신고 접수 시
2. 수시 교육 및 보수 교육 대상자 : 교육일 10일 전

⑤ 소방청장·소방본부장 또는 소방서장이 소방안전교육을 하려는 때에는 다중이용업과 관련된 「직능인 경제활동지원에 관한 법률」 제2조에 따른 직능단체 및 민법상의 비영리법인과 협의하여 다른 법령에서 정하는 다중이용업 관련 교육과 병행하여 실시할 수 있다.
⑥ **소방안전교육 시간은 4시간 이내로 한다.**
⑦ 제3항에 따라 소방안전교육을 받은 사람이 교육받은 날부터 2년 이내에 다중이용업을 하려는 경우 또는 다중이용업에 종사하려는 경우에는 제3항제1호에 따른 신규 교육을 받은 것으로 본다.
⑧ 소방청장·소방본부장 또는 소방서장은 소방안전교육을 이수한 사람에게 별지 제3호서식의 소방안전교육 이수증명서를 발급하고, 그 내용을 별지 제4호서식의 소방안전교육 이수증명서 발급(재발급)대장에 적어 관리하여야 한다.
⑨ 제8항에 따라 소방안전교육 이수증명서를 발급받은 사람은 소방안전교육 이수증명서를 잃어버렸거나 헐어서 쓸 수 없게 되어 소방안전교육 이수증명서를 재발급받으려면 별지 제5호서식의 소방안전교육 이수증명서 재발급 신청서에 이전에 발급받은 소방안전교육 이수증명서를 첨부(잃어버린 경우는 제외한다)하여 소방본부장 또는 소방서장에게 제출하여야 한다. 이 경우 재발급 신청을 받은 소방본부장 또는 소방서장은 소방안전교육 이수증명서를 즉시 재발급하고, 별지 제4호서식의 소방안전교육 이수증명서 발급(재발급) 대장에 그 사실을 적어 관리하여야 한다.
⑩ 제1항부터 제9항까지에서 정한 사항 외에 소방안전교육을 위하여 필요한 사항은 소방청장이 정한다.

> **문** 「다중이용업소의 안전관리에 관한 특별법 시행규칙」상 소방안전교육의 대상자 등에 관한 설명으로 옳지 않은 것은?
>
> ① 교육대상자가 소방안전교육을 받을 수 없는 사유에 해당할 때에는 3개월의 범위에서 소방안전교육을 연기할 수 있다.
> ② 다중이용업주와 교육대상 종업원은 위반행위가 적발된 날부터 2개월 이내 수시 교육을 받아야 한다.
> ③ 신규 교육 또는 직전의 보수 교육을 받은 날이 속하는 달의 마지막 날부터 2년 이내에 1회 이상 보수 교육을 받아야 한다.
> ④ 수시 교육 및 보수 교육 대상자에게는 교육일 10일 전까지 소방안전교육에 필요한 사항을 교육대상자에게 알려야 한다.
>
> 정답 ②

제6조(인터넷 홈페이지를 이용한 사이버 소방안전교육) ① 소방청장, 소방본부장 또는 소방서장은 다중이용업주와 그 종업원 및 다중이용업을 하려는 자에 대한 자율안전관리 책임의식을 높이고 화재발생시

초기대응능력을 향상하기 위하여 인터넷 홈페이지를 이용한 사이버 소방안전교육(이하 "사이버교육"이라 한다)을 위한 환경을 조성하여야 한다.

② 소방청장, 소방본부장 또는 소방서장은 제1항에 따른 사이버교육을 위하여 소방청, 소방본부 또는 소방서의 인터넷 홈페이지에 누구나 쉽게 접속하여 사이버교육을 받을 수 있도록 시스템을 구축·운영하여야 한다.

③ 제2항의 사이버교육을 위한 시스템 구축과 그 밖에 필요한 사항은 소방청장이 정한다.

제7조(소방안전교육의 교과과정 등) ① 법 제8조제1항에 따른 소방안전교육의 교과과정은 다음 각 호와 같다.

1. 화재안전과 관련된 법령 및 제도
2. 다중이용업소에서 화재가 발생한 경우 초기대응 및 대피요령
3. 소방시설 및 방화시설(防火施設)의 유지·관리 및 사용방법
4. 심폐소생술 등 응급처치 요령

② 그 밖에 다중이용업소의 안전관리에 관한 교육내용과 관련된 세부사항은 소방청장이 정한다.

> **문** 다중이용업소의 안전관리에 관한 특별법령상 다중이용업주와 종업원이 받아야 하는 소방안전교육의 교과과정으로 옳지 않은 것은?
>
> ① 심폐소생술 등 응급조치 요령
> ② 소방시설 및 방화시설의 유지·관리 및 사용방법
> ③ 소방시설설계 도면의 작성 요령
> ④ 화재안전과 관련된 법령 및 제도
>
> 정답 ③

제8조(소방안전교육에 필요한 교육인력 및 시설·장비기준 등) 소방청장·소방본부장 또는 소방서장은 소방안전교육의 내실화를 위하여 별표 1의 교육인력 및 시설·장비를 갖추어야 한다.

제9조(안전시설등의 설치·유지 기준) 법 제9조제1항에 따라 다중이용업소의 영업장에 설치·유지하여야 하는 안전시설등(이하 "안전시설등"이라 한다)의 설치·유지 기준은 별표 2와 같다.

제10조 삭제

제11조(안전시설등의 설치신고) ① 다중이용업을 하려는 자는 다중이용업소에 안전시설등을 설치하거나 안전시설등의 공사를 마친 경우에는 법 제9조제3항에 따라 별지 제6호서식의 안전시설등 설치(완공)신고서(전자문서로 된 신고서를 포함한다)**에 다음 각 호의 서류**(전자문서를 포함하며, 설치신고 시에는 제1호부터 제3호까지의 서류를 말한다)를 첨부하여 **소방본부장 또는 소방서장에게 제출해야 한다.** 이 경우 소방본부장 또는 소방서장은 「전자정부법」 제36조제1항에 따른 행정정보의 공동이용을 통하여 제5호에 따른 전기안전점검 확인서를 확인해야 하며, 신고인이 확인에 동의하지 않는 경우에는 그 서류를 제출하도록 해야 한다.

1. 「소방시설공사업법」 제4조제1항에 따른 소방시설설계업자가 작성한 안전시설등의 **설계도서**(소방시

설의 계통도, 실내장식물의 재료 및 설치면적, 내부구획의 재료, 비상구 및 창호도 등이 표시된 것을 말한다) 1부. 다만, 완공신고의 경우에는 설치신고 시 제출한 설계도서와 달라진 내용이 있는 경우에만 제출한다.
   2. 별지 제6호의2서식의 **안전시설등 설치명세서** 1부. 다만, 완공신고의 경우에는 설치내용이 설치신고 시와 달라진 경우에만 제출한다.
   3. **구획된 실의 세부용도 등이 표시된 영업장의 평면도**(복도, 계단 등 해당 영업장의 부수시설이 포함된 평면도를 말한다) 1부. 다만, 완공신고의 경우에는 설치내용이 설치신고 시와 달라진 경우에만 제출한다.
   4. 법 제13조의3제1항에 따른 **화재배상책임보험 증권 사본**(*보험증권은 보험계약의 내용을 담은 것이고, **보험(가입)증명서는 보험가입사실을 확인해 주는 서류**) 등 화재배상책임보험 가입을 증명할 수 있는 서류 1부
   5. 「전기안전관리법」 제13조제1항에 따른 **전기안전점검 확인서** 등 전기설비의 안전진단을 증빙할 수 있는 서류(고시원업, 전화방업·화상대화방업, 수면방업, 콜라텍업, 방탈출카페업, 키즈카페업, 만화카페업만 해당한다) 1부
   6. 별지 제6호의3서식의 **구조안전 확인서**(건축물 외벽에 발코니 형태의 비상구를 설치한 경우만 해당한다) 1부
② 소방본부장 또는 소방서장은 법 제9조제5항에 따라 현장을 확인한 결과 안전시설등이 별표 2에 적합하다고 인정하는 경우에는 별지 제7호서식의 안전시설등 완비증명서를 발급하고, 적합하지 아니한 때에는 신청인에게 서면으로 그 사유를 통보하고 보완을 요구하여야 한다.
③ 소방본부장 또는 소방서장은 제1항에 따른 안전시설등 설치(완공)신고서를 접수하거나 제2항에 따른 안전시설등 완비증명서를 발급한 때에는 별지 제8호서식의 안전시설등 완비증명서 발급 대장에 발급 일자 등을 적어 관리하여야 한다.
④ 다중이용업주는 다음 각 호의 어느 하나에 해당하여 제2항에 따라 발급받은 안전시설등 완비증명서를 재발급받으려는 경우에는 별지 제9호서식의 안전시설등 완비증명서 재발급 신청서에 이전에 발급받은 안전시설등 완비증명서를 첨부(제1호의 경우는 제외한다)하여 소방본부장 또는 소방서장에게 제출해야 한다.
   1. 안전시설등 완비증명서를 잃어버린 경우
   2. 안전시설등 완비증명서가 헐어서 쓸 수 없게 된 경우
   3. 안전시설등 및 영업장 내부구조 변경 등이 없이 다음 각 목의 어느 하나에 해당하는 경우
      가. 실내장식물을 변경하는 경우
      나. 법 제7조제2항제3호 및 제4호에 해당하는 경우
   4. 안전시설등을 추가하지 아니하는 업종으로 업종 변경을 한 경우. 다만, 내부구조 변경 등이 있거나 업종 변경에 따라 강화된 기준을 적용받는 경우는 제외한다.
⑤ 소방본부장 또는 소방서장은 제4항에 따른 신청을 받은 날부터 3일 이내에 안전시설등 완비증명서를 재발급하고, 별지 제8호서식의 안전시설등 완비증명서 발급 대장에 그 사실을 기록하여 관리하여야 한다.

> **문** 「다중이용업소의 안전관리에 관한 특별법 시행규칙」상 다중이용업소에 안전시설 등의 설치신고 시 제출해야 하는 서류에 해당하지 <u>않는</u> 것은?
>
> ① 안전시설 등의 설계도서
> ② 안전시설 등의 설치명세서
> ③ 구획된 실의 세부용도 등이 표시된 영업장의 평면도
> ④ 화재배상책임보험 가입 증명서
>
> 정답 ④

제11조의2(다중이용업소의 비상구 추락방지 기준) ① 법 제9조의2에서 "행정안전부령으로 정하는 비상구"란 영업장의 위치가 **4층 이하(지하층인 경우는 제외한다)**인 경우 그 영업장에 설치하는 비상구를 말한다.

② 제1항에 따른 비상구의 설치 기준과 법 제9조의2에 따른 추락 등의 방지를 위한 장치의 설치 기준은 별표 2 제2호다목과 같다.

제11조의3(영업장의 내부구획 기준) 법 제10조의2제1항에 따라 다중이용업소의 영업장 내부를 구획함에 있어 배관 및 전선관 등이 영업장 또는 천장(반자속)의 내부구획된 부분을 관통하여 틈이 생긴 때에는 다음 각 호의 어느 하나에 해당하는 재료를 사용하여 **그 틈을 메워야 한다.**

1. 「산업표준화법」에 따른 한국산업표준에서 내화충전성능을 인정한 구조로 된 것
2. 「과학기술분야 정부출연연구기관 등의 설립·운영에 관한 법률」에 따라 설립된 한국건설기술연구원의 장이 국토교통부장관이 정하여 고시하는 기준에 따라 내화충전성능을 인정한 구조로 된 것

★**제12조(피난안내도 비치 대상 등)** ① 법 제12조제2항에 따른 피난안내도 비치 대상, 피난안내 영상물 상영 대상, 피난안내도 비치 위치 및 **피난안내 영상물** 상영 시간 등은 **별표 2의2**와 같다.

② 제1항에 따라 피난안내도를 비치하거나 피난안내에 관한 영상물을 상영하여야 하는 다중이용업주는 법 제13조제1항에 따라 안전시설등을 점검할 때에 피난안내도 및 피난안내에 관한 영상물을 포함하여 점검하여야 한다.

★**제13조(다중이용업소 안전시설등 세부점검표)** 법 제13조제1항 및 제2항에 따라 안전시설등을 점검하는 경우에는 별지 제10호서식의 안전시설등 세부점검표를 사용하여 점검한다.

제14조(안전점검의 대상, 점검자의 자격 등) 법 제13조제3항에 따른 안전점검의 대상, 점검자의 자격, 점검주기, 점검방법은 다음 각 호와 같다.

1. 안전점검 대상 : 다중이용업소의 영업장에 설치된 영 제9조의 안전시설등
2. 안전점검자의 자격: 다음 각 목의 어느 하나에 해당하는 자
   가. 해당 영업장의 다중이용업주 또는 다중이용업소가 위치한 특정소방대상물의 소방안전관리자 (소방안전관리자가 선임된 경우에 한한다)
   나. 해당 업소의 종업원 중 다음의 어느 하나에 해당하는 사람
      1) 「화재의 예방 및 안전관리에 관한 법률 시행령」 별표 6 제2호마목 또는 같은 표 제3호자

목에 따라 소방안전관리자 자격을 취득한 사람
2) 「소방시설 설치 및 관리에 관한 법률」 제25조에 따른 소방시설관리사 자격을 취득한 사람
3) 「국가기술자격법」에 따라 소방기술사·소방설비기사 또는 소방설비산업기사 자격을 취득한 사람
다. 「소방시설 설치 및 관리에 관한 법률」 제29조에 따른 소방시설관리업자
3. **점검주기 : 매 분기별 1회 이상 점검**. 다만, 「소방시설 설치 및 관리에 관한 법률」 제22조제1항에 따라 자체점검을 실시한 경우에는 자체점검을 실시한 그 분기에는 점검을 실시하지 아니할 수 있다.
4. 점검방법 : 안전시설등의 작동 및 유지·관리 상태를 점검한다.

제14조의2(화재배상책임보험 가입 영업소의 표지) 법 제13조의3제2항에 따른 화재배상책임보험에 가입한 영업소임을 표시하는 표지의 규격, 재질 및 부착 위치 등은 별표 2의3과 같다.

제14조의3(화재배상책임보험 계약 체결 사실 등의 통지 시기 등) ① 보험회사는 법 제13조의3제4항에 따라 화재배상책임보험 계약 체결 사실 등을 다음 각 호의 구분에 따른 시기에 소방청장, 소방본부장 또는 소방서장에게 알려야 한다.
1. 법 제13조의3제4항제1호에 해당하는 경우: 계약 체결 사실을 보험회사의 전산시스템에 입력한 날부터 5일 이내. 다만, 계약의 효력발생일부터 30일을 초과하여서는 아니 된다.
2. 법 제13조의3제4항제2호에 해당하는 경우: 계약 해지 사실을 보험회사의 전산시스템에 입력한 날부터 5일 이내. 다만, 계약의 효력소멸일부터 30일을 초과하여서는 아니 된다.
3. 법 제13조의3제4항제3호에 해당하는 경우에는 다음 각 목의 시기
    가. 매월 1일부터 10일까지의 기간 내에 계약이 끝난 경우: 같은 달 20일까지
    나. 매월 11일부터 20일까지의 기간 내에 계약이 끝난 경우: 같은 달 말일까지
    다. 매월 21일부터 말일까지의 기간 내에 계약이 끝난 경우: 그 다음 달 10일까지
② 보험회사가 제1항에 따라 화재배상책임보험 계약 체결 사실 등을 알릴 때에는 다음 각 호의 사항을 포함하여야 한다.
1. 다중이용업주의 성명, 주민등록번호 및 주소(법인의 경우에는 법인의 명칭, 법인등록번호 및 주소를 말한다)
2. 다중이용업소의 상호, 영 제2조에 따른 다중이용업의 종류, 영업장 면적 및 영업장 주소
3. 화재배상책임보험 계약 기간(법 제13조의3제4항제1호의 경우만 해당한다)
③ 보험회사가 제1항에 따라 화재배상책임보험 계약 체결 사실 등을 알릴 때에는 법 제19조제2항에 따른 책임보험전산망을 이용하여야 한다. 다만, 전산망의 장애 등으로 책임보험전산망을 이용하기 곤란한 경우에는 문서 또는 전자우편 등의 방법으로 알릴 수 있다.

제14조의4(공동계약 체결이 가능한 경우) 법 제13조의5제2항 전단에서 "행정안전부령으로 정하는 사유"란 다음 각 호의 어느 하나에 해당하는 사유가 있는 경우를 말한다.
1. 해당 영업장에서 화재 관련 사고가 발생한 사실이 있는 경우
2. 보험회사가 「보험업법」에 따라 허가를 받거나 신고한 화재배상책임보험의 보험요율과 보험금액의 산출 기준이 법 제13조의2제1항에 따른 책임을 담보하기에 현저히 곤란하다고 「보험업법」 제176

조에 따른 보험요율 산출기관이 인정한 경우

제14조의5(화재배상책임보험 계약의 해제·해지 가능 사유) 법 제13조의6제3호에서 "행정안전부령으로 정하는 경우"란 다음 각 호의 어느 하나에 해당하는 경우를 말한다.
  1. 폐업한 경우
  2. 영 제2조에 따른 다중이용업에 해당하지 않게 된 경우
  3. 천재지변, 사고 등의 사유로 다중이용업주가 다중이용업을 더 이상 운영할 수 없게 된 사실을 증명한 경우
  4. 「상법」 제650조제1항·제2항, 제651조, 제652조제1항 또는 제654조에 따른 계약 해지 사유가 발생한 경우

제15조(손실보상 재결신청) 영 제12조제4항에 따른 보상금의 지급 또는 공탁의 통지에 불복하는 자는 별지 제11호서식의 손실보상재결신청서에 따라 중앙토지수용위원회에 재결을 신청하여야 한다.

제15조의2(소방안전교육 등의 면제기간) 법 제15조제5항에서 "행정안전부령으로 정하는 기간 동안"이란 소방청장, 소방본부장 또는 소방서장으로부터 화재위험평가 결과가 에이(A) 등급에 해당한다고 통보받은 날부터 2년이 되는 날까지를 말한다.

제16조(화재위험평가대행자의 등록신청 등) ① 법 제16조제1항에 따라 화재위험평가를 대행하려는 자는 별지 제12호서식의 화재위험평가대행자 등록신청서에 다음 각 호의 서류(전자문서를 포함한다)를 첨부하여 소방청장에게 제출해야 한다.
  1. 별지 제13호서식의 기술인력명부 및 기술자격을 증명하는 서류(「국가기술자격법」에 따라 발급받은 국가기술자격증이 없는 경우만 해당한다)
  2. 실무경력증명서(해당자에 한한다) 1부
  3. 영 별표 5에 따른 시설 및 장비명세서 1부
  4. 별지 제13호의2서식의 병력(病歷) 신고 및 개인정보 이용 동의서(이하 이 조에서 "동의서"라 하며, 법인인 경우에는 소속 임원의 것을 포함한다)

② 제1항에 따른 등록신청을 받은 소방청장은 「전자정부법」 제36조제1항에 따른 행정정보의 공동이용을 통하여 법인 등기사항증명서(법인인 경우만 해당한다), 사업자등록증명(개인인 경우만 해당한다) 및 해당 기술인력의 국가기술자격취득사항확인서를 확인하여야 한다. 다만, 신청인이 사업자등록증명 또는 국가기술자격취득사항확인서의 확인에 동의하지 않는 경우에는 사업자등록증 사본 또는 국가기술자격증 사본을 첨부하도록 하여야 한다.

③ 제1항에 따라 동의서를 제출받은 소방청장은 국민건강보험공단 등 관계기관에 치료경력의 조회를 요청할 수 있다.

④ 소방청장은 동의서의 기재내용 또는 관계기관의 조회결과를 확인하여 필요한 경우 화재위험평가를 대행하려는 자에게 영 제15조의2 각 호에 해당하지 않음을 증명하는 해당 분야 전문의의 진단서 또는 소견서(제출일 기준 6개월 이내에 발급된 서류에 한정한다)를 제출하도록 요청할 수 있다. 이 경우 화재위험평가를 대행하려는 자는 해당 서류를 소방청장에게 제출해야 한다.

⑤ 소방청장은 제1항에 따른 등록신청이 영 제14조 및 영 별표 5에 따른 기준에 적합하다고 인정되는 경우에는 등록신청을 받은 날부터 30일 이내에 별지 제14호서식의 화재위험평가대행자등록증을 발급

하고, 별지 제15호서식의 화재위험평가대행사등록증 발급(새발급) 대장에 기록하여 관리해야 한다.
⑥ 제5항에 따라 화재위험평가대행자등록증을 발급받은 자(이하 "평가대행자"라 한다)는 화재위험평가대행자등록증을 잃어버리거나 화재위험평가대행자등록증이 헐어 못쓰게 된 경우에는 소방청장에게 화재위험평가대행자등록증의 재발급을 신청할 수 있다.
⑦ 평가대행자가 제6항에 따라 화재위험평가대행자등록증의 재발급을 신청하려는 때에는 별지 제16호서식의 화재위험평가대행자등록증 재발급 신청서를 소방청장에게 제출해야 한다.
⑧ 소방청장은 제7항에 따라 화재위험평가대행자등록증 재발급 신청서를 접수한 경우에는 3일 이내에 화재위험평가대행자등록증을 재발급해야 한다.
⑨ 법 제17조제1항에 따라 평가대행자의 등록이 취소된 자는 지체 없이 화재위험평가대행자등록증을 소방청장에게 반납해야 한다.

제17조(평가대행자의 등록사항 변경신청 등) ① 평가대행자는 법 제16조제1항 후단에 따라 등록 사항 중 중요 사항을 변경하려는 때에는 별지 제12호서식의 화재위험평가대행자 변경등록 신청서에 다음 각 호의 서류(전자문서를 포함한다)를 첨부하여 소방청장에게 제출해야 한다.
  1. 화재위험평가대행자 등록증
  2. 별지 제13호서식의 기술인력명부(기술인력이 변경된 경우만 해당한다) 및 기술자격을 증명하는 서류(「국가기술자격법」에 따라 발급받은 국가기술자격증이 없는 경우만 해당한다)
  3. 별지 제13호의2서식의 병력 신고 및 개인정보 이용 동의서(대표자가 변경된 경우만 해당한다)
② 제1항에 따른 변경등록 신청을 받은 소방청장은 「전자정부법」 제36조제1항에 따른 행정정보의 공동이용을 통하여 법인 등기사항증명서(법인인 경우만 해당한다), 사업자등록증명(개인인 경우만 해당한다) 및 해당 기술인력의 국가기술자격취득사항확인서를 확인하여야 한다. 다만, 신청인이 사업자등록증명 또는 국가기술자격취득사항확인서의 확인에 동의하지 않는 경우에는 사업자등록증 사본 또는 국가기술자격증 사본을 첨부하도록 하여야 한다.

제18조(화재위험평가서의 보존기간) 법 제16조제3항제3호의 "행정안전부령으로 정하는 기간 동안"이란 화재위험평가결과보고서를 소방청장·소방본부장 또는 소방서장 등에게 제출한 날부터 2년간을 말한다.

제19조(휴업 또는 폐업신고 등) ① 평가대행자는 법 제16조제4항에 따라 휴업 또는 폐업을 하려는 때에는 별지 제17호서식의 화재위험평가대행자 휴업(폐업)신고서에 화재위험평가대행자 등록증을 첨부하여 소방청장에게 제출하여야 한다.
② 소방청장은 제1항에 따라 휴업 또는 폐업신고를 받은 때에는 이를 특별시장·광역시장·특별자치시장·도지사 또는 특별자치도지사에게 통보하여야 한다.

제20조(행정처분기준) 법 제17조제3항에 따른 평가대행자의 등록취소 또는 업무정지의 행정처분기준은 별표 3과 같다.

제21조(안전관리우수업소 표지 크기 등) ① 법 제21조제3항에서 "행정안전부령으로 정하는 기간 동안"이란 법 제21조제1항에 따라 소방본부장 또는 소방서장으로부터 안전관리업무 이행실태가 우수하다고 통보 받은 날부터 2년이 되는 날까지를 말한다.
② 법 제21조제1항에 따른 안전관리우수업소(이하 "안전관리우수업소"라 한다) 표지의 규격·재질·부착기간 등은 별표 4와 같다.

제22조(안전관리우수업소 표지 발급대장의 관리 등) ① 소방본부장 또는 소방서장은 영 제21조제1항에 따라 <u>안전관리우수업소 표지를 발급한 날부터 2년이 되는 날 이후 30일 이내에 정기심사를 실시</u>하여 영 제19조에 따른 요건에 적합한 경우에는 안전관리우수업소표지를 갱신해 주어야 한다.

② 소방본부장 또는 소방서장은 안전관리우수업소표지를 발급 또는 갱신발급하였을 때에는 별지 제18호서식의 안전관리우수업소 표지 발급(갱신발급)대장에 그 사실을 기록하고 관리하여야 한다.

제23조(안전관리우수업소의 공표) ① 소방본부장 또는 소방서장은 영 제21조제1항에 따라 안전관리우수업소의 표지를 발급한 때에는 이를 지체 없이 공표하여야 한다.

② 제1항에 따른 공표는 영 제18조제3항에 따른 매체에 다음 각 호의 구분에 따라 그 내용을 기재하여 이를 공표한다.

   1. 안전관리우수업소의 공표 또는 갱신공표의 경우

      가. 안전관리우수업소의 명칭과 다중이용업주 이름

      나. 안전관리우수업무의 내용

      다. 안전관리우수업소 표지를 부착할 수 있는 기간

   2. 안전관리우수업소의 표지 사용정지의 경우

      가. 안전관리우수업소의 표지 사용정지대상인 다중이용업소의 명칭과 다중이용업주 이름

      나. 안전관리우수업소 표지의 사용을 정지하는 사유

      다. 안전관리우수업소 표지의 사용정지일

제24조(안전관리우수업소의 공표신청 등) ① 영 제22조제1항에 따라 안전관리우수업소로 인정을 받으려는 다중이용업주는 별지 제19호서식의 안전관리우수업소 공표신청서에 안전시설등 완비증명서 사본을 첨부하여 소방본부장 또는 소방서장에게 신청하여야 한다.

② 제1항에 따른 신청을 받은 소방본부장 또는 소방서장은 「전자정부법」 제36조제1항에 따른 행정정보의 공동이용을 통하여 법인 등기사항증명서(법인인 경우만 해당한다) 또는 사업자등록증명(개인인 경우만 해당하며, 주민등록번호가 제외된 사업자등록증명을 말한다)을 확인하여야 한다. 다만, 신청인이 사업자등록증명의 확인에 동의하지 않는 경우에는 사업자등록증 사본을 첨부하도록 하여야 한다.

③ 소방본부장 또는 소방서장은 제1항에 따른 신청을 받은 경우에는 영 제20조에 따라 예정공고를 거쳐 영 제19조의 안전관리우수업소 요건에 적합한지를 확인하여야 한다.

④ 소방본부장 또는 소방서장은 제3항에 따른 확인결과 그 다중이용업소가 그 요건에 적합하다고 인정하는 때에는 그 사실을 안전관리우수업소 공표신청을 한 다중이용업주에게 통보하고 안전관리우수업소 표지를 교부하여야 하며, 부적합하다고 인정하는 때에는 신청인에게 서면으로 그 사유를 통보하여야 한다.

제25조(소방안전교육 위탁기관이 갖추어야 하는 시설기준 등) 법 제22조제1항에 따라 소방안전교육을 위탁받은 기관이 갖추어야 하는 시설기준은 별표 5와 같다.

제26조(이행강제금 징수절차) 영 제24조에 따른 이행강제금의 징수절차에 관해서는 「국고금 관리법 시행규칙」을 준용한다. 이 경우 납입고지서에는 이의방법 및 이의기간 등을 함께 적어야 한다.

■ 다중이용업소의 안전관리에 관한 특별법 시행규칙 [별표 2]

안전시설등의 설치·유지 기준(제9조 관련)

안전시설등 종류	설치·유지 기준
1. 소방시설	
가. 소화설비	
1) 소화기 또는 자동확산소화기	영업장 안의 구획된 실마다 설치할 것
2) 간이스프링클러설비	「소방시설 설치 및 관리에 관한 법률」 제2조제6호에 따른 화재안전기준(이하 이 표에서 "화재안전기준"이라 한다)에 따라 설치할 것. 다만, 영업장의 구획된 실마다 간이스프링클러헤드 또는 스프링클러헤드가 설치된 경우에는 그 설비의 유효범위 부분에는 간이스프링클러설비를 설치하지 않을 수 있다.
나. 비상벨설비 또는 자동화재탐지설비	가) 영업장의 구획된 실마다 비상벨설비 또는 자동화재탐지설비 중 하나 이상을 화재안전기준에 따라 설치할 것 나) **자동화재탐지설비를 설치하는 경우에는 감지기와 지구음향장치는 영업장의 구획된 실마다 설치할 것.** 다만, 영업장의 구획된 실에 비상방송설비의 음향장치가 설치된 경우 해당 실에는 지구음향장치를 설치하지 않을 수 있다. 다) 영상음향차단장치가 설치된 영업장에 **자동화재탐지설비의 수신기를 별도로 설치할 것** 　* 지구음향장치는 자동화재탐지설비에서 화재 발생 시 해당 층에 경보음을 발하여 화재를 알리는 장치로, 소방대상물의 각 층마다 설치되며 감지기 작동과 연동하여 90dB 이상의 소리를 낸다. 　* 영상음향차단장치가 설치된 영업장에 자동화재탐지설비의 수신기를 별도로 설치하는 이유는 화재 발생 시 영상음향장치의 방해 없이 경보음을 정확하게 전달하고 신속한 상황 파악 및 피난 안내를 위해 영상음향차단장치가 작동하면 해당 설비로 인한 소리가 자동화재탐지설비의 지구음향장치(경보음)를 덮어버릴 수 있어, 별도의 수신기를 통해 경보음을 명확히 전달하여 화재 상황을 효율적으로 알릴 수 있도록 하기 때문이다.
다. 피난설비	
1) 피난기구	2층 이상 4층 이하에 위치하는 영업장의 발코니 또는 부속실과 연결되는 비상구에는 피난기구를 화재안전기준에 따라 설치할 것

	2) 피난유도선	가) 영업장 내부 피난통로 또는 복도에 「소방시설 설치 및 관리에 관한 법률」 제12조제1항에 따라 소방청장이 정하여 고시하는 유도등 및 유도표지의 화재안전기준에 따라 설치할 것 나) 전류에 의하여 빛을 내는 방식으로 할 것
	3) 유도등, 유도표지 또는 비상조명등	영업장의 구획된 실마다 유도등, 유도표지 또는 비상조명등 중 하나 이상을 화재안전기준에 따라 설치할 것
	4) 휴대용 비상조명등	영업장안의 구획된 실마다 휴대용 비상조명등을 화재안전기준에 따라 설치할 것

2. 주된 출입구 및 비상구 (이하 이 표에서 "비상구 등"이라 한다)	가. 공통기준
	1) 설치 위치 : **비상구**는 영업장(2개 이상의 층이 있는 경우에는 각각의 층별 영업장을 말한다. 이하 이 표에서 같다) **주된 출입구의 반대방향에 설치하되,** 주된 출입구 중심선으로부터의 수평거리가 영업장의 가장 긴 대각선 길이, 가로 또는 세로 길이 중 가장 긴 길이의 2분의 1 이상 떨어진 위치에 설치할 것. 다만, 건물구조로 인하여 주된 출입구의 반대방향에 설치할 수 없는 경우에는 주된 출입구 중심선으로부터의 수평거리가 영업장의 가장 긴 대각선 길이, 가로 또는 세로 길이 중 가장 긴 길이의 2분의 1 이상 떨어진 위치에 설치할 수 있다.
	2) **비상구등 규격 : 가로 75센티미터 이상, 세로 150센티미터 이상(문틀을 제외한 가로길이 및 세로길이를 말한다)**으로 할 것
	3) 구조
	  가) 비상구등은 구획된 실 또는 천장으로 통하는 구조가 아닌 것으로 할 것. 다만, 영업장 바닥에서 천장까지 불연재료**(不燃材料)**로 구획된 부속실(전실), 「모자보건법」 제2조제10호에 따른 산후조리원에 설치하는 방풍실 또는 「녹색건축물 조성 지원법」에 따라 설계된 방풍구조는 그렇지 않다.
	  나) 비상구등은 다른 영업장 또는 다른 용도의 시설(주차장은 제외한다)을 경유하는 구조가 아닌 것이어야 할 것.
	4) 문
	  가) 문이 열리는 방향 : 피난방향으로 열리는 구조로 할 것
	  나) 문의 재질 : 주요 구조부(영업장의 벽, 천장 및 바닥을 말한다. 이하 이 표에서 같다)가 내화구조(耐火構造)인 경우 **비상구등의 문은 방화문(防火門)**으로 설치할 것. 다만, 다음의 어느 하나에 해당하는 경우에는 불연재료로 설치할 수 있다.
	    (1) 주요 구조부가 내화구조가 아닌 경우
	    (2) 건물의 구조상 비상구등의 문이 지표면과 접하는 경우

로시 화재의 연소 확대 우려가 없는 경우
(3) 비상구등의 문이 「건축법 시행령」 제35조에 따른 피난계단 또는 특별피난계단의 설치 기준에 따라 설치해야 하는 문이 아니거나 같은 영 제46조에 따라 설치되는 방화구획이 아닌 곳에 위치한 경우
다) 주된 출입구의 문이 나)(3)에 해당하고, 다음의 기준을 모두 충족하는 경우에는 주된 출입구의 문을 자동문[미서기(슬라이딩)문을 말한다]으로 설치할 수 있다.
(1) 화재감지기와 연동하여 개방되는 구조
(2) 정전 시 자동으로 개방되는 구조
(3) 정전 시 수동으로 개방되는 구조

나. **복층구조(複層構造)** 영업장(2개 이상의 층에 내부계단 또는 통로가 각각 설치되어 하나의 층의 내부에서 다른 층의 내부로 출입할 수 있도록 되어 있는 구조의 영업장을 말한다)**의 기준**
1) 각 층마다 영업장 외부의 계단 등으로 피난할 수 있는 비상구를 설치할 것
2) 비상구등의 문이 열리는 방향은 실내에서 외부로 열리는 구조로 할 것
3) 비상구등의 문의 재질은 가목4)나)의 기준을 따를 것
4) 영업장의 위치 및 구조가 다음의 어느 하나에 해당하는 경우에는 1)에도 불구하고 그 영업장으로 사용하는 어느 하나의 층에 비상구를 설치할 것
   가) 건축물 주요 구조부를 훼손하는 경우
   나) 옹벽 또는 외벽이 유리로 설치된 경우 등

다. 2층 이상 4층 이하에 위치하는 영업장의 발코니 또는 부속실과 연결되는 비상구를 설치하는 경우의 기준
1) 피난 시에 유효한 발코니[활하중 5킬로뉴턴/제곱미터(5kN/㎡) 이상, 가로 75센티미터 이상, 세로 150센티미터 이상, 면적 1.12제곱미터 이상, 난간의 높이 100센티미터 이상인 것을 말한다. 이하 이 목에서 같다] 또는 부속실(불연재료로 바닥에서 천장까지 구획된 실로서 가로 75센티미터 이상, 세로 150센티미터 이상, 면적 1.12제곱미터 이상인 것을 말한다. 이하 이 목에서 같다)을 설치하고, 그 장소에 적합한 피난기구를 설치할 것
2) 부속실을 설치하는 경우 부속실 입구의 문과 건물 외부로 나가는 문의 규격은 가목2)에 따른 비상구등의 규격으로 할 것. 다만, 120센티미터 이상의 난간이 있는 경우에는 발판 등을 설치하고 건축물 외부로 나가는 문의 규격과 재질을 가로 75센티미터 이상, 세로 100센티미터 이상의 창호로 설치할 수 있다.
3) 추락 등의 방지를 위하여 다음 사항을 갖추도록 할 것

		가) 발코니 및 부속실 입구의 문을 개방하면 경보음이 울리도록 경보음 발생 장치를 설치하고, 추락위험을 알리는 표지를 문(부속실의 경우 외부로 나가는 문도 포함한다)에 부착할 것 나) 부속실에서 건물 외부로 나가는 문 안쪽에는 기둥·바닥·벽 등의 견고한 부분에 탈착이 가능한 쇠사슬 또는 안전로프 등을 바닥에서부터 120센티미터 이상의 높이에 가로로 설치할 것. 다만, 120센티미터 이상의 난간이 설치된 경우에는 쇠사슬 또는 안전로프 등을 설치하지 않을 수 있다.
2의2. 영업장 구획 등		층별 영업장은 다른 영업장 또는 다른 용도의 시설과 불연재료·준불연재료로 된 차단벽이나 칸막이로 분리되도록 할 것. 다만, 가목부터 다목까지의 경우에는 분리 또는 구획하는 별도의 차단벽이나 칸막이 등을 설치하지 않을 수 있다. 가. 둘 이상의 영업소가 주방 외에 객실부분을 공동으로 사용하는 등의 구조인 경우 나. 「식품위생법 시행규칙」 별표 14 제8호가목5)다)에 해당되는 경우 다. 영 제9조에 따른 안전시설등을 갖춘 경우로서 실내에 설치한 유원시설업의 허가 면적 내에 「관광진흥법 시행규칙」 별표 1의2 제1호 가목에 따라 청소년게임제공업 또는 인터넷컴퓨터게임시설제공업이 설치된 경우
3. 영업장 내부 피난통로		가. **내부 피난통로의 폭은 120센티미터 이상으로 할 것. 다만, 양 옆에 구획된 실이 있는 영업장으로서 구획된 실의 출입문 열리는 방향이 피난통로 방향인 경우에는 150센티미터 이상으로 설치하여야 한다.** 나. **구획된 실부터 주된 출입구 또는 비상구까지의 내부 피난통로의 구조는 '세 번 이상' 구부러지는 형태로 설치하지 말 것**
4. 창문		가. **영업장 층별로 가로 50센티미터 이상, 세로 50센티미터 이상 열리는 창문을 1개 이상 설치할 것** 나. 영업장 내부 피난통로 또는 복도에 바깥 공기와 접하는 부분에 설치할 것(구획된 실에 설치하는 것을 제외한다)
5. 영상음향차단장치		가. 화재 시 자동화재탐지설비의 감지기에 의하여 자동으로 음향 및 영상이 정지될 수 있는 구조로 설치하되, 수동(하나의 스위치로 전체의 음향 및 영상장치를 제어할 수 있는 구조를 말한다)으로도 조작할 수 있도록 설치할 것 나. 영상음향차단장치의 수동차단스위치를 설치하는 경우에는 관계인이 일정하게 거주하거나 일정하게 근무하는 장소에 설치할 것. 이 경우 수동차단스위치와 가장 가까운 곳에 "영상음향차단스위치"라는 표지를 부착하여야 한다. 다. 전기로 인한 화재발생 위험을 예방하기 위하여 부하용량에 알맞은

		누전차단기(과전류차단기를 포함한다)를 설치할 것 라. 영상음향차단장치의 작동으로 실내 등의 전원이 차단되지 않는 구조로 설치할 것
6.	보일러실과 영업장 사이의 방화구획	보일러실과 영업장 사이의 출입문은 방화문으로 설치하고, 개구부(開口部)에는 방화댐퍼(화재 시 연기 등을 차단하는 장치)를 설치할 것

> [비고]
> 1. "방화문(防火門)"이란 「건축법 시행령」 제64조에 따른 60분+ 방화문, 60분 방화문, 30분 방화문으로서 언제나 닫힌 상태를 유지하거나 화재로 인한 연기의 발생 또는 온도의 상승에 따라 자동적으로 닫히는 구조를 말한다. 다만, 자동으로 닫히는 구조 중 열에 의하여 녹는 퓨즈[도화선(導火線)을 말한다] 타입 구조의 방화문은 제외한다.
> 2. 법 제15조제4항에 따라 소방청장·소방본부장 또는 소방서장은 해당 영업장에 대해 화재위험평가를 실시한 결과 **화재위험유발지수가 영 제13조에 따른 기준 미만인 업종에 (→ *A등급)대해서는 소방시설·비상구 또는 그 밖의 안전시설등의 설치를 면제한다.**
> 3. 소방본부장 또는 소방서장은 비상구의 크기, 비상구의 설치 거리, 간이스프링클러설비의 배관 구경(口徑) 등 소방청장이 정하여 고시하는 안전시설등에 대해서는 소방청장이 고시하는 바에 따라 안전시설등의 설치·유지 기준의 일부를 적용하지 않을 수 있다.

문1 「다중이용업소의 안전관리에 관한 특별법 시행규칙」상 다중이용업소 안전시설 등의 설치·유지 기준으로 옳지 <u>않은</u> 것은?

① 소화기는 영업장 안의 구획된 실마다 설치할 것
② 고시원업의 영업장에는 층별로 가로 50센티미터 이상, 세로 50센티미터 이상 열리는 창문을 1개 이상 설치할 것
③ 양 옆에 구획된 실이 있는 영업장으로서 구획된 실의 출입문 열리는 방향이 피난통로 방향인 경우에는 영업장 내부 피난통로의 폭은 120센티미터 이상으로 설치할 것
④ 2층 이상 4층 이하에 위치하는 영업장의 발코니 또는 부속실과 연결되는 비상구에는 피난기구를 화재안전기준에 따라 설치할 것

정답 ③

문2 「다중이용업소의 안전관리에 관한 특별법 시행규칙」상 다중이용업소에 설치하는 안전시설 등의 설치·유지 기준 중 비상벨설비 또는 자동화재탐지설비에 대한 내용으로 옳지 <u>않은</u> 것은?

① 영업장의 구획된 실마다 비상벨설비 또는 자동화재탐지설비 중 하나 이상을 화재안전기준에 따라 설치하여야 한다.
② 자동화재탐지설비를 설치하는 경우에는 각 구획된 실마다 감지기와 지구음향장치를 설치하여야 한다.
③ 비상방송설비의 음향장치가 설치된 경우 해당실에는 자동화재탐지설비의 지구음향장치를 설치하지 않을 수 있다.
④ 영상음향차단장치가 설치된 영업장에는 자동화재탐지설비의 수신기를 별도로 설치하지 않을 수 있다.

정답 ④

문3 「다중이용업소의 안전관리에 관한 특별법 시행규칙」상 다중이용업소의 비상구 설치 기준에 관한 설명으로 옳지 <u>않은</u> 것은?

① 비상구는 구획된 실 또는 천장으로 통하는 구조가 아니어야 한다. 다만 영업장 바닥에서 천장까지 준불연재료로 구획된 부속실(전실)은 그러하지 아니하다.
② 비상구는 다른 영업장 또는 다른 용도의 시설(주차장은 제외)을 경유하는 구조가 아닌 것이어야 한다.
③ 비상구 규격은 가로 75센티미터 이상, 세로 150센티미터 이상(비상구 문틀을 제외한 비상구의 가로길이 및 세로길이를 말함)으로 한다.

④ 복층구조의 영업장에 옹벽 또는 외벽이 유리로 설치된 경우에는 영업장으로 사용하는 어느 하나의 층에 비상구를 설치하여야 한다.

정답 ①

문4 다중이용업소의 안전관리에 관한 특별법령상 안전시설 등의 설치·유지 기준으로 옳지 않은 것은?

① 영업장 층별로 가로 50㎝ 이상, 세로 50㎝ 이상 열리는 창문을 1개 이상 설치할 것
② 영업장 내부 피난통로 또는 복도에 바깥 공기와 접하는 부분에 창문을 설치할 것(구획된 실에 설치하는 것은 제외)
③ 보일러실과 영업장 사이의 출입문은 방화문으로 설치하고, 개구부에는 방화댐퍼(화재 시 연기 등을 차단하는 장치)를 설치할 것
④ 구획된 실부터 주된 출입구 또는 비상구까지의 내부 피난통로의 구조는 네 번 이상 구부러지는 형태로 설치하지 말 것

정답 ④

문5 다중이용업소의 안전관리에 관한 특별법령상 양 옆에 구획된 실이 있는 영업장으로서 구획된 실의 출입문 열리는 방향이 피난통로 방향인 경우 다중이용업주 및 다중이용업을 하려는 자가 설치·유지하여야 하는 영업장 내부 피난통로의 폭은?

① 70센티미터 이상
② 100센티미터 이상
③ 120센티미터 이상
④ 150센티미터 이상

정답 ④

■ 다중이용업소의 안전관리에 관한 특별법 시행규칙 [별표 1]

소방안전교육에 필요한 교육인력 및 시설·장비기준(제8조관련)

1. 교육인력
   가. 인원 : 강사 4인 및 교무요원 2인 이상
   나. 강사의 자격요건
      (1) 강사
         (가) 소방 관련학의 석사학위 이상을 가진 자
         (나) 전문대학 또는 이와 동등 이상의 교육기관에서 소방안전 관련 학과 전임강사 이상으로 재직한 자
         (다) 「국가기술자격법 시행규칙」 별표 2의 소방기술사, 위험물기능장, 「소방시설 설치 및 관리에 관한 법률」 제25조에 따른 소방시설관리사, 「소방기본법」 제17조의2에 따른 소방안전교육사자격을 소지한 자
         (라) 「국가기술자격법 시행규칙」 별표 2의 **소방설비기사 및 위험물산업기사** 자격을 취득한 후 소방 관련 기관(단체)에서 **2년 이상 강의경력**이 있는 자
         (마) 「국가기술자격법 시행규칙」 별표 2의 **소방설비산업기사 및 위험물기능사** 자격을 취득한 후 소방 관련 기관(단체)에서 5년 이상 강의경력이 있는 자
         (바) 대학 또는 이와 동등 이상의 교육기관에서 소방안전 관련 학과를 졸업한 후 소방 관련 기관(단체)에서 5년 이상 강의경력이 있는 자
         (사) **소방 관련 기관(단체)에서 10년 이상 실무경력이 있는 자로서 5년 이상 강의경력이 있는 자**
         (아) **소방위 이상의 소방공무원 또는 소방설비기사 자격을 소지한 소방장 이상의 소방공무원**
         (자) 간호사 또는 「응급의료에 관한 법률」 제36조에 따른 응급구조사 자격을 소지한 소방공무원(응급처치 교육에 한한다)
      (2) 외래 초빙강사 : 강사의 자격요건에 해당하는 자일 것
2. 교육시설 및 교육용기자재
   가. **사무실 : 바닥면적이 60제곱미터 이상일 것**
   나. **강의실 : 바닥면적이 100제곱미터 이상**이고, 의자·탁자 및 교육용 비품을 갖출 것
   다. **실습실·체험실 : 바닥면적이 100제곱미터 이상**
   라. 교육용기자재

문1 다중이용업소의 안전관리에 관한 특별법령상 소방안전교육에 필요한 교육인력 및 시설·장비 기준에 관한 설명으로 옳은 것은?

① 소방 관련 기관에서 5년의 실무경력이 있는 자로서 3년의 강의경력이 있는 자는 강사의 자격요건을 충족한다.
② 소방위 이상의 소방공무원은 강사의 자격요건을 충족한다.
③ 바닥면적이 50제곱미터인 사무실은 교육시설 기준을 충족한다.
④ 바닥면적이 80제곱미터인 실습실·체험실은 교육시설 기준을 충족한다.

정답 ②

문2 다중이용업소의 안전관리에 관한 특별법령상 소방안전교육 강사의 자격 요건으로 옳은 것은?

① 소방 관련학의 학사학위 이상을 가진 자
② 대학에서 소방안전 관련 학과를 졸업하고 소방 관련 기관에서 3년 이상 강의경력이 있는 자
③ 소방설비기사 자격을 소지한 소방장 이상의 소방공무원
④ 소방설비산업기사 및 위험물기능사 자격을 소지한 자로서 소방 관련 기관에서 3년 이상의 강의경력이 있는 자

정답 ③

■ 다중이용업소의 안전관리에 관한 특별법 시행규칙 [별표 2의2]
피난안내도 비치 대상 등(제12조제1항 관련)

1. 피난안내도 비치 대상: 영 제2조에 따른 다중이용업의 영업장. 다만, 다음 각 목의 어느 하나에 해당하는 경우에는 비치하지 않을 수 있다.
   가. 영업장으로 사용하는 바닥면적의 합계가 33제곱미터 이하인 경우
   나. 영업장내 구획된 실이 없고, 영업장 어느 부분에서도 출입구 및 비상구를 확인할 수 있는 경우

2. 피난안내 영상물 상영 대상
   가. 「영화 및 비디오물 진흥에 관한 법률」 제2조제10호 및 제16호나목의 영화상영관 및 비디오물소극장업의 영업장
   나. 「음악산업 진흥에 관한 법률」 제2조제13호의 노래연습장업의 영업장
   다. 「식품위생법 시행령」 제21조제8호다목 및 라목의 <u>단란주점영업 및 유흥주점영업의 영업장. 다만, 피난안내 영상물을 상영할 수 있는 시설이 설치된 경우만 해당한다.</u>
   라. 삭제
   마. 영 제2조제8호에 해당하는 영업으로서 피난안내 영상물을 상영할 수 있는 시설을 갖춘 영업장

3. 피난안내도 비치 위치 : 다음 각 목의 어느 하나에 해당하는 위치에 모두 설치할 것
   가. 영업장 주 출입구 부분의 손님이 쉽게 볼 수 있는 위치
   나. 구획된 실의 벽, 탁자 등 손님이 쉽게 볼 수 있는 위치
   다. 「게임산업진흥에 관한 법률」제2조제7호의 인터넷컴퓨터게임시설제공업 영업장의 인터넷컴퓨터게임시설이 설치된 책상. 다만, 책상 위에 비치된 컴퓨터에 피난안내도를 내장하여 새로운 이용객이 컴퓨터를 작동할 때마다 피난안내도가 모니터에 나오는 경우에는 책상에 피난안내도가 비치된 것으로 본다.

4. 피난안내 영상물 상영 시간 : 영업장의 내부구조 등을 고려하여 정하되, 상영 시기(時期)는 다음 각 목과 같다.
   가. 영화상영관 및 비디오물소극장업 : 매 회 영화상영 또는 비디오물 상영 시작 전
   나. 노래연습장업 등 그 밖의 영업 : 매 회 새로운 이용객이 입장하여 노래방 기기(機器) 등을 작동할 때

5. **피난안내도 및 피난안내 영상물에 포함되어야 할 내용** : 다음 각 호의 내용을 <u>모두</u> 포함할 것. 이 경우 광고 등 피난안내에 혼선을 초래하는 내용을 포함해서는 안 된다.
   가. 화재 시 대피할 수 있는 비상구 위치
   나. **구획된 실 등에서 비상구 및 출입구까지의 피난 동선**
   다. <u>소화기, 옥내소화전 등 소방시설의 위치 및 사용방법</u>
   라. 피난 및 대처방법

6. 피난안내도의 크기 및 재질

가. 크기 : **B4(257㎜×364㎜) 이상의 크기로 할 것**. 다만, 각 층별 영업장의 면적 또는 영업장이 위치한 층의 바닥면적이 각각 400㎡ 이상인 경우에는 A3(297㎜×420㎜) 이상의 크기로 하여야 한다.
나. 재질 : 종이(코팅처리한 것을 말한다), 아크릴, 강판 등 쉽게 훼손 또는 변형되지 않는 것으로 할 것

7. 피난안내도 및 피난안내 영상물에 사용하는 언어 : 피난안내도 및 피난안내영상물은 <u>한글 및 1개 이상의 외국어</u>를 사용하여 작성하여야 한다.

8. 장애인을 위한 피난안내 영상물 상영 : 「영화 및 비디오물의 진흥에 관한 법률」 제2조제10호에 따른 **영화상영관 중 전체 객석 수의 합계가 300석 이상인 영화상영관의 경우 피난안내 영상물은 장애인을 위한 한국수어·폐쇄자막**(*자막을 선택할 수 있는 것)·**화면해설 등을 이용하여 상영해야 한다.**

문1 「다중이용업소의 안전관리에 관한 특별법 시행규칙」상 피난안내도 및 피난안내 영상물에 대한 설명으로 옳지 않은 것은?

① 영업장으로 사용하는 바닥면적의 합계가 33제곱미터 이하인 경우에는 피난안내도를 비치하지 않을 수 있다.
② 피난안내도 및 피난안내 영상물은 한글 및 1개 이상의 외국어를 사용하여 작성하여야 한다.
③ 단란주점영업 및 유흥주점영업의 영업장은 피난안내 영상물을 상영할 수 있는 시설이 설치된 경우만 피난안내 영상물 상영 대상이 된다.
④ 영화상영관 중 전체 객석 수의 합계가 200석 이상인 영화상영관의 경우 피난안내 영상물은 장애인을 위한 한국수어·폐쇄자막 등을 이용하여 상영해야 한다.

정답 ④

문2 다중이용업소의 안전관리에 관한 특별법령상 피난안내도에 대한 기준으로 옳은 것은?

① 피난안내도의 크기는 A4(210㎜×297㎜) 이상의 크기로 할 것
② 피난안내도의 동선은 주 출입구에서 피난층까지 할 것
③ 피난안내도에 사용하는 언어는 한글 및 2개 이상의 외국어를 사용하여 작성할 것
④ 피난안내도는 소화기, 옥내소화전 등 소방시설의 위치 및 사용방법을 포함할 것

정답 ④

■ 다중이용업소의 안전관리에 관한 특별법 시행규칙 [별표 3]
평가대행자에 대한 행정처분의 기준(제20조관련)

1. 일반기준
   가. 위반행위가 둘 이상인 경우로서 그에 해당하는 각각의 행정처분기준이 다른 경우에는 그 중 무거운 처분기준에 따른다. 다만, 둘 이상의 처분기준이 동일한 업무정지인 경우에는 각 처분기준을 합산한 기간을 넘지 아니하는 범위에서 다음 각 세목에 해당하는 사유를 고려하여 무거운 처분기준의 2분의 1 범위에서 가중할 수 있다.
      1) 위반행위가 고의나 중대한 과실에 의한 것으로 인정되는 경우
      2) 위반의 내용·정도가 중하다고 인정되는 경우
   나. 위반행위의 횟수에 따른 행정처분기준은 최근 1년간[제2호(10)의 경우에는 3년간] 같은 위반행위로 행정처분을 받은 경우에 적용한다. 이 경우 기간의 계산은 위반행위에 대한 행정처분일과 그 처분 후 다시 같은 위반행위를 하여 적발된 날을 기준으로 한다.
   다. 나목에 따라 가중된 처분을 하는 경우 가중처분의 적용 차수는 그 위반행위 전 처분차수(나목에 따른 기간 내에 처분이 둘 이상 있었던 경우에는 높은 차수를 말한다)의 다음 차수로 한다.
   라. 처분권자는 위반행위의 동기·내용·횟수 및 위반의 정도 등 다음 각 세목에 해당하는 사유를 고려하여 그 처분기준의 2분의 1 범위에서 감경할 수 있다.
      1) 위반행위가 고의나 중대한 과실이 아닌 사소한 부주의나 오류로 인한 것으로 인정되는 경우
      2) 위반의 내용·정도가 경미하다고 인정되는 경우
      3) 위반 행위자가 처음 해당 위반행위를 한 경우로서, 5년 이상 평가대행업을 모범적으로 해온 사실이 인정되는 경우
      4) 위반 행위자가 해당 위반행위로 인하여 검사로부터 기소유예처분을 받거나 법원으로부터 선고유예의 판결을 받은 경우

2. 개별기준

위반사항	관련 조항	행정처분기준			
		1차	2차	3차	4차 이상
(1) 법 제16조에 따른 평가대행자가 갖추어야 하는 기술인력·시설·장비가 등록요건에 미달하게 된 경우	법 제17조 제1항제5호				
(가) 등록요건의 기술능력에 속하는 기술인력이 부족한 경우		경고	업무정지 1월	업무정지 3월	업무정지 6월
(나) 등록요건의 기술인력에 속하는 기술인력이 전혀 없는 경우		**등록취소**			
(다) 1개월 이상 시험장비가 없는 경우		업무정지 6개월	등록취소		

		위반사항	근거법령	1차	2차	3차	4차
	(라) 구비하여야 하는 장비가 부족한 경우		경고	업무정지 1월	업무정지 3월	업무정지 6월
	(마) 구비하여야 하는 장비가 전혀 없는 경우		등록취소			
(2)	법 제16조 제2항(*등록결격사유) 각 호의 어느 하나에 해당하는 경우	법 제17조 제1항제1호	등록취소			
(3)	거짓, 그 밖의 부정한 방법으로 등록한 경우	법 제17조 제1항제2호	등록취소			
(4)	최근 1년 이내에 2회의 업무정지처분을 받고 다시 업무정지처분 사유에 해당하는 행위를 한 경우	법 제17조 제1항제3호	등록취소			
(5)	다른 사람에게 등록증이나 명의를 대여한 경우	법 제17조 제1항제4호	등록취소			
(6)	법 제16조제3항제2호에 위반하여 다른 평가서의 내용을 복제한 경우	법 제17조 제1항제6호	업무정지 3월	업무정지 6월	등록취소	
(7)	법 제16조제3항제3호에 위반하여 평가서를 행정안전부령으로 정하는 기간 동안 보존하지 아니한 경우	법 제17조 제1항제7호	경고	업무정지 1월	업무정지 3월	업무정지 6월
(8)	법 제16조제3항제4호에 위반하여 도급받은 화재위험평가 업무를 하도급한 경우	법 제17조 제1항제8호	업무정지 6월	등록취소		
(9)	화재위험평가서를 허위로 작성하거나 고의 또는 중대한 과실로 평가서를 부실하게 작성한 경우	법 제17조 제1항제9호	업무정지 6월	등록취소		
(10)	등록 후 2년 이내에 화재위험평가 대행업무를 개시하지 아니하거나 계속하여 2년 이상 화재위험평가 대행실적이 없는 경우	법 제17조 제1항제10호	경고	등록취소		
(11)	업무정지처분기간 중 신규계약에 의하여 화재위험평가대행업무를 한 경우	법 제17조 제2항	등록취소			

문 다중이용업소의 안전관리에 관한 특별법령상 평가대행자에 대한 1차 행정처분기준이 등록취소에 해당하는 위반사항은? (단, 가중과 감경은 고려하지 않음)

① 화재위험평가서를 허위로 작성하거나 고의 또는 중대한 과실로 평가서를 부실하게 작성한 경우
② 도급받은 화재위험평가 업무를 하도급한 경우
③ 업무정지처분기간 중 신규계약에 의하여 화재위험평가대행업무를 한 경우
④ 1개월 이상 시험장비가 없는 경우

정답 ③

■ 다중이용업소의 안전관리에 관한 특별법 시행규칙 [별표 4]

안전관리우수업소 표지의 규격, 재질 등(제21조제2항 관련)

1. 제작 : 2종(금색, 은색) 중 1종을 선택
   가. 바탕 : 금색(테두리 : 검정색/적색)
   나. 바탕 : 은색(테두리 : 검정색/청색)
2. 규격 : 가로 450밀리미터 × 세로 300밀리미터
3. 재질: 스테인레스(금색 또는 은색)
4. 글씨체
   가. 소방안전관리 우수업소 : 고도B 21/85밀리리터(검정색)
   나. 조항 : KoPubWorld돋움체 6.7(검정색)
   다. 조항영문 : KoPubWorld바탕체 6.3(검정색)
   라. 발급일자 : DIN Medium 14밀리미터(검정색)
   마. 시행령(영문포함): KoPubWorld바탕체 4.5(검정색)
   바. 기관명 : KoPubWorld돋움체 10밀리미터(검정색)
   사. 기관영문 : KoPubWorld돋움체 4.5밀리미터(검정색)
5. 이미지(엠블럼)

가. 표장 : 119 형상화 18밀리미터(검정색)
나. 안전시설등·교육·정기점검 : KoPubWorld돋움체 3.5밀리미터(검정색)
다. 안전관리 우수업소(영문포함) : KoPubWorld돋움체 4.5밀리미터(검정색)
라. 소방호스 : 85밀리미터(적색/회색 또는 청색/회색)

위험물안전관리법, 다중이용업소의 안전관리에 관한 특별법

시험 꼭!
소방법령 III

초판 1쇄 발행 2025년 10월 24일

편저 정명재
발행인 공태현　**발행처** (주)법률저널
등록일자 2008년 9월 26일　**등록번호** 제15-605호
주소 151-862 서울 관악구 복은4길 50 (서림동 120-32)
대표전화 02)874-1144　**팩스** 02)876-4312
홈페이지 www.lec.co.kr
ISBN 979-11-7384-068-5 (13350)
정가 50,000원